SAMMLUNG GUTTENTAG

247

Mitbestimmungs-Ergänzungsgesetz

(Holding-Novelle)

mit Erläuterungen

von

Dr. Hans-Wilhelm Kötter
Ministerialrat in Bonn

Berlin 1958

WALTER DE GRUYTER & CO. / BERLIN W 35
vormals G. J. Göschen'sche Verlagshandlung · J. Guttentag, Verlagsbuchhandlung · Georg Reimer · Karl J. Trübner · Veit & Comp.

Archiv-Nr. 21 1 247 / 58

Satz und Druck: Berliner Buchdruckerei Union GmbH., Berlin SW 61

Vorwort

Zu Anfang des Jahres 1952 sind in der gleichen Sammlung meine Erläuterungen zu dem damals heftig umstrittenen Gesetz erschienen, das für Montanunternehmen eine paritätische und weitgehend auf gewerkschaftlichem Einfluß beruhende Besetzung des Aufsichtsrats sowie einen gewerkschaftlichen Vertrauensmann in der Unternehmensleitung, den sog. Arbeitsdirektor, zwingend vorgeschrieben hat. Diese Mitbestimmungsform wird nach Inkrafttreten des Betriebsverfassungsgesetzes vom 11. Oktober 1952, das in seinen §§ 76 und 77 für die gesamte übrige Wirtschaft den Vertretern der Arbeitnehmer lediglich ein Drittel der Aufsichtsratssitze vorbehält, die Vorstandsorganisation der Unternehmen hingegen grundsätzlich unberührt läßt, auf meinen Vorschlag hin vielfach als „qualifizierte" Mitbestimmung bezeichnet. Nahezu weitere vier Jahre mußten noch seit der Einführung der „schlichten" Mitbestimmung des Betriebsverfassungsgesetzes verstreichen, ehe der Gesetzgeber die Spannungsverhältnisse geregelt hat, die sich notwendigerweise aus der Verschiedenheit der beiden Mitbestimmungsformen bei ihrem Zusammentreffen im Rahmen eines Konzerns ergeben, dem organschaftlich beherrschte Montanunternehmen angehören.

Das am 9. August 1956 in Kraft getretene Bundesgesetz, das als seinen Gegenstand die Ergänzung jenes ersten Mitbestimmungsgesetzes für die Montanindustrie bezeichnet, stellt in Wahrheit alles andere als eine solche „Ergänzung" dar. Ausgehend von der seit dem Spätsommer 1951 erhobenen, durch Zulassung der sog. Geschäftsführenden Obergesellschaften bei der Neuordnung der westdeutschen Montanindustrie nach dem AHK-Gesetz Nr. 27 ausgelösten Forderung nach einer „Holding-Mitbestimmung", gewährt das neue Gesetz durch seine Vorschriften über eine paritätische Mitbestimmung in gewissen herrschenden Unternehmen einen Ausgleich für die Bedeutungseinbuße, welche die qualifizierte Mitbestimmung u. U. im Konzernverband erleidet. Das Mitbestimmungsergänzungsgesetz enthält damit echtes Konzernrecht. Es führt für Konzern-Spitzengesellschaften, die kraft eines Organschaftsverhältnisses mitbestimmte Montanunternehmen beherrschen, unter bestimmten weiteren Voraussetzungen eine dritte Mitbestimmungsform ein, die zwar ihrem Gehalt nach der qualifizierten Mitbestimmung im wesentlichen entspricht, zugleich aber gewisse Elemente der „schlichten" Mitbestimmung des § 76 des Betriebsverfassungsgesetzes in sich aufgenommen hat. Die Geltungsvoraussetzungen dieses neuen Mitbestimmungstyps — man wird ihn angesichts des Schlagworts, unter dem die erwähnte politische Forderung erhoben worden war, zweckmäßigerweise als „Holding-Mitbestimmung" bezeichnen — sind so gestaltet, daß die Holding-Mitbestimmung nicht nur in der Struktur zwischen den beiden älteren Mitbestimmungsformen steht, sondern auch in ihrem Geltungsbereich von beiden gewissermaßen flankiert wird: die Holding-Mitbestimmung kommt nicht zur Anwendung, wo die Spitzengesellschaft eines Konzerns — ausnahmsweise

— schon nach bisherigem Recht nicht dem Betriebsverfassungsgesetz, sondern der qualifizierten Mitbestimmung unterworfen war, und auf der andern Seite wird die „schlichte" Mitbestimmung von der Holding-Mitbestimmung nur dann abgelöst, wenn das wirtschaftliche Schwergewicht des Gesamtkonzerns bei den qualifiziert-mitbestimmten Konzernunternehmen liegt. Ja, die Art und Weise, in der die Mitbestimmungsform an die Feststellung der Schwergewichtsverteilung im Konzern geknüpft worden ist, läßt zumindest theoretisch ein Hin- und Herpendeln des herrschenden Unternehmens eines gemischten Konzerns zwischen Holding-Mitbestimmung und schlichter Mitbestimmung im zweijährigen Turnus als möglich erscheinen. Allgemein gesehen, kommen mithin für herrschende Unternehmen von Konzernen, die Montangesellschaften und Unternehmen anderer Wirtschaftssparten in sich vereinen, alle drei Mitbestimmungsformen des geltenden Rechts in Betracht. Dies bringt es mit sich, daß eine Kommentierung des neuen Gesetzes auch die Mitbestimmungsvorschriften des Betriebsverfassungsgesetzes und das Mitbestimmungsgesetz vom 21. Mai 1951 einbeziehen muß. Ich habe nun zwar geglaubt, hinsichtlich des Mitbestimmungsgesetzes — abgesehen von den Grundzügen — weitgehend auf meinen älteren Kommentar (Guttentagsche Sammlung Deutscher Gesetze Nr. 238) verweisen zu sollen, und nur solche Fragen des Rechts der qualifizierten Mitbestimmung eingehender behandelt, die eine neue kritische Beleuchtung verdienen oder deren Erörterung zum Verständnis der Vorschriften des Mitbestimmungsergänzungsgesetzes unerläßlich ist. Anders lag es hingegen bei den Problemen, die sich bei der Anwendung der in § 14 des neuen Gesetzes angezogenen Vorschriften des Betriebsverfassungsgesetzes ergeben haben. Hier mochte ich nicht darauf verzichten, wenigstens für die konzernrechtlich besonders bedeutsamen Fragen eine eigene Stellungnahme zu entwickeln. Eine — statt dessen denkbare — Verweisung auf die Kommentarliteratur zum Betriebsverfassungsgesetz erschien mir in größerem Umfange umso weniger angebracht, als man bei zahlreichen Streitfragen immer noch kaum von der Bildung einer herrschenden Meinung sprechen kann und zu manchen Punkten sogar eine — wie ich fürchte: unfruchtbare — Frontenverhärtung zu konstatieren ist, zu deren Auflockerung ich mit meinen Erläuterungen beizutragen hoffe. Angesichts der ungewöhnlich zahlreichen Abhandlungen, die zu §§ 76, 77 des Betriebsverfassungsgesetzes erschienen sind, mußte ich allerdings auf eine erschöpfende Auseinandersetzung mit den im Schrifttum vertretenen Ansichten zu Fragen der „schlichten" Mitbestimmung verzichten, da sonst der Umfang der Erläuterungen zu § 14 in ein allzu krasses Mißverhältnis zu der praktischen Bedeutung geraten wäre, die dieser Vorschrift im Rahmen des Mitbestimmungsergänzungsgesetzes beizumessen ist. Immerhin hat die Methodik des Gesetzes auf diese Weise dazu geführt, daß seine Erläuterung nicht nur für denjenigen von Interesse ist, der sich über die eigentliche Holding-Mitbestimmung — das Kernstück der Neuregelung — Aufschluß erhofft, sondern auch auf Fragen Antwort gibt, die im Bereich der beiden anderen dem geltenden Recht angehörenden Typen einer Mitbestimmung der Arbeitnehmer in Unternehmensorganen liegen.

Vorwort

Wie schon im Vorwort zu meinem „Mitbestimmungsrecht", so möchte ich auch hier zur Verhütung von Mißdeutungen erwähnen, daß die Erläuterungen selbstverständlich in keinem Punkte einer amtlichen Stellungnahme Ausdruck geben, sondern lediglich als meine persönliche Auffassung gewertet werden dürfen.

Ich hoffe, daß das vorliegende kleine Werk, um dessen sachdienliche Ausgestaltung, namentlich die quellenmäßige Abrundung der Erläuterungen, sich der Verlag dankenswerterweise besonders bemüht hat, vor allen denjenigen ein willkommener Ratgeber sein wird, der sich mit Mitbestimmungsfragen des Konzernrechts zu befassen hat. Nur zu gut bin ich mir allerdings bewußt, daß ich es nicht jedem recht machen konnte.

Bonn, am 1. Oktober 1957.

H.-W. Kötter

Inhalt

Literaturverzeichnis

Adler-Düring-Schmaltz: Rechnungslegung und Prüfung der Aktiengesellschaft, Handkommentar für die Bilanzierungs- und Prüfungspraxis nach dem Aktiengesetz. 3. Aufl. 1957.

Baumbach-Hueck: Aktiengesetz, Kurzkommentar, 9. Aufl. 1956.

Dies.: GmbH-Gesetz, Kurzkommentar, 6. Aufl. 1953.

Bötticher: Zur arbeitsgerichtlichen Zuständigkeit für Streitigkeiten aus dem Mitbestimmungsgesetz vom 21. Mai 1951 i. Sozialpolitik, Arbeits- und Sozialrecht (Festschr. f. Friedrich Sitzler, 1956) S. 317 ff.

Boldt: Mitbestimmungsgesetz Eisen und Kohle, Kommentar 1952.

Ders.: Mitbestimmung und Gewerkschaftsrecht i. ZfB 1951 S. 278 ff.

Ders.: Bemerkungen zur Holdingnovelle Bergbau und Eisen i. Die AktG 1956 S. 8 ff.

Ders.: Die Holdingnovelle zum Mitbestimmungsgesetz Bergbau und Eisen i. RdA 1956 S. 241 ff.

Ders.: Die Wahlordnung zur Holdingnovelle Bergbau und Eisen i. Die AktG 1957 S. 3 ff.

Dapprich: Die Bedeutung des Mitbestimmungsgesetzes für die bergrechtliche Gewerkschaft i. „Glückauf" 1951 S. 927 ff.

Ders.: Das zur gesetzlichen Vertretung berufene Organ in den unter das Mitbestimmungsrecht fallenden Gesellschaften i. ZfB 1952 S. 254 ff.

Dietz: Betriebsverfassungsgesetz mit Wahlordnung, Kommentar, 2. Aufl. 1955.

Ders.: Anm. z. Beschluß des Bundesarbeitsgerichts vom 10. 11. 1954 — 1 ABR 24/54 — i. JZ 1955 S. 179 f.

Ders.: Der obligatorische Aufsichtsrat einer GmbH i. Das Deutsche Privatrecht in der Mitte des 20. Jahrhunderts (Festschr. f. Heinrich Lehmann zu seinem 80. Geburtstag, 1956) II S. 693 ff.

Dietz-Nikisch: Arbeitsgerichtsgesetz, Kommentar, 1954.

Erdmann: Das Betriebsverfassungsgesetz vom 11. Okt. 1952. 2. Aufl. 1954.

Erman: Handkommentar zum Bürgerlichen Gesetzbuch, herausg. von Erman, 1952 (zit.: Erman u. Bearbeiter).

Fitting: Das Gesetz über die Mitbestimmung im Bergbau und in der Eisen und Stahl erzeugenden Industrie i. BABl. 1951 S. 203 ff.

Ders.: Mitbestimmung der Arbeitnehmer im Bergbau sowie in der Eisen und Stahl erzeugenden Industrie i. AR-Blatt D III A (1951).

Ders.: Das Mitbestimmungsrecht für Obergesellschaften i. BABl. 1956 S. 499 ff.

Fitting-Kraegeloh: Betriebsverfassungsgesetz nebst Wahlordnung und den einschlägigen Nebengesetzen, Handkommentar für die Praxis. 3. Aufl. 1953.

Forster und Müller: Die Ermittlung des Umsatzverhältnisses nach § 4 der Mitbestimmungsnovelle Bergbau und Eisen durch den aktienrechtlichen Abschlußprüfer oder andere Prüfer i. WPg 1956 S. 520 ff. u. 546 ff. (zit.: Forster-Müller).

Froehlich-Franke-Wagner: Die Beteiligung der Arbeitnehmer im Aufsichtsrat nach dem Betriebsverfassungsgesetz vom 11. Okt. 1952, Erläuterungen zu den §§ 76, 77 BVG. 1953.

Gadow-Heinichen-E. Schmidt-W. Schmidt-Weipert: Aktiengesetz, Kommentar. 1939 (zit.: Gadow u. Bearbeiter).

Galperin: Kommentar zum Betriebsverfassungsgesetz 1953.

Geßler: Variable Aufsichtsräte? i. Betrieb 1953 S. 440 ff.

Ders.: Die Mitbestimmung in Holdinggesellschaften des Bergbaus und der Eisen und Stahl erzeugenden Industrie i. BB 1956 S. 625 ff.

Godin-Wilhelmi: Aktiengesetz, Kommentar. 2. Aufl. 1950.

Hueck: Mitbestimmungsrecht und Aufsichtsrat i. Betrieb 1951 S. 166 ff. u. 185 ff.

Ders.: Die Beteiligung der Arbeitnehmer am Aufsichtsrat nach dem Betriebsverfassungsgesetz i. Betrieb 1952 S. 781 ff.

Ders.: Der Aufsichtsrat der GmbH i. BB 1953 S. 325 ff.

Ders.: Anm. z. Beschluß des Bundesarbeitsgerichts vom 10. 11 1954 — 1 ABR 24/54 — i. AR-Blatt II D XV Nr. 4.

Hueck-Nipperdey: Lehrbuch des Arbeitsrechts, 2. Band, 1957.

Kötter: Mitbestimmungsrecht, Gesetz über die Mitbestimmung der Arbeitnehmer in den Aufsichtsräten und Vorständen der Unternehmen des Bergbaus und der Eisen und Stahl erzeugenden Industrie, mit Erläuterungen, 1952.

Ders.: Die Bestellung des „elften" Mitglieds im künftigen Aufsichtsrat der Montangesellschaften i. NJW 1951 S. 417 ff.

Ders.: Zweifelsfragen des Mitbestimmungsrechts i. JZ 1953 S. 199 ff.

Ders.: Zur Problematik einer Einführung der Montan-Mitbestimmung bei Holdinggesellschaften i. RdA 1954 S. 161 ff.

Krug: Kennzeichnung des Unternehmenszwecks eines Konzerns auch durch im Ausland belegene Konzernunternehmen i. NJW 1956 S. 1585 ff.

Kunze: Die gesetzliche Regelung der Mitbestimmung in den Montanobergesellschaften i. AuR 1956 S. 225 ff. u. 257 ff.

Lehmann, Heinrich: Handelsrecht, II. Teil: Gesellschaftsrecht.

Lehmann, Rudolf: Abhängige Gesellschaften, Holdinggesellschaften und Organverträge im Mitbestimmungsgesetz Bergbau und Eisen i. BB 1952 S. 48 f.

Möhring: Mitbestimmungsrecht und Aktienrecht i. MDR 1951 S. 513 ff.

Müller-Lehmann: Kommentar zum Mitbestimmungsgesetz Bergbau und Eisen, 1952.

Neumann-Duesberg: Probleme des Betriebsverfassungs- und Konzernrechts (Zur Frage der Maßgeblichkeit des § 15 AktG für das BetrVG) i. ZHR 118 S. 25 ff.

Rasch: Deutsches Konzernrecht, 2. Aufl. 1955.

Ders.: Mitbestimmungsrecht und Organschaft i. BB 1952 S. 469 ff.

Ritter: Kommentar zum Aktiengesetz, 2. Aufl. 1939.

Schilling: Die Mitbestimmung im Lichte des Gesellschaftsrechts i. RdA 1954 S. 441 ff.

Ders.: Reform der Aktiengesellschaft i. Untersuchungen zur Reform des Unternehmensrechts (Bericht der Studienkommission des Deutschen Juristentages) Teil I 1955 S. 59 ff.

Schlegelberger: Handelsgesetzbuch mit Erläuterungen von Geßler, Hefermehl, Hildebrand und Schröder, 3. Aufl. 1955 (zit.: Schlegelberger u. Bearbeiter).

Schlegelberger-Quassowski-Herbig-Geßler-Hefermehl: Kommentar zum Aktiengesetz, 3. Aufl. 1939 (zit.: Schlegelberger-Quassowski).

(Stein-Jonas-)Schönke-Pohle: Kommentar zur Zivilprozeßordnung, 17. Aufl. 1949 m. Erg. Lieferungen.

Unglaube: Die jüngste Änderung des Aktien- und Mitbestimmungsrechts i. Die AktG 1957 S. 169 ff.

Weitzel: Betriebsverfassungsgesetz und Aufsichtsrat, Zweifelsfragen der Praxis i. BB 1952 S. 806 ff.

Zilias: Die Behandlung ausländischer Konzernunternehmen im Rahmen der Holding-Novelle i. NJW 1957 S. 325 f.

(In den Erläuterungen sind die Schriften nur mit dem Verfassernamen unter Angabe der Fundstelle zitiert.)

Verzeichnis

der hauptsächlich gebrauchten Abkürzungen

a. A.	=	anderer Ansicht (bei Hinweis auf Fundstellen: am Anfang)
a. a. O.	=	am angeführten Orte
Abs.	=	Absatz
a. E.	=	am Ende
a. F.	=	alte Fassung
AG (m. Ortsname)	=	Amtsgericht
AGG	=	Arbeitsgerichtsgesetz
AHK	=	Alliierte Hohe Kommission
AHK-Ges. Nr. 27	=	Gesetz Nr. 27 der Alliierten Hohen Kommission vom 16. 5. 1950 — Umgestaltung des deutschen Kohlenbergbaues und der deutschen Stahl- und Eisenindustrie — (Amtsblatt der Alliierten Hohen Kommission für Deutschland S. 299)
AktG	=	Aktiengesellschaft
AktGes.	=	Gesetz über Aktiengesellschaften und Kommanditgesellschaften auf Aktien (Aktiengesetz)
Allg. Bergges.	=	Allgemeines Berggesetz für die Preußischen Staaten
Allg. M.	=	Allgemeine Meinung
Anh.	=	Anhang
Anl.	=	Anlage
Anm.	=	Anmerkung
AP	=	Arbeitsrechtliche Praxis
ArbRBlatt	=	Arbeitsrechtsblattei
Art.	=	Artikel
AuR	=	Arbeit und Recht, Zeitschrift für Arbeitsrechtspraxis
Aussch.	=	Ausschuß
BABl.	=	Bundesarbeitsblatt
BAG	=	Bundesarbeitsgericht
Bayer. ObLG	=	Bayerisches Oberstes Landesgericht
BB	=	Der Betriebs-Berater, Zehntagedienst für Wirtschafts-, Steuer- und Sozialrecht

Verzeichnis der hauptsächlich gebrauchten Abkürzungen

Begr.	=	Begründung
Bem.	=	Bemerkung
Betrieb	=	Der Betrieb, Wochenschrift für Betriebswissenschaft, Steuerwesen, Wirtschaftsrecht, Arbeitsrecht
BGB	=	Bürgerliches Gesetzbuch
BGBl.	=	Bundesgesetzblatt
BGHZ	=	Entscheidungen des Bundesgerichtshofs in Zivilsachen (Amtliche Sammlung)
BR	=	Deutscher Bundesrat
BR-Drucks.	=	Drucksache des Deutschen Bundesrates
BT	=	Deutscher Bundestag
BT-Drucks.	=	Drucksache des Deutschen Bundestages
BT-Prot.	=	Protokoll über Sitzungen des Deutschen Bundestages
Buchst.	=	Buchstabe
BVG	=	Betriebsverfassungsgesetz
bzw.	=	beziehungsweise
DAG	=	Deutsche Angestellten-Gewerkschaft
Die AktG	=	Die Aktiengesellschaft, Zeitschrift für das gesamte Aktienwesen
DurchfV	=	Durchführungsverordnung (meist für: Rechtsverordnung zur Durchführung des Gesetzes zur Ergänzung des Gesetzes über die Mitbestimmung der Arbeitnehmer in den Aufsichtsräten und Vorständen der Unternehmen des Bergbaus und der Eisen und Stahl erzeugenden Industrie)
ebd.	=	ebenda
EGAktGes.	=	Einführungsgesetz zum Gesetz über Aktiengesellschaften und Kommanditgesellschaften auf Aktien
ErgL	=	Ergänzungslieferung
ff. (f.)	=	und folgende(r)
f.	=	für
Festg.	=	Festgabe
Festschr.	=	Festschrift
FGG	=	Reichsgesetz über die Angelegenheiten der freiwilligen Gerichtsbarkeit
flg. (bei Anm.)	=	folgende
G (nur in Zusammensetzungen)	=	Gesellschaft, Gesetz
GBl.	=	Gesetzblatt

Verzeichnis der hauptsächlich gebrauchten Abkürzungen

Ges.	=	Gesetz
GG	=	Grundgesetz für die Bundesrepublik Deutschland
ggf.	=	gegebenenfalls
„Glückauf“	=	„Glückauf“, Bergmännische Zeitschrift
GmbH	=	Gesellschaft mit beschränkter Haftung
GmbHGes.	=	Gesetz betreffend die Gesellschaften mit beschränkter Haftung
GVBl. f. Bln.	=	Gesetz und Verordnungsblatt für das Land Berlin
Halbs.	=	Halbsatz
HGB	=	Handelsgesetzbuch
h. M.	=	herrschende Meinung
i. d. Fass.	=	in der Fassung
i. V. m.	=	in Verbindung mit
JZ	=	Juristenzeitung
KostenO	=	Kostenordnung
LG	=	Landgericht
MDR	=	Monatsschrift für Deutsches Recht
MitbG	=	Gesetz über die Mitbestimmung der Arbeitnehmer in den Aufsichtsräten und Vorständen der Unternehmen des Bergbaus und der Eisen und Stahl erzeugenden Industrie
N.	=	Note, Fußnote
n. F.	=	neue Fassung
NJW	=	Neue Juristische Wochenschrift
Nr.	=	Nummer
RdA	=	Recht der Arbeit, Zeitschrift für die Wissenschaft des gesamten Arbeitsrechts
RegEntw.	=	Entwurf eines Gesetzes zur Ergänzung des Gesetzes über die Mitbestimmung der Arbeitnehmer in den Aufsichtsräten und Vorständen der Unternehmen des Bergbaus und der Eisen und Stahl erzeugenden Industrie (Drucksache Nr. 986 des Deutschen Bundestages, 2. Wahlperiode)
RGZ	=	Entscheidungen des Reichsgerichts in Zivilsachen (Amtliche Sammlung)
s.	=	siehe
S.	=	Seite (bei Rechtsvorschriften: Satz)
saarl.	=	saarländisch(es)
str.	=	streitig

Verzeichnis der hauptsächlich gebrauchten Abkürzungen

Tz.	=	Textzahl (Textziffer)
u. U.	=	unter Umständen
V	=	Verordnung
vor.	=	vorig(e)
Vorbem.	=	Vorbemerkung
WahlO	=	Wahlordnung zum Betriebsverfassungsgesetz
WPg.	=	Die Wirtschaftsprüfung, vereinigt mit der Zeitschrift „Der Wirtschaftsprüfer"
ZfB	=	Zeitschrift für Bergrecht
ZHR	=	Zeitschrift für das gesamte Handelsrecht und Konkursrecht (zitiert m. Bandzahl u. Seite)
Zit.	=	Zitierte
ZPO	=	Zivilprozeßordnung

(Allgemein gebräuchliche Abkürzungen wie „d. h.", „m. E.", „usw.", „z. B." und ähnliche sind im Vorstehenden nicht aufgeführt. Paragraphenzahlen ohne Zusatz beziehen sich auf das Gesetz zur Ergänzung des Gesetzes über die Mitbestimmung der Arbeitnehmer in den Aufsichtsräten und Vorständen der Unternehmen des Bergbaus und der Eisen und Stahl erzeugenden Industrie.)

Berichtigung:
In § 12 auf Seite 85 ist in der vorletzten Zeile zwischen „Angestellte[6]" u. „und" einzufügen „zu wählen".

Gesetz

zur Ergänzung des Gesetzes über die Mitbestimmung der Arbeitnehmer in den Aufsichtsräten und Vorständen der Unternehmen des Bergbaus und der Eisen und Stahl erzeugenden Industrie

vom 7. August 1956 (BGBl. I S. 707).
i. d. Fass. des Gesetzes zur Änderung von Vorschriften des Aktienrechts und des Mitbestimmungsrechts vom 15. Juli 1957 (BGBl. I S. 714)

§ 1

(1) Die Mitbestimmung der Arbeitnehmer in den Aufsichtsräten und den zur gesetzlichen Vertretung berufenen Organen von Unternehmen in der Rechtsform einer Aktiengesellschaft, einer Gesellschaft mit beschränkter Haftung oder einer bergrechtlichen Gewerkschaft mit eigener Rechtspersönlichkeit, die auf Grund eines Organschaftsverhältnisses ein Unternehmen beherrschen, in dem die Arbeitnehmer nach den Vorschriften des Gesetzes über die Mitbestimmung der Arbeitnehmer in den Aufsichtsräten und Vorständen der Unternehmen des Bergbaus und der Eisen und Stahl erzeugenden Industrie vom 21. Mai 1951 — Bundesgesetzbl. I S. 347 — (Mitbestimmungsgesetz) ein Mitbestimmungsrecht haben, regelt sich nach den Vorschriften dieses Gesetzes.

(2) Organschaftsverhältnis im Sinne des Absatzes 1 ist ein auf Vereinbarung beruhendes Beherrschungsverhältnis, auf Grund dessen das abhängige Unternehmen in seiner Geschäftsführung dem Willen des herrschenden Unternehmens unterworfen ist.

§ 2

Liegen bei dem herrschenden Unternehmen nach seinem eigenen überwiegenden Betriebszweck die Voraussetzungen für die Anwendung des Mitbestimmungsgesetzes vor, so gilt für das herrschende Unternehmen das Mitbestimmungsgesetz.

§ 3

(1) Liegen bei dem herrschenden Unternehmen die Voraussetzungen für die Anwendung des Mitbestimmungsgesetzes nach § 2 nicht vor, wird jedoch der Unternehmungszweck des Konzerns durch die Konzernunternehmen (§ 15 Abs. 1 und 2 des Aktiengesetzes) gekennzeichnet, die unter das Mitbestimmungsgesetz fallen, so gelten für das herrschende Unternehmen die §§ 5 bis 13. Ist das herrschende Unternehmen eine Gesellschaft mit be-

schränkter Haftung oder eine bergrechtliche Gewerkschaft mit eigener Rechtspersönlichkeit, so findet § 3 des Mitbestimmungsgesetzes entsprechende Anwendung.

(2) Der Unternehmenszweck des Konzerns wird durch die unter das Mitbestimmungsgesetz fallenden Konzernunternehmen gekennzeichnet, wenn diese Konzernunternehmen mehr als die Hälfte der Umsätze sämtlicher Konzernunternehmen, jeweils vermindert um die in den Umsätzen enthaltenen Kosten für fremdbezogene Roh-, Hilfs- und Betriebsstoffe und für Fremdleistungen, erzielen. Soweit Konzernunternehmen Umsätze erzielen, die nicht auf der Veräußerung selbsterzeugter, bearbeiteter oder verarbeiteter Waren beruhen, ist ein Fünftel der unverminderten Umsätze anzurechnen.

§ 4

(1) Das nach § 3 maßgebliche Umsatzverhältnis hat der Abschlußprüfer des herrschenden Unternehmens zu ermitteln. Wird das herrschende Unternehmen nicht in der Rechtsform einer Aktiengesellschaft betrieben, so wird das Umsatzverhältnis von einem in entsprechender Anwendung der §§ 136 und 137 des Aktiengesetzes zu bestellenden Prüfer ermittelt.

(2) Der Prüfer hat für jedes Geschäftsjahr vor Ablauf von fünf Monaten nach dessen Ende über das Ergebnis seiner Ermittlungen schriftlich zu berichten. Der Bericht ist den Verwaltungsträgern des herrschenden Unternehmens vorzulegen.

(3) Der Prüfer hat, soweit dies für seine Ermittlungen erforderlich ist, gegenüber sämtlichen Konzernunternehmen, die ihm nach § 138 des Aktiengesetzes zustehenden Rechte. § 141 des Aktiengesetzes ist anzuwenden.

(4) Hat der Aufsichtsrat Bedenken gegen die von dem Prüfer getroffenen Feststellungen, so hat der Prüfer auf Verlangen des Aufsichtsrats die beanstandeten Feststellungen zu überprüfen und über das Ergebnis zu berichten.

(5) Das zur gesetzlichen Vertretung berufene Organ des herrschenden Unternehmens hat das festgestellte Umsatzverhältnis und die abschließende Stellungnahme des Aufsichtsrats unverzüglich den Betriebsräten (Gesamtbetriebsräten) der Konzernunternehmen sowie den nach § 7 entsendungsberechtigten Spitzenorganisationen mitzuteilen.

§ 5

(1) Der Aufsichtsrat besteht aus fünfzehn Mitgliedern. Er setzt sich zusammen aus

a) sieben Vertretern der Anteilseigner,

b) sieben Vertretern der Arbeitnehmer,

c) einem weiteren Mitglied.

(2) Für die Bestellung der in Absatz 1 Buchstabe a genannten Mitglieder gilt § 5 des Mitbestimmungsgesetzes; für ihre Abberufung gelten § 87 Abs. 2, § 88 Abs. 4 und 5 des Aktiengesetzes.

(3) Auf das in Absatz 1 Buchstabe c genannte Mitglied findet § 4 Abs. 2 des Mitbestimmungsgesetzes Anwendung. Für seine Bestellung gilt § 8 des Mitbestimmungsgesetzes, wobei an die Stelle des § 6 des Mitbestimmungsgesetzes die §§ 6 und 7 dieses Gesetzes treten; für seine Abberufung gilt § 11 Abs. 3 des Mitbestimmungsgesetzes.

(4) § 4 Abs. 3 des Mitbestimmungsgesetzes findet Anwendung.

§ 6

(1) Unter den in § 5 Abs. 1 Buchstabe b genannten Mitgliedern des Aufsichtsrats müssen sich vier Arbeitnehmer aus den Betrieben der Konzernunternehmen, darunter drei Vertreter der Arbeiter und ein Vertreter der Angestellten befinden.

(2) Die Wahl der in Absatz 1 genannten Mitglieder des Aufsichtsrats erfolgt durch Wahlmänner. Die Wahlmänner werden vor der Neubestellung solcher Aufsichtsratsmitglieder durch die nach § 6 des Betriebsverfassungsgesetzes wahlberechtigten Arbeiter und Angestellten in getrennten Wahlgängen geheim und nach den Grundsätzen der Verhältniswahl in den einzelnen Konzernunternehmen gewählt. Wird nur eine Liste eingereicht, so gelten die darin aufgeführten Arbeitnehmer in der angegebenen Reihenfolge als gewählt.

(3) Zu Wahlmännern können nach § 7 des Betriebsverfassungsgesetzes wählbare Arbeitnehmer des Konzernunternehmens gewählt werden; jede Gruppe kann auch Angehörige der anderen Gruppe wählen. Scheidet ein Wahlmann aus oder ist er verhindert, so tritt an seine Stelle ein Ersatzmann. Die Ersatzmänner werden der Reihe nach aus den nichtgewählten Arbeitnehmern derjenigen Vorschlagslisten entnommen, denen die zu ersetzenden Wahlmänner angehören.

(4) In Konzernen mit nicht mehr als dreißigtausend Arbeitnehmern entfällt auf je sechzig Arbeitnehmer jeder Gruppe ein Wahlmann. Für je weitere zweitausend Arbeitnehmer erhöht sich die Zahl von Arbeitnehmern, auf die ein Wahlmann entfällt, um eins. Soweit in einem Konzernunternehmen für eine Gruppe mehr als dreißig Wahlmänner zu wählen sind, vermindert sich deren Zahl auf die Hälfte; diese Wahlmänner erhalten je zwei Stimmen. Soweit in einem Konzernunternehmen für eine Gruppe mehr als einhundertundzwanzig Wahlmänner zu wählen sind, vermindert sich deren Zahl auf ein Drittel; diese Wahlmänner erhalten je drei Stimmen. Bei der Ermittlung der Zahl der Wahlmänner werden Teilzahlen voll gezählt, wenn sie mehr als die Hälfte der vollen Zahl betragen. Erhält eine Gruppe in einem Konzernunternehmen nicht mindestens einen Wahlmann, so kann sich jeder Angehörige dieser Gruppe für die Wahl der anderen Gruppe anschließen.

(5) Auf jedes Konzernunternehmen entfällt mindestens ein Wahlmann. Ist für ein Unternehmen nur ein Wahlmann zu wählen, so gilt dieser als Vertreter derjenigen Gruppe, der die Mehrheit der wahlberechtigten Arbeitnehmer des Unternehmens angehört. Die Wahl erfolgt gemeinsam durch

die wahlberechtigten Arbeitnehmer des Unternehmens. Im übrigen gelten Absatz 2 Sätze 2 und 3 und Absatz 3 entsprechend.

(6) Zur Wahl der Wahlmänner können Betriebsräte, der Gesamtbetriebsrat und die Arbeitnehmer des Konzernunternehmens Wahlvorschläge machen. Jeder Wahlvorschlag muß mindestens doppelt soviel Bewerber aufweisen, wie in dem Wahlgang Wahlmänner zu wählen sind. Die Wahlvorschläge der Arbeitnehmer müssen von mindestens einem Zehntel der wahlberechtigten gruppenangehörigen Arbeitnehmer des Unternehmens unterzeichnet sein. In jedem Falle genügt die Unterzeichnung durch einhundert wahlberechtigte Gruppenangehörige.

(7) Die Wahlmänner der Arbeiter und der Angestellten sämtlicher Konzernunternehmen wählen die auf sie entfallenden Mitglieder des Aufsichtsrats in getrennten Wahlgängen geheim und nach den Grundsätzen der Mehrheitswahl für die Zeit, die im Gesetz oder in der Satzung (im Gesellschaftsvertrag) für die von der Hauptversammlung (Gesellschaftsversammlung, Gewerkenversammlung) zu wählenden Mitglieder des Aufsichtsrats bestimmt ist. Jede Gruppe kann auch Angehörige der anderen Gruppe wählen. Die Wahlvorschläge müssen von mindestens einem Zehntel der Wahlmänner der Gruppe unterzeichnet sein.

§ 7

Drei der in § 5 Abs. 1 Buchstabe b genannten Mitglieder des Aufsichtsrats werden von den Spitzenorganisationen der in den Betrieben der Konzernunternehmen vertretenen Gewerkschaften nach vorheriger Beratung mit den in diesen Betrieben vertretenen Gewerkschaften und mit den Betriebsräten (Gesamtbetriebsräten) der Konzernunternehmen für die in § 6 Abs. 7 Satz 1 genannte Zeit in den Aufsichtsrat entsandt. Die Spitzenorganisationen sind nach dem Verhältnis ihrer Vertretung in den Betrieben entsendungsberechtigt.

§ 8

(1) Sobald die Namen der nach §§ 6 und 7 bestellten Mitglieder des Aufsichtsrats feststehen, sind sie durch zweiwöchigen Aushang in den Betrieben der Konzernunternehmen bekanntzugeben und im Bundesanzeiger sowie in den sonstigen Gesellschaftsblättern zu veröffentlichen.

(2) Mindestens drei wahlberechtigte Arbeitnehmer, jede in einem Betrieb eines Konzernunternehmens vertretene Gewerkschaft oder deren Spitzenorganisation sowie das zur gesetzlichen Vertretung berufene Organ des herrschenden Unternehmens können bis zum Ablauf von zwei Wochen nach der Veröffentlichung im Bundesanzeiger die Bestellung eines Arbeitnehmervertreters beim Arbeitsgericht anfechten, wenn gegen wesentliche Vorschriften über das Wahlrecht, die Wählbarkeit, das Wahlverfahren (§ 6) oder das Entsendungsverfahren (§ 7) verstoßen worden und eine Berichtigung nicht erfolgt ist, es sei denn, daß der Verstoß keinen Einfluß auf die Bestellung haben konnte. Für das Anfechtungsverfahren gelten §§ 10, 12 Abs. 4, §§ 80 bis 96 des Arbeitsgerichtsgesetzes entsprechend.

§ 9

Konzernunternehmen im Sinne der §§ 6 bis 8 sind das herrschende Unternehmen und die unter seiner einheitlichen Leitung zusammengefaßten Unternehmen (§ 15 Abs. 1 des Aktiengesetzes).

§ 10

(1) Die durch die Arbeitnehmer gewählten Mitglieder des Aufsichtsrats können vor Ablauf der Wahlzeit auf Antrag der Mehrheit der Betriebsratsmitglieder aus den Betrieben sämtlicher Konzernunternehmen oder von mindestens einem Fünftel der wahlberechtigten Arbeitnehmer abberufen werden. Die Abberufung erfolgt durch Beschluß der Wahlmänner derjenigen Gruppe, als deren Vertreter das Mitglied des Aufsichtsrats gewählt wurde. Der Beschluß wird in geheimer Abstimmung gefaßt. Er bedarf einer Mehrheit, die mindestens drei Viertel der abgegebenen Stimmen umfaßt.

(2) Ein von einer Spitzenorganisation entsandtes Mitglied des Aufsichtsrats kann vor Ablauf der Zeit, für die es bestellt ist, auf Antrag der Spitzenorganisation durch das Gericht abberufen werden, wenn ein wichtiger Grund vorliegt.

§ 11

Der Aufsichtsrat ist beschlußfähig, wenn mindestens die Hälfte der Mitglieder, aus denen er nach diesem Gesetz oder der Satzung insgesamt zu bestehen hat, an der Beschlußfassung teilnimmt. § 89 Abs. 1 Satz 4 des Aktiengesetzes findet Anwendung.

§ 12

Bei Unternehmen mit einem Gesellschaftskapital von mehr als fünfzig Millionen Deutsche Mark kann durch Satzung oder Gesellschaftsvertrag bestimmt werden, daß der Aufsichtsrat aus einundzwanzig Mitgliedern besteht. §§ 5 bis 11 finden sinngemäß Anwendung mit der Maßgabe, daß von den Arbeitnehmern vier Arbeiter und zwei Angestellte zu wählen und von den Spitzenorganisationen vier Mitglieder zu entsenden sind.

§ 13

Für die Bestellung der Mitglieder des zur gesetzlichen Vertretung berufenen Organs und für den Widerruf ihrer Bestellung gelten § 75 des Aktiengesetzes und § 13 Abs. 1 Satz 1 des Mitbestimmungsgesetzes. § 13 Abs. 2 des Mitbestimmungsgesetzes findet Anwendung.

§ 14

Für die Beteiligung der Arbeitnehmer im Aufsichtsrat herrschender Unternehmen, die nicht unter § 2 oder 3 fallen, gilt das Betriebsverfassungsgesetz.

§ 15

(1) Die einem Unternehmen, in dem die Arbeitnehmer nach dem Mitbestimmungsgesetz oder nach § 2 oder § 3 dieses Gesetzes ein Mitbestimmungsrecht haben, auf Grund von Beteiligungen an einem anderen Unternehmen zustehenden Rechte bei der Bestellung, dem Widerruf der Bestellung oder der Entlastung von Verwaltungsträgern sowie bei der Beschlußfassung über die Auflösung, Verschmelzung oder Umwandlung des anderen Unternehmens, über dessen Fortsetzung nach seiner Auflösung, über die Übertragung seines Vermögens können durch das zur gesetzlichen Vertretung berufene Organ nur auf Grund von Beschlüssen des Aufsichtsrats ausgeübt werden. Diese Beschlüsse bedürfen nur der Mehrheit der Stimmen der nach § 5 des Mitbestimmungsgesetzes oder der nach § 5 Abs. 2 dieses Gesetzes bestellten Mitglieder; sie sind für das zur gesetzlichen Vertretung berufene Organ verbindlich.

(2) Absatz 1 gilt nicht, wenn die Beteiligung des Unternehmens an dem anderen Unternehmen weniger als ein Viertel beträgt.

§ 16

(1) Bestimmungen der Satzung (des Gesellschaftsvertrags) des herrschenden Unternehmens über die Zusammensetzung der Verwaltungsträger sowie ihre Bestellung und den Widerruf ihrer Bestellung treten mit Beendigung der ersten Hauptversammlung (Gesellschafterversammlung, Gewerkenversammlung) außer Kraft, die nach Ablauf von zwei aufeinanderfolgenden Geschäftsjahren, in denen die Voraussetzungen des § 3 eingetreten oder weggefallen sind, abgehalten wird, spätestens jedoch mit Ablauf von sieben Monaten nach dem Ende des letzten dieser beiden Geschäftsjahre. Dies gilt jedoch nur, soweit die Satzung wegen der Anwendung dieses Gesetzes geändert werden muß. Eine Hauptversammlung, die innerhalb dieser Frist stattfindet, kann mit einfacher Stimmenmehrheit neue Bestimmungen anstelle der außer Kraft tretenden beschließen.

(2) Das Amt der bisherigen Aufsichtsratsmitglieder des herrschenden Unternehmens erlischt mit dem in Absatz 1 Satz 1 bezeichneten Zeitpunkt.

§ 17

Die Bundesregierung wird ermächtigt, durch Rechtsverordnung Vorschriften zu erlassen über

1. das Verfahren für die Wahl der Wahlmänner (§ 6 Abs. 2 bis 6), insbesondere über
   a) die Vorbereitung der Wahl, die Bestellung der Wahlvorstände und die Aufstellung der Wählerlisten,
   b) die Errechnung der Zahl der Wahlmänner,
   c) die Frist für die Einsichtnahme in die Wählerlisten und die Erhebung von Einsprüchen,

d) die Wahlvorschläge und die Frist für ihre Einreichung,
e) das Wahlausschreiben und die Fristen für seine Bekanntmachung,
f) die Stimmabgabe,
g) die Feststellung des Wahlergebnisses und die Fristen für seine Bekanntmachung,
h) die Aufbewahrung der Wahlakten;

2. das Verfahren für die Wahl und die Abberufung von Arbeitnehmervertretern durch die Wahlmänner, insbesondere über
   a) die Vorbereitung der Wahl oder Abstimmung und die Bestellung des Wahlvorstandes,
   b) die Wahlvorschläge und die Frist für ihre Einreichung,
   c) die Ausschreibung der Wahl oder der Abstimmung und die Fristen für die Bekanntmachung des Ausschreibens,
   d) die Stimmabgabe,
   e) die Feststellung des Ergebnisses der Wahl oder der Abstimmung und die Fristen für seine Bekanntmachung,
   f) die Aufbewahrung der Wahlakten oder Abstimmungsakten;
3. die Feststellung der Entsendungsberechtigung einer Spitzenorganisation und die Bekanntmachung der Namen der Entsandten.

§ 18

(1) Im Falle des § 8 Abs. 3 Satz 4 des Mitbestimmungsgesetzes sind auf das Verfahren des Oberlandesgerichts die Vorschriften des Reichsgesetzes über die Angelegenheiten der freiwilligen Gerichtsbarkeit entsprechend anzuwenden. Gegen die Entscheidung des Oberlandesgerichts findet ein Rechtsmittel nicht statt.

(2) Für das Verfahren des Oberlandesgerichts werden von dem Unternehmen Gebühren nach § 112 der Kostenordnung erhoben. § 7 der Kostenordnung ist nicht anzuwenden.

§ 19

§ 145 Abs. 1 des Reichsgesetzes über die Angelegenheiten der freiwilligen Gerichtsbarkeit erhält folgende Fassung:

„(1) Die Amtsgerichte sind zuständig für die nach § 146 Abs. 2, §§ 147, 157 Abs. 2, § 166 Abs. 3, § 338 Abs. 3, § 524 Abs. 1 und 2, § 530 Abs. 1, §§ 590, 685, 729 Abs. 1, § 884 Nr. 4 des Handelsgesetzbuchs, die nach § 25 Abs. 3, §§ 27, 30 Abs. 6 und 7, § 67 Abs. 1, §§ 76, 88 Abs. 4, §§ 89, 106 Abs. 4, § 118 Abs. 2 und 3, § 122 Abs. 2, § 136 Abs. 3 bis 6, § 206 Abs. 2, § 211 Abs. 3, § 214 Abs. 2 bis 4, § 244 Abs. 1 und 4 des Aktiengesetzes, die nach § 11 Abs. 3 des Gesetzes über die Mitbestimmung der Arbeitnehmer in den Aufsichtsräten und Vorständen der Unternehmen des Bergbaus und der Eisen und Stahl erzeugenden Industrie vom 21. Mai 1951 (Bundesgesetzbl. I S. 347) und die nach § 10 Abs. 2 des Gesetzes zur Ergänzung des Gesetzes über die Mitbestimmung der Arbeitnehmer in den Aufsichtsräten und Vorständen der Unternehmen des Bergbaus und der Eisen und Stahl erzeugenden Industrie vom 7. August 1956 (Bundesgesetzbl. I S. 707) vom Gericht zu erledigenden Angelegenheiten."

§ 20

§ 11 Abs. 1 des Mitbestimmungsgesetzes erhält folgende Fassung:

„(1) Auf die in § 5 bezeichneten Mitglieder des Aufsichtsrats finden § 87 Abs. 2, § 88 Abs. 4 und 5 des Aktiengesetzes Anwendung."

§ 21

(1) Maßgebend für die erstmalige Anwendung des § 3 auf ein herrschendes Unternehmen ist das ermittelte Umsatzverhältnis für das letzte vor dem 1. Januar 1956 endende Geschäftsjahr. Die Ermittlung nach § 4 ist innerhalb von drei Monaten nach dem Inkrafttreten dieses Gesetzes zu treffen.

(2) Für die erstmalige Anwendung des § 3 auf ein herrschendes Unternehmen, dessen erstes Geschäftsjahr nach dem Inkrafttreten dieses Gesetzes endet, ist das für dieses Gechäftsjahr ermittelte Umsatzverhältnis maßgebend.

(3) Soweit wegen der Ermittlung nach Absatz 1 oder 2 die Zusammensetzung der Verwaltungsträger geändert werden muß, gilt § 16 entsprechend.

§ 22

Dieses Gesetz gilt nach Maßgabe des § 13 Abs. 1 des Dritten Überleitungsgesetzes vom 4. Januar 1952 (Bundesgesetzbl. I S. 1) auch im Land Berlin.

§ 23

Dieses Gesetz tritt am Tage nach seiner Verkündung in Kraft.

Gesetz

zur Ergänzung des Gesetzes über die Mitbestimmung der Arbeitnehmer in den Aufsichtsräten und Vorständen der Unternehmen des Bergbaus und der Eisen und Stahl erzeugenden Industrie

i. d. Fass. des Gesetzes zur Änderung von Vorschriften des Aktienrechts und des Mitbestimmungsrechts vom 15. Juli 1957 (BGBl. I S. 714) vom 7. August 1956 (BGBl. I S. 707).

Allgemeine Vorbemerkungen

Das Gesetz zerfällt in drei Artikel. Nur der erste Artikel stellt die eigentliche „Holding-Novelle" zum Mitbestimmungsgesetz (s. Anh. II) dar, während der zweite im wesentlichen verfahrensrechtliche Ergänzungen zum Montan-Mitbestimmungsrecht bringt. Artikel 3 endlich enthält neben der Vorschrift über das Inkrafttreten des Gesetzes und der üblichen Berlin-Klausel eine wichtige Übergangsvorschrift.

Von der in § 17 enthaltenen Ermächtigung der Bundesregierung ist inzwischen Gebrauch gemacht worden; vgl. Rechtsverordnung zur Durchführung des Gesetzes zur Ergänzung des Gesetzes über die Mitbestimmung der Arbeitnehmer in den Aufsichtsräten und Vorständen der Unternehmer des Bergbaus und der Eisen und Stahl erzeugenden Industrie vom 26. 11. 1956 (BGBl. I 886) — abgedruckt in Anh. IV.

Daraus, daß in Artikel 2 das Recht der freiwilligen Gerichtsbarkeit dem Mitbestimmungsgesetz angepaßt worden ist, kann nicht der Schluß gezogen werden, daß damit sämtliche Vorschriften erlassen wären, die zur Regelung der auf anderen Rechtsgebieten infolge der Mitbestimmungsgesetze entstandenen Probleme erforderlich erscheinen. So war z. B. im Laufe der parlamentarischen Beratung des Gesetzes die Aufnahme von Vorschriften in Betracht gezogen worden, welche die Frage der Beschluß- und Handlungsfähigkeit des Aufsichtsrats regeln sollten; man hat diesen Plan jedoch wieder fallen lassen, so daß diese hauptsächlich durch §§ 76 ff. des Betriebsverfassungsgesetzes in den Vordergrund gerückte Frage zunächst weiterhin der Rechtsprechung und Lehre überlassen blieb. Gleiches muß daher auch von anderen Zweifelsfragen gelten, die das Gesetz nicht ausdrücklich geklärt hat; die in § 20 enthaltene Berichtigung der bisherigen Fassung des § 11 Abs. 1 MitbG beseitigt in Wahrheit keine Streitfrage, sondern entspricht nur einer ohnehin bestehenden communis opinio. (Inzwischen ist — während der Drucklegung dieser Erläuterungen — mit dem Gesetz zur Änderung von Vorschriften des Aktienrechts und des Mitbestimmungsrechts vom 15. 7. 1957 (BGBl. I 714) doch noch die geplante Novelle zu § 89 AktGes. in Kraft getreten, was allerdings an dem vorstehenden Grundsatz nichts ändert.)

Artikel 1

Mitbestimmung in herrschenden Unternehmen

Vorbemerkung

Die Frage der Mitbestimmung in herrschenden Unternehmen war im Mitbestimmungsgesetz nicht vollständig übergangen worden. So hatte § 1 Abs. 1 Buchst. c erkennen lassen, daß die in Buchst. a) und b) a. a. O. bezeichneten Unternehmen nicht etwa deshalb von der Mitbestimmung der §§ 2 bis 13 MitbG freibleiben sollten, weil sie ihrerseits Unternehmen anderer Art beherrschten. § 1 Abs. 1 Buchst. c MitbG hatte aber von den durch die Mitbestimmung aufgeworfenen Konzernproblemen nur das alleroberflächlichste berührt und gegenüber der Bestrebung, die qualifizierte Mitbestimmung überall dort gesetzlich zu verankern, wo sie nach der im Frühjahr 1951 bestehenden Anschauung der Sozialpartner Platz greifen sollte, den Grundsatz aufgestellt, daß die Bindung der qualifizierten Mitbestimmung an einen Unternehmensgegenstand bestimmter Art auch bei abhängigen Unternehmen Geltung habe. Dabei wurde vorausgesetzt, daß im herrschenden Unternehmen die Mitbestimmung ebenfalls vom Gegenstande seines Unternehmens her gelte. Von hier aus konnte zwar der auch sonst aus § 1 MitbG abzuleitende Schluß unterstützt werden, daß die qualifizierte Mitbestimmung nur bei den in § 1 Abs. 1 bezeichneten Unternehmen, d. h. solchen, die unmittelbar Kohlen- oder Eisenerzbau bzw. Eisen- und Stahlerzeugung betreiben, Platz greifen solle. Aber jener Grundsatz lieferte kein Kriterium dafür, in welchem Maße umgekehrt die Mitbestimmung bei einem abhängigen Unternehmen etwa die gleiche Mitbestimmungsform bei dem herrschenden Unternehmen zu rechtfertigen vermöchte. Die Antwort auf die Frage, ob die qualifizierte Mitbestimmung in einem abhängigen Unternehmen sie auch für das herrschende Unternehmen nach sich ziehe, mußte somit negativ ausfallen. § 1 Abs. 1 Buchst. c MitbG schreibt auch nur der Klarheit halber vor, daß die Mitbestimmung im herrschenden Unternehmen nicht ohne weiteres auf das abhängige Unternehmen durchschlägt. Dies kann zu einem Umkehrschluß umso weniger Anlaß geben, als die Mitbestimmungsvoraussetzungen des § 1 Abs. 1 Buchst. a) oder b) MitbG ersichtlich auf einen bestimmten betrieblich charakterisierten Unternehmenszweck abstellen. Es ist daher dann, wenn das herrschende Unternehmen nicht seinerseits jene Voraussetzungen erfüllt, aus § 1 Abs. 1 Buchst. c MitbG — a fortiori — auf die Nichtgeltung der Mitbestimmung im herrschenden Unternehmen zu schließen.

Man hat dies Ergebnis für die sog. **Geschäftsführenden Obergesellschaften,** die aus der Entflechtung nach AHK-Ges. Nr. 27 (abgedruckt bei Kötter, Mitbestimmungsrecht Anh. II_1) hervorgegangen waren, anzuzweifeln versucht. Eine Durchführungsverordnung zu AHK-Ges. Nr. 27 stellte diese Gesellschaften in jeder Beziehung den sog. Einheitsgesellschaften gleich. Abgesehen davon, daß eine „Einheitsgesellschaft" in § 1 Abs. 2 MitbG nur von dem Erfordernis der Mindestarbeitnehmerzahl (eintausend) befreit ist und im übrigen (§ 1 Abs. 1 Buchst. b) lediglich als Hauptbeispiel dafür genannt wird, in welcher Weise ein Unternehmen als fortbestehend aus der Entflechtung hervorgehen könne, vermag die alliierte Verordnung die Auslegung des § 1 MitbG auch aus folgendem Grunde nicht zu beeinflussen: Die Einheitsgesellschaften waren nach AHK-Ges. Nr. 27 (vgl. Art. 3 Abs. 1!) unter Zugrundelegung deutschen Rechts zu errichten; infolgedessen konnte auch eine dazu erlassene Durchführungsverordnung keine Norm des deutschen Gesellschaftsrechts außer Kraft setzen, die eine Frage der gesellschaftlichen Organisation regelte. Auch die für Einheitsgesellschaften vorgesehenen Mustersatzungen, die auf Weisung der alliierten Entflechtungsbehörden von den sog. Gründungstreuhändern festgestellt wurden, mußten sich in den Grenzen des deutschen Rechts halten (wenngleich sie einige seiner Gestaltungsmöglichkeiten zumindest sehr stark strapazierten!) und konnten deshalb nur dispositive deutsche Normen berühren. Zu letzteren zählen aber die Mitbestimmungsnormen ebensowenig wie etwa die Vorschriften über Zahl und Kompetenzen der körperschaftlichen Organe. Zu allem Überfluß enthielt die Mustersatzung für Geschäftsführende Obergesellschaften keine Bezugnahme auf die Organisationsnormen des Mitbestimmungsgesetzes.

Auf Grund des Mitbestimmungsgesetzes den mittelbaren Betrieb von Unternehmen der in § 1 Abs. 1 Buchst. a) und b) bezeichneten Art als Voraussetzung der Mitbestimmung genügen zu lassen, wäre nicht nur wegen des Wortlauts des Gesetzes, sondern auch vom Gesetzeszweck her bedenklich gewesen. Das Mitbestimmungsgesetz beschränkt sich darauf, im Aufsichtsrat und im Vorstand ein bestimmtes Maß an Einfluß der Arbeitnehmer sicherzustellen, während es die Hauptversammlung (Gesellschafterversammlung, Gewerkenversammlung) von jedem derartigen Einfluß freiläßt. Deshalb konnte keine Ausdehnung des Anwendungsbereiches des Gesetzes vertreten werden, die dazu geführt hätte, daß bei den primär vom Gesetz erfaßten Unternehmen auch in der Hauptversammlung usw. ein Einfluß der neuen Mitbestimmungsfaktoren wirksam geworden wäre. Zu einer solchen Ausdehnung der Mitbestimmung hätte aber die Anwendung des Mitbestimmungsgesetzes auf **Holdinggesellschaften,** die Beteiligungen an Montangesellschaften verwalten, geführt, da sich die Holdinggesellschaft zumindest als Großaktionär, regelmäßig sogar als Universalversammlung des abhängigen Unternehmens darstellt. Man hätte geradezu von einer „Potenzierung" der Mitbestimmung bei dem abhängigen Unternehmen sprechen können, wenn bei diesem z. B. auch die Wahl der Vertreter der Anteilseigner im Aufsichtsrat zumindest nicht frei von Arbeitnehmereinfluß geblieben wäre: diese Wahl nimmt der Vorstand der Holding mit deren Stimmen vor und handelt dabei — formell oder informell — unter dem Einfluß seines Aufsichtsrats; wenn letzterer paritätisch besetzt wäre, so würde, da der Vorstand von ihm bestellt wird, die Gewähr dafür entfallen, daß die Holding-Stimmen für echte Unternehmervertreter abgegeben werden. Vgl. dazu auch Fitting BABl. 56, 509. Würde die Zulassung der Mitbestimmung in der Holding somit bei ihren Tochtergesellschaften eine Verstärkung des Arbeitnehmereinflusses über die Parität hinaus im Gefolge haben, so erscheint ihre Versagung auf der anderen Seite regelmäßig auch deshalb geboten, weil die Holdinggesellschaft bei ihren Tochtergesellschaften normalerweise nur den Einfluß der Hauptversammlung ausüben kann. (Vgl. dazu Kötter Anm. 19 — S. 26 —

zu § 1 MitbG!). Auf der anderen Seite zeigt sich, daß die Gefahr einer **„Potenzierung" der Mitbestimmung** bei den unter das Mitbestimmungsgesetz fallenden Tochterunternehmen auch dann besteht, wenn das herrschende Unternehmen keine reine Holdinggesellschaft, sondern ein unter § 1 Abs. 1 Buchst. a) oder b) MitbG fallendes Unternehmen ist. Fällt das Tochterunternehmen seinerseits nicht unter das Mitbestimmungsgesetz, so kommt infolge der Führung der Aktionärstimmen durch die „mitbestimmte" Verwaltung des herrschenden Unternehmens allerdings kaum ein Übergewicht der Arbeitnehmer im Aufsichtsrat, aber doch auch eine Verschiebung in der Aufsichtsratsbesetzung zugunsten der Arbeitnehmer in Betracht — immerhin Grund genug, die Frage der Verfügung über Mitgliedschaftsrechte mitbestimmter Unternehmen generell zu regeln, was nunmehr in § 15 geschehen ist. Die Regelung dieser Frage bot überhaupt erst die Möglichkeit, zu einer qualifizierten Mitbestimmung bei den ein Montanunternehmen beherrschenden Obergesellschaften zu gelangen. Ist nämlich die Gefahr einer „Potenzierung" der Mitbestimmung ausgeschaltet, so kann die Frage, ob und bei welchen herrschenden Unternehmen eine qualifizierte Mitbestimmung von den Interessen der Arbeitnehmer gefordert wird, geprüft werden, ohne daß eine Bejahung der Grundsatzfrage gegenüber Art. 14 GG in größere Gefahr der Grundgesetzwidrigkeit käme als das Mitbestimmungsgesetz selbst. (Vgl. dazu Kötter Anm. 19 d) — zu § 1 MitbG und die Einführung unter C — ebd. S. XV!) Die Prüfung führt dann zu dem Ergebnis, daß auf dem Boden des Mitbestimmungsgesetzes eine organschaftliche Beherrschung mitbestimmter Unternehmen zu einer ernsthaften Beeinträchtigung des normalen Schwergewichts der qualifizierten Mitbestimmung führen kann, da das Organschaftsverhältnis dem herrschenden Unternehmen über die Einwirkungsmöglichkeit einer Hauptversammlung hinausgehende Herrschaftsbefugnisse gibt. (Vgl. Kötter Anm. 19 d) — zu § 1 MitbG und unten Anm. 4 zu § 1.) Diese Beeinträchtigung war hinzunehmen, solange kein Regulativ gegen die Gefahr der „Potenzierung" geschaffen war; vgl. Kötter a. a. O. und RdA 54, 161 ff. Seitdem jedoch das erwähnte Hindernis beseitigt ist, erscheint bei Unternehmen, die ihrerseits ein unter § 1 MitbG fallendes Unternehmen organschaftlich beherrschen, ein der qualifizierten Mitbestimmung äquivalenter Arbeitnehmereinfluß in den Unternehmensorganen nicht nur zulässig und erträglich, sondern unter Umständen als echte Konsequenz des Mitbestimmungsgesetzes. Nunmehr — d. h. nach Wegfall der „Potenzierungs"-Gefahr — kann eine „Aushöhlung" der qualifizierten Mitbestimmung bei einem abhängigen Unternehmen nämlich nur noch dann gerechtfertigt werden, wenn der Konzern, dem das organschaftlich beherrschte Montanunternehmen angehört, seinem Unternehmenszweck nach von Unternehmen gekennzeichnet wird, die nicht der qualifizierten Mitbestimmung unterliegen. Wo dies der Fall ist, steht allerdings auch weiterhin einer qualifizierten Mitbestimmung in dem herrschenden Unternehmen die Erwägung entgegen, daß mit der Zulassung einer solchen Mitbestimmungsform in der Konzernspitze der sachliche Geltungsbereich der qualifizierten Mitbestimmung über den Montanbereich (§ 1 Abs. 1 MitbG) hinaus erweitert würde. Es war eine der hauptsächlichen Aufgaben des Mitbestimmungsergänzungsgesetzes, gerechte und praktisch brauchbare Kriterien für die an diesem Blickpunkt orientierte „Mitbestimmungswürdigkeit" herrschender Unternehmen zu normieren. Vgl. dazu Anm. 5 u. 6 zu § 3. Selbst die beste Methode zur Ermittlung des wirtschaftlichen Schwergewichts eines Konzerns kann allerdings eine gewisse Unvollkommenheit der de lege lata erzielbaren Lösung nicht verhindern. Diese Unvollkommenheit besteht notwendigerweise in doppelter Hinsicht.

a) Die „Übergewichtslösung" (die wegen der Verschiedenheit der beiden bestehenden Mitbestimmungstypen des Mitbestimmungsgesetzes und der §§ 76, 77 des Betriebsverfassungsgesetzes allein in Betracht kommt!) führt, soweit Organschaftsverhältnisse bestehen, partiell bei allen Konzernen, die nicht reine Montankonzerne sind, entweder zu einer „Aushöhlung" oder einer **„Ausuferung" der** (qualifizierten) **Mitbestimmung.** Die Ausuferung kann ggf. nur dadurch gemildert werden, daß man die dem Betriebsverfassungsgesetz unterliegenden abhängigen Konzerngesellschaften relativ verselbständigt, indem man bei ihnen auf eine organschaftliche Bindung verzichtet; dies kann aber unter Umständen zu wirtschaftlich, insbesondere steuerlich schwer erträglichen Ergebnissen führen.

b) Zumindest bei nur geringem Übergewicht der mitbestimmten Montanunternehmen trägt die qualifizierte Mitbestimmung dem Mischcharakter des Konzerns in demselben Maße nicht Rechnung, in dem qualifizierte und schlichte Mitbestimmung voneinander differieren. Wenn für die Konzernspitze keine Modifikation der qualifizierten Mitbestimmung vorgenommen würde, wäre daher eine gewisse Ausuferung der letzteren die unvermeidliche Folge. Man muß sich vorstellen, daß z. B. konzerngebundene Werke des Verarbeitungssektors unter Umständen die bedeutendsten Unternehmen ihrer Branche sein können und dann trotzdem die für sie nach § 76 BVG an sich geltende „schlichte" Mitbestimmung lediglich deshalb illusorisch wird, weil im Gesamtkonzern die qualifiziert-mitbestimmten Unternehmen überwiegen. Tatsächlich sieht denn auch das Mitbestimmungsergänzungsgesetz eine derartige Modifikation der Montan-Mitbestimmung vor (vgl. §§ 6, 7 und 13 und die Anm. dazu!). Dies hat aber zur Schaffung eines dritten Mitbestimmungstyps geführt — eine vom Standpunkt des Unternehmensrechts aus in jeder Hinsicht bedauerliche Konsequenz. Auch dann nämlich, wenn man — vgl. dazu Schilling Reform I S. 67 unter b)! — einer „Integrierung der Gesellschaft zum Unternehmen" das Wort redet und hierzu eine Teilnahme der im Unternehmen tätigen Menschen an der Verwaltung des unternehmerisch gebundenen Eigentums für erforderlich hält, kann schwerlich anerkannt werden, daß die von einer solchen Lösung erhoffte Festigung der privatrechtlichen Gestalt des Unternehmens durch die aufgezeigte divergierende Formentwicklung der Gesellschafts- bzw. Unternehmensorgane gefördert werde.

Es ist daher anzunehmen, daß das Mitbestimmungsergänzungsgesetz bei einer künftigen Aktienrechtsreform als Stimulanz für eine unternehmensbezogene Lösung des Mitbestimmungsproblems wirken wird. Eine solche Lösung erfordert wesentlich organischere Geltungskriterien der verschiedenen Mitbestimmungsformen als diejenigen des geltenden Rechts. Man wird dabei auch schwerlich umhin können, das generelle Problem des Widerstreits zwischen Organverantwortung und Konzernabhängigkeit aus dem Zwielicht der gegenwärtigen positiv-rechtlichen Vorschriften herauszurücken. Soweit es nämlich möglich bleiben bzw. gesetzlich anerkannt werden soll, daß ein Unternehmen sich in denjenigen Grad der Abhängigkeit von einem außerhalb der Unternehmensorgane gebildeten Willen begeben kann, der bei einem steuerlich anerkannten Organschaftsverhältnis vorausgesetzt wird, verliert eine Verantwortlichkeit der Organe des abhängigen Unternehmens nach §§ 84, 99 AktGes. weitgehend ihre innere Rechtfertigung. Es würde daher, wenn man eine organschaftliche Bindung zuläßt, möglich sein, bei dem abhängigen Unternehmen sowohl auf eine Organverantwortung im bisherigen Sinne als auch auf die Mitbestimmung zu verzichten und beide Probleme lediglich für die Konzernspitze adäquat neu zu regeln. Umgekehrt würde, wenn künftig der Gesetzgeber eine Organschaftsbindung für mit dem Wesen rechtlich selbständiger Unternehmen unvereinbar erklären sollte, das Holdingproblem für die Frage der Mitbestimmung seine spezifische Bedeutung verlieren, weil es dann durchweg auf das allgemeine Problem des Verhältnisses der Verwaltung zur Hauptversammlung — als die sich die Holding im Verhältnis zu den „abhängigen" Unternehmen darstellen würde — reduziert wäre und nach dem weiter oben Gesagten nicht zu einer veränderten Mitbestimmung bei der „Holding" führen könnte. Das Mitbestimmungsergänzungsgesetz, das lediglich die Schließung von Lücken innerhalb des Problemkreises der unternehmerischen Mitbestimmung auf der Grundlage positiv-rechtlicher Vorschriften beabsichtigt, die ihrerseits keiner einheitlichen Gesamtkonzeption entsprungen sind, konnte naturgemäß zu einer derart organisch gestalteten Lösung weder in dem einen noch in dem anderen Sinne gelangen.

§ 1[1]

(1) Die Mitbestimmung der Arbeitnehmer in den Aufsichtsräten und den zur gesetzlichen Vertretung berufenen Organen von Unternehmen[2] in der Rechtsform einer Aktiengesellschaft[3], einer Gesellschaft mit beschränkter Haftung[3] oder einer bergrechtlichen Gewerkschaft mit eigener Rechtspersönlichkeit[3], die auf Grund eines Organschaftsverhältnisses[4] ein Unternehmen[2] beherrschen[1], in dem die Arbeitnehmer nach den Vorschriften des Gesetzes über die Mitbestimmung der Arbeitnehmer in den Aufsichtsräten und Vorständen der Unternehmen des Bergbaus und der Eisen und Stahl erzeugenden Industrie vom 21. Mai 1951 — Bundesgesetzbl. I S. 347 — (Mitbestimmungsgesetz) ein Mitbestimmungsrecht haben[5], regelt sich nach den Vorschriften dieses Gesetzes[1].

(2) Organschaftsverhältnis im Sinne des Absatzes 1 ist ein auf Vereinbarung beruhendes Beherrschungsverhältnis, auf Grund dessen das abhängige Unternehmen in seiner Geschäftsführung dem Willen des herrschenden Unternehmens unterworfen ist[4].

1. Die **Mitbestimmung in herrschenden Unternehmen** ist nicht in der Allgemeinheit Gegenstand der in Artikel 1 enthaltenen Regelung, wie man es nach der Überschrift vermuten könnte. § 1 Abs. 1 beschränkt hier den sachlichen Geltungsbereich des Gesetzes vielmehr auf einen ganz bestimmten Unternehmenstyp. Der Kreis herrschender Unternehmen, über deren Mitbestimmungsform das Gesetz Auskunft gibt, ist nämlich gegenüber dem Begriff des herrschenden Unternehmens nach § 15 AktGes. in dreifacher Hinsicht eingeengt, und zwar nach der eigenen Rechtsform des herrschenden Unternehmens (darüber unten Anm. 3), nach dem Mittel der Beherrschung (Anm. 4) und nach Rechtsform, Umfang und Gegenstand der in derart spezifischer Weise beherrschten Unternehmen (Anm. 5). Das Gesetz gilt danach nur für Aktiengesellschaften, Gesellschaften mit beschränkter Haftung sowie bergrechtliche Gewerkschaften neuen Rechts, zu denen mindestens eines der von ihnen abhängigen Unternehmen, in dem die sogenannte qualifizierte Mitbestimmung gilt, in einem Organschaftsverhältnis steht. Diese Beschränkung des Geltungsbereichs der im Gesetz enthaltenen Mitbestimmungsvorschriften gilt nicht etwa nur für § 2 und §§ 3—13, sondern grundsätzlich auch für § 14. (Vgl. jedoch hierzu auch Anm. 1 zu § 14!) Die sonstigen Vorschriften des Gesetzes haben allerdings nicht im gleichen Sinne die Regelung der Mitbestimmung zum Gegenstande und infolgedessen zum Teil einen weiteren Anwendungsbereich (so § 15), oder sie enthalten (so §§ 18—20) nur solche Ergänzungsnormen zum Mitbestimmungsgesetz, die weder eine neue Mitbestimmungsform begründen noch den Anwendungsbereich einer Mitbestimmungsform normieren oder wenigstens klarstellen. Dies ergibt sich durchweg ausdrücklich aus den einzelnen Vorschriften, ohne daß damit ein Widerspruch zu § 1 Abs. 1 entstünde. Ebenso eindeutig ist andererseits, daß §§ 16, 17 und 21 sich nur auf die vom Gesetz (§ 4—13) neu eingeführte Form der Mitbestimmung beziehen.

2. Das Gesetz regelt für die von ihm erfaßten Unternehmen nicht die Mitbestimmung schlechthin, sondern nur den wichtigsten Teil desjenigen Ausschnitts aus der sog. innerbetrieblichen Mitbestimmung, den man richtiger „Mitbestimmung im Unternehmen" nennen würde. Zu diesem Ausschnitt gehört auch das Institut des Wirtschaftsausschusses (§§ 67 ff. BVG), das vom Mitbestimmungsergänzungsgesetz aber ebensowenig berührt wird wie die innerbetriebliche Mitbestimmung im engeren Sinne (= „Mitbestimmung im Betrieb"), für die §§ 1—66 BVG gelten. Das im ersten Abschnitt des Mitbestimmungsergänzungsgesetzes geregelte Rechtsinstitut steht vielmehr auf einer Stufe mit dem Mitbestimmungsgesetz und dem fünften Abschnitt des vierten Teils des Betriebsverfassungsgesetzes (§§ 76, 77 BVG) und ist durch die **Mitgliedschaft von Arbeitnehmervertretern in Unternehmensorganen** gekennzeichnet. In § 2 und § 14, die einer Abgrenzung dieser drei gleichrangigen — ein Stück Unternehmensrecht darstellenden — Rechtsinstitute dienen, wird das besonders deutlich. Über die allgemeine Problematik dieses Teils der Mitbestimmung im Unternehmen, den man als „unternehmerische Mitbestimmung" im engeren Sinne bezeichnen könnte, vgl. Kötter, Mitbestimmungsrecht, Einführung S. XII—XVI, ferner Anm. 3 zu § 1 MitbG und Anm. 1 Abs. 4 zu § 8 MitbG.

a) Das erste Gesetz, das eine solche Art von Mitbestimmung verwirklichte, war das Mitbestimmungsgesetz vom 21. 5. 1951. §§ 76, 77 des später hinzugetretenen Betriebsverfassungsgesetzes haben deutlich werden lassen, daß die grundlegenden Bedenken gegen eine derartige Regelung hauptsächlich im Prinzip der paritätischen Besetzung von Unternehmensorganen, ferner im Überwiegen von nicht aus dem Unternehmen selbst hervorgegangenen Arbeitnehmervertretern und schließlich in der Zugehörigkeit eines Arbeitnehmervertreters zu dem zur gesetzlichen Vertretung des Unternehmens berufenen Organ wurzeln. Die gegen das Mitbestimmungsgesetz erhobenen rechtsgrundsätzlichen Einwände bestehen daher gegenüber der Regelung der §§ 76, 77 BVG zumindest nur in sehr stark abgeschwächtem Grade. Bei ihr ist die Unterschiedlichkeit in der Realisierung der Verantwortung, die bei den Faktoren Kapital und Arbeit nicht wegzudisputieren ist, insofern berücksichtigt, als die unternehmerischen Entscheidungen durch die Arbeitnehmervertreter regelmäßig nur kontrolliert (und ggf. bejaht oder kritisiert), aber nicht blockiert werden können, so daß die unternehmerische Verantwortung und Initiative in keinem Falle beeinträchtigt zu werden brauchen, sich aber fortgesetzt bewähren müssen, um eine harmonische Zusammenarbeit sicherzustellen. Eine derartige Unternehmensverfassung läßt die für die gesellschaftsrechtliche Struktur maßgebenden Prinzipien des geltenden Rechts zwar nicht völlig unberührt, in praxi jedoch in Kraft, und die „Fiktion der Mitgliedschaft" (vgl. Kötter, Einführung S. XIII oben!), von der man zwar auch hier sprechen muß, ist als Grundlage des ganzen Instituts sehr viel eher zu rechtfertigen, wenn die Legitimation der Arbeitnehmervertreter vollständig von den Arbeitnehmern des Unternehmens selbst ausgeht. In dieser Form kann die fingierte Mitgliedschaft der Arbeitnehmer für ein neues Unternehmensrecht, das sicherlich eine Überprüfung der bisherigen Gestaltungsprinzipien erfordert, geradezu richtungweisend sein. In der Beschränkung des Arbeitnehmereinflusses auf eine ernsthafte Kontrollfunktion kann darüber hinaus vielleicht sogar die Anknüpfung dafür gefunden werden, daß aus der Fiktion der Mitgliedschaft in der das Unternehmen tragenden Korporation eine Realität wird. Der Mitbestimmungstyp des Mitbestimmungsergänzungsgesetzes sucht nun in mancher Hinsicht eine Mittellösung zwischen seinen beiden Vorgängern zu verwirklichen. Entscheidend Neues ist insofern allerdings wohl nicht geschaffen worden. Lediglich die Einrichtung des Arbeitsdirektors ist bei dem neuen Typ von einer dieses Vorstandsmitglied diskriminierenden Bestellungsvoraussetzung gelöst worden; vgl. darüber Anm. 1 zu § 13. Daß unter den Arbeitnehmervertretern im Aufsichtsrat die Mehrheit nach Art. des § 76 BVG legitimiert wird und im übrigen die „Vorschlagswahl" (vgl. über sie Kötter Anm. 29 zu § 6 MitbG!) zu einem Entsendungsrecht der gewerkschaftlichen Spitzenorganisationen (s. dazu Anm. 1 zu § 7!) umgestaltet worden ist, erscheint von relativ untergeordneter Bedeutung. Im großen und ganzen bestehen somit gegen den neuen Mitbestimmungstyp an sich die gleichen Bedenken wie gegen das Mitbestimmungsgesetz; auch er stellt sich als „qualifizierte" Mitbestimmung dar, deren Gewicht durch die erwähnten Modifikationen nicht beeinträchtigt wird. Auf dem Boden des geltenden Rechts ist hiergegen indessen nicht das geringste einzuwenden. Das Mitbestimmungsergänzungsgesetz würde vielmehr seinen Zweck verfehlt haben, wenn die Regelung wesentlich anders ausgefallen wäre; vgl. dazu Kötter, R.d.A. 1954 S. 166 ff. Bei der Begrenzung seines sachlichen Geltungsbereichs ist das Gesetz daher als notwendige Konsequenz der Mitbestimmung bei den Montan-Betriebsunternehmen zu begrüßen; ohne die neue Regelung hätte je nach der Art einer konzernmäßigen Bindung solcher Unternehmen die für sie geschaffene qualifizierte Mitbestimmung unter Umständen umgangen bzw. ausgehöhlt werden können.

b) Das Mitbestimmungsergänzungsgesetz kann mithin als angemessene Lösung des Problems der sogenannten Holding-Mitbestimmung angesehen werden. Das Problem war nicht etwa dadurch entstanden, daß die Rechtsprechung die Anwendung des Mitbestimmungsgesetzes auf sog. Holdinggesellschaften abgelehnt hatte; vgl. dazu LG Düsseldorf i. NJW 195. Das Mitbestimmungsgesetz hatte bewußt für Holdinggesellschaften nicht gelten wollen. Es war demgemäß auch auf Gesellschaften, deren Unternehmensgegenstand in der Verwaltung von Beteiligungen an anderen Unternehmen besteht, nicht zugeschnitten. Seine Anwendung auf derartige Gesellschaften hätte in der letzten Konsequenz dahin geführt, gerade bei den wichtigsten Montanunternehmen den Einfluß der Anteilseigner, der diesen bei der qualifizierten Mitbestimmung noch verblieben ist, derart zu reduzieren, daß man von einem Übergreifen der Mitbestimmung auf die Hauptversammlung hätte sprechen müssen; vgl. Vorb. vor § 1 sowie Kötter Anm. 19 zu § 1 MitbG u. ders. i. RdA. a. a. O. Überall dort, wo die konzernmäßige Bindung eines mitbestimmten Unternehmens nur auf der Beherrschung durch Anteilsbesitz beruht, fehlte es demgemäß an einem gesetzgeberischen Grunde dafür, bei dem herrschenden Unternehmen den gleichen Mitbestimmungstyp wie bei dem abhängigen Unternehmen einzuführen. Das durch Anteilsbesitz herrschende Unternehmen, das über keine weitergehenden Beherrschungsmittel verfügt, muß unter dem Gesichtswinkel der Mitbestimmung grundsätzlich ebenso frei in seinen Einflußmöglichkeiten gegenüber der Tochtergesellschaft sein, wie deren Hauptversammlung — gleichgültig in welcher Zusammensetzung — ist. Infolgedessen konnte der Geltung der qualifizierten Mitbestimmung in einem abhängigen Konzernunternehmen nur dort ein Einfluß auf die Form der Mitbestimmung in dem herrschenden Unternehmen zugebilligt werden, wo die Konzernbindung auf einem stärkeren Mittel der Beherrschung beruht, als es selbst der 100%ige Anteilbesitz darstellt. Dieses Mittel der Beherrschung sieht das Gesetz mit Recht nur in dem Bestehen eines Organschaftsverhältnisses. (Über diesen Begriff s. unten Anm. 4!)

c) **Aufsichtsräte** gibt es — von hier nicht in Betracht kommenden Unternehmensformen abgesehen — allgemein und zwingend nur bei Aktiengesellschaften, während bei Gesellschaften mit beschränkter Haftung und Gewerkschaften neuen Rechts die Bildung eines Aufsichtsrats — von § 77 BVG abgesehen — nur fakultativ vorgesehen ist. Nach § 3 MitbG ist jedoch für die vom Mitbestimmungsgesetz erfaßten Unternehmen in der Rechtsform einer GmbH oder Neueren Gewerkschaft ein Aufsichtsrat zwingend vorgeschrieben. Das Mitbestimmungsergänzungsgesetz erklärt diese Vorschrift in § 3 Abs. 1

unter den sonstigen dort vorgesehenen Voraussetzungen auch für anwendbar auf herrschende Unternehmen; vgl. dazu Anm. 5 zu § 3.

Zur gesetzlichen Vertretung berufene Organe sind bei Aktiengesellschaften der **Vorstand,** bei Gesellschaften mit beschränkter Haftung der oder die **Geschäftsführer** und bei Neueren Gewerkschaften der Repräsentant oder der (mehrköpfige) **Grubenvorstand;** vgl. § 70 AktGes., § 6 GmbHGes. u. § 117 AllgBergges. Bei diesen Vertretungsorganen liegt zugleich die Geschäftsführung, während der Aufsichtsrat (zumindest soweit er dem aktienrechtlichen Typ entspricht) auf Überwachungsfunktionen beschränkt ist.

3. Der Charakter der unternehmerischen Mitbestimmung (s. oben Anm. 2 unter a)!) bedingt hinsichtlich der **Rechtsform des Unternehmens** eine Beschränkung ihres sachlichen Geltungsbereichs. Mindestens in der positivrechtlichen Ausgestaltung eines gemischt — mit Vertretern der Anteilseigner und solchen der Arbeitnehmer — besetzten Überwachungsorgans, verbunden mit Bindungen hinsichtlich der Besetzung des Geschäftsführungsorgans, paßt dieser Mitbestimmungstyp nur auf Kapitalvereine und ähnlich — d. h.: ohne wesentlich personellen Einschlag — organisierte juristische Personen; bei anderen Rechtsformen läge regelmäßig eine Enteignung der haftenden Gesellschafter hinsichtlich ihres Rechts auf selbständige Ausgestaltung der Geschäftsführungs- und Vertretungsverhältnisse vor. (Auf die Besonderheit bei Erwerbs- und Wirtschaftsgenossenschaften — vgl. § 77 BVG —, die von Haus aus einen Aufsichtsrat haben, obwohl sie keine echten Kapitalvereine sind, kann hier nicht eingegangen werden!) Deshalb hält sich das Mitbestimmungsergänzungsgesetz hinsichtlich der Rechtsform der von ihm erfaßten Unternehmen im selben Rahmen wie das Mitbestimmungsgesetz (vgl. § 1 Abs. 2 MitbG); nur auf Aktiengesellschaften, Gesellschaften mit beschränkter Haftung und Neuere Gewerkschaften können § 2 oder § 14 wie auch §§ 3—13 Anwendung finden. Für Unternehmen, die an der Spitze eines Konzerns stehen, ist jedoch diese Einschränkung von größerer praktischer Bedeutung als bei den Unternehmen, von denen § 1 Abs. 1 MitbG spricht. Bei letzteren handelt es sich um die unmittelbaren Betriebsunternehmen, die nicht nur im Hinblick auf die Aufbringung der notwendigen Betriebsmittel, sondern vor allem deshalb die Rechtsform einer Kapitalgesellschaft anzunehmen pflegen, um angesichts der oft risikovollen Geschäfte eine Haftungsbeschränkung (auf das Vermögen der juristischen Person!) herbeizuführen. Namentlich letzteres Interesse entfällt nahezu vollständig (vgl. dazu BGHZ 22, 226 über die Haftung des sog. Einmanngesellschafters!) bei den Unternehmen, die an der Spitze eines Konzerns stehen und regelmäßig nur die Verwaltung der Anteilsrechte an abhängigen Unternehmen zum Gegenstande haben. Hier kann der Anreiz stark sein, das herrschende Unternehmen etwa als Kommanditgesellschaft auszugestalten. In einem solchen Falle stößt das Mitbestimmungsergänzungsgesetz auf das Hindernis der personalistischen Organisation der Konzernspitze, so daß es hier nicht Platz greifen kann; selbst eine Kommanditgesellschaft auf Aktien ist wegen ihrer durch das Vorhandensein persönlich haftender Gesellschafter bedingten Besonderheiten (s. z. B. §§ 219 Abs. 2, 227 Abs. 2,

229 Abs. 1 AktGes) mit Vorbedacht in die qualifizierte Mitbestimmung nicht einbezogen worden; vgl. dazu Kötter Anm. 21 zu § 1 MitbG.

Wer Gesellschafter bzw. Gewerke des in § 1 Abs. 1 bezeichneten herrschenden Unternehmens ist, spielt grundsätzlich keine Rolle. Die Anteilsrechte können auch einer einzigen Person oder Gesellschaft zustehen. Hat diese ihrerseits eine der drei im Gesetz genannten Rechtsformen (AktG, GmbH oder Neuere Gewerkschaft), so stellt sich die Frage, wo bei dem — mehrstufigen — Konzern die im Mitbestimmungsergänzungsgesetz normierte Mitbestimmungsform realisiert werden muß. Bei wörtlicher Interpretation des Gesetzes könnte man meinen, daß ein Unternehmen, das seinerseits ein unter § 1 MitbG fallendes Unternehmen nicht unmittelbar beherrscht, niemals unter das Mitbestimmungsergänzungsgesetz falle. Das muß jedoch auf den Fall beschränkt werden, daß überhaupt keine — also auch keine mittelbare — organschaftliche Herrschaftsbeziehung zwischen Konzernspitze und Montanunternehmen (§ 1 MitbG) besteht. Wenn zwar nicht die von der Konzernspitze unmittelbar organschaftlich beherrschten Unternehmen, wohl aber deren ebenfalls organschaftlich beherrschte Tochtergesellschaften unter § 1 MitbG fallen, so ist kein Grund dafür einzusehen, die Konzernspitze nicht nach dem Mitbestimmungsergänzungsgesetz zu organisieren, falls sie die dafür vorausgesetzte Rechtsform hat. Es erhebt sich dann die weitere Frage, ob es daneben noch erforderlich ist, das in diese von der Konzernspitze bis zu einem Montanunternehmen reichende Herrschaftsbeziehung eingeschaltete Unternehmen, das lediglich die Beherrschungsmöglichkeit nach unten hin vermittelt, seinerseits der Regelung des Mitbestimmungsergänzungsgesetzes zu unterwerfen. M. E. ist diese Frage zu verneinen. (Ebenso Geßler BB. 56, 627.) Allerdings kann eine „Potenzierung" der Mitbestimmung wegen § 15 nicht eintreten. Das Gesetz will jedoch, wie verschiedene seiner Vorschriften eindeutig ergeben, Konzernrecht in dem Sinne schaffen, daß grundsätzlich auf einen einheitlich beherrschten Gesamtkonzern abzustellen ist. Deshalb paßt insbesondere die von ihm vorgesehene neue Mitbestimmungsform der §§ 5—13 nur auf die Konzernspitze schlechthin, sofern von dieser eine — sei es auch nur durch Zwischenschaltung eines weiteren Konzernunternehmens vermittelte — organschaftliche Beherrschung von Montanunternehmen ausgeht. Stehen also neben einem zwischen die Konzernspitze und die Montanunternehmen des Konzerns eingeschalteten Unternehmen der ersten Abhängigkeitsstufe andere Unternehmen, die unmittelbar von der Konzernspitze abhängig sind, so müssen im Falle des § 3 auch deren Umsätze und die ihrer Tochterunternehmen berücksichtigt werden, wenn der Unternehmenszweck des „Konzerns" ermittelt wird (vgl. §§ 3, 4). Daß dies bei der Frage nach der **Mitbestimmung in der Konzernspitze** so sein muß, leuchtet ohne weiteres ein; es hat aber auch in dem Sinne zu gelten, daß bei dem zwischen die Konzernspitze und die Montanunternehmen eingeschalteten Konzernunternehmen selbst dann keine Mitbestimmung nach §§ 5—13 Platz greift, wenn für den von ihm „beherrschten" Konzernbereich — isoliert betrachtet — die Voraussetzung des § 3 zu bejahen wäre, und zwar ohne Rücksicht darauf, ob die gleiche Voraussetzung bei der Konzernspitze gegeben ist oder nicht. Der Sinn der Regelung ist mithin der, daß innerhalb eines Konzerns dann, aber auch nur dann eine „Aushöhlung" der Mitbestimmung organschaftlich beherrschter Montanunternehmen verhindert werden soll, wenn der unterhalb der höchstgelagerten organschaftlichen Beherrschung liegende Konzernbereich in Ansehung des unternehmerischen Zwecks durch unter § 1 MitbG fallende Unternehmen gekennzeichnet wird. Daraus folgt also weiter, daß dann, wenn die organschaftliche Beherrschung der Montanunternehmen des Konzerns unterhalb der Konzernspitze beginnt, dasjenige Konzernunternehmen, von dem jene Beherrschung ausgeht, ggf. nach §§ 5—13 zu organisieren ist, wenn auch nur für seinen Herrschaftsbereich der Tatbestand des § 3 gegeben ist. Eine solche Organisation des nicht die Konzernspitze bildenden Unternehmens, von dem Montanunternehmen ihrerseits abhängig sind, erscheint hingegen weder nützlich noch geboten, wenn es selbst — nicht nur organschaftlich herrscht, sondern auch — organschaftlich beherrscht wird. In diesem Falle wird vielmehr für das derart zwischengeschaltete Unternehmen § 14 zu gelten haben. Für die Geltung des Mitbestimmungsergänzungsgesetzes ist also ein „Konzern im Konzern" nur insoweit anzuerkennen, als sich innerhalb des Konzerns ein besonderer nicht bis zur Konzernspitze durchgeführter organschaftlich gestalteter Teilherrschaftsbereich isolieren läßt. Kommt es hiernach entscheidend auf das Bestehen und die Lokalisierung einer organschaftlichen Bindung der mitbestimmten Konzernunternehmen an, so erscheint es anderseits nicht angängig, bei mehrstufigen Konzernen die Herstellung einer solchen durchgehenden Organbindung unumschränkt zuzulassen. Es könnte sonst durch organschaftliche Bindung eines Tochterunternehmens, von dem Enkelunternehmen des Montanbereichs ihrerseits organschaftlich abhängig sind, die vom Gesetz erstrebte Wirkung unter Umständen willkürlich verhindert werden. Es wird freilich im Einzelfalle oft schwer sein, hier eine Willkür nachzuweisen. Fehlt aber jedes vernünftige wirtschaftliche Motiv für die Einführung einer Organbindung in der obersten Konzernstufe — insbesondere weil etwa ein Gewinn- und Verlustausgleich nur zwischen den Enkelunternehmen interessant werden kann, die unter einer von mehreren Tochtergesellschaften zusammengefaßt sind —, so muß der Beweggrund für die organschaftliche Bindung dieser Tochtergesellschaft offenbar in dem Wunsch nach Vermeidung der qualifizierten Mitbestimmung gesehen werden. M. E. wäre es in einem solchen Falle geboten und zulässig, den Organschaftsvertrag wegen Gesetzesumgehung als nichtig anzusehen und die über den mitbestimmten Montanenkeln herrschende Tochtergesellschaft nach §§ 5—15 zu organisieren, wenn auf deren Herrschaftsbereich § 3 zutrifft. Für diesen Fall stimme ich also Kunze zu, wenn er (AuR. 56, 227) gegen Geßler a. a. O. die Auffassung vertritt, daß auch ein abhängiges Unternehmen die Voraussetzungen des § 1 erfüllen könne. Diese These wird indessen von Kunze, wenn ich ihn recht verstehe, nicht für den vorstehend erörterten Fall, sondern für eine Konzerngestaltung aufgestellt, bei der die nach unten hin vorbehaltenen Befugnisse einer organschaftlichen Beherrschung zwischen der Konzernspitze und der **„Zwischen-Obergesellschaft"** (Kunze) aufgeteilt sind. (Ebenso anscheinend Hueck-Nipperdey II 913 N. 106.) Hier wird m. E. zu unterscheiden sein. Soweit es vorkommt, daß solche

Aufteilung der Befugnisse rechtlicher Natur ist, wird es darauf ankommen, ob das Verhältnis zwischen Konzernspitze und „Unterkonzern"-Spitze und dasjenige zwischen dieser und den Montan-„Enkeln" je für sich noch als Organschaftsverhältnis angesehen werden kann. Ist das zu bejahen, so wird allerdings entgegen dem oben (für den Regelfall der Gesamtübertragung der Herrschaftsbefugnisse) entwickelten Grundsatz die Anwendung des Mitbestimmungsergänzungsgesetzes — worauf Kunzes Ausführungen a. a. O. offenbar abzielen! — sowohl bei der Konzernspitze als auch bei der von ihr beherrschten Zwischengesellschaft nicht von vornherein auszuschalten sein. Denn die Aushöhlung der Mitbestimmung bei den zum „Unterkonzern" gehörenden Enkeltöchtern des Montanbereichs beruht dann legitim auf der Willensbildung eines jeden der ihnen stufenweise übergeordneten Unternehmen. Nur muß dann im Falle des § 3 sowohl beim „Unterkonzern" als auch beim Gesamtkonzern die dort bezeichnete Voraussetzung gegeben sein, damit die Konzernspitze ebenfalls nach §§ 5—15 organisiert werden kann. Ist schon der Unternehmenszweck des „Unterkonzerns" nicht durch mitbestimmte Konzernunternehmen gekennzeichnet, so entfällt die Anwendung der §§ 5—15 natürlich schon bei der Zwischengesellschaft und sie kommt dann für die Konzernspitze erst recht nicht in Frage. Erfüllt lediglich der Unterkonzern, nicht aber der Gesamtkonzern die Voraussetzungen des § 3, so kann die Aushöhlung der qualifizierten Mitbestimmung bei den Montanenkeln nur auf der Ebene der Zwischengesellschaft — und also nur für den Bereich der ihr vorbehaltenen unternehmerischen Entscheidungen — kompensiert werden. Die Zulassung dieser Möglichkeit beruht aber auf der Annahme, daß die rechtliche Aufteilung der Herrschaftsbefugnisse zwischen Konzernspitze und Zwischengesellschaft derart gestaltet ist, daß die Befugnisse, welche die Zwischengesellschaft im Verhältnis zur Konzernspitze selbständig ausüben darf, eindeutig über die mit dem bloßen Besitz der Kapitalanteile verbundenen Einwirkungsrechte hinausgehen. Ob dies möglich ist, erscheint bei der hier gemachten Unterstellung eines Organschaftsverhältnisses zwischen Konzernspitze und Zwischengesellschaft zweifelhaft. Zumindest in den meisten Fällen dürfte eine Aufteilung der denkbaren Herrschaftsbefugnisse vielmehr dazu führen, daß die Zwischengesellschaft entweder organschaftlich herrscht und dann selbst in keinem Organschaftsverhältnis zu der Konzernspitze steht, oder aber organschaftlich beherrscht wird und dann ihrerseits keine organschaftlichen Befugnisse nach unten selbständig ausüben kann. Im letzteren Falle muß es bei der Regel verbleiben, wonach nur die Konzernspitze dem Mitbestimmungsergänzungsgesetz unterfällt und der ganze Konzern nach §§ 3, 4 beurteilt werden muß. Hat die Konzernspitze rechtlich die Befugnisse, die ein Organschaftsverhältnis zwischen ihr und der Zwischengesellschaft begründen, so kann auch nicht etwa deshalb von einer „Verteilung" der organschaftlichen Herrschaftsbefugnisse auf sie und die Zwischengesellschaft (mit der von Kunze a. a. O. vertretenen Folge!) gesprochen werden, weil von diesen Befugnissen in der Konzernspitze vielleicht nicht oder nicht in vollem Umfange Gebrauch gemacht wird. Das Mitbestimmungsergänzungsgesetz stellt nämlich durchweg auf die rechtliche Möglichkeit der Beherrschung und nicht auf das tatsächliche Gebrauchmachen von dieser Möglichkeit ab. Vgl. dazu auch unten Anm. 4 d)

a. E. Das Gegenteil würde auch angesichts der nicht zu vermeidenden Auswirkung stärkerer oder schwächerer Persönlichkeiten auf dieser oder jener Konzernstufe zu einer unerträglichen Rechtsunsicherheit führen, die dort, wo es sich um die Geltung von Organisationsnormen handelt, unbedingt vermieden werden muß. Die Arbeitnehmer können daher nicht mehr und nicht weniger verlangen, als daß diejenige Konzernstufe den Maßstäben des Mitbestimmungsergänzungsgesetzes unterworfen wird, auf der rechtlich die Möglichkeit besteht, die ggf. die qualifizierte Mitbestimmung aushöhlenden Entscheidungen zu treffen. Aus dieser Erwägung folgt, daß in aller Regel der Aushöhlung der qualifizierten Mitbestimmung nur auf einer Konzernstufe — sei es in der Spitze, sei es bei einer „Zwischen-Obergesellschaft" — entgegenzuwirken ist. In diesem Sinne halte ich die Kunzesche Auffassung teils für verfehlt, teils für inpraktikabel. Soweit nämlich die Konzernspitze einer Zwischengesellschaft Entscheidungen überläßt, die von Rechts wegen der Konzernspitze vorbehalten waren, genügt die Mitbestimmung in der Konzernspitze, da es in deren Hand liegt, die Entscheidungen der Zwischengesellschaft zu dulden oder an sich zu ziehen; duldet sie die Entscheidungen, so sind es rechtlich ihre Entscheidungen.

4. **Das Mittel der Beherrschung** der mitbestimmten Montanunternehmen des Konzerns, das die Anwendbarkeit des Mitbestimmungsergänzungsgesetzes begründet, wird von diesem als **„Organschaftsverhältnis"** bezeichnet. § 1 Abs. 2 sagt, was das Gesetz hierunter verstanden wissen will.

a) Der Regierungsentwurf (Anh. I 1a) hatte das kritische Beherrschungsmittel noch „Organschaftsvertrag" genannt und auf dessen Definition im Gesetzestext selbst verzichten wollen, in der Begründung jedoch ausgeführt: „Ein auf Grund eines Organvertrages beherrschtes Unternehmen hat keinen eigenen Willen mehr. Sein Vorstand ist an die Weisungen des herrschenden Unternehmens gebunden." Damit wurde auf bekannte Konzerntypen Bezug genommen. Der Änderung, die das Gesetz gegenüber dem Reg.-Entw. in den BT-Ausschüssen insofern erfahren hat, dürfte keine sachliche Bedeutung beizumessen sein. Beiden Fassungen liegt das Bestreben zugrunde, das besondere Herrschaftsverhältnis zu bestimmen, das zu einer **„Aushöhlung der Mitbestimmung** bei dem beherrschten Unternehmen führen kann. Diese Gefahr besteht eben nicht bei jedem abhängigen Konzernunternehmen i. S. des § 15 AktGes., sondern nur bei einer sog. Organgesellschaft. Nur bei ihr sind dem geschäftsführenden Organ im Gegensatz zu anderen Fällen der Unternehmensbeherrschung die Entscheidungen über die Leitung des eigenen Unternehmens entzogen. Dem Aktienrecht ist der Begriff eines derart beherrschten Unternehmens fremd. Die Antwort darauf, ob ein solch starkes Beherrschungsverhältnis zulässig sei oder nicht, kann sicher nicht § 15 AktGes. entnommen werden. Diese Vorschrift nennt als Mittel der Beherrschung nur die Beteiligung, wobei offen geblieben ist, wie stark die Beteiligung sein müsse, um den vorausgesetzten „beherrschenden Einfluß" des anderen Unternehmens, dem die Beteiligung zusteht, zu begründen. Die Frage läßt sich nicht allgemein entscheiden und braucht im Rahmen des Mitbestimmungsergänzungsgesetzes auch nicht entschieden zu werden. Selbst dann nämlich, wenn dem anderen Unternehmen sämtliche Anteile des in diesem Falle unzweifelhaft i. S. des § 15 AktGes. beherrschten Unternehmens zustehen, wird auf Grund des Anteilsbesitzes allein noch kein Organschaftsverhältnis begründet. Regelmäßig wird zwar eine Anteilsmehrheit oder sogar eine qualifizierte Anteilsmehrheit erforderlich sein, um die Begründung eines Organschaftsverhältnisses zu ermöglichen. Gewöhnlich ist nämlich damit die Eingehung einer „Gewinngemeinschaft" bzw. die Abrede verbunden, daß das abhängige Unternehmen für Rechnung des herrschenden Unternehmens geführt werde. Dann liegt, wenn das abhängige Unternehmen eine Aktiengesellschaft ist, der Fall des § 256 AktGes. vor, bei dem die Hauptversammlung des abhängigen Unternehmens mit mindestens drei Vierteln des bei der Beschlußfassung vertretenen Grundkapitals den Vereinbarungen zustimmen muß. Eine solche Indienststellung des abhängigen Unternehmens hat steuerrechtliche Bedeutung; insbesondere wird der Ertrag eines abhängigen Unternehmens, das derart — wirtschaftlich und organisatorisch — einem anderen Unternehmen eingegliedert ist, nur diesem letzteren zugerechnet; die Organgesellschaft macht — steuerrechtlich — selbst überhaupt keinen Gewinn. Das vom Steuerrecht her einleuchtende Postulat, das abhängige Unternehmen müsse, damit seine Geschäftsergebnisse dem herrschenden Unternehmen zugerechnet werden können, dem letzteren vollständig eingegliedert sein, hat nun dazu geführt, daß die Mitbestimmung der Arbeitnehmer im Vorstand und Aufsichtsrat einer solchen Organgesellschaft zur Bedeutungslosigkeit herabgemindert wird. Es wäre denkbar gewesen, um dieser Folge willen, den Vereinbarungen, die auf eine solche Eingliederung — und damit notwendigerweise auf die mit ihr verbundene „Aushöhlung" der Mitbestimmung — abzielten, die rechtliche Wirksamkeit zu versagen. Konzerne mit abhängigen Montanunternehmen wären hierdurch jedoch steuerlich benachteiligt worden, da die bekannte vom früheren Reichsfinanzhof begründete Rechtsprechung besonders für den Kohlenbergbau u. U. praktische Bedeutung hat, wenn er in Verbindung mit rentableren Unternehmen im Rahmen ein und desselben Konzerns betrieben wird. (Die Besorgnis [vgl. Müller-Lehmann Anm. 23 u. 24 zu § 1 MitbG u. dazu Rasch BB 52, 469 ff.], daß im Bereich der qualifizierten Mitbestimmung eine Unternehmenseingliederung im Sinne der erwähnten Rechtsprechung nicht möglich sei, hat sich in der Praxis nicht bestätigt.) Infolgedessen war für die gesetzgeberische Lösung der aufgezeigten Kollision zwischen Mitbestimmung und Organschaft der vom Mitbestimmungsergänzungsgesetz beschrittene Weg gewissermaßen vorgezeichnet. Die organschaftliche Bindung eines Montanunternehmens muß zur Ausdehnung der qualifizierten Mitbestimmung auf die Obergesellschaft in dem Umfange führen, in dem der Gesamtkonzern selbst sie nach ihren Grundgedanken verträgt.

b) Die von der parlamentarischen Opposition in den Ausschüssen geforderte Ausdehnung dieses Lösungsgedankens auf jedes Beherrschungsverhältnis i. S. des § 15 AktGes. (vgl. dazu auch BT-Prot. vom 7. 6. 1956 — 148. Sitzung — S. 7866/7!) wäre weit über das Ziel eines Ausgleichs der durch Konzernbindung bedingten Beeinträchtigung des Mitbestimmungsrechts hinausgegangen; s. oben Anm. 2 b). Auf der anderen Seite wäre es nicht richtig gewesen, die Regelung des Mitbestimmungsergänzungsgesetzes enger als notwendig mit der steuerrechtlich bedingten Konstruktion der Organschaft zu verknüpfen. Das Gesetz hat daher nicht die steuerliche Anerkennung eines Organschaftsverhältnisses zur Voraussetzung. Es genügt, daß eine Entmachtung des geschäftsführenden Organs des abhängigen Unternehmens infolge seiner Bindung an die Weisungen des herrschenden Unternehmens eingetreten ist. Ob diese Bindung zu steuerlich erheblichen Zwecken begründet wurde, muß dann — obwohl dies regelmäßig der Fall sein wird — für die Frage der Mitbestimmung gleichgültig bleiben, und erst recht ist unerheblich, ob der Bindung eine steuerrechtliche Bedeutung zuerkannt wird oder nicht.

c) § 1 Abs. 2 wird zwar nicht als Präjudiz dafür gewertet werden dürfen, daß die **Begründung eines Organschaftsverhältnisses** i. S. der Vorschrift unter allen Umständen rechtsbeständig sei. Eine Bindung dieser Art kann aber, woran der Gesetzeswortlaut keinen Zweifel läßt, nur auf Grund einer Vereinbarung entstehen. Selbstverständlich muß eine solche „Vereinbarung", die einen Vertrag darstellt, rechtswirksam sein. § 1 Abs. 2 kann nur entnommen werden, daß sie nicht um ihres Inhalts willen unwirksam ist. Das Gesetz entscheidet damit aber noch nicht die Frage, ob nicht andere rechtliche Gesichtspunkte den Vertrag als unwirksam erscheinen lassen; das läßt sich nur von Fall zu Fall beurteilen. Der Vertrag kann wie andere Verträge z. B. deshalb nichtig sein, weil er zum Schein oder unter Umständen geschlossen wurde, die seine Sittenwidrigkeit (Knebelvertrag!) begründen. Ebensowenig ist mit § 1 Abs. 2 die Frage entschieden worden, welche Wirkungen die Weisungsgebundenheit der Mitglieder des geschäftsführenden Organs des abhängigen Unternehmens auf ihre Verantwortlichkeit nach § 84 AktGes. hat. Wie v. Godin (Godin-Wilhelmi Anm. II 2 zu § 256 AktGes.) mit Recht bemerkt hat, handelt es sich primär um eine obligatorische Verpflichtung des abhängigen Unternehmens als solchen, die — ihre rechtswirksame Begründung vorausgesetzt — von ihm erfüllt werden muß, und zwar rechtsnotwendig durch seine handelnden Organe.

d) Man mag zweifeln, welche Wirkungen es für die Frage der Mitbestimmung hat, wenn zwischen den Beteiligten **Streit über das Bestehen eines rechtswirksamen Organschaftsverhältnisses** herrscht.

Hier kann es darauf ankommen, ob die Unterwerfung unter den Willen des herrschenden Unternehmens praktiziert wird. Solange dies der Fall ist, kann den Arbeitnehmern m. E. das Mitbestimmungsrecht im herrschenden Unternehmen nach Maßgabe des Mitbestimmungsergänzungsgesetzes nicht versagt werden. Da das herrschende Unternehmen regelmäßig die Rechtswirksamkeit der Vereinbarung i. S. des § 1 Abs. 2 geltend machen wird, dürften sich selbst dann keine Schwierigkeiten ergeben, wenn es seinen Willen gegenüber dem abhängigen Unternehmen nicht durchzusetzen vermag. Erst wenn im Verhältnis der beiden Unternehmen zueinander rechtskräftig festgestellt ist, daß keine Vereinbarung i. S. des § 1 Abs. 2 besteht, entfällt auch das Recht auf Mitbestimmung nach Maßgabe der §§ 3—15; würde nach einer solchen Feststellung gleichwohl die Willensunterwerfung erneut praktiziert, so läge darin wiederum eine Vereinbarung i. S. des § 1 Abs. 2. Die Frage, wer außer den beteiligten Gesellschaften die positive

Feststellung des Bestehens einer solchen Vereinbarung betreiben kann, ist zweifelhaft, wenngleich die Schwierigkeiten hier wegen der in §§ 3, 4 getroffenen Regelung und der Wahlbefugnis der Arbeitnehmer geringer sein dürften als bei dem Mitbestimmungsgesetz (über diese vgl. Kötter Anm. 1 Abs. 4 zu § 1 MitbG).

Kann an der Rechtswirksamkeit der Vereinbarung kein Zweifel bestehen, so ist es nicht erforderlich, daß das herrschende Unternehmen von den ihm auf Grund der Vereinbarung zustehenden Rechten auch tatsächlich Gebauch macht. Wenn nämlich das abhängige Untenehmen kraft der Vereinbarung „dem Willen des herrschenden Unternehmens unterworfen ist" (§ 1 Abs. 2), so trifft dies auch insoweit zu, als es seine Geschäfte de facto ohne Weisungen des herrschenden Unternehmens selbständig führt; denn im Falle des Bestehens der Vereinbarung beruht eine solche — scheinbare! — Selbständigkeit lediglich auf Duldung seitens des herrschenden Unternehmens. Die faktische Übung der Willensunterworfenheit ist daher nicht Voraussetzung der Gesetzesanwendung, wohl aber Indiz für das Bestehen der die Gesetzesanwendung begründenden Vereinbarung und kann bei längerer einvernehmlicher Dauer sogar selbst die vom Gesetz geforderte Vereinbarung darstellen; letzterenfalls ist der Vertrag über die Weisungsgebundenheit des abhängigen Unternehmens durch schlüssiges Verhalten zustandegekommen, was — da er als solcher nicht unter § 256 AktGes. fällt — ohne Zustimmung der Hauptversammlung möglich ist.

5. Mindestens ein organschaftlich beherrschtes Unternehmen muß unter § 1 MitbG fallen. Es muß sich bei ihm also um eine Aktiengesellschaft, Gesellschaft mit beschränkter Haftung oder bergrechtliche Gewerkschaft neuen Rechts handeln, welche die in § 1 Abs. 1 MitbG normierten Voraussetzungen erfüllt und „in der Regel" mehr als 1000 Arbeitnehmer beschäftigt. (Auf die Arbeitnehmerzahl kommt es nicht an, wenn das Unternehmen aus der Neuordnung nach Ges. Nr. 27 der Alliierten Hohen Kommission als sog. Einheitsgesellschaft hervorgegangen ist.)

a) Über die Abgrenzungskriterien des § 1 Abs. 1 MitbG, die das der qualifizierten Mitbestimmung unterliegende Unternehmen seiner Struktur nach — von Rechtsform und Größe abgesehen! — kennzeichnen, vgl. im einzelnen Kötter Anm. 8—18 zu § 1 MitbG! Hervorzuheben ist, daß der betrieblichen Struktur nach zwei große Gruppen von Unternehmen erfaßt werden: einmal sämtliche der Bergaufsicht unterliegende Unternehmen, die überwiegend Kohlenbergbau (Steinkohlen- wie auch Braunkohlenbergbau) oder Eisenerzbergbau betreiben, und zum anderen diejenigen aus der Entflechtung nach AHK-Ges. Nr. 27 hervorgegangenen Unternehmen, die „überwiegend Eisen und Stahl erzeugen". Problematisch hinsichtlich der Abgrenzung ist hauptsächlich die zweite Gruppe. Einig ist man sich darin, daß Unternehmen, die sich überwiegend als Verarbeitungsunternehmen darstellen, nicht unter § 1 MitbG fallen; vgl. außer Kötter Anm. 12 zu § 1 auch Boldt Anm. 3 b zu § 1 MitbG (S. 35 oben) und Müller-Lehmann Anm. 14 zu § 1 (S. 31). Trotzdem herrscht — veranlaßt durch Ausführungen von Abgeordneten in der parlamentarischen Debatte zum Mitbestimmungsgesetz — Streit über die Bedeutung der in § 1 Abs. 1 Buchst. b) MitbG gebrauchten

Wendung „Unternehmen der Eisen und Stahl erzeugenden Industrie in dem Umfang, wie er im Gesetz Nr. 27 ... bezeichnet ist". Die nur historisch zu erklärende Bezugnahme auf AHKGes. Nr. 27 — über ihre wahre Bedeutung vgl. Kötter Anm. 13 zu § 1 MitbG! — kann unmöglich als Ersatz für eine Bestimmung des Begriffs „Eisen und Stahl erzeugende Industrie" gewertet werden, wie dies Boldt a. a. O. (S. 34 unten) tut. Boldt sieht offenbar nicht, daß er sich mit einer solchen Auffassung zu der auch von ihm selbst vertretenen und allein dem Wortlaut und der Entstehungsgeschichte entsprechenden Ansicht in unlösbaren Widerspruch setzt, daß Verarbeitungsunternehmen nicht unter das Gesetz fallen. Letzteres wäre völlig unhaltbar, wenn das Gesetz wirklich, wie Boldt meint (ähnlich Müller-Lehmann a. a. O. und wohl auch Kunze AuR 56, 226 — unter B I 2, Text zu N. 20), seinen Geltungsbereich auf dem Gebiete der Eisen- und Stahlindustrie nur derart abgesteckt hätte, daß es auf die Zugehörigkeit zu dem von AHKGes. Nr. 27 erfaßten Industriekomplex ankomme. (Völlig undiskutabel ist Boldts Ansicht a. a. O., daß die in den Anhängen zu AHKGes. Nr. 27 aufgeführten Unternehmen unter das Gesetz fallen sollen. Mögliche Objekte der Mitbestimmungsregelung sind im Gegenteil nur die im Zuge der Neuordnung dieser von AHKGes. Nr. 27 erfaßten und in seinen Anhängen bezeichneten Konzerne, Unternehmen und Betriebe gebildeten neuen Unternehmen. Nur da, wo die „Neuordnung" ausnahmsweise darin bestand, daß ein Unternehmen unverändert aus der Kontrolle nach AHKGes. Nr. 27 entlassen werde, kommt dieses Unternehmen selbst als Objekt der Mitbestimmungsregelung in Frage.) Nach richtiger Ansicht bedeutet die Herkunft von Betriebsanlagen eines Stahlunternehmens aus dem Industriekomplex, der der Entflechtung nach AHKGes. Nr. 27 unterlag, lediglich, daß nunmehr geprüft werden muß, ob das Unternehmen ein solches „der Eisen und Stahl erzeugenden Industrie" ist. Nur wenn dies zu bejahen ist, findet das Mitbestimmungsgesetz Anwendung. Bei dem unter Bezugnahme auf AHKGes. Nr. 27 formulierten Tatbestandsmerkmal in § 1 Abs. 1 Buchst. b) MitbG handelt es sich also um eine zusätzliche Voraussetzung für die Geltung der qualifizierten Mitbestimmung, deren Fehlen bei einem Unternehmen, das nicht herrschendes Unternehmen i. S. des § 1 ist, ohne weiteres zur Anwendung der §§ 76 ff. BVG nötigt. Es erscheint de lege ferenda überaus fragwürdig, ob das unter Bezugnahme auf AHKGes. Nr. 27 normierte Abgrenzungskriterium in § 1 Abs. 1 Buchst. b) MitbG Bestand haben kann; ihm fehlt durchaus die dem Unternehmensrecht allein angemessene dynamische Elastizität. Diesem Umstande muß für das geltende Recht wenigstens dadurch Rechnung getragen werden, daß bei den seit Beendigung der Entflechtung eingetretenen Veränderungen des betrieblichen Vermögens und seiner Zuständigkeit die Herkunft aus dem ehemaligen Kontrollbereich des AHKGes. Nr. 27 nur in dem vorstehend gekennzeichneten Sinne und überdies nur mit den Korrekturen gefordert werden kann, die durch Vorgänge der Surrogation oder der Rechtsnachfolge geboten erscheinen. Insbesondere kann es der Anwendung des Mitbestimmungsgesetzes auf die Leitungsorgane eines Unternehmens nicht entgegenstehen, daß seit der Neuordnung neben oder an Stelle alter Betriebsanlagen neue Anlagen errichtet und in Betrieb genommen worden sind, ebensowenig, daß Stahlwerke, die einer im Zuge der Neuordnung errichteten Gesellschaft

„zugeteilt" worden waren, auf eine andere — womöglich neu gegründete — Gesellschaft übertragen worden sind, oder daß eine aus der Neuordnung nach AHKGes. Nr. 27 hervorgegangene Gesellschaft im Wege der Verschmelzung mit einer anderen untergegangen ist, selbst wenn die aufnehmende Gesellschaft ihrerseits nicht aus der Neuordnung hervorgegangen war. Diese Folgerungen, deren Richtigkeit sich schon aus dem betriebsbezogenen Charakter der qualifizierten Mitbestimmung und dem Umstande zwingend ergeben dürfte, daß AHKGes. Nr. 27 mit der Vollendung der Neuordnung im wesentlichen gegenstandslos wurde und der Bezugnahme auf ein solches „auslaufendes" Gesetz notwendigerweise eine mit der Wirklichkeit nicht ohne weiteres zu vereinbarende Starrheit innewohnt, sind aber nur zu rechtfertigen, wenn man jedes Unternehmen, das in dem vorstehend dargelegten Sinne industrielle Anlagen aus dem ehemaligen Kontrollbereich des AHKGes. Nr. 27 betreibt, daraufhin prüft, ob es in seinem gegenwärtigen Bestande als ein „Unternehmen der Eisen und Stahl erzeugenden Industrie" anzusehen ist. Auch mit dieser Erkenntnis dürfte sich die hier bekämpfte Ansicht als irreal und untauglich erweisen. Es wäre weder erträglich, das Mitbestimmungsrecht der Arbeitnehmer nach dem Mitbestimmungsgesetz ohne weiteres in Fortfall kommen zu lassen, wenn Betriebe, deretwegen es gewährt wurde, in das Eigentum einer anderen — nicht durch Umwandlung entstandenen — juristischen Person gelangen, noch auch, die Mitbestimmung etwa bei einer auf Grund AHKGes. Nr. 27 gebildeten „Einheitsgesellschaft" beizubehalten, obwohl sie sich durch Inbetriebnahme neuer Anlagen zu einem Unternehmen entwickelt, das überwiegend Stahlverarbeitung betreibt. Daß derartige Ergebnisse einer nach Abschluß der Entflechtung einsetzenden Entwicklung bei den Stahlgesellschaften in gleicher Weise dynamisch berücksichtigt werden müssen, wie dies für Unternehmen des Kohlen- und Eisenerzbergbaus aus dem klareren Wortlaut des § 1 Abs. 1 Buchst. a) MitbG ohne weiteres abzulesen ist, dürfte, wenn man dem Gesetz auch nur ein Mindestmaß an innerer Logik zugestehen will, zwingendes Postulat sein. Ohnehin bleibt noch das ungewöhnliche, aber de lege lata einstweilen nicht zu vermeidende Ergebnis bestehen, daß ein neu errichtetes Unternehmen, das lediglich ein neu erbautes Stahlwerk betreiben würde, nicht die qualifizierte Mitbestimmung erhalten würde. (Etwas anderes gilt z. Z. nur im Saarland, wo das (saarl.) Gesetz vom 22. 12. 1956 (GBl des Saarlandes S. 1703) — Anh. III — nach Aufhebung der französischen Sequesterverwaltung und unabhängig von einer AHKGes. Nr. 27 entsprechenden Neuordnung auch für die Stahlindustrie lediglich auf den überwiegenden Betriebszweck abgestellt hat!)

Darüber, daß nicht nur bei § 1 Abs. 1 Buchst. a), sondern auch bei § 1 Abs. 1 Buchst. b) MitbG der „überwiegende Betriebszweck" maßgebend ist, derart, daß nur ein Unternehmen, das überwiegend Eisen und Stahl erzeugt, als „Unternehmen der Eisen und Stahl erzeugenden Industrie" gelten kann, vgl. schon Kötter Anm. 8 zu § 1 MitbG. Welche andere Bedeutung sollte diesem Begriff auch beigemessen werden? § 1 Abs. 1 Buchst. c) MitbG und seine Entstehungsgeschichte (vgl. dazu Nr. 1 der Anlage zur Gemeinsamen Eingabe der Sachverständigen für Kohle und Eisen und des Deutschen Gewerkschaftsbundes an den Bundeskanzler vom 7. 2. 1951 — abgedruckt bei

Kötter, Mitbestimmungsrecht Anh. I 4, S. 188!) beweist überdies, daß das Gesetz die Wendungen „Unternehmen der Eisen und Stahl erzeugenden Industrie" und „Unternehmen, die überwiegend Eisen und Stahl erzeugen" in voller Absicht als äquivalent gebraucht hat.

b) Erforderlich ist, daß durch das Organschaftsverhältnis ein Unternehmen beherrscht wird, das die gesetzlichen Voraussetzungen des § 1 MitbG erfüllt. Eine bloß de facto bestehende Ausgestaltung der Unternehmensorgane nach dem Vorbild der §§ 4 u. 13 MitbG genügt nicht. Die Arbeitnehmer müssen vielmehr auf Grund des Mitbestimmungsgesetzes das — unabdingbare — Recht auf qualifizierte Mitbestimmung in Aufsichtsrat und Vorstand haben.

§ 2

Liegen bei dem herrschenden Unternehmen[1] nach seinem eigenen überwiegenden Betriebszweck die Voraussetzungen für die Anwendung des Mitbestimmungsgesetzes vor[2], so gilt für das herrschende Unternehmen[1] das Mitbestimmungsgesetz[3].

1. **Herrschendes Unternehmen** ist angesichts § 1 auch hier nur eine Aktiengesellschaft, GmbH oder Neuere Gewerkschaft, von der mindestens ein die Voraussetzungen des § 1 MitbG erfüllendes anderes Unternehmen kraft eines zwischen diesen beiden Unternehmen bestehenden — auf Vereinbarung beruhenden — Organschaftsverhältnisses abhängig ist. Vgl. Anm. 4 u. 5 zu § 1.

2. Der Sinn des § 2 ist nicht, den **Geltungsbereich des § 1 MitbG** zu erweitern. Die Vorschrift geht im Gegenteil von der herrschenden Meinung aus, daß reine Holdinggesellschaften nicht unter § 1 MitbG fallen. Vgl. Reg.-Entw. Begr. zu § 2 (Anh. I_1), ferner Fitting BABl. 56, 499 u. Geßler BB 56, 625/6! Demgemäß betrifft § 2 nur Unternehmen, für die sich das Problem der sog. Holding-Mitbestimmung überhaupt nicht gestellt hatte, weil sie ohnehin unter das Mitbestimmungsgesetz fielen. Nach § 1 Abs. 1 MitbG ist dies bei einem herrschenden Konzernunternehmen allerdings nur dann möglich, wenn es selbst — d. h. nicht nur mittelbar auf Grund von Beteiligungen, sondern (vom Fall der Betriebspacht abgesehen!) in unmittelbar zu seinem Vermögen gehörigen betrieblichen Anlagen — Kohlen- oder Eisenerzbergbau oder Eisen- und Stahlerzeugung betreibt, und zwar muß dieser Betriebszweck im Unternehmen „überwiegen"; vgl. Kötter Anm. 8 zu § 1 MitbG. Daß es in einem solchen Falle der qualifizierten Mitbestimmung bei der Dachgesellschaft grundsätzlich nicht entgegensteht, wenn andere Unternehmen von ihr i. S. des § 15 AktGes. beherrscht werden, ergibt § 1 Abs. 1 Buchst. c) MitbG. Ob und in welcher Weise Beteiligungen eines nach § 1 MitbG zu beurteilenden Betriebsunternehmens an anderen Unternehmen sowie der Betriebszweck der letzteren bei der Ermittelung des „überwiegenden Betriebszwecks" der Dachgesellschaft zu berücksichtigen ist, kann nach § 1 Abs. 1 Buchst. a) und b) MitbG zweifelhaft erscheinen. Jedenfalls hat aber § 2 auch in dieser Frage eine Änderung des bisherigen Rechtszustandes weder herbeiführen wollen noch auch herbeigeführt. Aus der Wendung „nach seinem eigenen

überwiegenden Betriebszweck" kann nicht etwa das Gegenteil geschlossen werden. Der „überwiegende Betriebszweck" eines Unternehmens i. S. des § 1 Abs. 1 MitbG ist nichts anderes als der faktisch verwirklichte Unternehmenszweck, aus dem sich der Gesamtcharakter des Unternehmens ergibt, vgl. dazu Kötter Anm. 8 zu § 1 MitbG. Daß bei der Ermittlung dieses Zweckes gänzlich davon abgesehen werden könnte, ob und an welchen anderen Unternehmen Beteiligungen bestehen, wäre immerhin befremdlich. In der Regel werden zwar Beteiligungen eines Betriebsunternehmens mit einer eigenen Belegschaft von mehr als 1000 Arbeitnehmern so geartet sein, daß sie sich in den Gesamtcharakter des Unternehmens einfügen, ohne ihn zu verändern. Halten sich aber innerhalb der eigenen betrieblichen Sphäre der Dachgesellschaft etwa Kohlenbergbau und Energieerzeugung, Kohlenbergbau und Chemische Erzeugung oder Stahlerzeugung und Stahlverarbeitung, wie dies nicht selten vorkommt, ungefähr die Waage, so dürfte es dem Sinn des Mitbestimmungsgesetzes entsprechen, auch die Beteiligungen eines solchen gemischten Unternehmens zur Bestimmung seines Gesamtcharakters heranzuziehen. Vgl. dazu Kötter RdA. 54, 166 ff. N. 35. Zwar können die Beteiligungen in keinem Falle der unmittelbaren Unterhaltung von Betriebsstätten gleichgesetzt werden. Sie müssen aber je nach dem Gegenstande des abhängigen Unternehmens, dem Umfange der Kapitalanlage und dem in der Höhe der Beteiligung zum Ausdruck kommenden Grad des Einflusses der Dachgesellschaft auf die Tochterunternehmen mit ins Gewicht fallen, wenn nach dem Gesamtcharakter des „Unternehmens" der Dachgesellschaft gefragt wird. Es handelt sich hier nicht um den „Unternehmenszweck des Konzerns", auf den § 3 abstellt. Abgesehen davon, daß § 3 einen Weg für die Feststellung dieses Unternehmenszweckes vorsieht, der bei § 1 Abs. 1 MitbG nicht gangbar erscheint, kommen bei § 1 MitbG — und ebenso bei § 2 — Beteiligungen lediglich im Rahmen der Berücksichtigung des investierten Kapitals und der aus den verschiedenen Vermögensanlagen fließenden Erträge in Betracht. Schon deshalb war das Mitbestimmungsergänzungsgesetz daran gehindert, hinsichtlich des herrschenden Unternehmens statt — wie in § 1 MitbG — von „Betriebszweck" etwa von „Unternehmenszweck" zu sprechen. Auch wenn § 2 von dem „eigenen" Betriebszweck des herrschenden Unternehmens spricht, so soll dies gleichfalls nur zum Ausdruck bringen, daß die für § 1 MitbG nach richtiger Auffassung maßgeblichen Kriterien unterschiedslos gelten. Insofern wird nämlich die Ausdrucksweise von der Absicht getragen, künftig jeden Zweifel darüber auszuschließen, daß die Voraussetzungen nach § 1 Abs. 1 Buchst. a) und b) MitbG nicht durch den Betriebszweck von Tochtergesellschaften erfüllbar sind, wenn derjenige des herrschenden Unternehmens lediglich in der Verwaltung von Beteiligungen besteht. Zu einer solchen Klarstellung hätte an und für sich zwar kein Anlaß bestanden, weil diese Auffassung seit der Entscheidung in dem bekannten Mannesmann-Prozeß (vgl. BB 54, 60 = NJW 54, 236 — LG Düsseldorf) durchweg Anerkennung gefunden hatte. Indessen bedurfte es einer Vorschrift nach Art des § 2 deshalb, weil das Mitbestimmungsergänzungsgesetz den Geltungsbereich der qualifizierten Mitbestimmung nicht antasten wollte und ohne § 2 auch Konzerne, an deren Spitze eine unter § 1 MitbG fallende Betriebsgesellschaft steht, nach § 3 hätten behandelt werden müssen, was unter Umständen sogar dazu führen könnte, die Dachgesellschaft §§ 76, 77 BVG zu unterwerfen, weil sich § 3 Abs. 2 möglicherweise anders auswirken kann als die nach § 1 Abs. 1 MitbG anzustellende Beurteilung des Charakters einer die Konzernspitze bildenden Betriebsgesellschaft. (Es wäre z. B. denkbar, daß eine 100%ige Tochtergesellschaft mit weniger als 1000 Arbeitnehmern ein kleines Eisenerzbergwerk oder Stahlwerk betreibt, deren Umsätze nach § 3 nicht zugunsten der paritätischen Mitbestimmung ins Gewicht fallen würden, während eine solche Beteiligung nach § 1 Abs. 1 MitbG natürlich das Gewicht der dort genannten Betriebszwecke bei der Dachgesellschaft verstärken müßte!) Mußte mithin der hier gedachte — vor Erlaß des Mitbestimmungsergänzungsgesetzes unproblematische — Fall von der Regelung des § 3 ausgenommen werden, um den Geltungsbereich der qualifizierten Mitbestimmung nach § 1 MitbG nicht anzutasten, so wäre es immerhin mißlich gewesen, etwa nur zu sagen, daß es für herrschende Unternehmen, welche die Voraussetzungen des Mitbestimmungsgesetzes erfüllen, bei dessen Vorschriften sein Bewenden habe. Damit hätte die Streitfrage, deren Entscheidung im Sinne der herrschenden Ansicht gerade den Ausgangspunkt des Mitbestimmungsergänzungsgesetzes bildet, unter Umständen sogar neue Nahrung bekommen. Deshalb wurde die Wendung „nach seinem eigenen überwiegenden Betriebszweck" gewählt. Mit ihr sollte also nur derjenigen Auslegung des § 1 Abs. 1 MitbG entgegengetreten werden, welche die Voraussetzungen dieser Vorschrift schon bei nur mittelbarem Betrieb von Bergwerken oder Hüttenwerken als erfüllt ansehen will.

Die Bedeutung des § 2 liegt hiernach darin, daß ein Konzern, an dessen Spitze ein Unternehmen steht, das zugleich unmittelbar Kohlen- oder Eisenerzbergbau oder Eisen- und Stahlerzeugung betreibt, nur dann nach § 3 zu beurteilen ist, wenn das herrschende Unternehmen nicht unter § 1 Abs. 1 Buchst. a) und b) MitbG fällt. (In beiderlei Hinsicht ohne nähere Begründung abweichend: Kunze AuR 56, 226 unter A III u. B I 2.) Solange bei dem herrschenden Unternehmen die dort bezeichneten Voraussetzungen gegeben sind, kommt also niemals ein Tätigwerden seines Abschlußprüfers nach § 4 in Frage. Der Fall, daß sie zunächst erfüllt sind, späterhin jedoch wegfallen, ist im Gesetz nicht unmittelbar geregelt. Über seine Behandlung vgl. Anm. 1 Abs. 4 a. E. zu § 16.

§ 2 ist nach dem Gesagten nicht Ausdruck eines allgemeinen Rechtsgedankens. §§ 3, 14 stellen vielmehr ausdrücklich klar, daß es bei Nichterfüllung der Voraussetzungen des § 1 MitbG nicht auf den „Betriebszweck" des herrschenden Unternehmens, sondern auf den „Unternehmenszweck des Konzerns" ankommt. § 2 stellt insofern auch eine Durchbrechung des das Mitbestimmungsergänzungsgesetz beherrschenden Prinzips einer Modifizierung der qualifizierten Mitbestimmung bei Dachgesellschaften gemischter Konzerne dar, als hier einer „Ausuferung" der qualifizierten Mitbestimmung nur im Rahmen des § 1 Abs. 1 MitbG, also auf der Grundlage einer vom Zweck des herrschenden Unternehmens ausgehenden Betrachtungsweise gesteuert werden kann. Der Gefahr einer „Potenzierung" der paritätischen Mitbestimmung ist allerdings durch § 15 auch für den Fall des

§ 2 (wie überhaupt für alle Abhängigkeitsverhältnisse, bei denen die Muttergesellschaft eine paritätische Mitbestimmung hat!) Rechnung getragen. Die Vorschrift des § 2 gilt nur insoweit, als die Normen des Mitbestimmungsgesetzes und des Mitbestimmungsergänzungsgesetzes einander widersprechen; durch die Fassung des § 15 ist dies auch hinreichend klargestellt, vgl. dazu Vorbem. 2 vor § 1 u. Anm. 1 Abs. 2 a. E. zu § 15.

3. Die **Geltung des Mitbestimmungsgesetzes** bedeutet, daß Aufsichtsrat und Vorstand der unter § 2 fallenden Unternehmen entsprechend §§ 4—13 MitbG zu organisieren sind.

Die Unterschiede zwischen dieser Organisationsform und dem vom Mitbestimmungsergänzungsgesetz neu geschaffenen Typ einer abgeschwächten paritätischen Mitbestimmung (im folgenden auch als „Holding-Mitbestimmung" bezeichnet, da sich dieser Ausdruck — wiewohl ungenau — am leichtesten mit den politischen Vorstellungen von der neuen Mitbestimmungsform verbinden läßt!) sind zahlreich, zum Teil für das unternehmensrechtliche Gewicht des Instituts belanglos und nicht durchweg von rechtlichen Postulaten getragen. Insofern kann der „herben" Kritik Geßlers (BB 56, 626 und dazu Fitting BABl. 56, 499 ff. N. 3a) nur vorbehaltlos zugestimmt werden. Allerdings hat sie nur solange uneingeschränkt Bestand, als man das Institut der qualifizierten Mitbestimmung unverändert als gegeben hinnimmt (was freilich der Gesetzgeber von 1956 bewußt getan hat). Die neuen Lösungen des Mitbestimmungsergänzungsgesetzes dürften nämlich zum Teil geeignet sein, bei der Reform des gesamten Mitbestimmungsrechts im Rahmen einer Aktienrechtsreform als Vorbild zu dienen; die für manche dieser Lösungen anläßlich der Parlamentsberatungen gegebenen Begründungen erschöpfen ihre Bedeutung und Tragweite zweifellos nicht (dies gegen Geßler a. a. O., soweit er auf solche Begründungen Bezug nimmt!).

Die Unternehmen des § 2 haben nach §§ 4—13 MitbG einen in Zweifel elfköpfigen Aufsichtsrat und im Vorstand einen Arbeitsdirektor, dessen Bestellung nicht nur die Stimmen der Aufsichtsratsmehrheit, sondern auch die Mehrheit der Stimmen der Arbeitnehmervertreter im Aufsichtsrat erfordert. (Vgl. dazu die Anm. zu § 13 MitbG u. Anm. 3 zu § 13!) Nur wenn das Nennkapital der Dachgesellschaft 25 bzw. 50 Millionen DMark übersteigt, können durch die Satzung 15 oder 21 Aufsichtsratsmitglieder vorgesehen werden. Der Aufsichtsrat wird dadurch gebildet, daß — wenn man mit „n" die Gesamtzahl der Aufsichtsratsmitglieder bezeichnet — $\frac{n-1}{2}$ Mitglieder gemäß dem Aktiengesetz gewählt oder entsandt werden (letzteres höchstens bei $\frac{n-1}{6}$ Mitgliedern zulässig!). Weitere $\frac{n-1}{2}$ Mitglieder werden von der Gesellschafterversammlung (Hauptversammlung, Gewerkenversammlung) zwar auch „gewählt", aber dies nur auf Vorschlag des Betriebsrats oder der gewerkschaftlichen Spitzenorganisationen. Diese Vorschlagsgebundenheit bedeutet nach richtiger Auffassung, daß die Gesellschafterversammlung nur Vorgeschlagene „wählen" kann, und wenn sie dies — ganz oder zum Teil — nicht will, lediglich die Möglichkeit hat, die „Wahl" zu unterlassen. Die „Wahl" des Vorgeschlagenen ist rechtlich eine Bestätigung; ich habe sie (vgl. Kötter Anm. 29 zu § 6 und bereits — NJW 51, 417 ff. — allerdings dort nur in bezug auf den sog. „elften Mann"!) „Vorschlagswahl" genannt. (Über die Folgen ihrer Nichtvornahme vgl. Kötter a. a. O.!) Jeder der beiden Gruppen — der gewählten und der bestätigten! — muß eine unabhängige Person als „weiteres" Mitglied angehören, die weder Verbandsfunktionär noch Arbeitnehmer oder Arbeitgeber eines Montanunternehmens, noch an dem Unternehmen, dessen Aufsichtsrat sie angehört, „wirtschaftlich wesentlich interessiert" sein darf. Die Vorschlagsrechte hinsichtlich der nur zu bestätigenden Mitglieder sind auf den Betriebsrat und die im Unternehmen vertretenen gewerkschaftlichen Spitzenorganisationen derart verteilt, daß der Betriebsrat je einen Arbeiter und einen Angestellten als „Vertreter der Arbeitnehmer" und die Gewerkschaften die beiden übrigen „Vertreter der Arbeitnehmer" sowie das „weitere" Mitglied nominieren. Über Einzelheiten vgl. § 6 MitbG. Die Ausübung der gewerkschaftlichen Vorschlagsrechte ist insofern umstritten, als § 6 Abs. 4 MitbG nach der einen Ansicht (Fitting BABl. 51, 106) dazu führen soll, daß die stärkste Spitzenorganisation in jedem Falle auch das „weitere" Mitglied vorschlagen kann, während die Gegenmeinung das Stärkeverhältnis der Spitzenorganisationen — § 6 Abs. 4 erklärt Abs. 3 für „entsprechend" anwendbar! — über die Verteilung aller drei gewerkschaftlichen Vorschlagsrechte entscheiden lassen will (vgl. Kötter Anm. 23 zu § 6 MitbG; Boldt Anm. 4 d zu § 6 MitbG). Über die Bestellung des sogenannten Elften Mannes, in der sich das Mitbestimmungsgesetz und die in §§ 5—13 festgelegte Mitbestimmungsform grundsätzlich nicht unterscheiden (vgl. § 5 Abs. 2!) s. Anm. 6 Abs. 2 zu § 5, ferner Kötter NJW 51, 417 ff. und die Erläuterungen zu § 8 MitbG. Der „Vorschlagswahl" entspricht für die in dieser Weise bestellten Mitglieder eine „Vorschlagsabberufung", während das „elfte" Mitglied nur vom Gericht (auf Antrag von drei Aufsichtsratsmitgliedern) abberufen werden kann; § 11 Abs. 3 MitbG. (Letzteres gilt auch nach dem Mitbestimmungsergänzungsgesetz, das jedoch im übrigen bei der Regelung der Abberufung neue Wege gegangen ist; vgl. dazu Anm. 1 zu § 10!)

§ 3

(1) Liegen bei dem herrschenden Unternehmen[1] die Voraussetzungen für die Anwendung des Mitbestimmungsgesetzes nach § 2 nicht vor[2], wird jedoch der Unternehmungszweck des Konzerns[3] durch die Konzernunternehmen (§ 15 Abs. 1 und 2 des Aktiengesetzes)[4] gekennzeichnet, die unter das Mitbestimmungsgesetz fallen[5], so gelten für das herrschende Unternehmen die §§ 5 bis 13[9]. Ist das herrschende Unternehmen[1] eine Gesellschaft mit beschränkter Haftung oder eine bergrechtliche Gewerkschaft mit eigener Rechtspersönlichkeit, so findet § 3 des Mitbestimmungsgesetzes entsprechende Anwendung[9].

(2) Der Unternehmenszweck des Konzerns wird durch die unter das Mitbestimmungsgesetz fallenden Konzernunternehmen gekenn-

zeichnet[5], wenn diese Konzernunternehmen mehr als die Hälfte der Umsätze sämtlicher Konzernunternehmen, jeweils vermindert um die in den Umsätzen enthaltenen Kosten für fremdbezogene Roh-, Hilfs- und Betriebsstoffe und für Fremdleistungen, erzielen[6]. Soweit Konzernunternehmen Umsätze erzielen, die nicht auf der Veräußerung selbsterzeugter, bearbeiteter oder verarbeiteter Waren beruhen, ist ein Fünftel der unverminderten Umsätze anzurechnen[7].

1. Der Begriff des „herrschenden Unternehmens" ist hier der gleiche wie in § 2 und ergibt sich aus der in Anm. 4 u. 5 zu § 1 erörterten Beschränkung des gegenständlichen Geltungsbereichs des Gesetzes. Vgl. Anm. 1 zu § 2.

2. **Voraussetzung** für **das** Eingreifen der §§ 3 ff. ist die **Unanwendbarkeit des § 1 MitbG auf das herrschende Unternehmen.**

Im Falle des § 3 muß es sich demnach entweder um reine Verwaltungsunternehmen oder (anders ohne ersichtlichen Grund: Kunze AuR 56, 226!) um Betriebsunternehmen, bei denen ein nicht unter § 1 Abs. 1 MitbG fallender Betriebszweck überwiegt, oder endlich um Unternehmen handeln, die zwar den Anforderungen des § 1 Abs. 1 MitbG genügen, bei denen aber trotzdem keine qualifizierte Mitbestimmung nach §§ 4—13 MitbG gilt, weil sie — unmittelbar! — „in der Regel" nur 1000 Arbeitnehmer oder weniger beschäftigen und auch nicht als sog. Einheitsgesellschaften aus der alliierten Montanentflechtung hervorgegangen sind. In allen drei Fällen galt bisher allenfalls die „schlichte" Mitbestimmung nach §§ 76, 77 BVG. Künftig finden statt dessen §§ 5—13 Anwendung, wenn der in bestimmter Weise zu ermittelnde Unternehmenszweck des Gesamtkonzerns von den Konzernunternehmen mit qualifizierter Mitbestimmung charakterisiert wird; s. darüber unten Anm. 5.

3. **Konzern** i. S. der Vorschrift ist wegen der aus § 1 abzulesenden Beschränkung des Kreises der in Betracht kommenden Dachgesellschaften nicht jeder Konzern, zu dem Montanunternehmen gehören. Vielmehr muß an seiner Spitze, damit eine Ermittelung des Umsatzverhältnisses nach § 3 Abs. 2 erheblich und erforderlich wird, eine Aktiengesellschaft, Gesellschaft mit beschränkter Haftung oder Neuere Gewerkschaft stehen, die nicht nur die in Anm. 2 dargelegte negative Voraussetzung erfüllt, sondern darüber hinaus ihrerseits mindestens ein unter § 1 MitbG fallendes Unternehmen organschaftlich beherrscht; s. dazu oben Anm. 1. Ein solches Beherrschungsverhältnis erfüllt schon für sich allein unter allen Umständen den Konzernbegriff. § 15 Abs. 1 AktGes. läßt hierfür bereits irgendeine — mehrere rechtlich selbständige Unternehmen zusammenfassende — einheitliche Leitung genügen, die keine organschaftliche Beherrschung zu sein braucht, sondern auch auf weniger straffer, insbesondere auch rein faktischer Bindung beruhen kann. Vgl. dazu statt aller Schlegelberger-Quassowski Anm. 8 zu § 15 AktGes. Die in § 3 vorgeschriebene Prüfung des Unternehmenszwecks des Konzerns muß mithin schon dann angestellt werden, wenn außer den (mitbestimmten) Montanunternehmen, deren organschaftliche Beherrschung die Anwendbarkeit des Mitbestimmungsergänzungsgesetzes begründet, und dem

(nicht unter § 2 fallenden!) „herrschenden Unternehmen" keine weiteren Konzernunternehmen vorhanden sind. Hier wird, falls das herrschende Unternehmen selbst kein sehr bedeutendes Betriebsunternehmen ist, der „Unternehmenszweck des Konzerns" normalerweise durch die abhängigen Montangesellschaften gekennzeichnet sein. Erschöpft sich der Gegenstand des herrschenden Unternehmens in der Verwaltung mitbestimmter Montantöchter, so ist sogar ein Fall gegeben, bei dem angesichts der nunmehr durch § 15 geschaffenen Kautel gegen eine „Potenzierung" des Mitbestimmungsrechts die Abweichungen der §§ 5—13 von der Regelung der §§ 4—13 MitbG der inneren Rechtfertigung völlig entbehren. (Vgl. dazu auch Kötter RdA 54, 161 ff. (163 f.)!). Ein solcher Fall wird allerdings in der Praxis nur sehr selten vorkommen. In der Regel wird vielmehr der Konzern, auf dessen Unternehmenszweck das Gesetz abstellt, noch weitere Unternehmensverbindungen umfassen. Wie Abs. 1 durch die Klammerbezugnahme auch auf § 15 Abs. 2 AktGes. klarstellt, müssen bei der Ermittelung des Unternehmenszwecks des Konzerns über die Konzernunternehmen i. S. des § 15 Abs. 1 AktGes. hinaus sämtliche abhängigen Unternehmen ohne Rücksicht auf die Mittel ihrer Beherrschung berücksichtigt werden. S. dazu auch unten Anm. 4. Damit hat § 3 den erweiterten Konzernbegriff des Aktienrechts übernommen; eine andere Funktion als die, den Kreis derjenigen Unternehmen zu umreißen, deren Umsätze bei der nach Abs. 2 vorgeschriebenen Prüfung zu berücksichtigen sind, hat der Konzernbegriff in § 3 jedoch nicht.

4. **Konzernunternehmen** sind (vgl. dazu die vor. Anm. a. E.) außer dem herrschenden Unternehmen und den organschaftlich beherrschten Montanunternehmen mit qualifizierter Mitbestimmung einmal die sonstigen Unternehmen, die unter der Leitung des herrschenden Unternehmens stehen (§ 15 Abs. 1 AktGes.), darüber hinaus aber grundsätzlich auch alle Unternehmen, auf die das herrschende Unternehmen — ohne sie einheitlich zu leiten — in sonstiger Weise unmittelbar oder mittelbar „beherrschenden Einfluß" hat (§ 15 Abs. 2 AktGes.). Worauf ein derartiger beherrschender Einfluß beruhen kann und welcher Grad der Einflußmöglichkeit als „beherrschend" anzusehen ist, sagt das Mitbestimmungsergänzungsgesetz unmittelbar ebensowenig wie § 15 Abs. 2 AktGes., der sich damit begnügt, als Beispiel für die möglichen Mittel eines beherrschenden Einflusses „Beteiligungen" anzuführen. Daß das neue Gesetz sich der Problematik der durch den erweiterten Konzernbegriff des § 15 Abs. 2 AktGes. aufgegebenen Abgrenzung offenbar bewußt ist (wie u. a. § 9 erkennen läßt!), erlaubt aber noch keineswegs den Schluß, es halte etwa den Kreis der nach § 3 zu berücksichtigenden Konzernunternehmen für weniger klar bestimmbar als den in § 9 bezeichneten engeren Unternehmenskreis. Das Gegenteil muß schon deshalb angenommen werden, weil indirekt von der Umgrenzung des Kreises der Konzernunternehmen i. S. des § 3 die Art der Bestellung und Zusammensetzung der Verwaltungsträger des herrschenden Unternehmens abhängt: ob einem Unternehmen die Eigenschaft eines Konzernunternehmens zukommt oder nicht, kann nämlich unter Umständen für die Struktur von Aufsichtsrat und Vorstand der Dachgesellschaft entscheidend sein. Aus diesem Grunde erscheinen die Betonung des Kriteriums „beherrschender

Einfluß" und seine strenge Auslegung im Interesse der Rechtssicherheit unbedingt geboten. Siehe darüber unten Abs. 3 d. Anm., ferner Anm. 3 zu § 4 (unter a)!).

Auf **Rechtsform, Größe und Gegenstand der abhängigen Unternehmen** kommt es grundsätzlich nicht an. — Die anscheinend verbreitete Meinung (vgl. z. B. Kunze AuR 56, 228 c, Forster-Müller WPg. 56, 546 vor N. 28!), daß es sich nur um Gesellschaften (einschl. — natürlich — der bergrechtlichen Gewerkschaften und — wohl auch — der Reedereien i. S. des § 489 Abs. 1 HGB!) handeln könne, ist zu eng. Vielmehr können auch Einzelunternehmen einer natürlichen Person abhängige Unternehmen i. S. des § 3 sein, da als Mittel der Beherrschung nach § 15 Abs. 2 AktGes. z. B. auch Lieferabhängigkeiten und kreditmäßige Bindungen in Betracht kommen. — Hinsichtlich der Größe der abhängigen Unternehmen kann dem Gesetz keinerlei Grenze entnommen werden; theoretisch braucht das abhängige Unternehmen überhaupt keine Arbeitnehmer zu beschäftigen, zumal die Vorschriften über die Repräsentation der Arbeitnehmer im Aufsichtsrat auf die unter einheitlicher Leitung zusammengefaßten Konzernunternehmen beschränkt sind (vgl. § 9). — Auch nach dem Gegenstande des abhängigen Unternehmens scheint das Gesetz keine Unterscheidung treffen zu wollen. An sich sind für die in Abs. 2 vorgesehene Abwägung jedenfalls alle Unternehmen geeignet, die sich Entgelte für ihre unternehmerischen Leistungen gewähren lassen; ein Unternehmen ohne „Umsätze" ist schwerlich denkbar. Gleichwohl wird eine gewisse Einschränkung zu machen sein. Die Umsätze, die nach § 3 Abs. 2 mit den dort vorgesehenen Korrekturen den Ausgangspunkt für die Ermittlung des Konzernzwecks bilden, sollen Ausdruck der in den Unternehmen geleisteten Wertschöpfung sein. (Näheres hierzu vgl. unten Anm. 5—7!) Dabei hat das Gesetz in Abs. 2 S. 2 zu erkennen gegeben, daß es auch die Leistungen nicht-industrieller Unternehmen berücksichtigt sehen will. Gleichwohl kann meines Erachtens nicht mit Forster-Müller (WPg. 56, 546) angenommen werden, daß auch die „Umsätze" von Unternehmen mit in die Waagschale fallen dürften, deren Geschäftsbetrieb sich auf die Erfüllung von Sozialfunktionen innerhalb des Konzerns beschränkt. Den für die Leistungen solcher Unternehmen (mit eigener Rechtspersönlichkeit) ausschließlich (oder ganz überwiegend) von konzernangehörigen Arbeitnehmern entrichteten Entgelten dürfte keinerlei Aussagekraft in der von Abs. 2 vorausgesetzten Bedeutung zukommen. Infolgedessen können Unternehmen dieser Art (z. B. eine GmbH, die lediglich Träger des auf den Konzern beschränkten Werksiedlungswesens ist) nicht als Konzernunternehmen i. S. des § 3 gelten. Diese Beurteilung rechtfertigt sich auch angesichts des neutralen Charakters, den derartige Unternehmen unter dem Gesichtswinkel der in § 3 vorgeschriebenen Gruppierung der Konzernunternehmen haben. Da sie sämtlich nicht dem Mitbestimmungsgesetz unterliegen, aber unter Umständen ihre Hilfsfunktionen im Dienste der mitbestimmten Bergbau- oder Hüttenunternehmen des Konzerns ausüben, wäre es sinnwidrig, ihre Leistungen zuungunsten der Holding-Mitbestimmung ins Gewicht fallen zu lassen. Es liegt hier ähnlich wie bei den zweckneutralen Abteilungen eines gemischten Betriebsunternehmens, die als Verwaltungs- oder Hilfsbetriebe bei einer nach § 1 Abs. 1 MitbG gebotenen Abwägung weder für noch gegen die qualifizierte Mitbestimmung gewertet werden dürfen.

Für den **Grad der gegenüber dem herrschenden Unternehmen bestehenden Abhängigkeit** eines Unternehmens, der es i. S. des § 3 als Konzernunternehmen erscheinen läßt, liefert das Gesetz, verglichen mit § 15 Abs. 2 AktGes., insofern einen stärkeren Anhaltspunkt, als § 4 Abs. 3 für den Abschlußprüfer (oder den statt seiner gem. § 4 Abs. 1 S. 2 zu bestellenden Prüfer) des herrschenden Unternehmens das Auskunftsrecht des § 138 AktGes. auch gegenüber den abhängigen Unternehmen vorsieht. § 4 Abs. 3 gibt jedoch dem Prüfer keine Mittel zur Durchsetzung dieses Rechtes an die Hand; vgl. darüber im einzelnen Anm. 5 zu § 4 (unter a)!). Die einzige Gewähr für die Erfüllung der Auskunftspflicht der „abhängigen" Konzernunternehmen kann unter diesen Umständen der „beherrschende Einfluß" der Obergesellschaft sein, dessen funktionale Bedeutung bei § 3 damit sehr viel deutlicher in Erscheinung tritt als bei der Definitionsnorm des § 15 Abs. 2 AktGes.: Reicht der Einfluß der Obergesellschaft aus, um dem Prüfer die zu seinen Ermittlungen erforderlichen Einsichten und unmittelbaren Aufklärungen und Nachweise zu verschaffen, so wird an der Eigenschaft des anderen Unternehmens als (abhängiges) Konzernunternehmen insoweit kein Zweifel bestehen können (ähnlich, aber im entscheidenden Punkte — Verschaffung unmittelbarer Auskünfte! — unklar: Krug NJW 56, 1585). Mit der Rechtsprechung zu § 15 Abs. 2 AktGes., die (vgl. insbes. RGZ 167, 49 f.) verlangt hat, daß das herrschende Unternehmen — ohne Rücksicht auf das Instrument seines Einflusses — in der Lage sein müsse, den abhängigen Konzernunternehmen seinen Willen aufzuzwingen (was allerdings in dieser Allgemeinheit zu weit gehen dürfte, da sonst keine Abstufungen der Beherrschung denkbar wären!), steht die dargelegte Auffassung ebenfalls in Einklang. Sie erscheint auch zwingend, weil der Abhängigkeitsbegriff die einzige Handhabe zur Absteckung des Kreises der Unternehmen darstellt, die bei dem Umsatzvergleich nach Absatz 2 zu berücksichtigen sind, und die Verschaffung der nötigen Unterlagen für die Ermittelung des Umsatzverhältnisses allein durch die Stärke des dem Abhängigkeitsverhältnis entsprechenden Einflusses des herrschenden Unternehmens gewährleistet werden kann. Wenn Forster-Müller a. a. O. darauf hinweisen, daß das Interesse des herrschenden Unternehmens, den Prüfer bei seiner Aufgabe zu unterstützen, verschieden groß sein dürfte, je nach dem, ob als abhängiges Unternehmen ein unter § 1 MitbG fallendes oder ein anderes Unternehmen in Frage komme, so ist dies gewiß im allgemeinen zutreffend. Der Hinweis hat aber gegenüber dem vorstehend entwickelten Kriterium der nach § 3 beachtlichen Konzernzugehörigkeit kein entscheidendes Gewicht. Der Wunsch der Verwaltung einer Obergesellschaft, Unternehmen, die nicht unter § 1 MitbG fallen, als Konzernunternehmen behandelt zu sehen, findet an diesem Kriterium eine nicht leicht zu überschreitende Grenze. § 4 Abs. 3 S. 1 wird nämlich jedenfalls der Grundsatz entnommen werden können, daß der Prüfer sich insoweit nicht mit Angaben des herrschenden Unternehmens begnügen darf (unklar insoweit Krug a. a. O.). Sollte es diesem im Einzelfall gelingen, ein Unternehmen, das weder unter § 1 MitbG fällt noch als Konzernunternehmen angesehen werden könnte, aus reinen Gefälligkeitsgründen zu unmittelbaren Auskünften über seine Umsätze an den Prüfer zu bewegen — ein m. E. irrealer Fall! —, so würde dadurch allein der Prüfer nicht der Notwendigkeit enthoben, seine etwaigen Zweifel am Tatbestand der vorgegebenen Abhängigkeit eines solchen Unternehmens auszusprechen und seine Feststellungen notfalls alternativ zu treffen (vgl. dazu Anm. 3 — unter a) a. E. — zu § 4). Ist das herrschende Unternehmen (oder ein anderes das kritische Unternehmen unmittelbar beherrschendes Konzernunternehmen) eine Aktiengesellschaft, so wird als Vorbedingung für die Berücksichtigung bei einer Prüfung zu fordern sein, daß das angebliche Konzernverhältnis als solches im Jahresabschluß vorschriftsmäßig (vgl. §§ 128 Abs. 2 Nr. 8, 131 Abs. 1 A III 9 u. B V 7 AktGes.!) berücksichtigt ist; entsprechendes hätte ggf. von Geschäftsbericht und Bilanz des „abhängigen" Unternehmens zu gelten. Liegen derartige Angaben der Geschäftsberichte und Bilanzen vor, so können umgekehrt auch bei der Frage der Konzernzugehörigkeit eines unter § 1 MitbG fallenden Unternehmens kaum Schwierigkeiten entstehen. Vgl. dazu auch Anm. 3 zu § 4 (unter a)!).

Sehr umstritten ist die Frage, ob **ausländische Konzernunternehmen** unter § 3 fallen. Hinsichtlich des herrschenden Unternehmens ist dies selbstverständlich zu verneinen, weil das Mitbestimmungsergänzungsgesetz für das herrschende Unternehmen Organisationsnormen schafft, die schlechterdings nur Geltung beanspruchen können, wenn sich der Unternehmenssitz im Geltungsbereich des Gesetzes befindet. Die Frage kann also ernsthaft nur für im Ausland domizilierende abhängige Unternehmen gestellt werden. Für eine Bejahung haben sich insoweit Boldt RdA 56, 241, ders. in „AktG" 56, 9, ferner Krug a. a. O. sowie neuerdings Zilias NJW 57, 325 und Hueck-Nipperdey II S. 914 N. 107 ausgesprochen. Demgegenüber verneinen Geßler BB 56, 628 und Forster-Müller a. a. O. S. 547 die Möglichkeit, im Rahmen des § 3 abhängige ausländische Konzernunternehmen zu berücksichtigen. (Wie Geßler wohl auch Kunze, der — a. a. O. N. 39 — lediglich auf ihn verweist!)

Die Frage gibt in der Tat zu gewissen Zweifeln Anlaß. Geßler will a. a. O. in erster Linie Gewicht darauf legen, daß die zum Konzern gehörigen ausländischen Unternehmen nicht dem deutschen Recht unterstehen und infolgedessen die Prüfung ihrer Umsatzverhältnisse nicht durchgesetzt werden könne. Er schließt daraus, daß schon deshalb ihre Einbeziehung in § 3 „nicht in Frage" komme, und meint darüber hinaus, daß auch Sinn und Zweck des Gesetzes einer solchen Einbeziehung widersprächen, da das Mitbestimmungsergänzungsgesetz „für deutsche Arbeitnehmer" eine Mitbestimmung einführe. Beide Argumente werden auch von Forster-Müller a. a. O. mit etwas unterschiedlicher Nuancierung angeführt. Sie teilen zwar grundsätzlich die Auffassung von Boldt und Krug a. a. O., daß es keine Frage des internationalen Privatrechts sei, wie weit ein von einer deutschen Obergesellschaft beherrschter Konzern reiche, da der Konzern — so Boldt i. „Die AktG" 56, 9 — ein „Wirtschaftsgebilde" sei, „das an den Landesgrenzen nicht halt macht" (ähnlich Zilias a. a. O. S. 326), glauben aber mit Geßler, § 4 Abs. 3 entnehmen zu können, daß der Gesetzgeber als abhängige Konzernunternehmen nur solche im Auge gehabt haben könne, die ihren Sitz im Geltungsbereich des Gesetzes haben. Der Gegenansicht halten sie ferner entgegen, daß ausländische Konzernunternehmen stets gegen die paritätische Mitbestimmung ins Gewicht fallen würden, selbst wenn sie — bei Sitz im Inland — nach Rechtsform, Größe und Gegenstand unter § 1 MitbG zu subsumieren wären. Ob damit völlig das gleiche gemeint ist, was Geßler mit seinem Hinweis auf Sinn und Zweck des Mitbestimmungsergänzungsgesetzes im Auge haben kann, ist nicht klar ersichtlich. Jedenfalls ist dieser Hinweis von Forster-Müller angesichts der Entstehungsgeschichte des Gesetzes nicht stichhaltig. Wie bereits (vgl. Vorbem. vor § 1 sowie Anm. 2 b u. 4 zu § 1) dargelegt, beruht das Mitbestimmungsergänzungsgesetz, insbesondere die Regelung seiner §§ 3—13 auf dem Gedanken, daß die qualifizierte Mitbestimmung in organschaftlich beherrschten Unternehmen nicht die ihr sonst innewohnende Bedeutung erlangen könne, und daß deshalb den Anteilseignern der Obergesellschaft als Ausgleich dieser Beeinträchtigung des Montanmitbestimmungsrechts eine ihm ähnliche Beschränkung ihres Gesellschaftereinflusses dann zuzumuten sei, wenn im Gesamtkonzern die Bedeutung der der qualifizierten Mitbestimmung unterliegenden abhängigen Konzernunternehmen überwiegt. Das Gesetz will also ersichtlich das Mitbestimmungsrecht der Arbeitnehmer nur dann vor einer „Aushöhlung" schützen, wenn schon nach bisherigem Recht für den überwiegenden Teil des Konzerns die qualifizierte Mitbestimmung vorgesehen war. Hier geht es also nicht um den Gegenstand der Konzernunternehmen, sondern darum, inwieweit im Konzern die qualifizierte Mitbestimmung Platz greift. Übertrifft dieser letztere Bereich den Rest des Konzerns an unternehmerischer Bedeutung, so soll die Aushöhlung der qualifizierten Mitbestimmung künftig nicht eintreten; im anderen Falle muß sie hingenommen werden. Daß dabei der Gegenstand des Unternehmens keine Rolle spielt und z. B. ein kleines Bergwerksunternehmen oder Hüttenwerk mit in der Regel nicht mehr als 1000 Arbeitnehmern, das auch nicht Einheitsgesellschaft i. S. des AHK-Ges. Nr. 27 ist (bzw. war), nicht etwa zugunsten der Holding-Mitbestimmung gewertet werden kann, ergibt sich deutlich genug aus dem Wortlaut des § 3. Daß ein nicht dem Mitbestimmungsgesetz unterliegendes Montanunternehmen im Gegenteil zuungunsten der paritätischen Mitbestimmung ins Gewicht fällt, ist daher keine auf Konzernunternehmen mit ausländischem Sitz beschränkte Folge der gesetzlichen Regelung; gleiches würde z. B. für eine noch so bedeutende deutsche Konzerngesellschaft in der Rechtsform einer Kommanditgesellschaft gelten müssen, auch wenn der Gegenstand ihres Unternehmens die Voraussetzungen des § 1 Abs. 1 MitbG erfüllt. Das ist auch gerechtfertigt, denn die Grenze für die in §§ 3 ff. vorgesehene Beeinträchtigung der Gesellschafterrechte beim herrschenden Unternehmen zieht das Gesetz bewußt da, wo der Konzern als das Einflußobjekt dieser Rechte schon auf Grund des Mitbestimmungsgesetzes „überwiegend" erfaßt wurde, die „Erfassung" aber wegen der Organschaftsbindung (weitgehend) ein Schlag ins Wasser geblieben war. Die paritätische Mitbestimmung der §§ 5—13 ist gewissermaßen eine materielle „Inkraftsetzung" des Mitbestimmungsrechts hinsichtlich der unternehmerischen Entscheidungsmacht, die infolge eines Organschaftsvertrages den unter § 1 MitbG fallenden abhängigen Konzernunternehmen fehlt. Es leuchtet ein, daß es zu einer solchen „Inkraftsetzung" nur dort kommen soll, wo der überwiegende von der Obergesellschaft beherrschte Konzernbereich nach bisherigem Recht mindestens schon formal dem Mitbestimmungsgesetz unterlag. Wäre es anders, so würde es sich nicht nur um eine „Inkraftsetzung" des Mitbestimmungsrechts in der zuständigen Entscheidungsstufe, sondern um seine Ausdehnung auf einen nicht einmal formal vom Mitbestimmungsgesetz erfaßten Bereich handeln. Es ist also durchaus in der Ordnung, daß jedes wirklich von der Obergesellschaft beherrschte Konzernunternehmen, bei dem § 1 MitbG — gleichviel aus welchen Gründen — nicht Platz greift, i. S. des § 3 zuungunsten der Mitbestimmungsform nach §§ 5—13 gewertet wird. (Siehe darüber auch unten Anm. 5!) Da, wie Boldt a. a. O. zutreffend ausgeführt hat, ein dem § 15 Abs. 2 AktGes. entsprechendes Beherrschungsverhältnis anders als körperschaftliche Akte über die Staatsgrenzen hinweg wirksam ist (ähnlich auch Zilias a. a. O.), kann also aus Sinn und Zweck des Mitbestimmungsergänzungsgesetzes nichts gegen die Einbeziehung ausländischer Konzernunternehmen hergeleitet werden. Daran ändert auch der Geßlersche Hinweis nichts, daß die paritätische Mitbestimmung der §§ 5—13 zugunsten deutscher Arbeitnehmer geschaffen worden sei. An ihm ist im übrigen nur so viel richtig, daß die Wahlmännereigenschaft solchen Arbeitnehmern vorbehalten ist, die Bundesbürger sind (vgl. § 6 Abs. 3 S. 1!) und daß selbst dann, wenn sich die „einheitliche Leitung" durch die Obergesellschaft (vgl. § 9!) auch auf ein ausländisches Konzernunternehmen erstreckt, die Wahl- und Abberufungsvorschriften des Gesetzes (§§ 6—10) sowie die auf Grund § 17 erlassene Wahlordnung gleichwohl für Konzernunternehmen i. S. des § 15 Abs. 1 AktGes. nicht gelten können, wenn diese den Sitz im Auslande haben; letzteres hat mit der Staatsangehörigkeit der Arbeitnehmer dieser Konzernunternehmen selbstverständlich nichts zu tun. Unabhängig davon bleibt aber die Tatsache bestehen, daß die gewählten und entsandten Arbeitnehmervertreter im Aufsichtsrat der Obergesellschaft wie auch deren Arbeitsdirektor kraft ihrer Organstellung an dem beherrschenden Einfluß teilhaben, den die Obergesellschaft auf ausländische Konzernunternehmen ausüben kann. Allein hierauf kann es doch wohl ankommen, wenn auf Sinn und Zweck des neuen Gesetzes abgestellt werden soll; und dies führt im Einklang mit Wortlaut und Entstehungsgeschichte zu dem Schluß, daß sich § 3 auf die Obergesellschaft selbst und auf sämtliche Konzernunternehmen einschließlich der ausländischen beziehen muß, die von der Obergesellschaft abhängig sind. Die Einbeziehung der ausländischen Konzernunternehmen kann daher allenfalls unter dem Gesichtspunkt des § 4 Abs. 3 wirklich in Zweifel gezogen werden. Indessen nötigt auch diese Vorschrift nicht zu der Annahme, bei der gemäß § 3 anzustellenden Prüfung müsse von ausländischen Konzernunternehmen abgesehen werden. Nicht zu bestreiten ist freilich, daß dann, wenn § 4 Abs. 3 die Durchführung dieser Prüfung sicherstellen würde, die hierfür vorgesehenen gesetzlichen Zwangsmittel gegenüber ausländischen Konzernunternehmen versagen müßten. Es wäre dann Sache des Prüfers, darüber zu befinden, ob derartige Zwangsmaßnahmen „für seine Ermittelungen erforderlich" wären, denn nur in diesem Umfange sollen ihm überhaupt die Rechte gewährt werden (vgl. § 4 Abs. 3 S. 1!). Würde ihm das in freiwilliger Respektierung seines Prüfungsbegehrens präsentierte Material nicht ausreichen, so bliebe freilich nichts übrig, als daß er das ausländische Unternehmen bei der Ermittelung des Umsatzverhältnisses nicht berücksichtigt. (So Krug a. a. O.; insoweit zu Unrecht zweifelnd: Zilias a. a. O. S. 325/6!) Nun ist aber die Rechtslage, wie oben (Abs. 3 d. Anm.) gezeigt, ganz allgemein und nicht etwa nur bei ausländischen Konzernunternehmen so, daß sich für den Prüfer stets diese Situation ergeben kann; die einzige wirkliche Garantie, daß ihm die nötigen Auskünfte und Unterlagen verschafft werden, liegt in der sich aus einer wirklichen Beherrschung der abhängigen Unternehmen ergebenden Macht der Obergesellschaft, dem Prüfer die unmittelbaren Auskünfte und Einsichten zu verschaffen, die ihm die Durchführung seiner Aufgabe ermöglichen. Die Anerkennung dieser regulativen Funktion des Beherrschungsgrades ist in Ansehung ausländischer Unternehmen um so unbedenklicher, als sie — wie oben gezeigt — das maßgebliche Umsatzverhältnis in keinem Falle zugunsten einer paritätischen Mitbestimmung bei der Obergesellschaft beeinflussen können; das Mitbestimmungsrecht litte selbst dann keinen Schaden, wenn diese Unternehmen im Einzelfall mangels genügender Aufklärungsmöglichkeit ausscheiden müßten; sie generell auszuschließen, würde hingegen bedeuten, daß §§ 3—13 nicht, wie das Gesetz es will, nur die „Aushöhlung" der qualifizierten Mitbestimmung beseitigen, sondern darüber hinaus dem Mitbestimmungsgesetz mehr Wirkungskraft verleihen würden, als ihm durch die organschaftliche Beherrschung der unter § 1 MitbG fallenden Konzernunternehmen genommen wurde. § 4 Abs. 3 nötigt hierzu jedoch keineswegs, so daß also der ganze Konzern daraufhin zu prüfen ist, ob ihm die unter § 1 MitbG fallenden oder aber sämtliche anderen Konzernunternehmen (unter Einschluß der ausländischen!) das wirtschaftliche Gepräge in dem in Abs. 2 bezeichneten Sinne geben. (Im wesentlichen übereinstimmend: Zilias a. a. O. S. 326, dessen Abhandlung erst während der Drucklegung erschienen ist.)

5. Für die Geltung der in §§ 5-13 geregelten Form einer paritätischen Mitbestimmung bei den herrschenden Unternehmen stellt § 3 darauf ab, ob der **Konzern** seinem unternehmerischen Zweck nach **durch diejenigen Konzernunternehmen charakterisiert** wird, **die unter § 1 MitbG fallen.** Damit hält sich die Vorschrift im Rahmen der das Gesetz tragenden Bestrebung, die der qualifizierten Mitbestimmung durch Organschaftsbindungen zugefügte Einbuße auszugleichen, ohne ihren gegenständlichen Geltungsbereich über das unumgänglich erforderliche Ausmaß zu erweitern. Auch unter diesem Gesichtswinkel bedeutet die Abgrenzung der miteinander in Vergleich zu setzenden Sphären eine vergröbernde Vereinfachung. Da nämlich § 1 MitbG seinerseits auf den „überwiegenden Betriebszweck" abstellt (vgl. dazu Kötter Anm. 8 zu § 1 MitbG) und infolgedessen je nach dem Grade der erreichten Verbundwirtschaft schon zu den unter diese Vorschrift fallenden Konzernunternehmen in erheblichem Ausmaß „mitbestimmungsfremde" Betriebe gehören können, wäre es sachgerechter gewesen, sämtliche im Konzern vorhandenen Betriebe — ohne Rücksicht auf ihre unternehmensmäßige Zusammenfassung, sondern lediglich nach Wirtschaftszweigen gruppiert — gegeneinander abzuwägen und in der Obergesellschaft nur dann eine paritätische Mitbestimmung vorzusehen, wenn sich dabei ein Über-

gewicht der Bergbau- und Hüttenbetriebe ergeben hätte. Diese Art der Abwägung hätte wohl am ehesten dem Gedanken einer möglichst weitgehenden Übertragung des Mitbestimmungsgesetzes auf Obergesellschaften entsprochen; vgl. Kötter RdA 54, 161 f. (165) Text zu N. 38 u. diese selbst. Es ist freilich zuzugeben, daß mit einer solchen Methode die Abgrenzungsschwierigkeiten fast ein Höchstmaß erreicht haben würden. Deshalb hatte schon der Reg.-Entw. insoweit eine Vereinfachung vorgesehen und ebenfalls global auf die Charakterisierung des Konzerns durch die mitbestimmten Konzernunternehmen abgestellt. Da das Gesetz im Interesse der Rechtssicherheit einen gegenüber § 1 Abs. 1 MitbG stark formalisierten Vergleichsmaßstab in Gestalt des Umsatzverhältnisses (Abs. 2) eingeführt hat, ergab sich diese Vereinfachung der Vergleichsobjekte zwangsläufig. Um so mehr ist es deshalb geboten, hieraus die Konsequenzen zu ziehen und nicht etwa Produktionsleistungen von Montanunternehmen, die aus irgendeinem Grunde nicht unter § 1 MitbG fallen, oder gar von Betrieben mit Montancharakter, die einem nicht mitbestimmten Konzernunternehmen eingegliedert sind, direkt oder indirekt zugunsten der Holding-Mitbestimmung zu werten. (Vgl. dazu auch oben Anm. 4 Abs. 4!)

Darüber, welche Unternehmen „unter das Mitbestimmungsgesetz fallen", s. Kötter Anm. 7—25 zu § 1 MitbG. Daß die Verwaltungsträger tatsächlich nach §§ 4—13 MitbG gebildet worden sind, ist weder ausreichend noch erforderlich. Die qualifizierte Mitbestimmung ist nicht nur, wenn ihre gesetzlichen Voraussetzungen gegeben sind, unabdingbar, sondern kann auch im umgekehrten Falle — beim Fehlen ihrer Voraussetzungen — nicht auf freiwilliger Grundlage eingeführt werden; vgl. dazu Kötter JZ 53, 199 f. Ebensowenig genügt es, daß gem. §§ 87, 88 AktGes. — ggf. i. V. m. §§ 76, 77 BVG — ein Aufsichtsrat bestellt worden ist, dessen Zusammensetzung § 4 MitbG entspricht.

6. Die **Kennzeichnung des Unternehmenszwecks des Konzerns** durch die mitbestimmten Konzernunternehmen soll nach Abs. 2 am Verhältnis ihrer (korrigierten!) Umsätze zu denen der übrigen Konzernunternehmen ermessen werden.

Die Feststellung des Maßstabes für die **Bestimmung des Konzerncharakters** war eines der Hauptprobleme bei der Gestaltung des Mitbestimmungsergänzungsgesetzes. Daß der Konzerncharakter nicht nach der Zahl der mitbestimmten und der nicht mitbestimmten Konzernunternehmen ermittelt werden konnte, lag auf der Hand. Auch die Kapitalverhältnisse schieden als Anknüpfungspunkt aus, da auch Konzernunternehmen in Frage kommen, die nicht Kapitalgesellschaften sind, im übrigen aber auch die Höhe des Nennkapitals keineswegs immer einen zuverlässigen Maßstab für die Bedeutung eines Unternehmens abgibt und selbst innerhalb desselben Konzerns häufig nach unterschiedlichen Gesichtspunkten kapitalisiert wird (wofür möglicherweise die Statuierung von Rechtsfolgen der Kapitalhöhe auf dem Gebiete der Mitbestimmung sogar besonderen Anlaß hätte geben können!). Daß endlich eine Abstellung auf die Zahl der Arbeitnehmer u. U. zu inadäquaten Ergebnissen geführt hätte, weil diese Zahl bei unterschiedlicher Kapital- und Lohnintensität der in Betracht kommenden

Wirtschaftszweige keine taugliche Meßgröße für die Bedeutung der Unternehmen liefert, ist eine sich bereits bei der Bestimung des überwiegenden Betriebszwecks i. S. des § 1 Abs. 1 MitbG aufdrängende Erkenntnis (vgl. dazu Kötter Anm. 8 Abs. 2 zu § 1 MitbG). Bei der Abwägung der wirtschaftlichen Bedeutung verschiedener Konzernunternehmen hätte sich dieser Umstand zumindest in Grenzfällen als eine noch stärkere Fehlerquelle auswirken müssen. Gegen eine Anknüpfung an das sog. betriebsnotwendige Kapital wären ähnliche Bedenken (mit umgekehrtem Vorzeichen!) zu erheben gewesen. Eine völlig adäquate **Meßgröße** hätte demgegenüber am ehesten noch die in den Unternehmen erzielte Wertschöpfung abgegeben. Würde es sich darum gehandelt haben, die Bedeutung eines jeden Konzernunternehmens absolut zu ermitteln, so hätte der Gesetzgeber auch wohl kaum der Auseinandersetzung mit den methodischen Schwierigkeiten der Ermittelung einer solchen Meßgröße aus dem Wege gehen können. Indessen war dies, da es sich im gegebenen Falle in Wahrheit nur um die Feststellung von Gewichtsverhältnissen handelt, nicht geboten. Vielmehr kann angenommen werden, daß schon ein Vergleich der gemäß Abs. 2 korrigierten **Umsatzzahlen** eine Aussage liefern wird, deren Grundlage im wesentlichen nicht manipulierbar ist und hinsichtlich der Verteilung des wirtschaftlichen Schwergewichts eine den echten Wertschöpfungsgrößen gleichwertige Aussage enthält. Über die theoretischen Unterschiede der beiden Meßgrößen vgl. Fitting BABl. 56, 500 f. (unter III A).

Die Ermittlung der **Umsätze** dürfte keine Schwierigkeiten machen und der vom Prüfer (vgl. § 4) anzustellenden Berechnung eine unanfechtbare Grundlage geben. Als Umsätze sind grundsätzlich die tatsächlich erzielten **Entgelte für die von dem einzelnen Unternehmen erbrachten Leistungen** anzusehen. (Ebenso Geßler S. 628; Boldt i. „Die AktG" S. 9 u. Forster-Müller WPg. 56, 547 f. Siehe dazu aber unten Abs. 4a E.) Entsprechend der oben Anm. 4 Abs. 2 dargelegten Einschränkung des Kreises der zu berücksichtigenden Konzernunternehmen dürften allerdings auch hier Entgelte für sozialbedingte Leistungen wie etwaige Benutzungsgebühren für Einrichtungen, die den Arbeitnehmern vorbehalten sind, Mieten für Werkwohnungen u. dgl. auszuscheiden sein. Ob die Leistungsentgelte eines Konzernunternehmens am Markt erzielt werden oder z. B. sog. Konzernverrechnungspreise darstellen, ist dagegen gleichgültig (übereinstimmend Fitting und Geßler a. a. O. sowie Forster-Müller WPg. 56, 548, die mit Recht darauf hinweisen, daß andernfalls der Prüfer überfordert würde!). Auch Entgelte für Lieferungen aus der Produktion an Arbeitnehmer, Gesellschafter u. dgl. sind daher sicherlich zu berücksichtigen (Forster-Müller a. a. O.) — Ob leistungsgebundene Subventionen als Umsätze gelten können, erscheint mir dagegen zumindest äußerst zweifelhaft; schon für die Ausfuhrvergütung, die Forster-Müller zu den Umsätzen zählen wollen, dürfte das Gegenteil anzunehmen sein. (Daß man sie als Minderung der Anschaffungskosten ansehen könne, wie Forster-Müller a. a. O. annehmen, halte ich erst recht für bedenklich.) Es handelt sich hier in Wahrheit nicht um Leistungsentgelte. — Daß als Umsätze nicht nur die Entgelte für Produktionsleistungen anzusehen sind, ergibt Abs. 2 S. 2 eindeutig. Der Unterschied in der Behandlung dieser Umsätze und solcher anderer Art besteht nur in der Art ihrer Korrektur, die bei den Produktionsumsätzen real-konkret, bei den übrigen fiktiv-pauschal geregelt ist. Trotzdem kommen Einnahmen aus Kapitalanlagen, insbesondere Erträge von Beteiligungen u. dgl. entsprechend dem Sinn des Gesetzes nicht als „Umsätze" i. S. von Abs. 2 in Betracht. (So richtig Forster-Müller WPg. 56, 548.) Daneben müssen m. E. alle außerordentlichen Erträge ausscheiden, was anscheinend auch Forster-Müller a. a. O. annehmen wollen. Über die Behandlung von „Umsatzschmälerungen" vgl. Forster-Müller S. 548 (unter 4 b) bb) a. E.).

Roh-, Hilfs- und Betriebsstoffe sind dem Bilanzrecht (vgl. § 131 Abs. 1 A III 1 AktGes.!) als Begriffe hinlänglich vertraut, so daß auch ihre in Abs. 2 S. 1 vorgeschriebene kostenmäßige Behandlung keine Schwierigkeiten bereiten kann. Es sind allerdings nach Satz 1 nicht etwa die auf diese Positionen entfallenden Aufwendungen eines Geschäftsjahres von dessen Umsätzen abzuziehen, sondern **die in den Umsätzen enthaltenen Kosten** für die bezeichneten fremdbezogenen Stoffe. Über die damit aufgeworfenen betriebswirtschaftlichen Fragen vgl. Forster-Müller WPg. 56, 549; ihre Schlußfolgerung, daß es sich um die Beträge handelt, die bei Aktivierung der umgesetzten Waren auf die Herstellungskosten oder die Gemeinkosten entfallen würden, verdient m. E. Zustimmung. Entsprechendes gilt für **Fremdleistungskosten.** Ob diese gesetzliche Regelung nicht aus technischen Gründen dazu führen muß, bei der Ermittelung der Umsatzrelation statt von den effektiv erzielten Entgelten von den fakturierten auszugehen, dürfte eine Frage der beriebswirtschaftlichen Praxis sein, die wohl noch einmal untersucht werden müßte. Dem Gesetz würde auch eine in dieser Weise arbeitende Praxis — Kontinuierlichkeit der Methode vorausgesetzt — sicherlich entsprechen, da nur der **Relation** der Nettoentgelte Bedeutung zukommt, die beide Male im wesentlichen gleich sein dürfte.

Als „fremd" i. S. von Abs. 2 S. 1 sind auch andere Unternehmen desselben Konzerns anzusehen. Andere Kosten der Konzernunternehmen, insbesondere Abschreibungen, Wagniskosten, aber auch allgemeine Verwaltungs- und Vertriebskosten u. dgl. sind bei der Berechnung des Umsatzverhältnisses nicht abzuziehen. Hier zeigt sich u. a., daß das Gesetz nur eine Grobkorrektur vorsieht.

Im Hinblick auf das grundsätzliche Ziel, den Anteil der Konzernunternehmen an der gesamten im Konzern geleisteteten Wertschöpfung zu ermitteln, ist die Zugrundelegung der Umsätze natürlich weniger genau, als es eine Abstellung auf den Wert der jährlichen Produktion sein würde. Bei längeren Absatzstockungen kommt die „auf Vorrat" gearbeitete Produktion des Unternehmens u. U. erst in einem späteren Geschäftsjahr zum Tragen. Indessen würde sich dies auf das zu ermittelnde Verhältnis nur auswirken, wenn hinzukäme, daß nicht alle Konzernunternehmen einigermaßen gleichzeitig von derartigen Krisen befallen werden. Immerhin ist nicht zu befürchten, daß sich eine etwaige Labilität des Umsatzverhältnisses sofort auf die Organisation der Verwaltungsträger auswirkt: das Gesetz verlangt, daß bei Verschiebung eines einmal festgestellten Verhältnisses der Umschwung während zweier aufeinanderfolgender Geschäftsjahre anhalten muß; vgl. § 16 Abs. 1 S. 1. Alles in allem kann daher die im Gesetz gewählte Meßgröße als einigermaßen gerecht und praktikabel angesehen werden.

7. Unter Abs. 2 S. 2 dürften alle Leistungen fallen, bei denen die Höhe des Entgelts nicht wenigstens zum Teil durch eine auf der Leistung des Konzernunternehmens beruhende und sein Vermögen berührende substantielle Wertsteigerung bestimmt wird. Dahin gehören neben dem in erster Linie in Betracht kommenden reinen Warenumschlag **(Handelsumsätze)** z. B. Transportleistungen, reine Lohnarbeiten u. dgl. (also im wesentlichen das Spiegelbild der nach S. 1 abzusetzenden „Fremdleistungen"!). Es wird also im allgemeinen richtig sein, außer reinen Handelsumsätzen auch die Umsätze aus Dienstleistungen nach Satz 2 zu behandeln; so Forster-Müller S. 549.

Nicht erörtert ist bisher, soviel ich sehe, die Frage, ob auch die **Entgelte für Stromlieferungen** der Elektrizitätswerke unter Satz 2 fallen. Obwohl die Ausdrucksweise des Gesetzes („Waren"!) dafür zu sprechen scheint, daß bei Konzernunternehmen, die Elektrizitätswerke betreiben, die hierdurch erzielten Entgelte gemäß Satz 2 zu behandeln sind, dürfte dies dem erkennbaren Zweck und Willen des Gesetzes nicht entsprechen. Satz 2 greift zu einer Notlösung, die in Wahrheit keinen Anspruch darauf erheben kann, auch nur annähernd echter Wertschöpfungsmaßstab zu sein. Die Vorschrift ist aufgenommen worden, um auch die Bedeutung derjenigen Konzernunternehmen zum Tragen zu bringen, die keine eigentliche Wertschöpfung vollziehen, sondern im wesentlichen Erträge durch Verteilerleistungen erzielen. Zugeschnitten ist die Regelung jedenfalls auf reine Handelsunternehmen. Kann man hiernach schon zweifeln, ob die Behandlung nach Satz 2 nicht sogar schon für die Lohnveredelung inadäquat ist, so muß doch jedenfalls die konkretere Lösung des Satzes 1 bei allen echten Erzeugerleistungen Platz greifen. Es wäre ein höchst sonderbares Ergebnis, wenn Gaslieferungen, weil Gas als bewegliche Sache und damit auch als „Ware" anzusehen ist, nach Satz 1, Stromlieferungen hingegen nach Satz 2 behandelt würden. In beiden Fällen sind Bedeutung und Grundlagen der Entgelte die gleichen wie bei anderer industrieller Erzeugung; auch stehen die Entgelte grundsätzlich beide Male in derselben Beziehung zu den Kostenfaktoren, die für eine Korrektur der Rohumsatzzahlen in Betracht kommen. Infolgedessen muß Lieferung selbsterzeugter elektrischer Energie — will man nicht gerade unter den für das Mitbestimmungsergänzungsgesetz gültigen Aspekten Gleiches ungleich behandeln — als „Veräußerung selbsterzeugter Waren" angesehen werden.

Die unter Abs. 2 S. 2 fallenden Umsätze sind auch dann nur — ohne jeglichen Kostenabzug — zu einem Fünftel zum Umsatzvergleich heranzuziehen, wenn sie von einem Konzernunternehmen erzielt werden, das daneben oder sogar überwiegend Leistungen erbringt, die nach Satz 1 beurteilt werden müssen (allg. M.).

Unternehmen, die überwiegend Umsätze i. S. des Satzes 2 erzielen, können rechtsnotwendig nicht unter das Mitbestimmungsgesetz fallen. Da auch hier **konzerninterne Umsätze** nicht grundsätzlich ausgeschlossen werden können und Satz 2 die Berücksichtigung der Gestehungskosten verbietet, könnte die Versuchung bestehen, diese Umsätze im Interesse einer Vermeidung der paritätischen Mitbestimmung bei der Obergesellschaft durch ein — wo möglich mehrfaches — **Hin- und Herschieben von Handelsware** zwischen Konzerngesellschaften zu „vervielfältigen". Die „Entgelte", die bei solchen in der Absicht einer Gesetzumgehung vorgenommenen Manipulationen berechnet werden, wären selbstverständlich keine „Umsätze" i. S. des Absatzes 2.

8. Als Rechtsfolge der „Kennzeichnung" eines gemischten Montankonzerns durch die der qualifizierten Mitbestimmung unterliegenden Konzernunternehmen sieht das Gesetz eine neue Form paritätischer Mitbestimmung in der Obergesellschaft vor. Sie lehnt sich zwar in vielen Punkten an die im Mitbestimmungsgesetz geregelte Bestellung und Zusammensetzung von Aufsichtsrat und Vorstand an, weist aber gegenüber dieser — sog. qualifizierten — Mitbestimmung auch zahlreiche Unterschiede auf, die freilich meist kein großes Gewicht haben. Vgl. über sie schon Anm. 3 a. E. zu § 2 und im einzelnen die Anm. zu §§ 5—13.

9. Die Vorschriften der §§ 5—13 setzen ebenso wie §§ 4—13 MitbG voraus, daß die Gesellschaft neben dem zu ihrer gesetzlichen Vertretung berufenen Organ einen **Aufsichtsrat nach aktienrechtlichem Muster** hat. Um die Geltung der §§ 4—13 MitbG auch bei der GmbH und der Neueren Gewerkschaft zu ermöglichen, schreibt daher § 3 MitbG vor, daß ein unter § 1 MitbG fallendes Unternehmen, das keine Aktiengesellschaft ist, gleichwohl (und zwar nach Maßgabe der §§ 4—9 MitbG) einen Aufsichtsrat zu bilden habe und daß auf diesen und auf seine Rechte und Pflichten „die Vorschriften des Aktienrechts sinngemäß Anwendung" finden. An dieser — gesetzestechnisch anfechtbaren — Methode mußte das Mitbestimmungsergänzungsgesetz festhalten, da sonst die bei Vorliegen der Voraussetzungen des § 3 grundsätzlich erstrebte Parallelwirkung zum Mitbestimmungsgesetz nicht erreicht worden wäre. Die entsprechende Anwendung des § 3 MitbG bedeutet daher zunächst, daß bei dem herrschenden Unternehmen auch dann von Gesetzes wegen ein Aufsichtsrat zu bilden ist, wenn dazu nicht bisher schon nach § 77 BVG eine Verpflichtung bestand (vgl. darüber Anm. 4a zu § 14). Für diesen Aufsichtsrat gelten ferner die aktienrechtlichen Vorschriften über seine Rechte und Pflichten einschl. der Kompetenz zur Bestellung der Mitglieder des geschäftsführenden Organs und zum Widerruf ihrer Bestellung. Über die — streitige — Frage, ob darüber hinaus die GmbH und die Neuere Gewerkschaft zufolge § 3 MitbG in ihrer Struktur, namentlich insoweit, als die Gesellschafter- bzw. Gewerkenversammlung grundsätzlich eine stärkere Rechtsstellung als die Hauptversammlung bei der Aktiengesellschaft hat, der letzteren angenähert worden sind, vgl. einerseits (grundsätzlich verneinend, aber in Einzelheiten divergierend) Boldt, Z. f. B. 51, 278 u. Anm. 3b u. 4b zu § 3 MitbG; Kötter Anm. 6 zu § 3 u. Anm. 1 u. 2 zu § 12 MitbG, für bergrechtl. Gewerkschaften auch Dapprich „Glückauf" 51, 927 u. Z. f. B. 52, 254, anderseits (mehr oder minder bejahend) vor allem Fitting BABl. 51, 204 N. 9 u. ders. ArbRBlatt C II sowie ausführlich und weitergehend Müller-Lehmann Anm. 6—59 zu § 3 MitbG. Die Entscheidung der Streitfrage dürfte durch § 77 Abs. 1 BVG weder im einen

noch im anderen Sinne präjudiziert worden sein; immerhin beweist diese Vorschrift, daß der Gesetzgeber die **Beibehaltung der Struktur der GmbH und der bergrechtlichen Gewerkschaft** als mit dem Mitbestimmungsrecht der Arbeitnehmer vereinbar ansieht. Nun ist zwar zuzugeben, daß die „schlichte" Mitbestimmung der §§ 76, 77 BVG die Kollisionen zwischen der Rechtsstellung der Gesellschafter bzw. Gewerken nicht so stark hervortreten läßt wie im Falle einer paritätisch angelegten Mitbestimmung. Gleichwohl dürften die von Müller-Lehmann befürworteten Lösungen — von einigen nach klaren Sondernormen des Mitbestimmungsrechts (wie z. B. § 11 Abs. 2 u. 3 MitbG) zu entscheidenden Fällen abgesehen — nicht haltbar sein, weil sie dem Mitbestimmungsgesetz eine mit Art. 14 GG nicht zu vereinbarende Tragweite beimessen. Die von ihnen aufgezeigten Probleme namentlich bei der bergrechtlichen Gewerkschaft spielen bei herrschenden Unternehmen praktisch keine Rolle.

§ 4

(1) Das nach § 3 maßgebliche Umsatzverhältnis[1] hat der Abschlußprüfer des herrschenden Unternehmens[2] zu ermitteln[3]. Wird das herrschende Unternehmen nicht in der Rechtsform einer Aktiengesellschaft betrieben[2], so wird das Umsatzverhältnis[1] von einem in entsprechender Anwendung der §§ 136 und 137 des Aktiengesetzes zu bestellenden Prüfer[2] ermittelt[3].

(2) Der Prüfer[2] hat für jedes Geschäftsjahr[3] vor Ablauf von fünf Monaten nach dessen Ende[4] über das Ergebnis seiner Ermittlungen[3] schriftlich zu berichten[4]. Der Bericht ist den Verwaltungsträgern des herrschenden Unternehmens vorzulegen[4].

(3) Der Prüfer[2] hat, soweit dies für seine Ermittlungen[3] erforderlich ist, gegenüber sämtlichen Konzernunternehmen, die ihm nach § 138 des Aktiengesetzes zustehenden Rechte[5]. § 141 des Aktiengesetzes ist anzuwenden[6].

(4) Hat der Aufsichtsrat[7] Bedenken gegen die von dem Prüfer getroffenen Feststellungen[3, 8], so hat der Prüfer[2] auf Verlangen des Aufsichtsrats[7, 8] die beanstandeten Feststellungen zu überprüfen und über das Ergebnis zu berichten[4, 9].

(5) Das zur gesetzlichen Vertretung berufene Organ des herrschenden Unternehmens[10] hat das festgestellte Umsatzverhältnis[1] und die abschließende Stellungnahme des Aufsichtsrats[7, 8] unverzüglich den Betriebsräten (Gesamtbetriebsräten) der Konzernunternehmen sowie den nach § 7 entsendungsberechtigten Spitzenorganisationen mitzuteilen[10].

1. Als das **„maßgebliche" Umsatzverhältnis** bezeichnet das Gesetz die in § 3 Abs. 2 abstrakt bestimmte **Relation der** korrigierten Umsatzzahlen (man

sollte vielleicht am besten von **„Leistungszahlen"** sprechen!) **der mitbestimmten und der übrigen Konzernunternehmen.** Ist es im konkreten Falle für einen Konzern und ein bestimmtes Geschäftsjahr der Obergesellschaft vom Prüfer (über ihn s. unten Anm. 2) „ermittelt" und ggf. „überprüft" worden (dazu unten Anm. 3 u. 9!), so ist es das „festgestellte" Umsatzverhältnis (Abs. 5).

Das gesetzgeberische Problem, das durch die in § 3 getroffene Regelung zwangsläufig aufgeworfen wurde, bestand darin, einen erträglichen Weg zu finden, um die auf einer ganzen Reihe betriebswirtschaftlicher Daten beruhende tatsächliche Voraussetzung zu konstatieren, unter der bei einem nicht unter § 2 fallenden herrschenden Unternehmen die in §§ 5—13 enthaltenen Organisationsnormen Platz greifen sollen. Die Schwierigkeit der Lösung dieses Problems lag einmal darin begründet, daß das Bestehen oder Nichtbestehen dieser Voraussetzung den an der Wahl oder der Entsendung von Arbeitnehmervertretern im Aufsichtsrat beteiligten Stellen bekannt werden muß, damit das weitere Bestellungsverfahren beginnen kann, daß aber das Interesse der beteiligten Unternehmen einer Offenlegung der betriebswirtschaftlichen Daten, von denen die Konstatierung der Voraussetzung abhängt, entgegensteht. Da anderseits eine Ermittelung des Umsatzverhältnisses durch die Obergesellschaft selbst bzw. durch ihr geschäftsführendes Organ keine ausreichende Gewähr für eine objektive Feststellung bieten würde, mußte eine Prüfung der betriebswirtschaftlichen Einzeldaten durch einen unabhängigen und zur Verschwiegenheit verpflichteten Sachverständigen vorgesehen und mit einer Bekanntgabe des Endergebnisses seiner Feststellungen an die Beteiligten kombiniert werden. Eine solche Lösung war im Grundsatz schon in § 3 Abs. 3 Reg.Entw. vorgeschlagen worden. Auf der Ausgestaltung, die dieser Vorschlag in mehrfacher Hinsicht bei der parlamentarischen Beratung des Regierungsentwurfs erfahren hat, beruht § 4. Einmal ist nun im Feststellungsverfahren eine kritische Mitwirkung des Aufsichtsrats vorgesehen, und zum andern ist bei der Bekanntgabe des Endergebnisses der Feststellungen der Adressatenkreis erweitert worden. Vgl. dazu unten Anm. 4 u. 7. Vor allem aber ist die selbständige Bedeutung der Prüfung gegenüber der aktienrechtlichen Pflichtprüfung jetzt eindeutig klargestellt.

2. Die Ermittelung der Umsätze der Konzernunternehmen, ihre Korrektur nach Maßgabe des § 3 Abs. 2 und die **Feststellung des Verhältnisses der** so gewonnenen **Leistungsszahlen** (vgl. oben Anm. 1 a. A.) der mitbestimmten und der übrigen Konzernunternehmen muß (vgl. § 137 Abs. 1 AktGes.) von einem öffentlich bestellten Wirtschaftsprüfer oder einer Wirtschaftsprüfungsgesellschaft für jedes Geschäftsjahr vorgenommen werden. Ist die Obergesellschaft eine Aktiengesellschaft, so fällt die Aufgabe ihrem Abschlußprüfer zu, andernfalls — bei einer GmbH oder Neueren Gewerkschaft (vgl. Anm. 3 zu § 1!) — einem Prüfer, der zu diesem Zwecke wie ein aktienrechtlicher Abschlußprüfer zu bestellen ist.

Auch bei der als Aktiengesellschaft betriebenen Obergesellschaft ist die Prüfung nach § 4 trotz der Identität des Prüfers mit dem Abschlußprüfer der Obergesellschaft nicht Bestandteil ihrer Abschlußprüfung; vgl. dazu oben Anm. 1 a. E. Ebenso Forster-Müller WPg 56, 523. Nicht einmal dafür, daß in diesem Falle der Abschlußprüfer in seinem Bericht über die Abschlußprüfung die Prüfung nach § 4 zu erwähnen hätte (wozu Forster-Müller a. a. O. u. Adler-Düring-Schmaltz Tz. 50 zu § 135 AktGes. zumindest raten), findet sich im Gesetz ein Anhaltspunkt. Allerdings ist eine Erwähnung im Hinblick auf den vertraulichen Charakter des Berichts über die Abschlußprüfung unbedenklich. Ähnlich Kunze AuR 56, 229. — Die Auffassung, daß dem Abschlußprüfer kein **besonderer Auftrag zur Vornahme der Prüfung nach § 4** erteilt zu werden brauche (so Forster-Müller u. Adler-Düring-Schmaltz), dürfte sich hingegen nicht halten lassen. Abgesehen davon, daß sie von vornherein nur für den Abschlußprüfer, nicht jedoch für den nach Abs. 1 S. 2 gewählten Prüfer vertreten werden könnte, kann auch der Abschlußprüfer kaum der vertraglichen Grundlage für seinen Vergütungsanspruch entbehren, der sich hinsichtlich der Prüfung nach § 4 nicht etwa schon aus dem Auftrag zur Abschlußprüfung herleiten läßt. Vor allem aber würde der Abschlußprüfer — ungleich dem nach Abs. 1 S. 2 gewählten Prüfer — mit der Verantwortung dafür belastet, ob überhaupt eine Prüfung nach § 4 vorzunehmen sei (was von Forster-Müller a. a. O. S. 524, wenn auch mit einer gewissen Zurückhaltung, bejaht wird). Diese Verantwortung umschließt die Bejahung der Voraussetzungen des § 1 und die Verneinung des in § 2 geregelten Tatbestandes — beides Fragen, deren Entscheidung dem Prüfer nicht zuzumuten ist. In Wahrheit dürfte sich die Rechtsstellung des Abschlußprüfers von der eines anderen Prüfers in bezug auf den Entschluß zur Vornahme einer Prüfung nach § 4 nur darin unterscheiden, daß für den Abschlußprüfer hinsichtlich des Auftrags zur Prüfung nach § 4 Kontrahierungszwang (notfalls zum üblichen Honorar) besteht, was darin seine Rechtfertigung findet, daß er — sei es als gewählter, sei es als bestellter Abschlußprüfer der Obergesellschaft — schon mit einer Prüfung der Konzernverhältnisse befaßt ist und infolgedessen kein schutzwürdiger Grund ersichtlich ist, aus dem er sich der zusätzlichen, aber immerhin verwandten Aufgabe versagen könnte.

Die Obergesellschaft kann den Prüfungsauftrag nur ihrem Abschlußprüfer bzw., wenn sie nicht Aktiengesellschaft ist, dem nach Abs. 1 S. 2 bestellten Prüfer erteilen. Hat die Obergesellschaft mehrere — zur gemeinschaftlichen Prüfung verpflichtete — Abschlußprüfer, so sind sie in gleicher Weise mit der Prüfung nach § 4 zu betrauen; vgl. dazu auch unten Anm. 3 unter b).

Daß die Erteilung des Prüfungsauftrags unter Ordnungsstrafzwang stünde, wird man schwerlich annehmen können, da § 4 auf § 303 AktGes. nicht verweist. Im Falle der Untätigkeit der Gesellschaftsorgane ergeben sich aber, wenn der Tatbestand des § 3 gegeben ist, zufolge § 16 erhebliche Rechtsnachteile für die Gesellschaft, die auch eine Ersatzpflicht des Vorstandes oder des Aufsichtsrats begründen können, soweit diese pflichtwidrig nicht auf die Vornahme einer Prüfung nach § 4 und der nach §§ 5—9 vorgeschriebenen Bestellungsakte hingewirkt haben; auch der Tatbestand des § 297 Nr. 1 AktGes. dürfte dann in der weiteren Folge regelmäßig erfüllt sein.

Ebenso wie den Abschlußprüfer als solchen (über ihn s. Adler-Düring-Schmaltz Tz. 2 zu § 137 AktGes.) wird man den **Prüfer** nach § 4 (also auch den gem. Abs. 1 S. 2 bestellten) als **Sonderorgan der Gesellschaft** (ohne Vertretungs- und Geschäftsführungsbefugnisse), und zwar der Obergesellschaft anzusehen haben. Über seine Rechte und Pflichten vgl. unten Anm. 5 u. 6. Auch der gem. Abs. 1 S. 2 bestellte Prüfer darf von der Obergesellschaft oder von einer sie beherrschenden Gesellschaft weder unmittelbar noch mittelbar beeinflußbar sein; es gelten vielmehr alle Grundsätze zu § 137 Abs. 2 AktGes., auf den Abs. 1 S. 2 ausdrücklich verweist. Vgl. dazu statt aller Adler-Düring-Schmaltz Tz. 11—41 zu § 137 AktGes. In Ansehung der Prüfung nach § 4 ist § 137 AktGes. allerdings weithin eine lex imperfecta. Sicherlich wäre eine Bestellung nach Abs. 1 S. 2 unter Verstoß gegen § 137 Abs. 2 AktGes. nicht voll wirksam. Ob man sagen könnte, daß die von einem derart Bestellten getroffenen „Feststellungen" im selben Sinne „nichtig" seien, wie dies für die Abschlußprüfung angenommen wird, erscheint hingegen bereits zweifelhaft. Keinesfalls könnte aber, wenn das „maßgebliche Umsatzverhältnis" von einem vorschriftswidrig bestellten Prüfer sachlich zutreffend festgestellt worden ist, die demgemäß vorgenommene Bestellung der Aufsichtsratsmitglieder als fehlerhaft oder gar — wie ein unter Verstoß gegen § 137 AktGes. „geprüfter" Jahresabschluß — als nichtig angesehen werden. Die Folge eines Verstoßes gegen § 137 AktGes. wird vielmehr nur darin zu erblicken sein, daß den „Feststellungen" die typische Tatbestandswirkung fehlt, die ihnen das Gesetz offenbar beilegen will. (Vgl. darüber unten Anm. 3!). Demgemäß müßte in einem solchen Falle bei Streit über die Gültigkeit der Aufsichtsratsbestellung von der Gesellschaft auch die **Richtigkeit des Umsatzverhältnisses** bewiesen werden, dessen Bestehen dem Bestellungsmodus (§ 76 BVG oder §§ 5—9!) zugrundegelegt worden war. Ähnlich liegt es mit den ggf. nach § 16 eintretenden Rechtsfolgen; vgl. dazu auch Anm. 4 Abs. 2 zu § 16.

3. Die Ermittelung des Verhältnisses der Leistungszahlen (vgl. oben Anm. 1 a. A.!) der Konzernunternehmen ist in erster Linie eine betriebswirtschaftliche und sodann natürlich eine rechnerische Aufgabe, deren Einzelheiten sich aus § 3 Abs. 2 und dem dazu Bemerkten ergeben; vgl. insoweit Anm. 6 u. 7 zu § 3. Über die hierbei möglicherweise auftauchenden Schwierigkeiten s. auch Forster-Müller WPg. 56, 547—550.

a) Da nicht die absoluten Leistungszahlen jedes einzelnen Konzernunternehmens, sondern das **Verhältnis der summierten Leistungszahlen einer bestimmten Gruppe von Konzernunternehmen zu denjenigen aller übrigen Konzernunternehmen** das Ziel der Ermittelungen darstellt, setzt allerdings die Erfüllung der eigentlichen Prüferaufgabe die Klärung der **Vorfrage** voraus, wie die Konzernunternehmen zu gruppieren sind. Entscheidend ist dabei die **Festlegung der Gruppe von Konzernunternehmen, „die unter das Mitbestimmungsgesetz fallen"**. Wie in Anm. 5 zu § 3 dargelegt, bedeutet dies, daß bei diesen Konzernunternehmen die Voraussetzungen des § 1 MitbG de iure erfüllt sein müssen, so daß es also grundsätzlich nicht genügt, wenn sie tatsächlich nach §§ 4—13 MitbG organisiert sind oder gar nur auf anderem Wege eine faktische §§ 4 u. 13 MitbG entsprechende Zusammensetzung ihrer Verwaltungsträger herbeigeführt worden ist. Die **Entscheidung dieser** rein rechtlichen **Vorfrage** kann **nicht** dem Urteil des

Prüfers überlassen und ebensowenig **von** der seinen Feststellungen im übrigen (vgl. unten Anm. 10 Abs. 2) beizumessenden **Tatbestandswirkung umfaßt** werden. (Daß von dem oben Anm. 2 abgelehnten Standpunkt von Forster-Müller aus die Frage gegenteilig zu beantworten wäre, liegt auf der Hand; von Forster-Müller wird sie nicht ausdrücklich erörtert, ihre Bejahung aber mehrfach stillschweigend vorausgesetzt.) Zuzugeben ist, daß die Aufgabe des Prüfers durch diese Vorfrage in ganz anderem Sinne berührt wird als von der Frage einer Prüfungsnotwendigkeit i. S. der §§ 3, 4. Die Prüfung mag er auftragsgemäß vornehmen, auch wenn sie mangels der Voraussetzungen des § 1 oder infolge Eingreifens des § 2 rechtlich irrelevant und jedenfalls nicht geboten war; die dem § 3 entsprechende Gruppierung der Konzernunternehmen ist hingegen Vorbedingung für die Richtigkeit des Endergebnisses seiner Feststellungen. Das Gesetz ist nun offenbar davon ausgegangen, daß die Gruppierung nicht zweifelhaft sein könne. Im Regelfalle spricht auch die **Vermutung** dafür, **daß ein Konzernunternehmen unter § 1 MitbG fällt, wenn** sein **Aufsichtsrat nach §§ 5—9 MitbG bestellt** worden ist. Infolgedessen wird sich der Prüfer in jedem Falle die Art der Bestellung des Aufsichtsrats bei allen Konzernunternehmen nachweisen lassen müssen. Hat die Obergesellschaft bei einer Bestellung nach §§ 5—9 MitbG mitgewirkt, so wird normalerweise kein Zweifel mehr zulässig sein, daß dann auch die Voraussetzungen des § 1 MitbG wirklich erfüllt waren. Die Konstatierung einer solchen Mitwirkung erlaubt daher dem Prüfer normalerweise die Feststellung der zur „Mitbestimmungsgruppe" gehörenden Konzernunternehmen (womit auch die — alle übrigen Konzernunternehmen umfassende — zweite Gruppe automatisch festliegt, die Möglichkeit einer unmittelbaren Auskunft über die für die Prüfung erforderlichen betriebswirtschaftlichen Daten dieser Unternehmen — vgl. dazu Anm. 4 Abs. 3 zu § 3 — vorausgesetzt!). Nur wenn die Obergesellschaft keinen ausschlaggebenden Einfluß in der Hauptversammlung des — in diesem Falle nicht vermittels Anteilbesitz — beherrschten Konzernunternehmens hatte, oder wenn einleuchtende Gründe vorliegen, aus denen sie an einer Aufsichtsratsbestellung nach §§ 5—9 MitbG entgegen ihrer Rechtsüberzeugung mitgewirkt hat, kann eine Ausnahme von dieser Regel in Betracht kommen. In den seltenen Fällen, in denen eine Präjudizierung der Obergesellschaft mangels Mitwirkung bei der Aufsichtsratsbestellung, also namentlich beim Fehlen einer Beteiligung an der Konzerngesellschaft oder dort, wo der Aufsichtsrat noch im Zuge der Entflechtung nach AHK-Ges. Nr. 27 vor Entlassung des Konzernunternehmens aus der alliierten Kontrolle ohne Mitwirkung der Anteilseigner gebildet worden ist, wird die Art der Aufsichtsratsbestellung überhaupt nicht ohne weiteres als zuverlässiges Kriterium für das Vorliegen der Voraussetzungen des § 1 MitbG angesehen werden. In allen derartigen Fällen wird man der diese Voraussetzungen bestreitenden Obergesellschaft zugestehen, aber auch zumuten müssen, daß sie dem Prüfer in geeigneter Weise darlegt, welche der nach §§ 4—13 MitbG organisierten Konzerngesellschaften die Voraussetzungen des § 1 MitbG gleichwohl nicht erfüllen. Es handelt sich hier im Grunde um keine andere Situation, als wenn dem Prüfer nachzuweisen ist, daß ein bestimmtes Unternehmen erstmals

Konzernunternehmen geworden oder umgekehrt gerade aus dem Konzernverband ausgeschieden ist. In ähnlicher Weise kann sogar ein früheres Mitwirken der Obergesellschaft bei einer Aufsichtsratsbestellung nach §§ 5 bis 9 MitbG seiner indiziellen Wirkung entkleidet werden, wenn dem Prüfer nachgewiesen wird, daß die Konzerngesellschaft nach der Aufsichtsratsbestellung etwa infolge Errichtung neuer Betriebsanlagen den Charakter eines „Unternehmens der Eisen und Stahl erzeugenden Industrie" (vgl. § 1 Abs. 1 Buchst. b MitbG) verloren hat. (In einem solchen Falle würde der gem. §§ 5—9 MitbG gebildete Aufsichtsrat noch im Amt sein, wenn seit der Veränderung keine Hauptversammlung des Konzernunternehmens stattgefunden hat; vgl. dazu Anm. 1 Abs. 2 zu § 16!) Mag in derartigen Zweifelsfällen der Prüfer auch persönlich von der Richtigkeit des Standpunktes der Obergesellschaft überzeugt sein, so wird er sich doch nicht zum Richter über die dann meist gegebene Streitfrage aufwerfen dürfen. Vielmehr wird kaum etwas anderes übrigbleiben, als daß er seine Feststellungen dann alternativ gestaltet — einmal gemäß dem durch Aufsichtsratsbestellung gem. §§ 5—9 begründeten Anschein (oder bei behauptetem Wechsel in der Konzernzugehörigkeit entsprechend dem bisherigen — nicht evident veränderten — Zustande) und zum andern unter Zugrundelegung der von der Obergesellschaft beigebrachten Nachweise. Es versteht sich von selbst, daß der Prüfer in seinem Bericht die den Feststellungen dann zugrundeliegende Alternative erläutern und die Fragestellung, die zu der **Alternativfeststellung** geführt hat, eindeutig darlegen muß. Selbst entscheiden kann er m. E. die Frage jedoch nicht. Die Obergesellschaft, die den Versuch eines derartigen Nachweises unternimmt, wird es sich ihrerseits gefallen lassen müssen, daß durch die Alternativfeststellung der relative Leistungsanteil des Unternehmens, dessen Konzernzugehörigkeit sie behauptet bzw. in Abrede stellt oder dessen richtige Gruppierung sie anzweifelt, durch die Alternativfeststellung offenbar wird. Welches der solchermaßen alternativ festgestellten Umsatzverhältnisse das im konkreten Falle „maßgebliche" Umsatzverhältnis ist, muß dann in anderer Weise entschieden werden; vgl. hierzu unten Anm. 7 u. 10.

b) Wird die Prüfung von mehreren Prüfern vorgenommen — was angesichts des Wortlauts von § 4 Abs. 1 nur bei mehreren Abschlußprüfern einer Aktiengesellschaft als möglich (dann aber auch als geboten!) erscheint (s. oben Anm. 2 Abs. 3!) — so ist es denkbar, daß sie bei der Ermitelung der Leistungszahlen zu voneinander abweichenden Ergebnissen gelangen. Dies ist solange unschädlich, als hiervon das festgestellte Umsatzverhältnis nicht in einem nach § 3 Abs. 2 entscheidenden Sinne beeinflußt wird. Im andern Falle halten Forster-Müller a. a. O. S. 551 nur den Weg des § 136 Abs. 6 AktGes. wegen „Scheiterns der Umsatzermittlung" für gegeben. Die Gefahr einer derartigen Divergenz dürfte nicht so groß sein wie die der Meinungsverschiedenheit über das Abschlußtestat. Man wird insbesondere annehmen dürfen, daß der Fall angesichts der oben dargelegten Beschränkung des Gegenstandes der „Feststellungen" erheblich seltener vorkommen wird, als wenn man den Prüfern auch die Entscheidung über die Erforderlichkeit der Prüfung und über die Frage der Unternehmensgruppierung überließe. Auf Meinungsverschiedenheiten hierüber kann im Rechtssinne niemals eine abweichende „Feststellung" beruhen. Mangelnde Einsicht eines oder mehrerer der Prüfer in diese ihrer Aufgabe innewohnende Beschränkung müßte in der Tat als Widerrufsgrund angesehen werden. Im übrigen ist Forster-Müller a. a. O. zuzustimmen, wenn sie eine „Feststellung des Umsatzverhältnisses" für unmöglich halten, die teils eine Bejahung, teils eine Verneinung der in § 3 Abs. 2 bezeichneten Kennzeichnung des Unternehmenszwecks darstellen würde, und als letzten Ausweg nur den Widerruf nach § 136 Abs. 6 AktGes. sehen.

c) Das Geschäftsjahr, für das die Ermittelungen anzustellen sind, ist das des herrschenden Unternehmens. Abweichende Geschäftsjahre anderer Konzernunternehmen spielen keine Rollle; sie sind als Vergleichsanknüpfung nicht tauglich, vielmehr müssen bei allen Konzernunternehmen die im Geschäftsjahr des herrschenden Unternehmens erzielten Umsätze ermittelt und der weiteren Berechnung zugrundegelegt werden.

Damit, daß das Gesetz — notwendigerweise — die Prüfung für ein abgelaufenes Geschäftsjahr vorschreibt, ist nicht etwa zugleich gesagt, daß Anfang oder Schluß dieses Geschäftsjahres zugleich der maßgebliche **Stichtag für die** Beurteilung der **Konzernverhältnisse** insbesondere hinsichtlich des Umfangs der vorzunehmenden Prüfung sei. Der Zweck der Prüfung — nämlich: eine sachliche Anknüpfung der künftigen Organisation der Gesellschaftsorgane an die Konzernstruktur zu ermöglichen — verbietet eine solche Auslegung. Vielmehr ist auf die bei Ablauf der vorgeschriebenen Berichtsfrist übersehbaren Konzernverhältnisse abzustellen. Wird innerhalb der fünf Monate nach Abschluß des Geschäftsjahres, dessen Umsätze der Prüfung zugrundezulegen sind, dem Konzern ein Unternehmen neu angegliedert, so muß sich die Prüfung auf dieses neue Konzernunternehmen mit erstrecken, sofern die Obergesellschaft dem Prüfer so rechtzeitig die nötigen Einsichten und Auskünfte verschafft, daß er sie fristgerecht in seinem Bericht berücksichtigen kann; notfalls muß, wenn es innerhalb der Fünfmonatsfrist geschehen kann, ein Nachtrag zum Bericht mit entsprechender Neuberechnung des „Umsatzverhältnisses" geliefert werden. (Die Beschaffung der Unterlagen kann, falls wirklich der Tatbestand der Beherrschung eingetreten ist, keine größeren Schwierigkeiten machen als in anderen Fällen.) Entsprechendes gilt, wenn ein Unternehmen aus dem Konzernverband bzw. aus dem seine Abhängigkeit begründenden Beherrschungsverhältnis ausscheidet. Da es hier keiner neuen Ermittelungen bedarf, wird sogar jeder Fall des Ausscheidens innerhalb der Berichtsfrist notfalls im Wege unverzüglicher Korrektur des schon vorgelegten Berichts berücksichtigt werden müssen. Natürlich braucht der Prüfer nicht von sich aus nach möglichen Veränderungen zu forschen und kann zumindest nach Vorlegung seines Berichts abwarten, bis er von der Veränderung erfährt. In erster Linie gehört es zur Pflicht des Aufsichtsrats, im Falle von Veränderungen die dadurch notwendig werdende Korrektur des Prüfungsberichts im Wege einer Beanstandung der Feststellungen mit dem Ziele ihrer Überprüfung zu veranlassen. Das Gesagte gilt auch für Veränderungen, die eine Abweichung von der dem Bericht zugrunde liegenden Gruppierung der Konzernunternehmen bedingen.

Daß das Gesetz, wie § 16 ergibt, etwaigen Veränderungen des Umsatzverhältnisses erst Bedeutung beimißt, wenn sie sich in zwei aufeinander folgenden Geschäftsjahren manifestieren, steht der dargelegten Auffassung nicht entgegen; vgl. dazu auch Anm. 1 zu § 16. Es wäre z. B. widersinnig, etwa noch einen Aufsichtsrat nach § 14 i. V. m. §§ 76, 77 BVG zu bestellen, obwohl schon lange vor seiner Bestellung die Obergesellschaft die Aktienmajorität an einer großen Bergwerksgesellschaft erworben hat und der Unternehmenszweck des Konzerns infolgedessen durch mitbestimmte Konzernunternehmen gekennzeichnet wird. Da die Leistungszahlen nur Meßgröße sind, ist es ohne grundsätzliche Bedeutung, ob sie bereits im Rahmen des Konzerns erzielt wurden oder nicht; ihrem Wesen nach sind sie jedenfalls keine Daten, die in ihrem Aussagewert durch die Eingliederung des Unternehmens in den Konzern grundsätzlich verändert würden. Etwa de facto entstehende Differenzen liegen zumindest im Rahmen dessen, was auch durch Änderung der Geschäftspolitik eines unverändert gebliebenen Konzerns eintreten kann und dann nach §§ 3, 4 unzweifelhaft nicht erfaßbar wäre. Jedenfalls kann m. E. die Berücksichtigung der bei Berichterstattung bereits eingetretenen Konzernveränderungen nicht im Hinblick auf die Möglichkeit solcher Schwankungen abgelehnt werden. (Über den Fall, daß bei einem Konzern, dessen Unternehmenszweck durch mitbestimmte Konzernunternehmen gekennzeichnet wird, infolge Vereinbarung eines Organschaftsverhältnisses zu einem solchen Unternehmen erstmalig die Voraussetzungen der §§ 1, 3 eintreten, vgl. Anm. 1 zu § 16!)

4. Der **Bericht „über das Ergebnis" der Ermittelungen** des Prüfers ist trotz der Wortfassung des Gesetzes nicht lediglich die Mitteilung des festgestellten Umsatzverhältnisses (allg. M.). Er muß vielmehr zumindest die ermittelten Einzelposten erkennen lassen, aus denen sich die Leistungszahlen (s. oben Anm. 1 a. A.) jedes einzelnen Konzernunternehmens ergeben, und auch die der Verhältnisberechnung zugrundeliegende Gruppierung der Konzernunternehmen (unter deren Benennung) angeben. Darüber hinaus werden die Methode der Ermittelungen sowie etwaige für die Beurteilung der Feststellung des Umsatzverhältnisses erhebliche Abweichungen im Rechnungswesen bestimmter Konzernunternehmen u. dgl. mitzuteilen sein. Der Leser des Berichts muß sich „ein Urteil darüber" bilden können, „wie die Prüfung erfolgt ist und ob das Ergebnis im Einklang mit den gesetzlichen Vorschriften ermittelt ist, ob es also, abgesehen von den mitgeteilten Zahlen, sonst richtig ist" (so treffend Geßler BB 56, 628).

Den schriftlich abgefaßten Bericht (Briefform genügt! — Adler-Düring-Schmaltz Tz. 50 zu § 135 AktGes.) hat der Prüfer „den Verwaltungsträgern des herrschenden Unternehmens vorzulegen". Diese Pflicht erfordert die Übersendung oder die Übergabe mindestens je eines Stückes des Berichts an den Vorstand (ggf. an seinen Vorsitzer) und an den Vorsitzer des Aufsichtsrats (irrig insoweit Kunze, der — AuR 56, 229 — annimmt, für die Vorlegung beim Aufsichtsrat habe der Vorstand zu sorgen). Die Frage, ob vor der „Vorlegung" des Berichts eine „Abnahme" i. S. der §§ 675, 640 BGB in Betracht kommt, dürfte zwar bei § 4 etwas anders zu sehen sein als bei § 139 Abs. 2 AktGes., da § 4 nicht in gleichem Sinne eine „Pflichtprüfung" normiert wie die aktienrechtlichen Vorschriften über die Abschlußprüfung. Gleichwohl dürfte es richtiger sein, Abs. 2 S. 2 u. Abs. 4 als Sonderregelung anzusehen, die § 640 BGB in vollem Umfange vorgeht; einer „Abnahme" des Berichts bedarf es daher auch bei grundlegender Verkennung der Vorfragen zum Umfang und zur Gestaltung der Prüfung nicht. — Jedes Mitglied des Vorstands und Aufsichtsrats hat ein persönliches Einsichtsrecht, das insbesondere auch durch Einsetzung eines Ausschusses keinem Aufsichtsratsmitglied genommen werden kann. Dies wird man — anders als beim Bericht über die aktienrechtliche Pflichtprüfung — zwar nicht daraus folgern können, daß eine unentziehbare Mindestbefugnis des Aufsichtsrats in Frage stehe, sondern aus der in Abs. 4 und 5 vorgesehenen Einschaltung des Aufsichtsrats, die für alle seine Mitglieder Recht und Pflicht zur Stellungnahme bedeutet.

Zur Weiterleitung ist der Bericht nicht bestimmt. Ebensowenig wie der Bericht über die Abschlußprüfung braucht er der Hauptversammlung vorgelegt zu werden; er ist vielmehr grundsätzlich vertraulich, so daß Mitglieder des Vorstands oder des Aufsichtsrats zumindest bei Mitteilung seines über das Endergebnis hinausgehenden Inhalts ihre Verschwiegenheitspflicht verletzen würden. (Bei einer Obergesellschaft in der Rechtsform einer GmbH könnten die Geschäftsführer allerdings den Gesellschaftern die Vorlegung des Berichts schwerlich verweigern!) Vgl. hierzu auch unten Anm. 6 u. 10.

Für den Bericht über eine vom Aufsichtsrat verlangte „Überprüfung" — dazu unten Anm. 8 u. 9! — gilt grundsätzlich das gleiche wie für den ersten Bericht des Prüfers. Er muß sich allerdings mit den vom Aufsichtsrat geäußerten Bedenken auseinandersetzen; der Gegenstand der „Überprüfung' kann sich aber nicht über den der Prüfung hinaus erstrecken.

5. Die **Rechte des Prüfers** decken sich grundsätzlich miit denen des Abschlußprüfers, wie das Gesetz durch Bezugnahme auf § 138 AktGes. klarstellen will.

a) Das **Auskunftsrecht** des Prüfers ist naturgemäß hier auf die für eine Prüfung nach § 4 erheblichen Daten und Unterlagen beschränkt. Über die damit gezogene Grenze vgl. oben Anm. 3. § 138 Abs. 3 dürfte zu einer entsprechenden Anwendung nicht geeignet sein. (Anders anscheinend in bezug auf die Feststellung von Voraussetzungen der Prüfungspflicht Forster-Müller WPg. 56, 522, von ihrem hier abgelehnten Standpunkt aus — vgl. dazu oben Anm. 1 Abs. 2 — folgerichtig!)

Bei der Abschlußprüfung besteht gegenüber Unternehmen, die von der zu prüfenden Gesellschaft abhängig sind, kein unmittelbares Auskunftsrecht des Prüfers; dieser ist daher darauf angewiesen, über die Verhältnisse von Tochtergesellschaften den Vorstand der zu prüfenden Muttergesellschaft zu befragen. Mit Recht ist aber auch für den Abschlußprüfer angenommen worden, daß die Muttergesellschaft in einem solchen Falle verpflichtet sei, ihren Einfluß auf das abhängige Unternehmen aufzubieten, um dieses zur Offenlegung von Unterlagen zu veranlassen, die ihr Abschlußprüfer zur Erfüllung seiner Prüfaufgabe benötigt. Vgl. dazu Godin-Wilhelmi Anm. II 2 zu § 138 AktGes. Bei der aktienrechtlichen Pflichtprüfung stehen derartige Verhältnisse von Konzernunternehmen jedoch nicht im Vordergrund, während die Prüfung nach § 4 ihr Schwergewicht bei den von der Obergesellschaft abhängigen Unternehmen hat. Es lag daher an sich nichts näher, als in diesem Falle auch diese anderen Konzernunternehmen für auskunftspflichtig zu erklären. Zumindest praktisch ist diese in Abs. 3 S. 1 enthaltene Norm, aber, wie Forster-Müller a. a. O. S. 524 dargetan haben, eine lex imperfecta, da § 4 weder § 135 Abs. 3 noch auch § 303 AktGes. für anwendbar erklärt hat und eine anderweitige streitige **Durchsetzung des Auskunftsrechts** schon mit Rücksicht auf die Kürze der für die Durchführung der Prüfung verfügbaren Zeit ausscheiden muß. Infolgedessen wird man anzunehmen haben, daß der Prüfer nach Abs. 3 S. 1 nur vorgehen kann, wenn die Obergesellschaft in der Lage ist, etwaigen Widerstand der anderen für eine Prüfung in Betracht kommenden Unternehmen zu brechen, wozu sie nach Abs. 3 verpflichtet erscheint und ohne weiteres in der Lage sein muß, wenn das andere Unternehmen ein abhängiges Konzernunternehmen sein soll. Als Sanktion kann hier sogar § 296 Abs. 1 Nr. 1 AktGes. in Betracht kommen, wenn nämlich — wie Forster-Müller a. a. O. befürchten — der Vorstand der Obergesellschaft in der **Verschaffung der Einsichtnahme** bei einem mitbestimmten Konzernunternehmen zurückhalten sollte und gegenüber dem Prüfer — nicht etwa seinen bösen Willen eingesteht, was der Prüfer in seinem Bericht zu erwähnen hätte, sondern — Mangel an Einfluß der Obergesellschaft vorschützen sollte. (Natürlich wäre Voraussetzung, daß das Konzernverhältnis zwischen der Obergesellschaft und einem solchen mitbestimmten Unternehmen dokumentiert ist, was der Abschlußprüfer in Zweifelsfällen über § 135 Abs. 3 i. V. m. § 128 Abs. 2 Nr. 8 AktGes. unter Umständen erreichen kann.) Vgl. hierzu auch Anm. 4 Abs. 3 zu § 3.

b) Das **Recht auf Vergütung** ergibt sich bei dem gewählten Prüfer aus der mit ihm getroffenen Vereinbarung, dem „Prüfungsauftrag" (s. dazu oben Anm. 1 Abs. 2), notfalls in Verbindung mit §§ 675, 632 BGB, bei dem gerichtlich bestellten Prüfer aus Abs. 1 S. 2 i. V m. § 136 Abs. 5 AktGes.

6. Unter den Pflichten steht neben der **Verpflichtung zu gewissenhafter und objektiver Feststellung** (wozu vor allem auch die Beobachtung einer einheitlichen Ermittelungs- und Berechnungsmethode im Rahmen des § 3 Abs. 2 gehört; dazu Forster-Müller a. a. O. S. 550!) die durch Bezugnahme auf § 141 AktGes. statuierte **Verschwiegenheitspflicht.** Sie charakterisiert die absolute Vertraulichkeit des Berichts des Prüfers und auch jeder Einzelheit der in ihm zu erörternden Feststellungen. Die für die Prüfung nach § 4 benötigten Daten gehen regelmäßig weder aus dem Jahresabschluß noch aus dem Geschäftsbericht der beteiligten Gesellschaften hervor, so daß diese zumindest im Regelfalle an ihrer Geheimhaltung interessiert sind. — Jede Verletzung der Pflichten des Prüfers begründet dessen **Ersatzpflicht.** Sie dürfte ggf. auch unmittelbar gegenüber jedem Konzernunternehmen bestehen, das durch die Pflichtverletzung Schaden erlitten hat; insoweit ist der Prüfungsauftrag nach § 4 ein Vertrag zugunsten Dritter. Zu der Frage der **Verantwortlichkeit des Prüfers** vgl. im übrigen ausführlich Forster-

Müller a. a. O. S. 552 f.; die dort entwickelten bzw. angedeuteten Grundsätze verdienen durchweg Zustimmung; insbesondere ist die Auffassung zu unterstreichen, daß die summenmäßige Haftungsbegrenzung bei fahrlässigem Verstoß nicht einheitlich für die Abschlußprüfung und die Prüfung nach § 4 gelten kann, da — von andern Argumenten abgesehen — sonst der Abschlußprüfer besser stehen würde als der nach Abs. 1 S. 2 bestellte Prüfer, was nicht der Sinn von Abs. 3 S. 2 sein kann.

7. Die in Abs. 4 vorgesehene Einschaltung des Aufsichtsrats der Obergesellschaft dient der **Kontrolle des Prüfers.** — Es wird schwerlich einen Fall geben, bei dem das herrschende Unternehmen i. S. des § 1 ohne Aufsichtsrat wäre. Falls der Organschaftsvertrag schon vor der letzten Hauptversammlung bestanden hatte, würde es auch als GmbH oder Neuere Gewerkschaft mit Sicherheit nach § 77 Abs. 1 BVG damals schon aufsichtsratspflichtig gewesen sein. Vgl. dazu Anm. 4 zu § 14 (betr. § 76 Abs. 4 i. V. m. §§ 76 Abs. 4 bzw. 77 Abs. 1 BVG). Nur wenn der Tatbestand des § 1 Abs. 2 erst in der Zwischenzeit eingetreten sein sollte, könnte daher der Fall gegeben sein, daß ein Aufsichtsrat des herrschenden Unternehmens noch nicht existiert; es wird dann geboten sein, daß die Rechte des Aufsichtsrats nach Abs. 4 durch die Gesellschafter- bzw. Gewerkenversammlung wahrgenommen werden; Geschäftsführer bzw. Grubenvorstand werden infolgedessen hier sogar für verpflichtet zu halten sein, der Versammlung den Bericht unverzüglich vorzulegen, die dann über ihn zu beschließen hat.

8. Nach Abs. 4 gilt hinsichtlich der Geltendmachung des Nachbesserungsanspruchs der Obergesellschaft eine Sonderregelung, die eine besondere Geschäftsführungsbefugnis des Aufsichtsrats begründet. Primär ist das Recht des Aufsichtsrats natürlich Ausfluß seiner Organstellung und ähnelt insoweit dem (allerdings in erster Linie als Pflicht aufzufassenden) Recht zur Stellungnahme zum Jahresabschluß nach § 125 Abs. 2 Aktiengesetzes. Der Unterschied liegt hier aber, von anderem abgesehen, darin, daß die **Stellungnahme des Aufsichtsrats** den Prüfer zu weiteren Leistungen nötigen kann, also auch für die Erfüllung des Prüfungsauftrages Bedeutung hat, obwohl (vgl. unten Anm. 9) die vom Aufsichtsrat ggf. erzwungene „Überprüfung" des Berichts keine „Nachbesserung" zu sein braucht.

Äußert der Aufsichtsrat keine Bedenken gegen den Bericht des Prüfers, so liegt darin immer auch ein Verzicht auf einen etwaigen Nachbesserungsanspruch. Der Vorstand muß dann also den Bericht ohne Stellungnahme hinnehmen. Über den Fall, daß der Bericht offensichtlich keine Erfüllung der nach § 4 i. V. m. § 3 Abs. 2 gestellten Prüferaufgaben darstellt, vgl. den flg. Abs. d. Anm.

„Bedenken" sind demgegenüber sachliche Meinungsverschiedenheiten zwischen Aufsichtsrat und Prüfer über die Handhabung der in § 3 Abs. 2 aufgestellten Grundsätze für die Ermittelung der Leistungszahlen der Konzernunternehmen. Auch die Vorfragen, ob die erfaßten Unternehmen sämtlich Konzernunternehmen sind, ob alle Konzernunternehmen erfaßt und richtig gruppiert worden sind, werden Gegenstand von „Bedenken" sein können. Sind diese Fragen allerdings, objektiv gesehen, völlig klar, hat sie der Prüfer aber dennoch grundlegend verkannt (etwa die ggf. von der Obergesellschaft selbst erzielten Umsätze überhaupt nicht berücksichtigt!), so wird man annehmen können, daß überhaupt noch keine „Vorlegung" eines § 4 entsprechenden Berichts stattgefunden hat. (Die Lage wäre nicht prinzipiell verschieden von der, daß der Prüfer etwa in Verkennung von § 3 Abs. 2 die Rohgewinne in Vergleich gesetzt hätte.) In einem solchen Falle, dessen Eintritt allerdings sehr unwahrscheinlich ist, wäre der Prüfer in Verzug geraten, und der Vorstand hätte die der Gesellschaft hieraus erwachsenden Rechte geltend zu machen. Angesichts der in Abs. 4 vorgesehenen Einschaltung des Aufsichtsrats wird der Vorstand jedoch nicht ohne dessen Zustimmung derartige Schritte ergreifen dürfen. Ggf. würden sie in ihrer letzten Konsequenz zur Neubestellung eines Prüfers führen müssen; ob es dazu einer Abberufung des bisherigen Prüfers bedürfte oder angenommen werden könnte, daß er „am rechtzeitigen Abschluß der Prüfung verhindert ist" (§ 136 Abs. 4 S. 2 AktGes.), kann zweifelhaft sein, hat aber nur untergeordnete Bedeutung. Daß der Fall hier anders liegt als beim Bericht über die Abschlußprüfung, hat seine Gründe in dem dort weniger eindeutig bestimmten Gegenstand der Prüfung und in dem in beiden Fällen verschiedenen Aussagegehalt des Prüfungsergebnisses. Vgl. dazu auch oben Anm. 4 Abs. 2.

Nur der Aufsichtsrat als solcher, nicht seine einzelnen Mitglieder oder eine Minderheit von ihnen kann „Bedenken" erheben. Es bedarf daher eines Aufsichtsratsbeschlusses, dessen Vorbereitung aber einem Ausschuß übertragen werden kann; richtig Forster-Müller a. a. O. S. 552 N. 50.

Die „Bedenken" müssen substantiiert sein, damit sie das **Verlangen nach „Überprüfung"** des Berichts rechtfertigen können; ebenso Forster-Müller S. 552. Ob das Verlangen (und die dieses begründenden Bedenken) schriftlich geäußert werden müssen, sagt das Gesetz nicht. Der Prüfer wird dies jedoch verlangen können, um für die Überprüfung und seinen abschließenden Bericht eine feste Grundlage zu haben. Zu der Aufsichtsratssitzung, in der über die Stellungnahme zu seinem Bericht Beschluß gefaßt werden soll, kann der Prüfer zugezogen werden, aber nur zur Beratung, nicht auch bei der Beschlußfassung selbst. (Vgl. § 93 Abs. 1 AktGes.!) Ein in Gegenwart des Prüfers gefaßter Beschluß über die Nichterhebung von Bedenken müßte sogar als unwirksam angesehen werden, da eine Beeinflussung der Mitglieder durch die Gegenwart des Prüfers in jedem Falle zu vermuten wäre.

Das Gesetz sieht keine **Frist für die Stellungnahme** des Aufsichtsrats vor. Die erste Stellungnahme, die zu einem **Verlangen der Überprüfung** des Begriffs führen kann, wird **unverzüglich** nach Vorlegung des Berichts abgegeben werden müssen, wobei sich diese Frist nach dem Umfang des Berichts, nach der Schwierigkeit der aufzuwerfenden Probleme, aber auch danach richtet, wieviel Zeit dem Prüfer für die verlangte Überprüfung noch verbleibt. Dabei ist grundsätzlich davon auszugehen, daß der auf Grund einer verlangten Überprüfung erstattete weitere Bericht des Prüfers vor Ablauf von 7 Monaten nach Schluß des letztvergangenen Geschäftsjahrs vorliegen soll; vgl. § 16 u. Anm. 4 dazu. Die **Stellungnahme zu dem Bericht über die verlangte Überprüfung** kann, da sie (vgl. Kunze AuR 56, 229!)

für sich allein keine Rechtsfolgen zeitigt, sondern nur den Stellen mitzuteilen ist, denen der Vorstand nach Abs. 5 das festgestellte Umsatzverhältnis bekanntgibt, **noch** so lange abgegeben werden, **bis** eine auf Grund der Feststellungen des Prüfers etwa erforderliche **Neubestellung des Aufsichtsrats eingeleitet ist.** Der Vorstand muß sie seiner Mitteilung des festgestellten Umsatzverhältnisses ggf. nachreichen; vgl. auch unten Anm. 10.

Aus dem Gesagten ergibt sich schon, daß der Aufsichtsrat unter Umständen zufolge § 16 Abs. 2 nicht mehr im Amt ist, wenn der Bericht des Prüfers, insbesondere der über eine verlangte Überprüfung vorgelegt wird; vgl. dazu Anm. 6 zu § 16. Man wird annehmen müssen, daß das Recht zur Stellungnahme, soweit es eine Geschäftsführungsbefugnis umschließt (Abs. 4), hiervon nicht berührt werden kann und deshalb die Mehrheit der bis zu dem nach § 16 maßgeblichen Stichtage im Amt befindlichen Aufsichtsratsmitglieder das rechtswirksame Verlangen auf Überprüfung des Berichts auch dann noch stellen kann, wenn der Bericht erst nach dem Stichtage vorgelegt wird. In diesem Umfange eine Erstreckung der Organstellung und der damit verbundenen Vertretungsmacht des bisherigen Aufsichtsrats gegenüber dem Prüfer zu bejahen, dürfte unerläßlich sein, da sonst die Obergesellschaft in derartigen Fällen stets ihren Nachbesserungsanspruch verlöre. Das wird umso eher gelten müssen, als der Eintritt der in § 16 vorgesehenen Rechtsfolge zwar nicht durch die „Feststellung des Umsatzverhältnisses" eintritt (vgl. darüber Anm. 4 zu § 16), wohl aber regelmäßig erst auf Grund bzw. in Verbindung mit dieser Feststellung konstatiert werden kann. Solange die Feststellung, die nach Abs. 5 mitgeteilt werden muß, nicht endgültig getroffen worden ist, bleibt mithin der Eintritt der Rechtsfolgen des § 16 überhaupt in der Schwebe.

9. Die **Überprüfung der beanstandeten Feststellungen** muß sich — ebenso wie die „Bedenken" des Aufsichtsrats — auf die richtige Anwendung des § 3 Abs. 2 auf den bestimmten Konzern beschränken. Sie kann infolgedessen die Umsatzzahlen, die Abzugsposten oder die Abgrenzung der nach Abs. 2 S. 2 zu behandelnden Umsätze, im Sinne von Vorfragen aber auch die Vollzähligkeit oder die Gruppierung der Konzernunternehmen, deren Leistungszahlen zu vergleichen sind, betreffen. Soweit Vorfragen berührt werden, kann der Prüfer sich auch hier nur im Rahmen des oben Anm. 3 unter a) Gesagten halten. Das Ergebnis der Überprüfung kann daher in der Ausarbeitung einer zunächst vernachlässigten Alternativfeststellung beruhen, wenn z. B. vom Aufsichtsrat Bedenken gegen die Berücksichtigung oder Nichtberücksichtigung eines Unternehmens unter dem Gesichtspunkt seiner Konzernzugehörigkeit oder der Erfüllung der Voraussetzungen des § 1 MitbG erhoben worden sind.

Der **Bericht über die Überprüfung** wird regelmäßig ein Nachtrag zu dem ersten Bericht sein; es kann sich aber als zweckmäßig erweisen, einen völlig neuen Bericht zu erstatten, bei dem aus Gründen der Zweckmäßigkeit die im Hinblick auf die „Bedenken" des Aufsichtsrats neu gefaßten oder neu begründeten Darlegungen in geeigneter Weise gekennzeichnet werden sollten. Die Änderungen haben jedenfalls nur interne Bedeutung und treten als solche in der Mitteilung nach Abs. 5 nicht in Erscheinung. Auch wenn der Prüfer seine Feststellungen im Ergebnis nicht ändert, muß er sich doch mit allen vom Aufsichtsrat geäußerten „Bedenken" im einzelnen auseinandersetzen und sie, soweit er ihnen nicht Rechnung trägt, widerlegen.

Der Bericht über die Überprüfung ist in der gleichen Weise Vorstand und Aufsichtsrat vorzulegen wie der Prüfungsbericht.

10. Die **Mitteilung des „festgestellten Umsatzverhältnisses"** dient der Unterrichtung der Stellen, die ggf. in der durch §§ 6—9 vorgeschriebenen Weise an der Bestellung eines neuen Aufsichtsrats der Obergesellschaft mitzuwirken haben. Angesichts dessen wird man eine präzise Feststellung für geboten halten müssen und daher m. E. nicht etwa mit Forster-Müller S. 547 annehmen dürfen, daß auf Ermittelungen und Feststellungen bei Konzerngesellschaften verzichtet werden könne, wenn feststeht, daß das Umsatzverhältnis in jedem Falle zuungunsten der mitbestimmten Konzerngesellschaften ausfällt. Selbstverständlich ist darüber hinaus das „festgestellte Umsatzverhältnis" auch der Versammlung der Anteilseigner bekanntzugeben, da auch ihre Wahlkompetenz davon beeinflußt wird (vgl. § 5 Abs. 2); das Gesetz hat dies jedoch offenbar für selbstverständlich gehalten, da eine solche Bekanntgabe keine Initiative auslösen kann und dem Vorstand, der ggf. Neuwahlen zum Aufsichtsrat ausschreiben muß, das hierfür bedeutsame Umsatzverhältnis aus dem ihm vorliegenden Bericht bekannt ist. Daß dann in der Versammlung, die die Vertreter der Anteilseigner zu wählen hat, das „festgestellte Umsatzverhältnis" ebenso mitgeteilt werden muß wie sonstige Umstände, die eine Neuwahl zum Aufsichtsrat oder deren Umfang bedingen, ist in der Tat selbstverständlich.

Die Mitteilung, für die keine Form vorgeschrieben ist (und trotz dem Wortlaut des Gesetzes als Mitteilung der Obergesellschaft als solcher aufgefaßt werden muß!), hat ebensowenig konstitutive Wirkung wie das „festgestellte Umsatzverhältnis" selbst. Soweit jedoch die Feststellung unabhängig von Voraussetzungen getroffen wird, die der „Feststellung" durch den Prüfer nicht zugänglich sind (Konzernzugehörigkeit aller berücksichtigten Unternehmen, Berücksichtigung und zutreffende Gruppierung aller Konzernunternehmen), zeitigt sie gewissermaßen eine **Tatbestandswirkung:** es kann dann von niemandem geltend gemacht werden, daß die Leistungszahlen der einzelnen Konzernunternehmen und das Verhältnis der addierten Leistungszahlen der mitbestimmten Konzernunternehmen zu der Summe der Leistungszahlen der übrigen Konzernunternehmen unrichtig festgestellt worden sei. (Anders anscheinend Geßler BB 56, 629.) Hingegen muß es allen Beteiligten mit Ausnahme des Prüfers, dessen Aufgabe sich in den Feststellungen erschöpft, denen diese Tatbestandswirkung zukommt, möglich sein, die nicht geprüften (weil vom Prüfer nicht zu beurteilenden) Voraussetzungen — also die Frage der Konzernzugehörigkeit eines Unternehmens sowie die Zugehörigkeit eines Konzernunternehmens zu der Gruppe, bei der es berücksichtigt worden ist! — einer gerichtlichen Entscheidung zuzuführen (so offenbar auch Kunze AuR 56, 229). Die in Abs. 5

vorgeschriebene Mitteilung ist an dieser Rechtslage insofern orientiert, als sie außer dem „festgestellten Umsatzverhältnis" auch die Stellungnahme des Aufsichtsrats umfassen muß. In den Fällen, in denen der Prüfer einer zweifelhaften Voraussetzung — sei es schon im ersten Bericht, sei es auf Verlangen des Aufsichtsrats — durch eine Alternativfeststellung Rechnung getragen hat, sind die alternativ festgestellten Umsatzverhältnisse und auch die berücksichtigte Alternative als solche in der Mitteilung darzulegen.

Zu der vom Gesetz zum Teil offen gelassenen Frage, wie im Streitfalle das Bestehen oder Nichtbestehen der Voraussetzungen des § 3 Abs. 1 endgültig zu klären wäre, läßt sich folgendes sagen:

Eine **Klage** der Mitteilungsempfänger **gegen die Obergesellschaft auf Feststellung,** daß der Konzern unter § 3 Abs. 1 falle (vgl. Geßler BB 56, 629), stößt auf ähnliche prozeßrechtliche Schwierigkeiten wie eine Klage auf Feststellung des Vorliegens der Voraussetzungen des Mitbestimmungsgesetzes; vgl. darüber Kötter Anm. 1 Abs. 4 zu § 1 MitbG. Immerhin dürften einige der dort bestehenden Schwierigkeiten entfallen. So könnte m. E. das Interesse an der Feststellung eines Entsendungsrechts von Aufsichtsratsmitgliedern nach § 7 schwerlich verneint werden. Gleichwohl wird eine Feststellungsklage möglicherweise an anderen prozessualen Hindernissen, insbesondere am Mangel der Parteifähigkeit der Beteiligten, scheitern. — Stets bleibt natürlich die Möglichkeit einer **Wahlanfechtung** wegen Gesetzesverstoßes, ferner das **Prüfungsrecht des Registerrichters** bei Anträgen aus § 89 AktGes. bestehen. Daß eine Obergesellschaft gegen ein Unternehmen, dessen Konzernzugehörigkeit zweifelhaft ist, oder gegen eine Konzerngesellschaft, bei der die Voraussetzungen des § 1 MitbG zweifelhaft sind (oder auch umgekehrt), ein entsprechendes Feststellungsurteil erwirkt, ist sicherlich denkbar, doch würden solche Urteile nur inter partes wirken; infolgedessen könnte das Feststellungsinteresse bei derartigen Klagen zumindest nicht ohne weiteres aus § 3 hergeleitet werden. Eine bessere Klärungsmöglichkeit bietet eine **Klage der Obergesellschaft gegen ihren Prüfer auf Feststellung** der Verpflichtung, bei der Prüfung nach § 4 bestimmte Konzernunternehmen in bestimmter Weise zu berücksichtigen. Da das festgestellte Umsatzverhältnis in der Regel (vgl. § 16) erst nach zwei aufeinander folgenden Geschäftsjahren Bedeutung gewinnt (über Ausnahmen s. § 21 u. Anm. dazu!), so kann mit einer solchen Feststellungsklage meist erreicht werden, daß sich eine dem ersten Prüfungsbericht zugrunde gelegte unrichtige Vorfragenentscheidung oder gesetzwidrige Ermittelungsmethode (z. B. Zugrundelegung von § 3 Abs. 2 S. 2 statt § 3 Abs. 2 S. 1) auf die Besetzung der Verwaltungsträger der Obergesellschaft nicht auswirkt. Daraus, daß das Gesetz durch Nichtverweisung auf § 135 Abs. 3 AktGes. bei Meinungsverschiedenheiten zwischen Prüfer und Obergesellschaft kein Spruchstellenverfahren vorgesehen hat, kann sicher nichts dafür entnommen werden, daß derartige Streitigkeiten etwa einer gerichtlichen Entscheidung entzogen werden sollten. Eine Klage auf Feststellung (u. U. sogar auf Leistung bzw. künftige Leistung) gegen den Prüfer muß daher der Obergesellschaft ebenso zugestanden werden wie der geprüften Aktiengesellschaft eine Klage auf Erteilung des Bestätigungsvermerks. Nur kann, wenn nicht die vom Prüfer selbst ermittelten Leistungszahlen als solche schon feststehen, schwerlich auf Leistung im Sinne der Verurteilung zur Feststellung eines bestimmten Umsatzverhältnisses geklagt werden (was die völlige Parallele zur Klage auf Erteilung des Bestätigungsvermerks sein würde!). Dieser Unterschied ergibt sich indessen aus der Natur der Sache und spricht nicht gegen die Zulassung einer Klagemöglichkeit als solcher. — Über eine weitere Klärungsmöglichkeit (Klage der bisherigen Aufsichtsratsmitglieder auf Feststellung des Erlöschens [oder der Fortdauer!] ihres Amtes vgl. Anm. 6 Abs. 1 a. E. zu § 16.)

Die Folgen der Vernachlässigung einer — nach Umfang und Methode einwandfreien — Ermittelung des Umsatzverhältnisses durch die Obergesellschaft ergeben sich im übrigen aus § 16. Vgl. insbesondere Anm. 5 u. 6 zu § 16.

§ 5

(1) Der Aufsichtsrat[1] besteht aus fünfzehn Mitgliedern[2]. Er setzt sich zusammen[3] aus

a) sieben Vertretern der Anteilseigner[4],

b) sieben Vertretern der Arbeitnehmer[5],

c) einem weiteren Mitglied[6].

(2) Für die Bestellung der in Absatz 1 Buchstabe a genannten Mitglieder gilt § 5 des Mitbestimmungsgesetzes; für ihre Abberufung gelten § 87 Abs. 2, § 88 Abs. 4 und 5 des Aktiengesetzes[4].

(3) Auf das in Absatz 1 Buchstabe c genannte Mitglied findet § 4 Abs. 2 des Mitbestimmungsgesetzes Anwendung[6]. Für seine Bestellung gilt § 8 des Mitbestimmungsgesetzes, wobei an die Stelle des § 6 des Mitbestimmungsgesetzes die §§ 6 und 7 dieses Gesetzes treten; für seine Abberufung gilt § 11 Abs. 3 des Mitbestimmungsgesetzes[6].

(4) § 4 Abs. 3 des Mitbestimmungsgesetzes findet Anwendung[2].

1. Bei Erfüllung der in § 3 bezeichneten Voraussetzung muß das (nicht unter § 2 fallende!) „herrschende Unternehmen" (vgl. § 1!) auch dann einen Aufsichtsrat haben, wenn es in der Rechtsform der GmbH oder Neueren Gewerkschaft betrieben wird; § 3 Abs. 1 S. 2. Über die gesellschaftsrechtlichen Auswirkungen dieser Regelung vgl. Anm. 9 zu § 3! Ein **obligatorischer Aufsichtsrat** ist das typische Institut zur Verwirklichung jeder Form von Mitbestimmung in der Unternehmensleitung.

§ 5 läßt die **weitgehende Angleichung der für Obergesellschaften** gemischter Montankonzerne **vorgesehenen** (paritätischen) **Mitbestimmung an die qualifizierte Mitbestimmung** des Mitbestimmungsgesetzes erkennen. Daran ändern auch die zahlreichen Verschiedenheiten nichts, die beide Mitbestimmungsformen im einzelnen aufweisen. (Über sie vgl. bereits

Anm. 3 zu § 2!) Der Aufsichtsrat eines unter § 3 fallenden herrschenden Unternehmens besteht aus sieben von der Hauptversammlung gewählten oder von Aktionären entsandten Mitgliedern, drei Arbeitern und einem Angestellten aus der Belegschaft des herrschenden Unternehmens oder eines unter seiner Leitung (i. S. des § 15 Abs. 1 AktGes.) stehenden Konzernunternehmens (die alle vier von den genannten Belegschaften — unter Einschaltung von Wahlmännern — zu wählen sind), ferner aus drei von den gewerkschaftlichen Spitzenorganisationen entsandten Mitgliedern und einem nach Art des „Elften Mannes" bestellten fünfzehnten Mitglied.

2. Der **fünfzehnköpfige Aufsichtsrat** ist bei den Obergesellschaften des § 3 ohne Rücksicht auf ihr Nennkapital vorgeschrieben. Er entspricht im Typ etwa dem Aufsichtsrat, den ein unter § 1 MitbG fallendes Unternehmen mit mehr als 20 Millionen D-Mark Nennkapital durch Satzungsbestimmung (an Stelle des normalen elfköpfigen!) einführen kann; vgl. dazu § 9 Abs. 1 MitbG. Für diese Gestaltung sind in erster Linie politische Überlegungen maßgebend gewesen; vgl. Fitting BABl. 56, 502 (unter IV A a. E.). Allerdings entspricht die Regelung fast durchweg auch den Kapitalverhältnissen und den Bedürfnissen bzw. Wünschen der in Betracht kommenden Obergesellschaften. Nach § 12 (der § 9 Abs. 2 MitbG entspricht) kann der Gesellschaftsvertrag bei Obergesellschaften mit mehr als 50 Millionen D-Mark Nennkapital an Stelle des fünfzehnköpfigen Aufsichtsrats einen Aufsichtsrat mit 21 Mitgliedern vorsehen; s. dazu auch die Anm. zu § 12.

Die **vorgeschriebene** (oder gemäß § 12 festgesetzte) **Mitgliederzahl ist** ebenso wie bei der qualifizierten Mitbestimmung **grundsätzlich eine Festzahl.** Über die Tragweite dieses Grundsatzes herrscht Streit. Manche meinen (vgl. insbesondere Müller-Lehmann Anm. 3—5 zu § 7 MitbG), daß damit auch der Begriff der Beschlußfähigkeit des Aufsichtsrats die gleiche Bedeutung erlangt habe, die ihm nach wohl h. M. bei der satzungsmäßigen Festsetzung einer Mindestmitgliederzahl zukommt. Die Aufrechterhaltung der vorgesehenen Mitgliederzahl soll danach Voraussetzung der Handlungsfähigkeit des Organs sein, und auch von seiner Beschlußfähigkeit soll deshalb nur dann gesprochen werden können, wenn es voll besetzt ist. Dieser Ansicht kann indessen nicht beigepflichtet werden. Den Vorzug verdient vielmehr die Auffassung, die dem Prinzip des Aktiengesetzes Geltung verschaffen will, nach welchem für die Annahme einer von der Beschlußfähigkeit zu unterscheidenden Handlungsfähigkeit des Aufsichtsrats grundsätzlich kein Raum ist. Allerdings wird zu fordern sein, daß der Aufsichtsrat, um von seiner Beschlußfähigkeit sprechen zu können, wenigstens einmal in derjenigen Besetzung konstituiert worden ist, die bei einer neu errichteten Gesellschaft als Voraussetzung ihrer Eintragung in das Handelsregister anzusehen wäre. (Daß die paritätische Mitbestimmung der §§ 5 ff. wegen der Besonderheit ihrer Voraussetzungen im Gründungsstadium nicht Platz greift — vgl. auch § 21 Abs. 2! — kann m. E. den dogmatischen Überzeugungswert dieses Vergleichs nicht mindern, da die qualifizierte Mitbestimmung unzweifelhaft schon im Gründungsstadium anwendbar sein kann — vgl. dazu Kötter Anm. 25 Abs. 2 zu § 1 u. Anm. 6 a. E. zu § 14

MitbG! — und hinsichtlich der Bedeutung der vorgeschriebenen Mitgliederzahl des Aufsichtsrats ersichtlich kein Unterschied zwischen der paritätischen Mitbestimmung nach §§ 5 ff. und der qualifizierten Mitbestimmung bestehen soll.) Deshalb ist bei § 5 ff. wie bei der qualifizierten Mitbestimmung wenigstens **einmalige Vollbesetzung des Aufsichtsrats** zu fordern. Diesen vollständig konstituierten Aufsichtsrat erklärt das Gesetz dann für beschlußfähig, wenn mindestens die Hälfte seiner Mitglieder an der Beschlußfassung teilnimmt; vgl. § 11 (= § 10 MitbG). Hieraus folgt also, daß es zur Willensbildung im Aufsichtsrat niemals der Mitwirkung seiner sämtlichen Mitglieder bedarf. Die Beschlußfassung ist jedoch anderseits die einzige Form, in der sich eine Handlungsfähigkeit des Aufsichtsrats äußern kann. Ist das Kollegium beschlußfähig, so muß es also auch handlungsfähig sein (ebenso Boldt Anm. 2 a. E. zu § 10 MitbG). Nun gehen aber die Gründe, aus denen ein Mitglied an der Mitwirkung bei der Beschlußfassung verhindert sein kann, und diejenigen, die — wegen dauernder Behinderung — zur Beendigung der Mitgliedschaft führen, fließend ineinander über. Da im letzteren Falle die Drei-Monate-Frist, nach deren Ablauf eine Notbestellung der fehlenden Anteilseignervertreter und Arbeitnehmervertreter im Aufsichtsrat möglich wurde, bei unterbliebener Neuwahl vom Beginn einer Behinderung an rechnete, die sich später als dauernd herausstellte (vgl. dazu Kötter Anm. 2 Abs. 1 zu § 7 MitbG), war es — von anderen Erwägungen ganz abgesehen — niemals angängig, eine Handlungsfähigkeit des Aufsichtsrats anzunehmen, die schon dann nicht mehr bestünde, wenn auch nur das Amt eines einzigen Aufsichtsratsmitgliedes endet. Andernfalls hätte die Beschlußfähigkeit nicht nur an Bedeutung praktisch stark eingebüßt, sondern es wäre auch ihre Wiederherstellung nicht gewährleistet, wenn sie — zusammen mit der „Handlungsfähigkeit" (in dem hier einmal unterstellten Sinne!) — infolge Ausscheidens des „elften" Mitgliedes entfallen würde. Die h. M. hat nämlich eine Notbestellung dieses Mitgliedes stets abgelehnt. Ich habe — vgl. NJW 51, 421 u. Anm. 25 Abs. 2 zu § 8 MitbG — zu dieser letzteren Frage die gegenteilige Auffassung nicht etwa deshalb vertreten, um der Gefahr der Beschlußunfähigkeit des Aufsichtsrats zu steuern, sondern um die m. E. unerläßliche anfängliche Vollbesetzung sicherzustellen, bin aber nicht einmal insoweit auf Gegenliebe gestoßen. (Inzwischen ist durch § 89 Abs. 4 Nr. 1 AktGes. i. d. Fass. des ÄnderungsG v. 15. 7. 57 die h. M. gesetzlich sanktioniert worden!) Nach alledem entspricht es auch allein den praktischen Bedürfnissen, daß der Aufsichtsrat nach Erreichung der Vollbesetzung beschlußfähig (und handlungsfähig!) bleibt, solange Mitglieder in mindestens der Hälfte der vorgesehenen Gesamtzahl ihm noch angehören und an seinen Beschlußfassungen mitwirken. Nur in diesem die Beschlußfähigkeit des einmal konstituierten Aufsichtsrats nicht berührenden Sinne kann daher von einer „festen" Mitgliederzahl die Rede sein. Durch § 89 Abs. 1 S. 4 AktGes. (n. F.) ist die Streitfrage nunmehr in dem hier vertretenen Sinne gesetzlich geklärt. Vgl. dazu Anm. 1 zu § 11.

Für alle Mitglieder gelten nach Abs. 3 gleiche **Rechte und Pflichten.** Über diesen an sich selbstverständlichen, aber in § 4 Abs. 3 MitbG besonders verankerten Grundsatz vgl. im einzelnen Kötter Anm. 20 zu § 4 MitbG, über die Bedeutung des ebenfalls durch Verweisung auf § 4 Abs. 3 MitbG normierten Verbots einer Bindung an Aufträge oder Weisungen ders. Anm. 21 zu § 4 MitbG.

3. Die rechtliche Bedeutung der vom Gesetz vorgeschriebenen **Zusammensetzung des Aufsichtsrats,** mit der nach dem Mitbestimmungsgesetz weitgehend auch Wählbarkeitsvoraussetzungen verbunden sind (vgl. darüber Kötter Anm. 3 zu § 4 MitbG) erschöpft sich nach §§ 6 ff. im wesentlichen in Verschiedenheiten des Bestellungsmodus bei den einzelnen Mitgliedergruppen. Echte Wählbarkeitsvoraussetzungen gelten in gleicher Weise wie bei der qualifizierten Mitbestimmung noch für das fünfzehnte („weitere") Mitglied und — mit einem nur unwesentlichen Unterschied gegenüber § 6 Abs. 1 S. 1 MitbG — für vier Vertreter der Arbeitnehmer. Über letztere vgl. Anm. 2 zu § 6; wegen des „weiteren" Mitglieds s. unten Anm. 6.

4. Für die Bestellung, den Widerruf der Bestellung und die Wählbarkeit der **Anteilseignervertreter** im Aufsichtsrat der Obergesellschaft gilt in noch weitergehendem Umfang als nach § 5 MitbG das allgemeine Aktienrecht. Lediglich der Satz, daß der Umfang des Entsendungsrechts von Aktionären (§ 88 AktGes.) sich nicht nach der Gesamtmitgliederzahl, sondern nach der der Anteilseignervertreter richtet (so daß im Höchstfalle zwei durch Aktionäre entsandt werden können!), gilt in gleicher Weise bei dem paritätischen Aufsichtsrat nach §§ 5 ff.; über Einzelheiten, insbesondere die Bedeutung dieses Grundsatzes bei einer GmbH und bei einer Neueren Gewerkschaft s. Kötter Anm. 4 zu § 5 MitbG. Entfallen ist hingegen das neutrale („weitere") Mitglied in der Gruppe der Anteilseignervertreter.

5. Bei den Arbeitnehmervertretern ist ebenfalls das „weitere" Mitglied (vgl. § 4 Abs. 1 Buchst. b MitbG) weggefallen, so daß insoweit von Gewerkschaftsseite beliebige Vertreter nominiert werden können; vgl. dazu aber Anm. 5 Abs. 3 zu § 7. — Vier Arbeitnehmervertreter müssen der Belegschaft von Konzernunternehmen angehören. Bei allen Arbeitnehmervertretern ist der Bestellungsmodus anders gestaltet als bei der qualifizierten Mitbestimmung; vgl. dazu Anm. 3 zu § 6 u. Anm. 5 zu § 7.

6. Das „weitere" Mitglied des Abs. 1 Buchst. c entspricht dem sog. elften Manne bei der qualifizierten Mitbestimmung. Für dieses Mitglied gelten allein noch die (negativen) Wählbarkeitsvoraussetzungen des § 4 Abs. 2 MitbG; vgl. über sie Kötter Anm. 7—19 zu § 4, wobei zu beachten ist, daß bei der Gesellschaft tätige „leitende Angestellte" i. S. des § 80 Abs. 1 S. 2 AktGes. nach § 90 Abs. 1 AktGes. (i. d. Fass. des § 84 Nr. 3 BVG) ohnehin nicht wählbar sind. Die von mir vertretene (von Herschel BABl. 52, 317 „ohne ersichtlichen Grund" mißbilligte!) Auslegung des § 4 Abs. 2 Buchst. c MitbG — s. meine Anm. 14 zu § 4 MitbG — dürfte für den Aufsichtsrat der Obergesellschaft besondere Bedeutung gewinnen: das „weitere" Mitglied wird auch nicht in Konzerngesellschaften oder in anderen „herrschenden Unternehmen" als Arbeitgeber oder Arbeitnehmer tätig sein dürfen.

Das umständliche Bestellungsverfahren, das § 8 MitbG für den „Elften Mann" vorsieht, gilt auch für das „weitere" Mitglied im paritätischen Aufsichtsrat der Obergesellschaft. Vgl. darüber Kötter NJW 51, 417 ff. und die Anm. zu § 8 MitbG. Die dort hervorgehobene Bedeutung des „Elften Mannes" trifft auf das fünfzehnte Mitglied in erhöhtem Maße zu. Nicht mit Unrecht fürchten Geßler (BB 56, 629) u. Boldt („Die AktG." 56, 10), daß der Wegfall der beiden in § 4 MitbG neben dem „Elften Mann" außerdem noch vorgesehenen „weiteren" Mitglieder ein ausgleichendes Wirken des fünfzehnten Mitgliedes erschweren wird. Die politisch bedingten Gründe der Regelung (über sie Geßler a. a. O.!) können in der Tat diese eindeutige Verschlechterung der neuen Mitbestimmungsform sachlich nicht rechtfertigen. War die Auswahl des „Elften Mannes" schon ein Persönlichkeitsproblem erster Ordnung (vgl. dazu Kötter Anm. 1 Abs. 4 zu § 8 MitbG!), so muß nunmehr ernstlich bezweifelt werden, ob überhaupt jemand der Aufgabe des „weiteren" Mitgliedes gerecht werden kann, wenn wirklich einmal Interessengegensätze aufeinanderprallen und die Quasi-Parität zum Hemmschuh einer Willensbildung werden lassen.

Die Abberufung des „weiteren" Mitglieds ist wie beim „Elften Mann" geregelt. Die dargelegte Schwierigkeit der Stellung des neutralen Mitgliedes könnte vielleicht dazu führen, daß der in § 11 Abs. 3 MitbG vorgesehene Abberufungsantrag durch andere Mitglieder des Aufsichtsrats praktische Bedeutung gewinnt; der Registerrichter ist wahrscheinlich um die Entscheidung über den Antrag nicht zu beneiden. — In Anm. 6 zu § 11 MitbG habe ich die Ansicht vertreten, daß bei einem auf 15 bzw. 21 Mitglieder erweiterten Aufsichtsrat der Abberufungsantrag von 4 bzw. 6 Aufsichtsratsmitgliedern gestellt werden müsse. Die Frage ist bei den Beratungen des Mitbestimmungsergänzungsgesetzes nicht erwogen worden, wozu der Regierungsentwurf auch keinen Anlaß bot, da er die gleiche Mitgliederzahl wie das Mitbestimmungsgesetz vorsah. Der Übergang von 11 auf 15 Mitglieder beruht auf einer Initiative des federführenden Bundestagsausschusses; vgl. den schriftl. Bericht des BT-Aussch. f. Arbeit — BT-Drucks. 2387 (2.Wahlperiode) S. 3 (zu § 4) —, und dabei ist der letzte Halbsatz des Absatzes 3 aus dem Reg.-Entw. ohne nähere Erörterung übernommen worden, so daß es zumindest naheliegt, als Inhalt des gesetzgeberischen Willens lediglich das Prinzip der gerichtlichen Abberufung anzusehen. Der Wortlaut der Vorschrift läßt aber wohl die — innerlich gerechtfertigte — Auslegung, daß der Abberufungsantrag von der Mehrheit einer Gruppe gestellt werden müsse, leider nicht mehr zu; sie muß daher für den auf Grund der Satzung erweiterten Aufsichtsrat ebenfalls, u. zw. auch für § 9 MitbG, aufgegeben werden. Völlig sinnwidrig ist es natürlich nicht, den Abberufungswunsch von mindestens drei Mitgliedern eines Kollegiums ohne Rücksicht auf dessen Gesamtmitgliederzahl und Zusammensetzung daraufhin zu prüfen, ob nicht wirklich ein Grund zur Abberufung besteht. Man wird das künftig als die ratio des Gesetzes ansehen müssen, die m. E. eine schärfere Prüfung des Antrags bedingt. Die Interessen der Gesellschaft und der Anteilseigner an der Geltendmachung von Abberufungsgründen sind dadurch, daß schon drei „Vertreter der Anteilseigner" den Antrag stellen können, hinlänglich gewahrt.

§ 6

(1) Unter den in § 5 Abs. 1 Buchstabe b genannten Mitgliedern des Aufsichtsrats[1] müssen sich vier Arbeitnehmer aus den Betrieben der Konzernunternehmen, darunter drei Vertreter der Arbeiter und ein Vertreter der Angestellten befinden[2].

(2) Die Wahl der in Absatz 1 genannten Mitglieder des Aufsichtsrats erfolgt durch Wahlmänner[3]. Die Wahlmänner werden vor der Neubestellung solcher Aufsichtsratsmitglieder[4] durch die nach § 6 des Betriebsverfassungsgesetzes wahlberechtigten Arbeiter und Angestellten in getrennten Wahlgängen[5] geheim und nach den Grundsätzen der Verhältniswahl in den einzelnen Konzerunternehmen gewählt[6]. Wird nur eine Liste eingereicht, so gelten die darin aufgeführten Arbeitnehmer in der angegebenen Reihenfolge als gewählt[6].

(3) Zu Wahlmännern können nach § 7 des Betriebsverfassungsgesetzes wählbare Arbeitnehmer des Konzernunternehmens gewählt werden[7]; jede Gruppe kann auch Angehörige der anderen Gruppe wählen[7]. Scheidet ein Wahlmann aus oder ist er verhindert, so tritt an seine Stelle ein Ersatzmann[8]. Die Ersatzmänner werden der Reihe nach aus den nichtgewählten Arbeitnehmern derjenigen Vorschlagslisten entnommen, denen die zu ersetzenden Wahlmänner angehören[9].

(4) In Konzernen mit nicht mehr als dreißigtausend Arbeitnehmern entfällt auf je sechzig Arbeitnehmer jeder Gruppe ein Wahlmann[10]. Für je weitere zweitausend Arbeitnehmer erhöht sich die Zahl von Arbeitnehmern, auf die ein Wahlmann entfällt, um eins[10]. Soweit in einem Konzernunternehmen für eine Gruppe mehr als dreißig Wahlmänner zu wählen sind, vermindert sich deren Zahl auf die Hälfte; diese Wahlmänner erhalten je zwei Stimmen[10]. Soweit in einem Konzernunternehmen für eine Gruppe mehr als einhundertundzwanzig Wahlmänner zu wählen sind, vermindert sich deren Zahl auf ein Drittel; diese Wahlmänner erhalten je drei Stimmen[10]. Bei der Ermittlung der Zahl der Wahlmänner werden Teilzahlen voll gezählt, wenn sie mehr als die Hälfte der vollen Zahl betragen[10]. Erhält eine Gruppe in einem Konzernunternehmen nicht mindestens einen Wahlmann, so kann sich jeder Angehörige dieser Gruppe für die Wahl der anderen Gruppe anschließen[11].

(5) Auf jedes Konzernunternehmen entfällt mindestens ein Wahlmann[12]. Ist für ein Unternehmen nur ein Wahlmann zu wählen, so gilt dieser als Vertreter derjenigen Gruppe, der die Mehrheit der

wahlberechtigten Arbeitnehmer des Unternehmens angehört[12]. Die Wahl erfolgt gemeinsam durch die wahlberechtigten Arbeitnehmer des Unternehmens[12]. Im übrigen gelten Absatz 2 Sätze 2 und 3 und Absatz 3 entsprechend[12].

(6) Zur Wahl der Wahlmänner können Betriebsräte, der Gesamtbetriebsrat und die Arbeitnehmer des Konzernunternehmens Wahlvorschläge machen[13]. Jeder Wahlvorschlag muß mindestens doppelt soviel Bewerber aufweisen, wie in dem Wahlgang Wahlmänner zu wählen sind[13]. Die Wahlvorschläge der Arbeitnehmer müssen von mindestens einem Zehntel der wahlberechtigten gruppenangehörigen Arbeitnehmer des Unternehmens unterzeichnet sein[13]. In jedem Falle genügt die Unterzeichnung durch einhundert wahlberechtigte Gruppenangehörige[13].

(7) Die Wahlmänner der Arbeiter und der Angestellten[14] sämtlicher Konzernunternehmen wählen die auf sie entfallenden Mitglieder des Aufsichtsrats[14] in getrennten Wahlgängen geheim und nach den Grundsätzen der Mehrheitswahl[14] für die Zeit, die im Gesetz oder in der Satzung (im Gesellschaftsvertrag) für die von der Hauptversammlung (Gesellschaftsversammlung, Gewerkenversammlung) zu wählenden Mitglieder des Aufsichtsrats bestimmt ist[15]. Jede Gruppe kann auch Angehörige der anderen Gruppe wählen[14]. Die Wahlvorschläge müssen von mindestens einem Zehntel der Wahlmänner der Gruppe unterzeichnet sein[15].

1. § 6 behandelt die Bestellung der **Arbeitnehmervertreter**; es sind dies im Normalfalle (vgl. jedoch § 12!) sieben der insgesamt fünfzehn Aufsichtsratsmitglieder; vgl. § 5 Abs. 1 u. § 7.

2. Abs. 1 stellt für vier der sieben Vertreter der Arbeitnehmer eine **Wählbarkeitsvoraussetzung** auf. Hierbei zeigen sich jedoch nicht unwesentliche Abweichungen gegenüber der qualifizierten Mitbestimmung: während letztere bei einem fünfzehnköpfigen Aufsichtsrat (§ 9 Abs. 1 MitbG) nur sechs Arbeitnehmervertreter kennt, von denen die Hälfte (zwei Arbeiter und ein Angestellter aus den Betrieben des Unternehmens) vom Betriebsrat vorgeschlagen wird, läßt das Mitbestimmungsergänzungsgesetz nicht nur das „weitere" Mitglied des § 4 Abs. 1 Buchst. b) MitbG entfallen, sondern schlägt den an dessen Stelle tretenden siebenten Arbeitnehmervertreter zu der — nunmehr durch Abstimmung innerhalb der Belegschaft — von den Betrieben des Unternehmens her zu legitimierenden Gruppe. Im Grundsatz war dies schon die Konzeption des Reg.Entw., der insofern im Bundestag nur die Abwandlung erfahren hat, die aus der Erhöhung der regelmäßigen Gesamtmitgliederzahl von elf auf fünfzehn folgt. Es ergab sich dabei zwangsläufig, daß dann das Verhältnis, in dem Angestellte und Arbeiter der Konzernbelegschaften im Aufsichtsrat vertreten sind, nicht mehr 1 : 2, sondern nur 1 : 3 sein konnte. Es sind aber nicht notwendig 3 Arbeiter

und 1 Angestellter zu wählen, sondern Vertreter beider Gruppen in dem angegebenen Verhältnis; vgl. Abs. 7 S. 2.

3. Der RegEntw. sah die entsprechende Anwendung des § 76 Abs. 3 BVG vor, d. h. grundsätzlich Wahl durch die Betriebsversammlungen, fakultativ auch durch Wahlmänner. Angesichts der hohen Gesamtzahlen der Arbeitnehmer der in Betracht kommenden Konzerne wurde nur das letztgenannte Bestellungsverfahren für praktikabel gehalten und daher bei der Mitbestimmungsform der §§ 5 ff. zwingend vorgeschrieben. Eine direkte Wahl in Betriebsversammlungen müßte daher hier als nichtig angesehen werden.

4. „Neubestellung" ist ein Begriff, der bisher der Gesetzessprache fremd war. Das Gesetz bezieht ihn anscheinend auf die Neukonstituierung des Aufsichtsrats nach Ablauf einer Wahlperiode. Jedenfalls ist er mit dem Zeitpunkt der **Wahlmänner-Wahl** verbunden. Dieser Zusammenhang rechtfertigt den Schluß, daß nach dem Gesetz nicht jedes Mal zur Neuwahl von Wahlmännern geschritten werden soll, wenn im Laufe einer Wahlperiode des Aufsichtsrats einer der betriebsangehörigen Arbeitnehmervertreter wegfällt und hierdurch eine Nachwahl erforderlich wird. Es dürfte in der Tat im Sinne des Gesetzes liegen, daß die anläßlich der Beendigung der vorigen Aufsichtsrats-Wahlperiode gewählten Wahlmänner ohne weiteres auch eine solche Nachwahl vornehmen, so daß es der Neuwahl von Wahlmännern dann also nicht bedarf. (Eine Ausnahme würde natürlich zu gelten haben, wenn inzwischen ein Wahlmann [und ggf. auch sein vorsorglich gewählter Vertreter] weggefallen ist; darüber s. auch unten Anm. 8 u. 13.) Mit dieser Auffassung steht auch § 10 Abs. 1 S. 2 in Einklang, wonach zur Abberufung eines gewählten Arbeitnehmervertreters ein Beschluß der Wahlmänner der Gruppe ausreichend und erforderlich sein soll. Durch einen derartigen Beschluß würde eine Nachwahl (Ersatzwahl) zum Aufsichtsrat erforderlich werden, und es ist in einem sich so entwickelnden Fall nicht einzusehen, daß dabei etwa dreimal zur Wahl von Wahlmännern geschritten werden müßte. Erkennt man aber an, daß die zur Abstimmung über den Abberufungsantrag befugten Wahlmänner im Anschluß an die von ihnen beschlossene Abberufung die Wahl eines neuen Arbeitnehmervertreters vornehmen können, so dürfte auch der durch § 10 Abs. 1 S. 3 ohnehin nahegelegte Schluß zu rechtfertigen sein, daß für die Wahlmänner gewissermaßen eine — der normalen Amtsdauer des Aufsichtsrats entsprechende — **Abstimmungsperiode** gilt, in der sie zu allen vorkommenden Abberufungen und Bestellungen von Arbeitnehmervertretern der betrieblichen Gruppe legitimiert sind. Mit einer solchen Auffassung vom „Mandat" der Wahlmänner (Fitting BABl. 56, 506) gewinnt die Wahl der Wahlmänner durch die Betriebsangehörigen eine Bedeutung, die dem Gesetz nicht auf den ersten Blick entnommen werden kann, denn das in Absatz 3 vorgesehene Nachrücken nicht gewählter Ersatzmänner aus derselben Vorschlagsliste im Falle des Wegfalls oder der Behinderung eines Wahlmannes könnte auch sonst praktisch werden; es zeigt aber erst bei Zugrundelegung der weitergehenden Auffassung seine eigentliche Tragweite. Die vorstehende Interpretation schließt sich eng an die Darlegungen von Fitting BABl. 56,

506 f. an; sie liegt offenbar auch §§ 44, 48 DurchfV (Anh. IV) zugrunde. Auf ihrem Boden kann indessen zweifelhaft sein, wie die Dauer des Mandats der Wahlmänner (die „Abstimmungsperiode") zu bemessen ist, wenn nach der Satzung im Turnus jeweils ein Teil der Aufsichtsratsmitglieder ausscheidet und dies dann auch für Arbeitnehmervertreter gilt (vgl. Kötter Anm. 7 zu § 2 MitbG, Abs. 4 unter a)!). Hier muß m. E. angenommen werden, daß die infolge eines solchen turnusmäßigen Ausscheidens von Arbeitnehmervertretern erforderlich werdende Wahl neuer Vertreter unter allen Umständen (also auch dann, wenn etwa nur ein neues Aufsichtsratsmitglied gem. § 6 zu bestellen wäre!) „Neubestellung" i. S. von Abs. 2 S. 2 ist und mithin eine Neuwahl der Wahlmänner (wenigstens der betr. Gruppe!) erfordert.

5. § 6 BVG lautet:

„Wahlberechtigt sind alle Arbeitnehmer, die das 18. Lebensjahr vollendet haben und im Besitz der bürgerlichen Ehrenrechte sind."

Über den Begriff der Arbeitnehmer i. S. des Betriebsverfassungsgesetzes vgl. §§ 4 u. 5 BVG. Nicht darunter fallen namentlich leitende Angestellte mit gewissen Direktionsbefugnissen; anderseits umfaßt der Begriff auch die zum Zwecke ihrer Berufsausbildung beschäftigten Personen.

Das Gesetz sieht grundsätzlich **Gruppenwahl** (gemeinsame Wahl nur nach Abs. 4 S. 6 u. Abs. 5 S. 2!) vor; Arbeiter und Angestellte wählen getrennt (Abgrenzung: § 5 BVG). Jede Gruppe kann jedoch auch Angehörige der anderen Gruppe wählen (Abs. 3 S. 1).

6. Über die Wahl der Wahlmänner vgl. §§ 8—26 DurchfV. Über **Wahlvorschläge** s. Abs. 6; §§ 15 ff. DurchfV sprechen im gleichen Sinne von „Vorschlagslisten". Dem Fall, daß nur eine „Liste" eingereicht wird und es dann nicht zu einer Wahl kommt, steht natürlich der andere gleich, daß alle eingereichten Wahlvorschläge bis auf einen Gültigkeitsmängel aufweisen. Über Ungültigkeitsgründe vgl. § 18 DurchfV.

Der Fall, daß in einem Konzernunternehmen kein Wahlvorschlag eingereicht wird, ist im Gesetz nicht geregelt. Er dürfte kaum praktisch werden, müßte aber ggf. dazu führen, daß die Arbeitnehmer dieses Konzernunternehmens nicht repräsentiert sind; die Möglichkeit, sich etwa der Wahl der Wahlmänner in einem anderen Konzernunternehmen anzuschließen, besteht für sie jedenfalls nicht. Der Fall liegt nicht anders, als wenn die in einem Konzernunternehmen gewählten Wahlmänner der Wahl der Arbeitnehmervertreter fernbleiben oder ungültig stimmen. Keinesfalls könnte die Belegschaft an der Bestellung der Arbeitnehmervertreter durch irgendwelche Delegierte mitwirken, die sie nicht als Wahlmänner in dem vorgeschriebenen Verfahren gewählt hat.

7. Als Wahlmann kann nur gewählt werden, wer auch in den Betriebsrat des Konzernunternehmens gewählt werden könnte. § 7 Abs. 1 S. 1 BVG verlangt dazu als **Wählbarkeitsvoraussetzungen:** Vollendung des 21. Lebensjahres, mindestens einjährige Betriebszugehörigkeit und Besitz des Wahlrechts zum Deutschen Bundestag. Bei Betrieben, die weniger als ein Jahr bestehen, kommt es auf die Dauer der Betriebszugehörigkeit nicht an (§ 7 Abs. 2 BVG).

Statt Betriebszugehörigkeit dürfte bei § 6 Abs. 3 nur Zugehörigkeit zu dem bestimmten Konzernunternehmen erforderlich sein. Unpraktisch, aber überhaupt unanwendbar ist § 7 Abs. 1 S. 2 BVG, wonach bei Verständigung zwischen dem Arbeitgeber und der Mehrheit der Arbeitnehmer von den Wählbarkeitsvoraussetzungen mit Ausnahme des Alterserfordernisses abgesehen werden kann; für eine solche Verständigung ist hier, wo es sich um ein Verfahren handelt, dessen Ergebnisse sich nur bei der Obergesellschaft auswirken, kein Raum. Mithin gelten für die Wahlmänner stets die normalen Wählbarkeitsvoraussetzungen. Gruppenzugehörigkeit ist — anders als bei Wahlen zum Betriebsrat — keine Wählbarkeitsvoraussetzung; doch dürfte sie praktisch die Regel bilden; andernfalls ist für die Stellung des Gewählten gleichwohl die Gruppe seiner Wähler maßgebend, so daß also i. S. des Absatzes 7 und des § 10 Abs. 1 S. 2 ein von der Gruppe der Arbeiter gewählter Angestellter natürlich Arbeitervertreter wäre (vgl. auch § 28 Abs. 1 Buchst. c DurchfV!).

Die Wahlordnung sieht einen Hauptwahlvorstand für den ganzen Konzern, Unternehmenswahlvorstände in jedem unter der einheitlichen Leitung (vgl. § 9!) des herrschenden Unternehmens stehenden Konzernunternehmen und in dem herrschenden Unternehmen selbst, sowie Betriebswahlvorstände in jedem von mehreren Betrieben eines Konzernunternehmens vor. Die Wahl der Wahlmänner geht in den Konzernunternehmen bzw. in ihren Betrieben jeweils gesondert vor sich.

8. Über die erhebliche Bedeutung des vorgesehenen Eintritts von Ersatzmännern s. oben Anm. 4.

Ausscheiden von Wahlmännern tritt ein, wenn nachträglich die Voraussetzungen der Wählbarkeit entfallen, also insbesondere bei Ausscheiden aus dem Arbeitnehmerverhältnis zu dem bestimmten Konzernunternehmen.

9. Über die sachliche Berechtigung dieses Prinzips der Ersatzmännerbestellung vgl. Fitting BABl. 56, 505.

10. Die Arbeitnehmerzahl, auf die ein Wahlmann entfällt, nennt § 8 DurchfV die **Grundzahl.** Über die Einzelheiten, die sich in Konzernen mit mehr als 3000 Arbeitnehmern (vgl. Abs. 4 S. 4; zu zählen sind nur die Wahlberechtigten!) ergeben, vgl. Fitting BABl. 56, 504. Um die **Zahl der Wahlmänner** tunlichst gering zu halten, sieht das Gesetz eine **progressive Reduzierung** (sachlich eine Verdoppelung bzw. Verdreifachung der Grundzahl!) der Zahl der Wahlmänner vor, die durch **Verdoppelung bzw. Verdreifachung der Wahlmännerstimmen** ausgeglichen wird. Dies tritt erst ein, wenn sie für eine Gruppe in einem Konzernunternehmen sonst 30 übersteigen würde. Die Methode beruht auf dem in der Wahlordnung verankerten Gedanken, daß die Wahl der Arbeitnehmervertreter in einer Versammlung der Wahlmänner vorzunehmen ist; vgl. § 27 DurchfV.

11. Eine Gruppe erhält schon dann einen Wahlmann, wenn ihre Gesamtzahl mehr als die Hälfte der Grundzahl beträgt; vgl. Abs. 4 S. 5 u. § 11 Abs. 1 DurchfV. Ist die Zahl der Gruppenangehörigen geringer, so können sie nur bei der dann zwangsläufig stattfindenden **Einheitswahl** mitstimmen. Die in Abs. 4 S. 6 als Vorbedingung hierfür vorgesehene **Anschlußerklärung,**

auf deren Möglichkeit im Wahlausschreiben hingewiesen werden muß (§ 11 Abs. 1 S. 3 DurchfV), ist — formlos — gegenüber dem Wahlvorstand abzugeben, der die Wählerliste aufstellt, d. i. der Unternehmenswahlvorstand, bei Konzernunternehmen mit mehreren Betrieben der Betriebswahlvorstand (vgl. §§ 11 Abs. 1 S. 2, 13 Abs. 1 DurchfV!).

12. Auch Konzernunternehmen mit einer die Hälfte der Grundzahl nicht übersteigenden Belegschaftszahl stellen grundsätzlich einen Wahlmann. Übersteigt nur die Zahl der Angehörigen einer Gruppe die Hälfte der Grundzahl, so gilt das oben Anm. 11 Gesagte; ist keine Gruppe stärker als die Hälfte der Grundzahl, so findet — ohne Anschlußerklärung — gemeinsame Wahl statt und der gewählte Wahlmann gilt als Vertreter der stärkeren Gruppe (ohne Rücksicht auf die tatsächliche Wahlbeteiligung!); er kann also z. B. auch über die Abberufung eines Arbeitnehmervertreters nur mitentscheiden, wenn dieser der in seinem Unternehmen stärkeren Gruppe angehört (vgl. § 10 Abs. 1 S. 2). Im übrigen gelten auch für die gemeinsame Wahl die allgemeinen Grundsätze.

13. Das Gesetz strebt die **Verhältniswahl** auf Grund mehrerer Listen an. Soweit die Wahlvorschläge nicht von den Betriebsräten (einschl. Gesamtbetriebsrat) ausgehen, müssen sie mindestens von einem Zehntel aller Angehörigen einer Gruppe unterschrieben sein; gehören zu einer Gruppe mehr als 1000 Wahlberechtigte, so genügen 100 Unterschriften. Die Zahl der Gruppenangehörigen ist bei mehreren Betrieben eines Konzernunternehmens die der betrieblichen Gruppe. Wahlvorschläge ohne genügende Unterschriftenzahl sind ungültig (§ 18 Abs. 1 u. 2 Buchst. d) DurchfV), desgl. solche, die nicht mindestens die doppelte Zahl der auf die Gruppe entfallenden Wahlmänner (Grund: Nachrücken von Ersatzmännern, vgl. oben Anm. 4 u. 8) enthalten, anderen Formalien (vgl. § 15 Abs. 3 — genaue Bezeichnung der schriftlichen Zustimmungserklärung der Bewerber) nicht genügen oder später als 12 Arbeitstage nach Aushang des Wahlausschreibens (§ 9 Abs. 2 Buchst. h) DurchfV) eingehen.

14. Die **Wahl der Arbeitnehmervertreter** nach § 6 ist der Sache nach genau so gestaltet wie die Aufstellung der sogenannten Wahlvorschläge durch die Betriebsräte bei der qualifizierten Mitbestimmung; vgl. § 6 Abs. 1 MitbG. Anders als dort führt die Wahl nach § 6 Abs. 7 aber von selbst zur Mitgliedschaft des Gewählten im Aufsichtsrat: weder ist gegen die Wahl ein Einspruch von gewerkschaftlicher Seite möglich noch eine Bestätigung der Wahl durch die Hauptversammlung erforderlich — was beides (vgl. § 6 Abs. 2 u. 5 MitbG) bei der qualifizierten Mitbestimmung vorgesehen ist. Wählbar ist jeder zum Betriebsrat wählbare (so mit Recht Fitting BABl. 56, 505!) Arbeitnehmer des herrschenden Unternehmens oder eines der unter seiner einheitlichen Leitung stehenden Konzernunternehmen (vgl. § 9). Kein Bedenken besteht natürlich dagegen, daß Wahlmänner in den Aufsichtsrat gewählt werden, was sicher häufig vorkommen wird. Nicht nötig ist, daß als Vertreter der Arbeiter nur Arbeiter bzw. als Vertreter der Angestellten ein Angestellter gewählt werden (vgl. Anm. 2), was aber trotzdem auch hier (s. oben Anm. 7 a. E.) praktisch die Regel sein dürfte.

Die Gewählten sind demnach nur noch in dem Sinne Vertreter der jeweiligen Gruppe, als sie auf Grund von Wahlvorschlägen (Abs. 7 S. 3) der Wahlmänner einer Gruppe die Stimmenmehrheit dieser Wahlmänner auf sich vereinigen. Den **Hergang der Wahlen** in einer Versammlung der Wahlmänner regeln §§ 28 ff., insbes. §§ 31 ff. DurchfV. — Es müssen **Wahlvorschläge** eingereicht werden, die **nur aus dem Kreise der Wahlmänner** selbst kommen können, und zwar schon hier nach Gruppen getrennt; die Vorschläge müssen mindestens vom zehnten Teil der Wahlmänner einer Gruppe ausgehen. Kein Wahlmann kann mehrere Wahlvorschläge unterstützen. Alle gültigen Wahlvorschläge, die aus einer Gruppe kommen (3 Stunden Einreichungsfrist!) müssen auf dem Stimmzettel zusammengefaßt sein, mittels dessen die Wahlmänner dieser Gruppe ihre Stimme (oder Stimmen) durch Ankreuzen der Bewerbernamen abgeben. Die Wahlmänner mit mehreren Stimmen können diese — je Stimme ein gesonderter Stimmzettel! — divergierend abgeben; auf keinem Stimmzettel dürfen mehr Namen angekreuzt sein, als Gruppenvertreter zu wählen sind, also in der Angestelltengruppe einer, in der Arbeitergruppe drei. Die Gruppenwahl zeigt sich — da Gruppenzugehörigkeit nicht Wählbarkeitsvoraussetzung ist — nur noch darin, daß der Vertreter der Angestelltengruppe auch dann gewählt ist, wenn etwa in der Arbeitergruppe außer den hier wählbaren Vertretern noch andere Bewerber die Stimmenhöchstzahl der Angestelltengruppe übertreffen sollten.

Über Bekanntmachung des Wahlergebnisses und über Wahlanfechtung s. § 8.

15. Auf die **Amtsdauer des Gewählten** im Aufsichtsrat haben die Wahlmänner keinen Einfluß; eine Bestimmung hierüber, die etwa in der Weise getroffen würde, daß der Gewählte seiner Aufnahme in einen Wahlvorschlag nur unter der Bedingung einer kürzeren Amtsperiode zustimmt (vgl. dazu § 34 Abs. 2 Buchst. b) DurchfV), wäre unwirksam. Da die Wahlordnung — wegen des Erfordernisses der Zustimmung zur Aufnahme in den Wahlvorschlag! — keine Annahme oder Ablehnung der Wahl kennt, muß die Zustimmungserklärung des Bewerbers als bedingungsfeindlich und im Falle der Beifügung von Bedingungen als nicht erteilt angesehen werden; es würde der Erklärung des Bewerbers nicht gerecht, Bedingungen etwa als nicht geschrieben zu behandeln.

Maßgebend für die Amtsperiode ist in erster Linie die Satzung usw. des herrschenden Unternehmens; schweigt sie, so bestimmt sich der Zeitraum nach § 87 AktGes. Ist die Wahlperiode der Anteilseignervertreter unterschiedlich bestimmt, so dürfte es — abgesehen von dem Falle des turnusmäßigen Ausscheidens (hierüber s. oben Anm. 4 a. E.) — im Sinne des Gesetzes liegen, daß die Amtszeit der Arbeitnehmervertreter gleich der längsten für Anteilseignervertreter vorgesehenen Amtszeit ist.

§ 7

Drei der in § 5 Abs. 1 Buchstabe b genannten Mitglieder des Aufsichtsrats[1] werden von den Spitzenorganisationen[2] der in den Be-

trieben der Konzernunternehmen vertretenen Gewerkschaften[2] nach vorheriger Beratung[3] mit den in diesen Betrieben vertretenen Gewerkschaften und mit den Betriebsräten (Gesamtbetriebsräten) der Konzernunternehen[3] für die in § 6 Abs. 7 Satz 1 genannte Zeit[4] in den Aufsichtsrat entsandt[5]. Die Spitzenorganisationen sind nach dem Verhältnis ihrer Vertretung in den Betrieben entsendungsberechtigt[6].

1. § 7 behandelt die nicht nach § 6 zu wählenden restlichen drei „Vertreter der Arbeitnehmer". Für sie gelten keinerlei Bestellungsvoraussetzungen. Die Satzung kann auch keine persönlichen oder sachlichen Bedingungen hinsichtlich dieser Arbeitnehmervertreter aufstellen, da die **Entsendungsrechte der Spitzenorganisationen** (anders als bei § 88 AktGes.) nicht in der Satzung wurzeln. Über eine dem Entsendungsrecht selbst immanente Begrenzung vgl. unten Anm. 5 Abs. 3.

2. Die nach § 7 zu bestellenden Vertreter der Arbeitnehmer erhalten ihre Legitimation als Aufsichtsratsmitglieder durch eine „Entsendung" seitens derselben Stellen, die nach § 6 Abs. 3 u. 4 MitbG bei der qualifizierten Mitbestimmung vorschlagsberechtigt sind. Über den Begriff der „Spitzenorganisation" i. S. des Mitbestimmungsgesetzes vgl. eingehend Müller-Lehmann Anm. 15 zu § 4 u. Anm. 12 zu § 6 MitbG. Die DAG hat die zweifellos formal berechtigten Einwände, die gegen ihre Einbeziehung in den Begriff der Spitzenorganisation i. S. des § 6 MitbG (vgl. dazu auch Kötter Anm. 8 zu § 6 MitbG!) bestanden, durch Änderung ihrer Organisation beseitigt, so daß sie nunmehr durch ihr angeschlossene Gewerkschaften in den Betrieben des Unternehmens vertreten sein kann. — Die lex imperfecta über eine Berücksichtigung von Minderheiten bei den Vorschlägen der Spitzenorganisationen (§ 6 Abs. 3 S. 2 Halbs. 2 MitbG) hat § 7 nicht übernommen; sie hätte sich auch inhaltlich mit dem Wesen des neu geschaffenen Entsendungsrechts kaum vertragen.

3. § 7 schreibt den Spitzenorganisationen — ähnlich wie § 6 Abs. 3 MitbG — vor, sich vor Ausübung des Entsendungsrechts mit den in den Betrieben der Konzernunternehmen vertretenen Gewerkschaften und mit den Betriebsräten dieser Unternehmen zu beraten. Auch dies ist eine lex imperfecta; die Ausübung des Entsendungsrechts unter Verletzung der **Beratungspflicht** kann schon deshalb nicht als unwirksam angesehen werden, weil sich die Entsendungsberechtigten zweifellos auch über das Ergebnis einer Beratung hinwegsetzen könnten. Vgl. dazu aber unten Anm. 5.

Wo Gesamtbetriebsräte bestehen, genügt Beratung mit ihnen; die Betriebsräte brauchen dann nicht konsultiert zu werden. — In Betracht kommen, obwohl man hier über die innere Berechtigung dieser Regelung durchaus streiten könnte, nur die Betriebsräte der gleichen Konzernunternehmen, deren Belegschaften an der Wahl gemäß § 6 beteiligt sind; vgl. § 9.

4. Hinsichtlich der **Amtsperiode** der Gruppe der Arbeitnehmervertreter nach § 7 gilt das gleiche wie für die anderen Arbeitnehmervertreter. Sie kann nicht durch den Bestellungsakt festgesetzt werden, sondern wird durch die Gestaltung der Satzung der Obergesellschaft über die Wahlzeit der Anteilseignervertreter bestimmt; vgl. darüber Anm. 15 zu § 6.

5. Die **Entsendung von Arbeitnehmervertretern** durch die im Konzern vertretenen Spitzenorganisationen ist in ähnlicher Weise an die Stelle eines Vorschlagsrechts bei der qualifizierten Mitbestimmung getreten wie das Wahlrecht der Belegschaften nach § 6. Beide Institute zusammen haben die in ihrer rechtlichen Natur und praktischen Handhabung fragwürdige „Vorschlagswahl" (vgl. dazu Kötter Anm. 29 zu § 6 MitbG) abgelöst. Es kann kein Zweifel sein, daß insoweit die Regelung des Mitbestimmungsergänzungsgesetzes eine Verstärkung der Mitbestimmung bedeutet. Nach herrschender Auffassung (vgl. Boldt Anm. 5, Kötter Anm. 29 und grundsätzlich auch Müller-Lehmann Anm. 55 ff., insbes. 57—59 — sämtlich zu § 6 MitbG!) bedeutet nämlich die in § 6 Abs. 5 MitbG normierte „Bindung" des Wahlorgans an die Vorschläge zur Bestellung der Arbeitnehmervertreter grundsätzlich nur, daß es niemanden anders als die Vorgeschlagenen wirksam bestellen, wohl aber durch Nichtvornahme der „Vorschlagswahl" indirekt eine gerichtliche Entscheidung über die Berechtigung einer solchen Weigerung herbeiführen kann. Durch die Entsendung wird hingegen eine Rechtsgrundlage für die Mitgliedschaft im Aufsichtsrat geschaffen, die als solche von keinem Organ der Gesellschaft mehr in Frage gestellt werden kann. Man wird vielmehr — wie im Falle der Aktionär-Entsendung des § 88 AktGes. (vgl. dazu Baumbach-Hueck Anm. 4 zu § 88 AktGes.!) — anzunehmen haben, daß es lediglich noch einer Erklärung des Entsandten gegenüber der Gesellschaft bedarf, damit sein Amt als Aufsichtsrat beginne.

Die Entsendung als solche ist die an die Gesellschaft (also z. Hd. des Vorstands usw.) zu richtende **Willenserklärung des Entsendungsberechtigten**, daß eine bestimmte physische geschäftsfähige Person Mitglied des Aufsichtsrats werden solle. Ist die benannte Person nicht geschäftsfähig (bzw. wird eine juristische Person benannt), so ist die Erklärung wirkungslos, da auch das Entsendungsrecht durch die allgemeinen Mitgliedschaftsvoraussetzungen beschränkt wird. Es bedarf in einem solchen Falle einer neuen (gültigen) Benennung. Das gleiche gilt, wenn der Benannte das Amt als Aufsichtsrat ablehnt. Einer solchen Ablehnung dürfte es gleichstehen, wenn der Benannte das — ggf. befristete — Angebot der Gesellschaft auf Anstellung als Aufsichtsrat nicht annimmt. Zwar wird bei der Entsendung nach § 88 AktGes. von der h. M. mit Recht angenommen, daß zwischen der Gesellschaft und dem Entsandten — anders als bei gewählten Aufsichtsratsmitgliedern — kein Vertragsverhältnis zu bestehen brauche, und daß dann der Entsandte, falls sich nicht aus der Satzung etwas anderes ergibt, keinen Anspruch auf Vergütung gegen die Gesellschaft habe (was nur folgerichtig ist!). Dies alles wird aber für die von gewerkschaftlichen Spitzenorganisationen entsandten Aufsichtsratsmitglieder schwerlich gelten können. Die in § 7 getroffene Regelung sollte ausweislich der Gesetzesmaterialen nur deshalb an die Stelle der Vorschlagswahl des Mitbestimmungsgesetzes treten, weil man letztere als innerlich unwahr ansah und ihr einen Scheincharakter beimaß (wenngleich dies, genau besehen, als übertrieben bezeichnet werden muß). Jedenfalls bietet das Gesetz umso weniger Anhaltspunkte dafür, daß man etwa die Spitzenorganisationen in jeder Hinsicht einem entsendungsberechtigten Aktionär gleichstellen und ihr Verhältnis zu dem Entsandten völlig den bei § 88 AktGes. möglichen Gestaltungen anpassen wollte, als bei der Arbeitnehmervertreter-Wahl nach § 6 — dem anderen an die Stelle der Vorschlagswahl getretenen Institut — unzweifelhaft nur die Gesellschaft als Vertragspartner der derart legitimierten Aufsichtsratsmitglieder in Betracht kommt. Beide Gruppen von Arbeitnehmervertretern umfassen dabei den Kreis der Aufsichtsratsmitglieder, um deretwillen § 5 Abs. 4 die Gleichheit der Rechte und Pflichten aller Aufsichtsratsmitglieder betont (wie die Entstehungsgeschichte des dort in Bezug genommenen § 4 Abs. 3 MitbG ergibt). Gegen diesen Grundsatz nun würde es verstoßen, wenn man annehmen wollte, daß die für § 88 AktGes. hergeleitete Anomalie einer vertraglichen Bindung an eine andere Stelle als die Gesellschaft auch für die auf Grund § 7 entsandten Mitglieder gelte. Infolgedessen würde es nicht angehen, daß die Entsandten, obwohl sie das Amt als Aufsichtsrat annehmen wollen, es ablehnen könnten, in ein entsprechendes Vertragsverhältnis zur Gesellschaft zu treten. Nur so kann auch dem Verbot der Weisungsgebundenheit in genügender Weise Rechnung getragen werden, das (vgl. § 5 Abs. 4!) hier keine Durchbrechung erleiden darf. Das Institut der Entsendung führt nur zu einer formalen Verstärkung des Mitbestimmungsrechts im Sinne der mit ihm verbundenen Unabhängigkeit des Bestellungsaktes vom Wahlorgan und der jederzeitigen Abberufungsmöglichkeit nach § 10 Abs. 2. Für die Dauer der Mitgliedschaft des Entsandten im Aufsichtsrat kann hingegen von Rechts wegen keine größere Einflußmöglichkeit der Spitzenorganisation bestehen als nach dem Mitbestimmungsgesetz. Ich kann daher insoweit auf meine Ausführungen zu dem Problem des Interessenvorrangs verweisen (Kötter Anm. 21 Abs. 3 — S. 80/81 — zu § 4 MitbG), das sich bereits beim System der „Vorschlagswahlen" stellte und hier wie dort nicht unterschiedlich beurteilt werden darf. Demgemäß würden sich auch die entstandten Aufsichtsratsmitglieder gegenüber der Gesellschaft ersatzpflichtig machen, wenn sie bei ihrer Amtsführung irgendwelchen Interessen der entsendungsberechtigten Stelle den Vorrang vor erkennbaren Gesellschaftsinteressen geben würden. Daß die Wahrung des Vorrangs der Gesellschaftsinteressen dem Entsandten nicht zu sehr erschwert werde, ist im übrigen der Rechtfertigungsgrund für die an sich anomale Gestaltung des Widerrufs der Bestellung der entsandten Aufsichsratsmitglieder nach § 10 Abs. 2; vgl. dazu auch Anm. 8 zu § 10.

Das Entsendungsrecht der Spitzenorganisationen hat diese rechtssystematisch noch stärker in den Kreis derjenigen einbezogen, denen in Ansehung ihrer Rechtsausübung eine **Treupflicht gegenüber der Gesellschaft** — hier also: dem „herrschenden Unternehmen" — anzusinnen ist. Dies folgt aus der Unabhängigkeit der insoweit zugelassenen Rechtsausübung von der Mitwirkung irgendeines Gesellschaftsorgans. Über die von mir bereits in meiner Anm. 21 Abs. 3 a. E. zu § 4 MitbG bejahte Ersatzpflicht der Spitzenorganisationen im Falle der Erteilung pflichtwidrig befolgter Weisungen an die hier in Frage stehenden Arbeitnehmervertreter hinaus wird daher im Falle des § 7 insbesondere dann eine **Haftung der entsendungsberechtigten Stelle** anzunehmen sein, wenn der Entsandte seiner Persönlichkeit nach so ausgewählt (oder so schlecht ausgewählt) wird, daß auf seine persönlichen

Eigenschaften ein begründeter Abberufungsantrag nach § 10 Abs. 2 gestützt werden könnte und wegen dieser Eigenschaften mindestens mit der Möglichkeit gerechnet werden muß, daß sie sich bei der Zugehörigkeit zum Aufsichtsrat zum Schaden der Gesellschaft auswirken können. Die Rechtsgrundlage für einen derartigen Anspruch gegen eine Spitzenorganisation, die ihr Entsendungsrecht solchermaßen schuldhaft ausüben würde, bildet nicht so sehr § 823 Abs. 1 BGB, obwohl das Recht am Unternehmen als „sonstiges Recht" i. S. dieser Vorschrift heute in einem sehr weitreichenden Ausmaß anerkannt ist (vgl. dazu [Erman-] Drees Anm. 7 h zu § 823 BGB!), als vielmehr in erster Linie eine als Korrelat des kraft Gesetzes gewährten Entsendungsrechts (und der damit verbundenen unmittelbaren Möglichkeit der Einwirkung auf die Besetzung eines Gesellschaftsorgans) anzunehmende Sorgfaltspflicht aus einem gesetzlichen Schuldverhältnis sozialrechtlichen Charakters. Die Existenz einer derartigen speziellen Sorgfaltspflicht der entsendungsberechtigten Spitzenorganisation ist umso ernster zu nehmen, als die Gesellschaft hier sonst keinerlei Handhabe hat, sich aus eigener Kraft mit noch so guten Gründen von einem Aufsichtsratsmitglied zu befreien. Daß die Abberufungsmöglichkeit des § 10 Abs. 2 trotz dem alleinigen Antragsrecht der entsendungsberechtigten Stelle nicht deren ausschließlichem Interesse dienen kann, sondern zumindest auch im Interesse des Unternehmens besteht und in seinem wohlverstandenen Interesse ausgeübt werden muß, sollte nicht bestritten werden, wenn man die Mitbestimmung als Strukturelement eines im Werden begriffenen Unternehmensrechts nicht völlig desavouieren will. Über Grund und Schranken des Antragsrechts nach § 10 Abs. 2 vgl. im übrigen Anm. 8 zu § 10. Die schuldhafte Verletzung der bei Ausübung des Entsendungsrechts gebotenen Sorgfalt führt zur Schadensersatzpflicht der Spitzenorganisation; minimale Ersatzleistung ist dabei der Antrag auf Abberufung des schuldhaft Entsandten. Demgemäß wird man der Gesellschaft eine Klage, gerichtet auf Einreichung eines sorgfältig begründeten Abberufungsantrages beim zuständigen Registergericht, zugestehen müssen; das Urteil wäre nach § 888 ZPO zu vollstrecken (vgl. dazu [Stein-Jonas-][17] Schönke-Pohle Anm. II 2 c zu § 887, sowie I 1, 3 u. IV zu § 888 ZPO (12. Erg.L.). Eine Rechtslage dieser Art tritt bei der qualifizierten Mitbestimmung nicht auf, weil § 6 Abs. 5 MitbG den Erwerb der Mitgliedschaft immerhin von einem — wenn auch nur hinsichtlich des „Ob" der Vornahme: — freien Entschluß der Hauptversammlung usw. abhängig gemacht hat. In diesem Falle trage ich (vgl. Kötter Anm. 8 Abs. 2 zu § 6 MitbG) entgegen Möhring MDR 51, 513 ff. ernsthafte Bedenken, über den Fall der vorsätzlichen sittenwidrigen Schädigung der Gesellschaft (§ 826 BGB) hinaus Ersatzansprüche zu gewähren; sie kommen dort für den Fall des Vorschlags von schuldhaft schlecht ausgewählten Kandidaten schon deshalb nicht in Betracht, weil das Wahlorgan dem Vorschlag nicht zu folgen braucht und die Gesellschaft im Notbestellungsverfahren ihre objektiv schutzwürdigen Interessen wahren kann. Nur wenn die schädigende Natur des Vorschlags nicht zu erkennen war, wird also bei der qualifizierten Mitbestimmung die Frage praktisch, ob verlangt werden kann, daß die vorschlagsberechtigten Stellen — insbesondere die Spitzenorganisation — den Anstoß zum Abberufungsverfahren gibt. Für § 6 MitbG habe ich dies a. a. O. unter Hinweis auf § 101 AktGes. (nicht zuletzt auch § 101 Abs. 7) verneint, und ich finde diese Lösung durch Vergleich mit der unterschiedlichen Regelung in §§ 7, 10 Abs. 2 bestätigt. Gerade dann nämlich, wenn die schutzwürdigen Interessen des Unternehmens und der Spitzenorganisationen zu kollidieren drohen, würde über den Abberufungsvorschlag der Spitzenorganisation dort keine objektive Instanz entscheiden, sondern das Wahlorgan — also u. U. gewissermaßen in eigener Sache und noch dazu über die Aufhebung eines von ihm selbst vorgenommenen Bestellungsaktes. Der Abberufungsantrag ist in einem solchen Falle der Spitzenorganisation in ähnlicher Weise unzumutbar wie dem Aktionär eine Stimmrechtsausübung zum eigenen Nachteil. Aber auch insofern ist die Rechts- und Interessenlage bei §§ 7, 10 Abs. 2 anders: die Spitzenorganisation kann — auch dies ist im Antragsrecht nach § 10 Abs. 2 mit umschlossen! — gegenüber einem Abberufungswunsch der Gesellschafter die richterliche Entscheidung darüber herbeiführen, ob ein wichtiger Grund zur Abberufung vorliegt. Nimmt man hinzu, daß dem Entsendungsrecht das noch im RegEntw. vorgesehene Korrelat nach dem Muster des § 88 Abs. 4 AktGes. fehlt, so muß im Falle des § 7 der oben entwickelte Anspruch der Gesellschaft auf Stellung eines Abberufungsantrags nicht nur bei schuldhafter Entsendung gegeben sein; es begegnet keinen Bedenken, ihn hier auch bei schuldhafter Unterlassung des Abberufungsantrages binnen angemessener Frist nach späterer Entdeckung von schädigenden Persönlichkeitsmängeln des Entsandten zu gewähren. Mit dieser Maßgabe muß die Lösung des § 7 — alles in allem genommen — gegenüber der Gestaltung des §§ 6 Abs. 3—5 MitbG als die glücklichere bezeichnet werden.

6. Die **Entsendungsberechtigung der** in den Konzernbetrieben vertretenen **Spitzenorganisationen im Verhältnis zueinander** wird nach dem d'Hond'schen System ermittelt (Reihenfolge entsprechend den höchsten Teilzahlen, die sich bei fortlaufender Teilung — durch 1, 2, 3 usf. — der Zahlen der auf die verschiedenen Spitzenorganisationen entfallenden Belegschaftsangehörigen ergeben!). Vgl. § 53 DurchfV. Eine Spitzenorganisation, die der nächststärksten an Mitgliederzahl im Konzern um mehr als das Dreifache überlegen ist, ist allein entsendungsberechtigt. Bei genau gleicher Stärke wie auch beim Stärkeverhältnis 3 : 1 würden sich gleiche Höchstzahlen ergeben; nach § 53 Abs. 2 S. 2 DurchfV. muß dann, wenn sich die beiden Spitzenorganisationen nicht einigen, das Los über das Recht zur Entsendung des dritten Vertreters entscheiden; im zweiten Falle (Verhältnis 3 : 1) dürfte es billig sein, daß der kleineren Spitzenorganisation die Entsendung des dritten Vertreters zugestanden wird. Die Einigung, die in erster Linie versucht werden soll, kann sich von Rechts wegen nur auf die Entsendung, nicht hingegen auf die Person des zu Entsendenden erstrecken. Gemeinschaftliche Entsendung (wie ich in Anm. 23 a. E. zu § 6 MitbG für die qualifizierte Mitbestimung angenommen habe!) ist durch die Regelung in § 53 Abs. 2 DurchfVO positiv-rechtlich ausgeschlossen, und zwar auch im Falle eines Übereinkommens der beiden Spitzenorganisationen; angesichts § 10 Abs. 2 und im Hinblick auf das oben Anm. 5 Abs. 3 Gesagte würde dieser Weg auch keine taugliche Lösung darstellen. Obwohl bei der qualifizierten

Mitbestimmung derartige Bedenken nicht oder doch nicht in gleichem Maße bestehen, wird man die Regelung des § 53 Abs. 2 S. 2 DurchfV nunmehr auch für § 6 Abs. 5 MitbG als maßgebend ansehen müssen; die Interessenlage der Spitzenorganisationen ist beide Male völlig gleich. — Auch bei der Ermittelung der Vorschlagsberechtigung der Spitzenorganisationen kann man zweifeln, ob es sachgerecht oder auch nur praktisch geboten war, das Verfahren auf die Konzernunternehmen zu beschränken (vgl. § 9), die unter einheitlicher Leitung der Obergesellschaft stehen. Mitgliederzahlen lassen sich für den einen wie für den anderen Kreis von Konzernunternehmen gleich leicht (oder gleich schwer!) ermitteln, und die Basis für die Legitimation der Gewerkschaften zur Ausübung des Entsendungsrechts kann an sich nicht breit genug sein. Allerdings wird man einräumen müssen, daß die Feststellung des Stärkeverhältnisses, um die es allein geht, schon bei den Konzernunternehmen i. S. des § 15 Abs. 1 AktGes. in aller Regel hinreichend repräsentativ ist.

§ 8

(1) Sobald die Namen der nach §§ 6 und 7 bestellten Mitglieder des Aufsichtsrats feststehen[1], sind sie durch zweiwöchigen Aushang in den Betrieben der Konzernunternehmen bekanntzugeben[2] und im Bundesanzeiger sowie in den sonstigen Gesellschaftsblättern zu veröffentlichen[3].

(2) Mindestens drei wahlberechtigte Arbeitnehmer, jede in einem Betrieb eines Konzernunternehmens vertretene Gewerkschaft oder deren Spitzenorganisation sowie das zur gesetzlichen Vertretung berufene Organ des herrschenden Unternehmens können bis zum Ablauf von zwei Wochen nach der Veröffentlichung im Bundesanzeiger die Bestellung eines Arbeitnehmervertreters beim Arbeitsgericht anfechten[4], wenn gegen wesentliche Vorschriften über das Wahlrecht, die Wählbarkeit, das Wahlverfahren (§ 6) oder das Entsendungsverfahren (§ 7) verstoßen worden[5] und eine Berichtigung nicht erfolgt ist[6], es sei denn daß der Verstoß keinen Einfluß auf die Bestellung haben konnte[5]. Für das Anfechtungsverfahren gelten §§ 10, 12 Abs. 4, §§ 80 bis 96 des Arbeitsgerichtsgesetzes entsprechend[7].

1. Im strengen Sinne stehen die Namen der Vertreter der Arbeitnehmer nicht schon mit ihrer Wahl bzw. Entsendung fest. Zumindest im Falle der „Neubestellung" müssen noch der Ablauf der Wahlzeit des bisherigen Aufsichtsrats sowie die Bestellung der Anteilseignervertreter und des weiteren Mitgliedes hinzukommen, damit das Amt der Arbeitnehmervertreter im Aufsichtsrat beginnt. Wenn § 8 von dem **„Feststehen" der Namen der nach §§ 6 u. 7 bestellten Aufsichtsratsmitglieder** spricht, so ist dies jedoch offenbar nicht in dem Sinne zu verstehen, daß sie bereits die Eigenschaft als Aufsichtsratsmitglieder erlangt haben müßten. Ersichtlich dient die Vorschrift vielmehr nur der Konstatierung des Ergebnisses der Bestellungsakte

und damit zugleich der Herbeiführung ihrer Unanfechtbarkeit (vgl. Abs. 2). Immerhin wird man annehmen können, daß mit der Bekanntgabe der Namen solange gewartet werden muß, bis der Eintritt der Mitgliedschaft der gewählten und entsandten Personen im Aufsichtsrat (abgesehen von einem möglichen Wegfall vor Beginn der Amtszeit!) nur noch von den sich normalerweise anschließenden weiteren Konstituierungsvorgängen abhängt. Es muß also das Einverständnis der Bestellten mit ihrer künftigen Mitgliedschaft im Aufsichtsrat vorliegen. Im Falle der Entsendung bedarf es dazu einer zur Entsendungserklärung der Spitzenorganisation hinzutretenden besonderen Erklärung des Entsandten gegenüber der Gesellschaft (vgl. Anm. 5 Abs. 1 a. E. zu § 7). Hingegen wird bei den gewählten Arbeitnehmervertretern davon auszugehen sein, daß ihre Namen nach vollzogener Wahl i. S. des § 8 Abs. 1 ohne weiteres „feststehen". Die Gültigkeit der Vorschlagsliste, aus der ein Arbeitnehmervertreter gewählt wird, hängt nämlich nach § 34 Abs. 2 Buchst. b) DurchfV von der schriftlichen Zustimmung der Bewerber zur Aufnahme in den Wahlvorschlag ab; infolgedessen bedarf es grundsätzlich keiner weiteren Zustimmungs- oder Annahmeerklärung der Gewählten. War allerdings § 34 Abs. 2 DurchfV übersehen oder war irrtümlich angenommen worden, daß die Zustimmung zur Aufnahme in den Wahlvorschlag ordnungsgemäß erklärt worden sei, so wird man die Wahl für anfechtbar halten und zur Vermeidung der Nichtigkeitserklärung fordern müssen, daß der Verfahrensfehler (vgl. Abs. 1 S. 2!) „berichtigt" wird; und eine solche „Berichtigung" kann hier wohl unbedenklich auch in der an die Gesellschaft gerichteten Erklärung des Gewählten erblickt werden, die Wahl annehmen zu wollen.

2. Die Bekanntgabe des Ergebnisses der Bestellungsakte nach §§ 6, 7 durch **Aushang in den Konzernbetrieben** dient der Unterrichtung der Belegschaft; Abs. 1 hat insofern nur die Bedeutung einer Ordnungsvorschrift, deren Verletzung schon deshalb keinen Einfluß auf die Gültigkeit der Bestellungsakte haben kann, weil diese bereits abgeschlossen sein müssen und sogar der Eintritt der ihnen entsprechenden Rechtsfolge der Mitgliedschaft für den Normalfall als sichergestellt erscheinen muß, bevor der Aushang der Namen betrieben werden kann; vgl. oben Anm. 1.

3. Bereits durch § 91 AktGes. ist vorgeschrieben, daß jeder „Wechsel der Aufsichtsratsmitglieder" unverzüglich in den Gesellschaftsblättern bekanntzumachen ist. Man ist sich auch darüber einig, daß jede Veränderung in der Zusammensetzung des Aufsichtsrats von dieser Vorschrift erfaßt wird. Vgl. Schlegelberger-Quassowski Anm. 2, Baumbach-Hueck Anm. 1 B u. Godin-Wilhelmi Anm. 1, sämtlich zu § 91 AktGes. Diese Pflicht besteht auch für „herrschende Unternehmen", die nicht als Aktiengesellschaft betrieben werden, aber unter § 2 oder § 3 fallen; vgl. § 3 MitbG u. § 3 Abs. 1 S. 2. Die Pflicht erstreckt sich auch auf die Arbeitnehmervertreter im Aufsichtsrat; vgl. Baumbach-Hueck Anm. 1 B a. E. zu § 91 AktGes. Darüber hinaus ist nach § 144 AktGes. eine Aktiengesellschaft gehalten, zusammen mit dem Jahresabschluß u. a. die Namen der Mitglieder ihres Aufsichtsrats in den Gesellschaftsblättern bekanntzugeben. Beide Vorschriften haben — im Gegensatz zu § 128 Abs. 4 AktGes. — den Zweck, Aufklärung über die

Zusammensetzung des Aufsichtsrats im Zeitpunkt der Bekanntmachung zu geben. Selbst wenn man davon absieht, daß § 144 AktGes. auf eine Obergesellschaft, die in der Rechtsform einer GmbH oder neueren Gewerkschaft betrieben wird, keine Anwendung findet, so kann die aktienrechtliche Streitfrage, ob der Bekanntmachungspflicht nach § 91 AktGes. — ggf. verspätet! — genügt sei, wenn nach eingetretenem Wechsel in der Aufsichtsratsbesetzung eine § 144 Abs. 1 AktGes. entsprechende Veröffentlichung stattgefunden hat (über den Streitstand vgl. Godin-Wilhelmi Anm. 1 zu § 91 AktGes. u. die dort Zit.!), für die **Veröffentlichungspflicht nach § 8 Abs. 1** unzweifelhaft nicht gestellt werden. Die in § 8 vorgeschriebene Veröffentlichung dient zwar auch der Publizität; sie hat aber z. T. weitergehende Bedeutung, wie sich aus Absatz 2 ergibt: die Veröffentlichung im Bundesanzeiger, der zwar stets auch zu den Gesellschaftsblättern i. S. des § 91 AktGes. zählt — vgl. § 18 S. 1 AktGes. i. V. m. Ges. über Bekanntmachungen v. 17. 5. 50 (BGBl. S. 183)! — setzt die 2-Wochen-Frist für eine Anfechtung der Bestellung von Arbeitnehmervertretern in Lauf. Anders als § 91 AktGes., dessen Innehaltung durch Ordnungsstrafen erzwungen werden kann (§14 HGB), besteht denn auch für § 8 Abs. 1 keine andere **Sanktion** als die der **Fortdauer der formellen Anfechtbarkeit bei Unterlassung der Veröffentlichung im Bundesanzeiger.** Aus den gleichen Gründen, die für diese Gestaltung maßgebend waren, wird auch anzunehmen sein, daß die Veröffentlichung nach § 8 Abs. 1 früher zu betreiben ist als die Veröffentlichung nach § 91 AktGes. So soll erstere nach § 54 S. 2 DurchfV für die entsandten Mitglieder mindestens 2 Wochen vor Beginn ihrer Amtszeit geschehen (was trotz dem Schweigen über den Zeitpunkt der Veröffentlichung in § 41 Abs.2 DurchfV für die gewählten Arbeitnehmervertreter gleichfalls anzustreben ist!). Da nach dem oben in Anm. 1 Gesagten dieser Zeitpunkt im Voraus nicht sicher bestimmt werden kann, wird anzunehmen sein, daß 2 Wochen vor dem Tag der Hauptversammlung usw. gemeint sind, welche die zur Konstituierung des neuen Aufsichtsrats erforderlichen weiteren Bestellungsakte vornehmen soll. Dabei kann § 54 S. 2 DurchfV nur den Regelfall der „Neubestellung" im Auge haben; denn die Amtszeit der Arbeitnehmervertreter beginnt bei einer während der Amtsperiode des Aufsichtsrats erforderlich gewordenen Nachwahl bzw. „Nach-Entsendung" im Zeitpunkt der Wahl oder — im Falle des § 7 — mit dem Zugang der an die Gesellschaft gerichteten Erklärung des Entsandten, seiner Entsendung zuzustimmen; auch dies ergibt sich aus den oben in Anm. 1 entwickelten Grundsätzen. Nur in diesen zuletzt erwähnten Fällen einer Bestellung von Arbeitnehmervertretern, die infolge Wegfalls einzelner Aufsichtsratsmitglieder während der normalen Amtsperiode erforderlich wird, kann zwischen der Veröffentlichung der Namen der bestellten Arbeitnehmervertreter nach § 8 Abs. 1 und der Bekanntmachung des hiermit verbundenen Wechsels von Aufsichtsratsmitgliedern nach § 91 weder ein zeitlicher noch ein wesensmäßiger Unterschied anerkannt werden. Einer doppelten Veröffentlichung bedarf es in diesen Fällen nicht, während bei der „Neubestellung" erst nach vollständiger Konstituierung des Aufsichtsrats davon gesprochen werden kann, daß die Bekanntmachung der Veränderung nach § 91 (im Gegensatz zur Bekanntmachung gem. § 8 Abs. 1!) „schuldhaft verzögert" werde. Die Kosten der Veröffentlichung hat selbstverständlich die Obergesellschaft zu tragen.

4. Absatz 2 regelt — eine der Folgen, die sich aus der Abkehr der Novelle vom Grundsatz der „Vorschlagswahl" ergeben! — die **Anfechtbarkeit der Bestellungsakte** gem. §§ 6 u. 7.

Das Gesetz stellt insoweit mit Recht die Wahl und die Entsendung grundsätzlich in eine Reihe; vgl. dazu unten Anm. 5.

Der **Kreis der Anfechtungsberechtigten** läßt das Wesen des hier verwirklichten Bruchstücks eines neuen Unternehmensrechts erkennen: neben den Mitbestimmungsfaktoren (Vertretern der Belegschaft u. Gewerkschaften, die im Unternehmen vertreten sind) steht der Vorstand usw., der hier, genau besehen, nicht das Unternehmen als solches repräsentiert, sondern den gesellschaftsrechtlichen Verband, der immerhin noch der Rechtsträger des Unternehmens ist. Systematisch richtiger wäre es wohl gewesen, neben den neuen Mitbestimmungsfaktoren und dem Vorstand (der auch zur Anfechtungsklage gegenüber Gesellschafterbeschlüssen einschl. Wahlen befugt ist, vgl. § 198 Abs. 1 Nr. 4 AktGes.) einer Gesellschafterminorität (mindestens aber der Mehrheit der Gesellschafterversammlung!) gleichfalls die Anfechtungsbefugnis zu geben. Ob man die Erwägung, aus der heraus dies unterblieben ist — nämlich: man müsse andernfalls den Arbeitnehmern und Gewerkschaften ein Anfechtungsrecht gegenüber der Wahl von Anteilseignervertretern zugestehen! — für ein durchschlagendes Argument ansehen will, hängt wohl von der Grundeinstellung ab, die man gegenüber dem Mitbestimmungsrecht in bezug auf unternehmerische Entscheidungen einnimmt. Will man die Kapitalstruktur des Unternehmensträgers ignorieren, die neuen Mitbestimmungsfaktoren gewissermaßen als Mitglieder eines Unternehmensverbandes ansehen und ihnen im Sinne einer Gleichheit von Kapital und Arbeit Rechte zugestehen, die dann ihrer Natur nach Quasi-Mitgliedschaftsrechte sein müßten, so dürfte das erwähnte Argument in der Tat stichhaltig sein. Ob die Voraussetzung hierfür allerdings bejaht werden kann, erscheint besonders deshalb zweifelhaft, weil die Bestellung der Arbeitnehmervertreter auch nach §§ 5 ff. in sehr erheblichem Umfange auf unternehmensfremden Einfluß zurückgeht. Deshalb müssen auch bei dieser Mitbestimmungsform die gleichen Interpretationsgrundsätze beachtet werden, die ich für die qualifizierte Mitbetimmung entwickelt und (vgl. Anm. 19 a. E. zu § 1 MitbG) und in die „Faustregel" zusammengefaßt habe, daß nur die Auslegung richtig sein könne, die keine Fiktion der Mitbeteiligung der neuen Mitbestimmungsfaktoren in sich schließt. Im Zusammenhang mit der Anfechtungsregelung des Absatzes 2 ergibt sich hieraus, daß das Anfechtungsrecht, das dem Vorstande usw. — neben den Gewerkschaften, den Betriebsräten und den Arbeitnehmern selbst! — gewährt worden ist, mindestens auch im Interesse der Anteilseigner besteht und unter diesem Gesichtspunkt wahrgenommen werden muß.

Anfechtungsgegner im arbeitsgerichtlichen Beschlußverfahren (s. darüber unten Anm. 7) ist wohl oder übel die Obergesellschaft, regelmäßig vertreten durch den Vorstand usw., ausnahmsweise — wenn dieser selbst anficht! —

durch den Aufsichtsrat. Ein Vorstand usw., der ungeheilte oder gar unheilbare Anfechtungsgründe (z. B. Verstöße gegen das Wahlgeheimnis u. dgl.) nicht geltend macht, würde sich ersatzpflichtig machen und außerdem einen wichtigen Grund zu seiner Abberufung geben.

Die **Anfechtungsfrist** von 2 Wochen beginnt mit dem Tage nach der Ausgabe der Nummer des Bundesanzeigers, in der die Namen der gewählten bzw. entsandten Arbeitnehmervertreter bekanntgemacht sind.

5. **Anfechtungsgrund** ist nur ein **Verstoß gegen „wesentliche" Vorschriften** über die Bestellung der Arbeitnehmervertreter.

Was als „wesentliche" Vorschrift anzusehen ist, läßt das Gesetz nicht unmittelbar erkennen. Zu § 18 BVG, dem § 8 Abs. 2 nachgebildet ist, hat sich hierüber, soviel ersichtlich, eine feste Meinung bisher nicht gebildet. Es ist schwer vorzustellen, daß eine Vorschrift über das Wahlrecht oder über die Wählbarkeit nicht wesentlich sein soll; dies muß auch hinsichtlich der modifizierten Anwendbarkeit des § 7 Abs. 2 BVG in dem in Anm. 7 Abs. 1 zu § 6 dargelegten Sinne gelten. (Der Fall liegt hier noch anders als bei § 18 BVG, für dessen Bereich Fitting-Kraegeloh Anm. 18 aber auch die „Wesentlichkeit" bejahen.) Neben wesentlichen auch unwesentliche Vorschriften enthält hingegen zweifellos die Regelung über das reine Verfahren (wobei allerdings die Frage der Entsendungsberechtigung, die das Gesetz offenbar zum „Entsendungsverfahren" rechnet, dem Wahlrecht rangmäßig gleichzustellen ist, so daß die Vorschriften über die Entsendungsberechtigung nie unwesentlich sein können!). Innerhalb der echten Verfahrensvorschriften dürften diejenigen ausnahmslos als unwesentlich anzusehen sein, bei deren Verletzung ein Einfluß auf die Bestellung überhaupt nicht denkbar ist; z. B.: der Hauptwahlvorstand hat nicht den Zeitpunkt mitgeteilt, bis zu dem das Ergebnis der Wahl der Wahlmänner ermittelt sein muß (§ 9 Abs. 1 S. 1 Buchst. c DurchfV). Die Sollvorschrift des § 9 Abs. 1 S. 2 DurchfV dürfte gleichfalls nicht als „wesentliche" Vorschrift anzusehen sein, solange der Verstoß nicht zur Verletzung weiterer Vorschriften führt.

Auch ein Verstoß gegen wesentliche Vorschriften ist nur dann Anfechtungsgrund, wenn es im Einzelfalle wenigstens möglich erscheint, daß die Wahl oder die Entsendung der Arbeitnehmervertreter ohne den Verstoß ein anderes Ergebnis gehabt hätte. Dies muß trotz der auf eine Einrede hindeutenden Fassung des Gesetzes von Amts wegen berücksichtigt werden. Der Anfechtende wird normalerweise nur den Verstoß darzulegen haben; ein Nachweis der Kausalität darf von ihm nicht gefordert werden. Die das Anfechtungsrecht ausschließende Unmöglichkeit einer Beeinflussung der Bestellung ist — unter Berücksichtigung der konkreten Stimmen bzw. Stärkeverhältnisse — eine denkgesetzliche Folgerung, die jedoch nicht leichtfertig gezogen werden darf. Es wird Sache der Obergesellschaft sein, die tatsächlichen Voraussetzungen darzutun, die eine einwandfreie Folgerung dieser Art rechtfertigen. (Vgl. dazu — ähnlich wie hier — Fitting-Kraegeloh Anm. 22 a. E. zu § 18 BVG!) Der Betriebsrat wird die Wahlakten (§ 41 DurchfV) zu diesem Zwecke zur Verfügung stellen müssen; die Niederschrift über die Ermittelung der Entsendungsberechtigung der Spitzenorganisationen (§ 53 Abs. 4 DurchfV) kann von der Gesellschaft ohne weiteres vorgelegt werden, vgl. § 53 Abs. 4 S. 2 DurchfV. Die dort vorgesehene Übersendung eines Abdrucks ist Übersendung an die Gesellschaft; nicht etwa erhält der Vorstand usw. den Abdruck zu eigenem Recht; er muß ihn infolgedessen, wenn er selbst anficht, dem Aufsichtsrat zugänglich machen. — Eine auch nur entfernte Möglichkeit der Beeinflussung genügt zur Bejahung des Anfechtungsrechts, insbes. auch eine mittelbare Beeinflussung. Unter diesem Gesichtswinkel wird z. B. niemals die Einflußmöglichkeit bei einem Verstoß verneint werden können, der zur Folge hatte, daß Wahlmänner nicht gewählt worden sind, die ein Zehntel ihrer Gruppe ausgemacht hätten; mit der Behauptung, daß sie keinen Wahlvorschlag eingereicht haben würden (vgl. § 32 Abs. 1 DurchfV), könnte m. E. niemand gehört werden. Umgekehrt — bei Wahl nicht wählbarer Personen zu Wahlmännern — ist zwar der Nachweis, daß ihre Mitwirkung keinen Einfluß haben konnte (das ist mehr als nur mangelnde Kausalität) zuzulassen; es sind aber sehr strenge Anforderungen zu stellen. Unmöglichkeit der Einwirkung eines Verstoßes gegen die Beratungspflicht der entsendungsberechtigten Spitzenorganisation (§ 7 Abs. 1) kann niemals nachgewiesen bzw. angenommen werden.

6. Abs. 2 setzt — ebenso wie § 18 BVG — voraus, daß die Wirkungen des Verstoßes „berichtigt" werden können. Da die Anfechtung nur die Möglichkeit einer Beeinflussung des Ergebnisses der Wahl oder der Entsendung voraussetzt (vgl. oben Anm. 5) kann die **„Berichtigung"** naturgemäß nicht in der Beseitigung dieser Möglichkeit bestehen. Vielmehr ist offenbar an Fälle gedacht, in denen nicht nur eine Auswirkung des Verstoßes feststellbar ist, sondern auch eindeutig ermittelt werden kann, wie das Ergebnis der Wahl oder der Entsendung ausgefallen sein würde, wenn der Verstoß nicht vorgekommen wäre. Z. B. bei Nichtwählbarkeit eines gewählten Arbeitnehmervertreters kann der nächstfolgende desselben Wahlvorschlages an seine Stelle treten (obwohl hier schon Zweifel auftauchen können, weil sich sagen ließe, daß für den Wahlvorschlag ohne den Namen des Nichtwählbaren weniger — oder mehr — Stimmen abgegeben worden wären!). Unzweifelhaft reparabel ist namentlich die irrige unter Verstoß gegen § 39 Abs. 1 DurchfV vorgenommene Verteilung der Aufsichtsratssitze, insbesondere also die Nichtberücksichtigung des meistgewählten Vertreters der Angestelltengruppe, weil er weniger Stimmen hat als der Vertreter der Arbeitergruppe mit der vierthöchsten Stimmenzahl; vgl. dazu auch Fitting-Kraegeloh Anm. 21 zu § 18 BVG (für den insofern gleichliegenden Fall der Gruppenwahl zum Betriebsrat).

Ob in den Fällen, in denen eine „Berichtigung" nicht möglich ist (d. h. also: das Ergebnis, das bei fehlerfreiem Bestellungshergang vorliegen würde, nicht bestimmbar ist!) eine „Heilung" der anfechtbaren Bestellung eintreten kann, ist dem Gesetz nicht unmittelbar zu entnehmen. Sicher kann man von einer Heilung der anfechtbaren Bestellungsakte in dem Sinne sprechen, daß diese nach ungenutztem Verstreichenlassen der 14tägigen Anfechtungsfrist unanfechtbar werden. Das gleiche muß auch gelten, wenn sämtliche auf Feststellung der Nichtigkeit der Bestellungsakte gerichteten

Anfechtungsanträge vor der Entscheidung des Arbeitsgerichts zurückgenommen werden; vgl. dazu unten Anm. 7. Für eine „Heilung" im eigentlichen Sinne — nämlich mit der Wirkung, daß die Anfechtbarkeit auch gegen den Willen auch nur eines der Anfechtungsberechtigten entfiele — wäre jedoch nur dann Raum, wenn der die Anfechtbarkeit begründende Vorstoß ausschließlich als Verletzung der Rechts- und Interessensphäre bestimmter Beteiligter anzusehen wäre. Es ließe sich dann schwerlich rechtfertigen, daß gegen den Willen dieser Beteiligten, insbesondere also im Falle ihrer Billigung der anfechtbaren Bestellungsakte, von anderen Beteiligten die Anfechtung betrieben werden dürfte. Zu denken wäre etwa an eine Vornahme der Entsendung durch die stärkste Spitzenorganisation ohne vorherige Ermittelung der Entsendungsberechtigung und ohne Beratung mit den Betriebsräten. Soll hier der Vorstand usw. die Anfechtung weiter betreiben können, obwohl die Betriebsräte und die anderen Spitzenorganisationen (einschließlich derjenigen, die etwa selbst ein Entsendungsrecht gehabt hätte) nachträglich der Entsendung zugestimmt haben? Manches scheint für eine Verneinung der Frage zu sprechen. Man muß sich bei der Entscheidung aber darüber klar sein, daß die Frage immer nur dort auftauchen kann, wo keine „Berichtigung" der Folgen eines wenigstens möglicherweise „kausalen" Verstoßes möglich ist. M. E. hat das Gesetz mit der Gewährung der Anfechtungsrechte zum Ausdruck gebracht, daß der Tatbestand dann nicht zur Disposition einzelner Beteiligter steht. Darin liegt die Anerkennung eines gewissen öffentlichen Interesses an der Verfolgung der Anfechtbarkeit, das nur bei Untätigkeit bzw. Verzicht aller Anfechtungsberechtigten hinfällig wird. Infolgedessen wird man die Möglichkeit einer „echten" Heilung anfechtbarer Bestellungsakte verneinen müssen.

7. Das **Anfechtungsrecht** in bezug auf fehlerhafte Bestellungsakte muß im arbeitsgerichtlichen Beschlußverfahren geltend gemacht werden.

Örtlich zuständig ist das Arbeitsgericht am Sitz der Obergesellschaft; § 82 AGG kann hier „entsprechend" nur auf den Aufsichtsrat der Obergesellschaft bezogen werden.

Das Verfahren ist im wesentlichen nach Art der freiwilligen Gerichtsbarkeit gestaltet, obwohl es (§ 81 Abs. 1 AGG) nur auf Antrag eingeleitet wird. Solange der Antrag nicht zurückgenommen („zurückgezogen") wird, herrscht hinsichtlich der Aufklärung des Sachverhalts Amtsbetrieb (§ 83 Abs. 3 AGG); allerdings wird die Anhörung der Beteiligten nicht erzwungen (§ 83 Abs. 2 AGG). Die Zurücknahme des Antrages wie auch der fristgebundenen Beschwerde (§ 87 Abs. 1 AGG — 4 Wochen!) ist jederzeit möglich; nach dem oben Anm. 6 Gesagten kann sie aber nur dann das Verfahren beenden (Einstellung! — §§ 81 Abs. 2, 87 Abs. 4 AGG), wenn sämtliche Anfechtungsberechtigten ihre Anträge bzw. Beschwerden zurücknehmen.

Der Beschluß des Arbeitsgerichts (§ 84 AGG) kann nur auf Zurückweisung des Antrags oder auf Nichtigerklärung des angefochtenen Bestellungsaktes lauten. Die Entscheidung muß der Natur der Sache nach einheitlich ergehen.

§ 9

Konzernunternehmen im Sinne der §§ 6 bis 8[1] sind das herrschende Unternehmen[2] und die unter seiner einheitlichen Leitung zusammengefaßten Unternehmen (§ 15 Abs. 1 des Aktiengesetzes)[3].

1. § 9 regelt lediglich, welche der Konzernunternehmen i. S. des § 3 in das Verfahren zur Bestellung der Arbeitnehmervertreter einbezogen werden. Dieser Kreis von Konzernunternehmen ist regelmäßig enger, niemals aber weiter als der Kreis, der bei Ermittelung des Umsatzverhältnisses (§ 4) zu berücksichtigen ist. Außer der Obergesellschaft (vgl. unten Anm. 2) kommen hier nämlich nur diejenigen Unternehmen in Betracht, die unter der einheitlichen Leitung der Obergesellschaft stehen (darüber s. im einzelnen unten Anm. 3).

Die Gründe für diese Regelung sind offenbar in erster Linie praktischer Natur. Namentlich das Wahlverfahren setzt stillschweigend einen Zusammenhang der an ihm beteiligten Konzernunternehmen voraus, der bei bloßer Abhängigkeit i. S. des § 15 Abs. 2 AktGes. in der Regel nicht besteht, sondern nur bei echter organisatorischer Eingliederung eines Unternehmens in den von der Obergesellschaft geleiteten engeren Konzernbereich gegeben ist. Innerhalb dieses Bereichs ist es zugleich innerlich gerechtfertigt, Wahlrecht und Wählbarkeit der Arbeitnehmer eines Konzernunternehmens denjenigen der Arbeitnehmer der Obergesellschaft gleichzusetzen. (Darüber, daß es bei der Feststellung der Entsendungsberechtigung der Spitzenorganisationen theoretisch zumindest etwas anders liegt, vgl. Anm. 6 a. E. zu § 7.) Der nach § 15 Abs. 1 AktGes. geforderte Zusammenhang, auf den § 9 abstellt, ist normalerweise dauerhafter als eine unter § 15 Abs. 2 AktGes. fallende Unternehmensverbindung, da die in diesem weiteren Rahmen in Betracht kommenden Beherrschungsmittel — mindestens z. T. — leichter wegfallen können als eine einmal begründete Geschäftsleitung der Obergesellschaft; auch das spricht für die Regelung des § 9.

Über die Frage, ob aus § 9 Rückschlüsse auf die dem Gesetz entsprechende Gestaltung der Wahl von Arbeitnehmervertretern nach § 76 BVG bei einem nicht unter §§ 2 oder 3 fallenden herrschenden Unternehmen gezogen werden können, vgl. Anm. 4 d, Abs. 1 zu § 14.

2. **Herrschendes Unternehmen** i. S. des § 9 ist, wie der Zusammenhang der Vorschrift mit §§ 6 u. 7 ergibt, nur ein herrschendes Unternehmen nach § 1, bei dem die Voraussetzungen des § 3 erfüllt sind, und zwar nur in Ansehung der Bestellung eines Aufsichtsrats nach § 5 Abs. 1. Darüber, wann die Bestellung eines solchen Aufsichtsrats geboten ist, vgl. §§ 16 u. 21 m. Anm.

Das für den Begriff des „herrschenden Unternehmens" nach § 1 wesentliche Merkmal des Bestehens eines Organschaftsverhältnisses zu einem oder mehreren unter § 1 MitbG fallenden Unternehmen bedeutet, daß mindestens die organschaftlich beherrschten Montanunternehmen unter der „einheitlichen Leitung" der Obergesellschaft stehen.

3. § 9 deckt sich nicht völlig mit dem in § 15 Abs. 1 AktGes. beschriebenen Konzernbereich, obwohl die Vorschrift auf § 15 Abs. 1 AktGes. Bezug nimmt. § 9 verlangt nämlich zusätzlich, daß **der engere Konzernbereich i. S. des § 15 Abs. 1 AktGes.** gerade von der unter § 3 fallenden Obergesellschaft geleitet wird. Diese Besonderheit berührt sich mit dem Problem, ob bei mehrstufigen Konzernverhältnissen ein Unternehmen die Voraussetzungen des § 1 erfüllen kann, das zwar ein unter § 1 MitbG fallendes Unternehmen organschaftlich beherrscht, aber seinerseits von einem dritten Unternehmen abhängig ist; vgl. dazu Anm. 3 Abs. 2 zu § 1. Daraus, daß §§ 5—13, wie sich bereits aus § 1 ergibt, nur auf ein Unternehmen Anwendung finden, in dessen Organen die unternehmerischen Entscheidungen für vón ihm — unmittelbar oder mittelbar — beherrschte qualifiziert-mitbestimmte Unternehmen getroffen werden, folgt auch, daß der Kreis der nach § 9 zu berücksichtigenden abhängigen Konzernunternehmen durch den Leitungsbereich eben dieses herrschenden Unternehmens bestimmt wird. Demgemäß gehören **bei mehrstufigen Konzernen** zu den Konzernunternehmen i. S. der §§ 6 u. 7 nicht solche Unternehmen, die zusammen mit dem „herrschenden Unternehmen" unter der Leitung eines nicht unter § 1 fallenden dritten Unternehmens stehen. Daß dieses letztere Unternehmen nicht unter § 1 fällt (während das bei einem von ihm beherrschten Unternehmen der Fall ist!), kann seinen Grund darin haben, daß seine Leitungsfunktionen nicht auf einem Organschaftsverhältnis beruhen und dementsprechend lockereren Charakter haben; es kann aber auch daran liegen, daß das leitende Unternehmen nicht in der von § 1 geforderten Rechtsform betrieben wird, also insbesondere eine Personalgesellschaft ist. Das „herrschende Unternehmen" ist dann beide Male eine „Konzernspitze zweiter Ordnung" (nach Kunze — AuR 56, 225 — eine „Zwischen-Obergesellschaft"), was aber in diesen Fällen die Anwendbarkeit der §§ 1 u. 3 nicht hindert. Daß die Mitwirkung bei der Aufsichtsratsbestellung dann nicht über den eigenen Beherrschungssektor einer solchen „Zwischen-Obergesellschaft" hinausgreifen kann, leuchtet ein. — Ein Unternehmen, an dem das herrschende Unternehmen nur zusammen mit einem dritten Unternehmen beteiligt ist, kann nur dann unter § 9 falllen, wenn dem „herrschenden Unternehmen" darüber hinaus Herrschaftsbefugnisse zustehen, die eine „einheitliche Leitung" durch das herrschende Unternehmen gewährleisten. Ist das **Beteiligungsverhältnis 50 : 50,** so kann, wenn nicht derartige zusätzliche Befugnisse des einen der beiden Unternehmen — und sei es auch nur durch ein Stimmenübergewicht im Konsortium oder in einem besonderen Leitungsgremium — begründet sind, das beherrschende Unternehmen weder bei der einen noch bei der anderen Obergesellschaft als Konzernunternehmen i. S. der §§ 6 u. 7 angesehen werden.

Einheitliche Leitung (§ 15 Abs. 1 AktGes.) mehrerer Unternehmen setzt deren organisatorische Zusammenfassung für eine gewisse Dauer und nach einem einheitlichen Plan (Rasch S. 36) voraus; sie darf auch nicht nur in vereinzelter Beziehung bestehen, wenn eine Konzernzusammenfassung vorliegen soll; s. dazu Baumbach-Hueck Anm. 2 zu § 15 AktGes. Regelmäßig wird die Grundlage für die Gestaltung einer derartigen Leitungsorganisation zugleich Beherrschungstatbestand i. S. des § 15 Abs. 2 AktGes. sein, ohne daß sich darin jemals die Zusammenfassung in dem dargelegten Sinne erschöpfen könnte. Vgl. zu allem auch Schlegelberger-Quassowski Anm. 8 zu § 15 AktGes.

Leitungsinstrument kann ein vertraglich begründetes Weisungsrecht des herrschenden Unternehmens, insbes. ein Organschaftsverhältnis, aber auch die Vereinigung von Verwaltungsposten bei den beteiligten Unternehmen in einer Hand sein. Die Einrichtung eines gemeinsamen Verwaltungsrats (der dann kein Gesellschaftsorgan, sondern Leitungsgremium für den ganzen Konzern ist) erfüllt zwar die Voraussetzungen des § 15 Abs. 1 AktGes., die des § 9 hingegen regelmäßig nicht. Ob im übrigen die einheitliche Leitung auf rein rechtlicher oder weitgehend auf tatsächlicher Grundlage fußt, ist trotz der in § 9 gegenüber § 15 Abs. 1 AktGes. enthaltenen Einschränkung grundsätzlich gleichgültig; § 9 verlangt nur, daß die Leitung bei den herrschenden Unternehmen liegt, dessen Aufsichtsrat nach §§ 5 ff. zu bestellen ist.

§ 10[1]

(1) Die durch die Arbeitnehmer gewählten Mitglieder des Aufsichtsrats[1] können vor Ablauf der Wahlzeit[2] auf Antrag[3] der Mehrheit der Betriebsratsmitglieder aus den Betrieben sämtlicher Konzernunternehmen[4] oder von mindestens einem Fünftel der wahlberechtigten Arbeitnehmer[4] abberufen werden[2]. Die Abberufung[2] erfolgt durch Beschluß der Wahlmänner[5] derjenigen Gruppe, als deren Vertreter das Mitglied des Aufsichtsrats gewählt wurde[5]. Der Beschluß wird in geheimer Abstimmung gefaßt[6]. Er bedarf einer Mehrheit, die mindestens drei Viertel der abgegebenen Stimmen umfaßt[7].

(2) Ein von einer Spitzenorganisation entsandtes Mitglied des Aufsichtsrats[1] kann vor Ablauf der Zeit, für die es bestellt ist[2], auf Antrag der Spitzenorganisation[8] durch das Gericht[9] abberufen werden[10], wenn ein wichtiger Grund vorliegt[8].

1. § 10 regelt den **Widerruf der Bestellung der Arbeitnehmervertreter.** Die Vorschrift stellt im Vergleich zur Regelung bei der qualifizierten Mitbestimmung (§ 11 Abs. 2 MitbG) eine Neuerung dar, die der in §§ 6, 7 liegenden Abkehr von der „Vorschlagswahl" entspricht. Das Mitbestimmungsgesetz kennt demgegenüber auch eine „Vorschlagsabberufung" der von Arbeitnehmerseite in den Aufsichtsrat gelangten Mitglieder durch die Hauptversammlung. Vgl. darüber Kötter Anm. 5 zu § 11 MitbG.

Die Widerrufsmöglichkeit entspricht nach § 10 nicht völlig den Bestellungsvorgängen. Bei den gewählten Arbeitnehmervertretern liegt die Entscheidung über die Abberufung zwar letzten Endes bei den Wahlmännern, welche den abzuberufenden Arbeitnehmervertreter gewählt haben, also regelmäßig bei den Wahlmännern einer Gruppe. Die Wahlmänner können aber nicht die Initiative ergreifen, da über die Abberufung erst abgestimmt werden kann, wenn sehr schwer zu erfüllende, außerhalb der Macht der Wahlmänner liegende Voraussetzungen erfüllt sind; vgl. dazu unten Anm. 4.

Hinsichtlich der Abberufung der entsandten Arbeitnehmervertreter (§ 7) liegt umgekehrt nur die Initiative, nicht jedoch die Entschließungsmacht bei den entsendungsberechtigten Stellen; s. dazu unten Anm. 8—11.

2. Von der „**Abberufung**" eines Aufsichtsratsmitglieds kann immer nur **vor Ablauf einer Amtsperiode** gesprochen werden. Insofern bedeutet die Gesetzesfassung bestenfalls eine Klarstellung. Irreführend ist dabei jedoch die Verschiedenheit im Ausdruck in Abs. 1 und 2, die auf unterschiedliche Amtsperioden der gewählten und der entsandten Arbeitnehmervertreter hinzudeuten scheint. In Wirklichkeit besteht — von der Möglichkeit eines turnusmäßigen Ausscheidens von Aufsichtsratsmitgliedern abgesehen — durchgängig eine einheitliche Amtsperiode aller Mitglieder, für deren Dauer die Bestimmungen der Satzung usw. maßgebend sind; vgl. dazu Anm. 15 zu § 6 u. Anm. 4 zu § 7. — Über sonstige Gründe der Amtsbeendigung vgl. Kötter Anm. 1 zu § 11 MitbG.

3. Die Abberufung setzt in jedem Falle einen Antrag voraus.

Die **Antragsrechte** nach Abs. 1 sind offensichtlich in engem Anschluß an das Bestellungsverfahren gestaltet worden, so daß hinsichtlich der Initiativberechtigten — Betriebsräte bzw. Belegschaften — die gleiche Beschränkung gilt wie nach § 9 für das Bestellungsverfahren (Konzernbereich i. S. des § 15 Abs. 1 Aktiengesetzes unter der Leitung des „herrschenden Unternehmens"!). §§ 42 ff. DurchfV regeln das Verfahren bei Stellung eines Antrages nach § 10 Abs. 1; für den Antrag selbst ist Schriftform und Einreichung beim Hauptwahlvorstand — notfalls beim Betriebsrat der Obergesellschaft oder des (der Belegschaftszahl nach!) größten Konzernunternehmens vorgeschrieben (§ 42 DurchfV.).

Der Antrag einer Spitzenorganisation nach Abs. 2 ist demgegenüber grundsätzlich Sache ihres formlosen internen Entschlusses; er bedarf jedoch auf der anderen Seite einer materiellen Begründung; vgl. dazu unten Anm. 8.

4. Die Initiative zu einer **Abstimmung der Wahlmänner** über eine Abberufung gewählter Arbeitnehmervertreter liegt bei den Betriebsräten bzw. bei einem Fünftel der wahlberechtigten Arbeitnehmer; im letzteren Falle bedarf es einer Unterschriftensammlung. „Wahlberechtigt" können nur die Arbeitnehmer der in § 9 bezeichneten Konzernunternehmen sein.

5. Über das **Abstimmungsverfahren** vgl. §§ 43 ff. DurchfV. Es können nur Ja- oder Nein-Stimmen abgegeben werden; vgl. § 45 Abs. 1 DurchfV. Abstimmungsberechtigt sind die Wahlmänner der Gruppe (Arbeiter oder Angestellte), als deren Vertreter das Aufsichtsratsmitglied gewählt wurde, um dessen Abberufung es sich handelt. Einer Neuwahl der Wahlmänner bedarf es aus Anlaß eines Abberufungsantrages regelmäßig nicht. Vgl. dazu Anm. 4 zu § 6, ferner § 48 DurchfV u. unten Anm. 7 a. E. Vielmehr wird über den Antrag grundsätzlich von denselben Wahlmännern abgestimmt, welche die Wahl vorgenommen haben; vgl. § 44 Abs. 1 DurchfV. Sind einzelne Wahlmänner in der Zwischenzeit ausgeschieden, so tritt an ihre Stelle ein Ersatzmann in der Reihenfolge der Vorschlagsliste, auf die der ausgeschiedene oder verhinderte Wahlmann entfallen war; vgl. §§ 25 Abs. 4, 28 Abs. 2 S. 2 DurchfV. Nur wenn infolge Ausscheidens oder Verhinderung von Ersatz-

männern ein Wahlvorschlag völlig erschöpft ist, wird eine Neuwahl nicht zu umgehen sein; sie ist dann aber auf das Konzernunternehmen zu beschränken, bei dessen Wahlmännern die Lücke entstanden ist. Das Abberufungsverfahren entspricht im übrigen dem Wahlverfahren; vgl. § 44 Abs. 2 DurchfV.

6. Geheime Abstimmung entsprechend geheimer Wahl; vgl. § 44 Abs. 2 i. V. m. § 37 DurchfV.

7. Für den **Abberufungsbeschluß** ist eine qualifizierte Mehrheit vorgeschrieben. Bei der Berechnung der Mehrheit der abgegebenen Stimmen gelten ungültige Stimmen als „abgegeben"; die Stimmen von Wahlmännern, die Stimmenthaltung üben, sind hingegen nicht mitzurechnen

Wird ein Abberufungsbeschluß mit der vorgeschriebenen Dreiviertelmehrheit gefaßt, so verliert damit der abberufene Arbeitnehmervertreter ohne weiteres sein Amt im Aufsichtsrat. Hierdurch wird eine **Neuwahl** erforderlich, die nach § 48 DurchfV in derselben Wahlmännerversammlung, die den Abberufungsbeschluß gefaßt hat, vorgenommen werden soll. Nach § 48 S. 2 DurchfV gelten für diese Wahl §§ 27—40 DurchfV „entsprechend". Dies dürfte bedeuten, daß die Mitteilung nach § 28 DurchfV noch nach Bekanntgabe des Abstimmungsergebnisses gemacht werden kann. Es muß hierbei wohl genügen, daß die Mitteilung den anwesenden Wahlmännern — etwa gegen Empfangsbescheinigung — übergeben wird. Allerdings müßten dazu sämtliche Wahlmänner (oder bei deren Behinderung ihre Ersatzmänner) anwesend sein. Um Anfechtungsgründe hintanzuhalten, wird es allerdings zweckmäßig sein, die Mitteilung nach § 28 DurchfV in Eventualfassung schon mit der Mitteilung nach § 43 DurchfV zu vereinigen; Bedenken hiergegen können nicht bestehen, wenn eindeutig klargestellt wird, daß die Wahl eines neuen Arbeitnehmervertreters die Abberufung des bisherigen voraussetzt. Zur Bekanntgabe nach § 31 DurchfV darf frühestens zusammen mit der Bekanntgabe des Abstimmungsergebnisses nach § 46 Abs. 2 DurchfV geschritten werden.

Die sofortige Wahl eines neuen Arbeitnehmervertreters sieht § 48 DurchfV allein für den Fall vor, daß der Neugewählte nach der Satzung nur für den Rest der Amtsperiode des Vorgängers Aufsichtsrat wird. (Vgl. dazu auch Anm. 4 zu § 6 betr. turnusmäßiges Ausscheiden!) Bei Abberufung wird diese Voraussetzung regelmäßig vorliegen; aber auch dann dürfte es kein Gültigkeitserfordernis einer Nachwahl sein, daß sofort im Anschluß an die Abberufung gewählt wird. Auch eine Wahl in einer besonderen Versammlung wäre gültig, ohne daß ihr normalerweise (vgl. oben Anm. 5!) eine Neuwahl von Wahlmännern vorangehen müßte; § 48 ist im Sinne von § 8 Abs. 2 keine „wesentliche" Vorschrift, sondern dient der Vermeidung sowohl einer Verzögerung bei der Wiederbesetzung des Aufsichtsrats als auch des Aufwandes von Zeit, Geld und organisatorischer Mühe.

8. Die **Spitzenorganisation kann** die von ihr entsandten Vertreter der Arbeitnehmer **nicht selbst abberufen und** auch die **Abberufung nicht ohne Angabe von Gründen herbeiführen.**

Diese Regelung stimmt also mit derjenigen des § 88 Abs. 4 S. 1 AktGes., wonach das entstandte Aufsichtsratsmitglied von dem entsendungsberechtigten Aktionär jederzeit beliebig abberufen werden kann, nicht überein. Trotzdem entbehrt sie nicht der inneren Berechtigung, denn § 88 AktGes. behandelt ein Sonderrecht einzelner Aktionäre, das der stärkeren Vertretung ihres Einflusses dient und eine Bevorzugung vor der Gesamtheit aller anderen Aktionäre darstellt. Dem entspricht es, daß sich der bevorzugte Aktionär nach Belieben seinen „Vertreter" auswählen und ihn auch wechseln kann. Zum Ausgleich wird einer Aktionärminderheit ($^1/_{10}$ des Grundkapitals) vom Gesetz das Recht eingeräumt, aus wichtigem Grunde in der Person des „Vertreters" dessen gerichtliche Abberufung herbeizuführen. Dadurch werden im Falle des § 88 AktGes. die Interessen beiderseits gewahrt. Sicherlich hätte man auch die Abberufung der nach § 7 entsandten Arbeitnehmervertreter ebenso oder ähnlich gestalten können. Indessen spricht viel dafür, letztere nicht ohne Not dem Konflikt auszusetzen, der entstehen kann, wenn die Wahrnehmung der dem entsandten Aufsichtsratsmitglied der Gesellschaft bzw. dem Unternehmen gegenüber obliegenden Pflichten mit den Interessen des Entsendungsberechtigten kollidiert. Während das Sonderrecht des entsendungsberechtigten Aktionärs seinem Wesen nach ein Auftragsverhältnis zwischen ihm und dem entsandten Aufsichtsrat zuläßt (das im Falle der Pflichtenkollision durch Amtsniederlegung seitens des Entsandten beendet werden kann!), muß die Möglichkeit einer ähnlichen vertraglichen Bindung der entsandten Arbeitnehmervertreter geleugnet werden; vgl. dazu auch Anm. 5 zu § 7. Damit vertrüge sich aber schwerlich ein schrankenloses Abberufungsrecht der entsendungsberechtigten Spitzenorganisation. Die Mehrheit des federführenden BT-Ausschusses sah jedenfalls in einem derartigen Abberufungsrecht eine gewisse Gefahr für die Unabhängigkeit der entsandten Arbeitnehmervertreter. Hierauf beruht es, daß Abs. 2 S. 2 für sie nur die **Möglichkeit der gerichtlichen Abberufung aus wichtigem Grunde** vorsieht. Daß dabei das Widerrufsrecht des § 88 Abs. 4 S. 1 AktGes. zu einem Antragsrecht der entsendungsberechtigten Spitzenorganisation zusammengeschrumpft ist, hat in der Tat zur Folge, daß die entsandten Arbeitnehmervertreter ohne Sorge vor Abberufung ihren Pflichten gegenüber der Gesellschaft nachkommen können, die bei ihnen nur durch das wohlverstandene Interesse des Unternehmens bestimmt werden. Demgemäß wird man anzunehmen haben, daß nur die Gefährdung oder Verletzung dieses Interesses einen wichtigen Grund für die Abberufung nach § 10 Abs. 2 abgeben kann. Nur in Fragen, deren Entscheidung dem Unternehmensinteresse nicht abträglich sein kann, wird eine etwa gewerkschaftsfeindliche Stellungnahme oder ein einseitiges Hinneigen zu Aktionärinteressen ebenfalls eine Abberufung rechtfertigen können; desgl. u. U. weltanschauliche Wandlungen der Entsandten, die es der gewerkschaftlichen Spitzenorganisation unzumutbar machen, den Entsandten weiterhin als ihren Exponenten im Aufsichtsrat anzusehen. Daß der Grund in der Person des Entsandten liege — wie § 88 Abs. 4 S. 2 AktGes. fordert — ist nach § 10 Abs. 2 nicht Voraussetzung, wird aber natürlich durchaus die Regel bilden. Nicht zu rechtfertigen ist allerdings, daß das Gesetz in derartigen Fällen nicht wenigstens der — einfachen oder qualifizierten — Mehrheit der Aktionäre gleichfalls die Möglichkeit gegeben hat, ihrerseits den Abberufungsantrag zu stellen. Die Rechte der Spitzenorganisationen würden dadurch keine Einschränkung erlitten haben, die sie nicht angesichts ihrer Rücksichtspflichten gegenüber dem Unternehmen dulden müßten. Ein solches Antragsrecht hätte auch nur im Interesse des Unternehmens ausgeübt werden können. Daß dieses Interesse nun verletzt sein kann, wenn die Spitzenorganisation sich nicht entschließt, einen tatsächlich vorliegenden wichtigen Grund zur Abberufung geltend zu machen, ist eine Folge, der das Gesetz hätte vorbeugen sollen. Es ist aus politischen Gründen nicht geschehen, weil andernfalls der Anspruch der Arbeitnehmerseite erhoben worden wäre, die Abberufung von Vertretern der Anteilseignerseite herbeiführen zu können, und man dies nicht zugestehen wollte. Daß dieser Fragenkomplex einer ausgewogenen Lösung zugeführt werden muß, die den Rechten und Pflichten aller Beteiligten gerecht wird, gehört sicherlich zu den Gestaltungsaufgaben eines kommenden Unternehmensrechts. Einstweilen kann die lückenhafte gesetzliche Regelung nicht dazu führen, daß die Gesellschaft als Träger des Unternehmens schutzlos bleiben müßte, falls ein außerhalb der Reichweite ihrer Organe lokalisiertes, aber mindestens auch im Interesse des Unternehmens geschaffenes Recht zu ihrem Schaden nicht ausgeübt wird. Über die dann gegebenen Ansprüche der Gesellschaft vgl. Anm. 5 Abs. 3 zu § 7.

9. **Zuständig** für die Abberufung ist das **Registergericht** (§ 145 Abs. 1 FGG i. d. F. des § 19 vgl. Anm. 2 zu § 19). Der Antrag auf Abberufung kann von der Spitzenorganisation — im Gegensatz zu ihrer Stellung bei Ausübung des Entsendungsrechts (vgl. § 7 S. 1) — ohne Beratung mit ihren Mitgliedsgewerkschaften und den Betriebsräten gestellt werden. Das **Verfahren** ist dasjenige **der freiwilligen Gerichtsbarkeit.** Das Gericht ist bei der Feststellung, ob ein wichtiger Grund zur Abberufung gegeben ist, an Anträge der Beteiligten nicht gebunden; es hat vielmehr den Tatbestand im Wege des Amtsbetriebes zu klären. Die Beteiligten sind zu hören. Als **Beteiligte** werden auch die Stellen anzusehen sein, mit denen die Entsendung zuvor beraten werden mußte; vgl. § 7 S. 1. Stellt das Gericht fest, daß das Aufsichtsratsmitglied entweder für das Unternehmen eine Gefährdung bedeutet oder daß das Mitglied — ohne durch seine Pflichten gegenüber dem Unternehmen veranlaßt zu sein — der entsendenden Spitzenorganisation Grund gegeben hat, sich von ihm als ihrem Exponenten loszusagen, so muß das Gericht die Abberufung aussprechen. Das Mitglied und wohl auch die Gesellschaft haben — neben der Antragstellerin — ein Beschwerderecht. Ob der Antrag von der Spitzenorganisation aus eigenem Antrag oder in Erfüllung eines Urteils gestellt wird, das die Gesellschaft nach den in Anm. 5 Abs. 3 zu § 7 entwickelten Grundsätzen erwirkt hat, kann für das Verfahren vor dem Registergericht keinen Unterschied machen; dieses prüft die Lage insbesondere ohne Bindung an ein voraufgegangenes Urteil des Prozeßgerichts, dessen Rechtskraftwirkung sich nicht auf die Berechtigung des Abberufungsantrags bezieht. Vgl. auch dazu Anm. 5 Abs. 3 zu § 7.

§ 11[1]

Der Aufsichtsrat ist beschlußfähig[2], wenn mindestens die Hälfte der Mitglieder, aus denen er nach diesem Gesetz oder der Satzung insgesamt zu bestehen hat[3], an der Beschußfassung teilnimmt[4]. § 89 Abs. 1 Satz 4 des Aktiengesetzes findet Anwendung[1].

1. § 11 gilt seit dem 19. 7. 1957 in der vorstehenden Fassung des Art. 3 d. Ges. zur Änderung von Vorschriften des Aktienrechts und des Mitbestimmungsrechts v. 15. 7. 1957 (BGBl. I 714) — abgedruckt in Anh. V a. Mit diesem Gesetz ist in erster Linie eine Änderung des § 89 AktGes. in Kraft getreten, durch welche die Rechtsunsicherheit beseitigt wurde, die sich aus der in Anm. 2 Abs. 2 zu § 5 erörterten Kontroverse über die Beschlußfähigkeit unvollständig besetzter Aufsichtsräte ergeben hatte.

In der ursprünglichen Fassung hatte § 11 gelautet:

> „(1) Gehören dem Aufsichtsrat länger als drei Monate weniger als sieben Vertreter der Anteilseigner oder weniger als sieben Vertreter der Arbeitnehmer an, so gilt § 89 des Aktiengesetzes entsprechend.
>
> (2) Der Aufsichtsrat ist beschlußfähig, wenn mindestens die Hälfte seiner Mitglieder anwesend ist."

In dieser Fassung entsprach die Vorschrift — unter Berücksichtigung der Verschiedenheit der normalen Mitgliederzahlen nach § 4 MitbG bzw. § 5 — vollständig den §§ 7 und 10 MitbG. Wegen ihrer Bedeutung vgl. daher meine Erläuterungen zu diesen Vorschriften des Mitbestimmungsgesetzes. Ihnen lag die bisherige Fassung des § 89 AktGes. zugrunde, die folgenden Wortlaut hatte:

> „(1) Gehören dem Aufsichtsrat länger als drei Monate weniger als die zur Beschlußfähigkeit nötige Zahl von Mitgliedern an, so hat ihn das Gericht auf Antrag des Vorstandes, eines Aufsichtsratsmitglieds oder eines Aktionärs auf diese Zahl zu ergänzen. Der Vorstand ist verpflichtet, den Antrag zu stellen.
>
> (2) Das Gericht hat die von ihm bestellten Mitglieder abzuberufen, wenn die Voraussetzungen weggefallen sind."

Allgemeine Vorschriften über die Voraussetzungen der Beschlußfähigkeit waren, abgesehen von § 4 Abs. 1 des Handelsrechtl. Bereinigungsgesetzes, nicht vorhanden. § 10 MitbG hatte erstmals „Anwesenheit" der „Hälfte" der Mitglieder als Voraussetzung der Beschlußfähigkeit des Elfer-Aufsichtsrats gefordert, und ihm folgte § 11 Abs. 2 a. F. Auf diese lediglich in ihrer Fassung (ebenso wie § 10 MitbG!) verbesserte Norm des bisherigen Absatzes 2 konnte das Ges. v. 15. 7. 1957 den ganzen § 11 reduzieren, seit § 89 n. F. AktGes. auf der einen Seite klargestellt hat, daß die Beschlußfähigkeit zugleich die „Handlungsfähigkeit" des Aufsichtsrats umfaßt (derart, daß Wegfall von Mitgliedern nicht schadet, solange die zur Beschlußfähigkeit erforderliche Anzahl vorhanden ist! § 89 Abs. 1 S. 4 AktGes.), und zum andern für alle Aufsichtsräte Notbestellungen nicht nur zur Herstellung der Beschlußfähigkeit, sondern auch zur Vervollständigung der Besetzung vorsieht, (wobei dann der Registerrichter das gesetzlich vorgesehene Zahlenverhältnis zwischen Vertretern der Anteilseigner und der Arbeitnehmer zu berücksichtigen hat!); vgl. zu letzterem § 89 Abs. 3—5 AktGes. Mit dieser Regelung wurden § 7 MitbG und § 11 Abs. 1 a. F. gegenstandslos; Artt. 2 u. 3 des Ges v. 15. 7. 1957 haben hieraus die Folgerungen gezogen. Die Neuregelung bedeutet gegenüber § 7 MitbG insofern noch eine weitere Rechtsfortbildung, als bei Aufsichtsräten mit Arbeitnehmervertretern künftig bei jeder Art von Notbestellungen ein Antragsrecht der Betriebsräte (und bei Vorschlags- oder Entsendungsberechtigung gewerkschaftlicher Spitzenorganisationen auch ein solches der letzteren!) geschaffen worden ist. (A. A. Bötticher i. Festschr. Sitzler S. 317 ff., der dies — zu Unrecht! — schon für § 7 MitbG annehmen wollte. Wie hier neuestens auch Unglaube i. Die AG 57, 171 — Text zu N. 16).

2. § 11 enthält eine gesetzliche Regelung der Beschlußfähigkeit i. S. des § 89 Abs. 1 n. F. AktGes., die durch Satzungsbestimmungen nicht geändert werden kann. Die Regelung deckt sich sachlich mit der — in anderen Fällen dispositiven — Regelung des § 89 Abs. 1 S. 2 AktGes. Der in letzter Zeit aufgekommenen Kontroverse über die Frage einer Beschlußunfähigkeit kraft Unvollständigkeit ist damit der Boden entzogen worden.

3. Die Fassung ist nur auf den ersten Blick irreführend: die Mitgliederzahl steht nur insofern zur Disposition der Satzung, als diese statt 15 Mitgliedern 21 vorsehen kann (§ 12).

Erforderlich sind hiernach 8 bzw. 11 Mitglieder, um die Beschlußfähigkeit zu gewährleisten. Durch die Neufassung ist klargestellt. daß — wie schon für § 10 MitbG anzunehmen war (vgl. Kötter Anm. 3 Abs. 3 zu § 10 MitbG) — nur die Hälfte der vorgeschriebenen (nicht etwa der geringeren tatsächlichen!) Mitgliederzahl genügt.

4. „Teilnahme" an der Beschlußfassung ist Mitwirkung beim Zustandekommen eines Beschlusses. Das ist bei Sitzungen des Aufsichtsrats Stellungnahme zum Beratungsgegenstand einschließlich der Stimmenthaltung (h. M.). Bei schriftlicher Abstimmung steht unterlassener Widerspruch (vgl. § 92 Abs. 3 AktG) der Stimmenthaltung in diesem Sinne nicht gleich. Sachlich stellt auch hier die Neufassung gegenüber § 11 Abs. 2 a. F., der ebenso wie § 10 MitbG statt „Teilnahme" nur „Anwesenheit" forderte, keine Änderung dar. Vgl. hierüber und auch zur Frage der Beschlußfähigkeit von Ausschüssen des Aufsichtsrats Kötter Anm. 4 zu § 10 MitbG.

§ 12

Bei Unternehmen[1] mit einem Gesellschaftskapital[2] von mehr als fünfzig Millionen Deutsche Mark[3] kann durch Satzung oder Gesellschaftsvertrag bestimmt werden[4], daß der Aufsichtsrat aus einundzwanzig Mitgliedern besteht[5]. §§ 5 bis 11 finden sinngemäß Anwendung mit der Maßgabe, daß von den Arbeitnehmern vier Arbeiter und zwei Angestellte[6] und von den Spitzenorganisationen vier Mitglieder zu entsenden sind[6].

1. Auch § 12 bezieht sich nur auf ein „herrschendes Unternehmen“, das die Voraussetzungen des § 3 erfüllt. Das Vorbild war § 9 (insbes. § 9 Abs. 2) MitbG, wo von „Gesellschaften“ die Rede ist. Obwohl dieses Argument für eine Beschränkung der Vorschrift auf AktG und GmbH (vgl. Müller-Lehmann Anm. 6 Abs. 3—5 zu § 9 MitbG!) bei § 12 entfällt, ist er auf bergrechtliche Gewerkschaften ebensowenig anwendbar wie (str.; vgl. einerseits Kötter Anm. 1 u. Boldt Anm. 2 Abs. 4, anderseits Müller-Lehmann Anm. 6 Abs. 5 — sämtlich zu § 9 MitbG — u. die bei Boldt und Müller-Lehmann a. a. O. Zitierten!) § 9 MitbG; s. auch unten Anm. 2.

2. Unter **Gesellschaftskapital** ist trotz der auch insofern gegenüber § 9 MitbG veränderten Fassung das „Nennkapital“ zu verstehen (vgl. Geßler BB 56, 629), also Grund- bzw. Stammkapital. Daß infolgedessen einer Neueren Gewerkschaft die Bildung eines 21köpfigen Aufsichtsrats verwehrt ist (über diese Streitfrage s. vor. Anm. a. E.!), dürfte hier noch weniger praktische Bedeutung haben als bei der qualifizierten Mitbestimmung. Aus der Fassung des § 12 wird auch nicht zu schließen sein, daß etwa nur das einbezahlte Kapital maßgebend sei. Tritt die Voraussetzung des § 12 erst in Verbindung mit einer Kapitalerhöhung ein, so ist in jedem Falle erst deren Durchführung ausschlaggebend; bei bedingter Kapitalerhöhung oder genehmigtem Kapital gelten insofern keine Besonderheiten, vgl. §§ 155 f., 166 f. und 170 AktGes.

3. Das „herrschende Unternehmen“ wird regelmäßig ein Gesellschaftskapital aufzuweisen haben, das eine Satzungsgestaltung nach § 12 erlaubt. Nach § 86 Abs. 1 AktGes. (der für andere Aktiengesellschaften weiterhin maßgebend bleibt!) würden im Höchstfalle (ab 20 Millionen DM Grundkapital) 15 Aufsichtsratsmitglieder (einschl. Arbeitnehmervertreter) zulässig sein, sofern im Einzelfall keine Ausnahmegenehmigung vorliegt.

4. Macht die Satzung von der Möglichkeit des § 12 Gebrauch, so bedarf es zur Wirksamkeit der Satzungsänderung und der auf ihr fußenden Aufsichtsratsbestellung auch bei Aktiengesellschaften keiner ministeriellen Genehmigung; § 12 geht also § 86 AktGes. vor. (Für das gleichgelagerte Problem zu § 9 Abs. 2 MitbG ist das h. M.! vgl. Boldt Anm. 2 u. Kötter Anm. 3, unklar Müller-Lehmann Anm. 4 — sämtlich zu § 9 MitbG.)

5. § 12 wirft erneut das **Problem** auf, **ob die Satzung eine** dem Gesetz entsprechende **„Bestimmung“ enthalte, wenn sie die** nach der Vorschrift zulässige **höhere Mitgliederzahl lediglich alternativ** — hier neben der Normalzahl von 15 Mitgliedern — **vorsieht** (und damit der Hauptversammlung die Auswahl der Alternative überläßt). Ablehnend: Geßler BB 56, 629. Kunze AuR 56, 257 (Text zu N. 63) hält eine solche Satzungsbestimmung zwar aktienrechtlich mit der wohl h. M. für zulässig, jedoch im Hinblick darauf für unmöglich, daß die Zahl der zu bestellenden Arbeitnehmervertreter feststehen müsse, bevor die Hauptversammlung usw. die Vertreter der Anteilseigner wählt und damit die ihr von der Satzung eröffnete Alternative klärt. Anlaß zur Auseinandersetzung mit diesen Fragen haben hauptsächlich §§ 76, 77 BVG und die Neufassung von § 86 Abs. 1 AktGes. durch § 84 Nr. 1 BVG gegeben; vgl. dazu — auch über den Streitstand — Anm. 4 b zu § 14. Zu § 9 MitbG

hatte ich die Auffassung vertreten, daß eine Aktiengesellschaft mit mehr als 50 Millionen DM Grundkapital die ihr bei der qualifizierten Mitbestimmung offenstehenden Möglichkeiten (15 oder 21 Mitglieder statt normalerweise 11!) in ihrer Satzung auch alternativ vorsehen könne, und daß in einem solchen Falle die auf Vorschlag der Betriebsräte und Spitzenorganisationen zu wählenden Mitglieder unter Berücksichtigung der danach der Hauptversammlung offenstehenden Alternative vorgeschlagen werden müßten; vgl. Kötter Anm. 3 a. E. zu § 9 MitbG. (Vielleicht sollte statt von „alternativen Vorschlägen" — a. a. O. — von Vorschlägen sprechen, in denen eine — die Wahlmöglichkeiten berücksichtigende — Rangfolge der Vorgeschlagenen angegeben ist!) Es ist auch nicht einzusehen, welche Schwierigkeiten sich dabei ergeben sollten. „Wählt" die Gesellschafterversammlung nur die in erster Linie Vorgeschlagenen, so wird notfalls durch die Zahl der nach §§ 87, 88 AktGes. bestellten Aufsichtsratsmitglieder Klarheit darüber geschaffen, ob das Übergehen der weiterhin vorgeschlagenen Personen eine Teilablehnung der Vorschläge bedeutet oder nur in der Entscheidung des „Wahlorgans" für eine bestimmte satzungsmäßige Besetzungsalternative seinen Grund hat; die Aufstellung von Vorschlägen, die infolge einer solchen Entscheidung teilweise gegenstandslos bleiben, muß man den vorschlagsberchtigten Stellen zumuten dürfen. Soviel ich sehe, ist gegen eine solche Gestaltung der Aufsichtsratswahl auch kein durchschlagendes Argument vorgebracht worden. Boldt hat sie bei § 9 MitbG nicht behandelt, während einige Wendungen bei Müller-Lehmann (Anm. 4 a. A. u. Anm. 7 a. A. zu § 9 MitbG) eher im Sinne der von mir a. a. O. vertretenen Auffassung zu deuten sein dürften. Ob Kunzes Bedenken (AuR 56, 257) auch für § 9 MitbG gelten würden, ist nicht klar ersichtlich. Geßlers Ausführung (BB 56, 629) trifft zumindest nicht ohne weiteres den Fall des § 9 MitbG; die von ihm allein behandelte Frage zu § 12 stellt sich nämlich für § 9 nur, wenn die Satzung neben den zulässigen höheren Mitgliederzahlen auch die Normalzahl von 11 Mitgliedern als Alternative vorsieht; § 12 ist im Sinne der Geßlerschen Auffassung nur mit § 9 Abs. 1 MitbG zu vergleichen. Von meinem in Anm. 3 zu § 9 MitbG vertretenen Standpunkt aus müßte allerdings die Satzung einer Montan-AktG mit mehr als 50 Millionen DM Grundkapital auch vorsehen können:

> „Der Aufsichtsrat besteht aus elf, fünfzehn oder einundzwanzig Mitgliedern; für seine Zusammensetzung gelten §§ 4 und 9 des Mitbestimmungsgesetzes."

Bei einer solchen alternativen Einbeziehung der Normal-Mitgliederzahl in die zugelassene Satzungsgestaltung würde sich der Bestellungshergang mit Hilfe der nach den Satzungsalternativen abgestuften „Wahlvorschläge" ebenfalls zwanglos abwickeln. Das gleiche muß aber auch für § 12 gelten. Der einzige Unterschied gegenüber der qualifizierten Mitbestimmung besteht hier darin, daß die Bestellung der Arbeitnehmervertreter nicht im Wege einer sog. Vorschlagswahl, sondern durch echte (mittelbare) Wahl in den Betrieben und durch Entsendung vor sich geht. Das Wesen des Problems wird durch diesen Unterschied indessen nicht berührt. Zwar bedarf es bei §§ 6 u. 7 im Gegensatz zur qualifizierten Mitbestimmung keiner Bestätigung der Arbeitnehmervertreter durch die Hauptversammlung. Allein, die Bestellung der Anteilseignervertreter muß auch hier stattfinden, damit es zur Konstituierung des Aufsichtsrats und damit zum Amtsbeginn auch der Arbeitnehmervertreter kommen kann. Auch kann die Wahl der Arbeitnehmervertreter unschwer so vorgenommen werden, daß 6 Vertreter gewählt und unter ihnen die ersten 4 als solche bezeichnet werden, wenn die Gesamtmitgliederzahl des Aufsichtsrats erst vom ergänzenden Wahlbeschluß der Hauptversammlung abhängt. Daß bei der Entsendung der 4 bzw. 3 nach § 7 zu bestellenden Arbeitnehmervertreter erst recht keine wesentlichen Hindernisse auftreten können, bedarf keiner näheren Darlegung. Der Einwand, daß die Gesellschafterversammlung die Alternative der geringeren Mitgliederzahl deshalb bevorzugen könne, weil ihr die andernfalls zu Aufsichtsratsmitgliedern bestellten Arbeitnehmervertreter Nr. 5 u. 6 (nach § 6) und Nr. 10 (nach § 7) nicht genehm seien, ist kein echtes Argument, weil es in einem solchen Falle auch vom Standpunkt der Gegenmeinung möglich wäre, die auf Grund des § 12 getroffene Satzungsbestimmung aufzuheben und damit die Zahl der Anteilseignervertreter auf 7 Personen zu beschränken (worauf Boldt i. „Die AktG" 56, 11 mit Recht hinweist!). — Erst recht kann nicht auf den Wortlaut Gewicht gelegt werden; denn schon § 86 Abs. 1 S. 2 AktGes. (a. F.) — „Die Satzung kann eine höhere Zahl festsetzen" — hätte sonst als Verbot der Alternativfestsetzung angesehen werden müssen (was wohl nicht zutraf). Es bleibt also nur das Problem, ob bei alternativer Gestaltung der Mitgliederzahl-Klausel in der Satzung auch innerhalb einer Wahlperiode die Gesellschafterversammlung von der höheren auf die niedrigere Mitgliederzahl übergehen könnte, indem sie etwa 3 der zunächst gewählten 10 Anteilseignervertreter abberiefe und dann — oder bei sonstigem Wegfall von Anteilseignervertretern — keine Ergänzungswahl vornähme. M. E. wird die **Gesellschafterversammlung** zumindest in dem Sinne **an ihren zu Beginn der Wahlperiode gefaßten Wahlbeschluß gebunden** sein, daß sie den ihr jederzeit möglichen Widerruf von Anteilseignervertretern oder deren Wegfall aus sonstigen Gründen nicht dazu benutzen kann, um sich durch Verzicht auf Neubestellung indirekt ein ihr nicht zustehendes Recht zur Abberufung von Arbeitnehmervertretern zu verschaffen. Infolgedessen wird man die Möglichkeit des Übergangs von der höheren auf die in der Satzung alternativ vorgesehene niedrigere Mitgliederzahl im Verlauf einer Wahlperiode höchstens dann zulassen dürfen, wenn von den Arbeitnehmervertretern gerade diejenigen weggefallen (und noch nicht ersetzt worden!) sind, die nur wegen der Entscheidung der Hauptversammlung für den 21er Aufsichtsrat Aufsichtsratsmitglieder geworden waren. In solchen seltenen Fällen wird schwerlich etwas dagegen einzuwenden sein, wenn eine Gesellschafterversammlung durch Abberufung von Anteilseignervertretern alsbald die Parität auf der Grundlage der anderen Satzungsalternative herstellt; der Vorstand usw. dürfte dann die nach § 1 DurchfV vorgesehene Mitteilung an Konzernunternehmen und Spitzenorganisationen unterlassen, müßte nach § 91 AktGes. die nunmehrige Zusammensetzung des Aufsichtsrats veröffentlichen und die Bekanntmachung zum Handelsregister einreichen. Für Anträge auf Ersatzbestellung (die normalerweise durch die Untätigkeit der Gesellschafterversammlung ausgelöst werden würden!) ist in diesem Sonderfalle kein Raum.

Satzungsänderungen, durch die Bestimmungen über die Mitgliederzahl des Aufsichtsrats modifiziert werden, wird man — ebenso wie Änderungen der Amtsdauer des Aufsichtsrats — erst für die Zeit nach Beendigung der laufenden Wahlperiode (bei turnusmäßigem Ausscheiden vom nächsten Stichtag an) Wirkung beimessen dürfen.

6. **Der 21er Aufsichtsrat** (der nur auf Grund einer durch § 12 ermöglichten Satzungsbestimmung gebildet werden kann) besteht aus

a) zehn von der Gesellschafterversammlung usw. gewählten bzw. von einzelnen Mitgliedern gem. § 88 AktGes. entsandten „Vertretern der Anteilseigner" (§ 5 Abs. 2),

b) sechs „Vertretern der Arbeitnehmer", von denen vier als Vertreter der Arbeiter und zwei als Vertreter der Angestellten in den Konzernunternehmen gewählt worden sind (§ 6),

c) vier von den gewerkschaftlichen Spitzenorganisationen entsandten „Vertretern der Arbeitnehmer" (§ 7) und

d) einem weiteren Mitglied (§ 5 Abs. 3).

Der Hauptunterschied gegenüber dem Aufsichtsat nach § 9 Abs. 2 MitbG besteht darin, daß diesem insgesamt 5 „Neutrale" angehören müssen, deren Fehlen sich im Sinne einer leichteren Erstarrung der Fronten auswirken könnte (vgl. dazu Geßler BB 56, 629 — IV 2 a. E.!).

Der Wegfall der beiden „weiteren Mitglieder" i. S. der §§ 4 Abs. 1 Buchst. b, 9 Abs. 2 MitbG bedeutet, daß beide Formen des Holding-Aufsichtsrats — anders als bei der qualifizierten Mitbestimmung — unter dem Gesichtswinkel des § 88 AktGes. als gleichwertig zu behandeln sind; der Entsendung durch Gesellschafter stehen nämlich jetzt im Normalfalle zwei Sitze, bei Ausnutzung der in § 12 eröffneten Möglichkeit drei Sitze offen. Die von mir in Anm. 5 Abs. 3 zu § 5 MitbG erörterten Probleme sind daher hier gegenstandslos.

§ 13

Für die Bestellung der Mitglieder des zur gesetzlichen Vertretung berufenen Organs und für den Widerruf ihrer Bestellung gelten § 75 des Aktiengesetzes[1] und § 13 Abs. 1 Satz 1 des Mitbestimmungsgesetzes[2]. § 13 Abs. 2 des Mitbestimmungsgesetzes findet Anwendung[3].

1. Die Bedeutung der Vorschrift, die ebenso wie §§ 5—12 nur für ein die Voraussetzungen des § 3 erfüllendes „herrschendes Unternehmen" (i. S. des § 1!) gilt, deckt sich in ihrem ersten Teil mit § 12 MitbG. Zur Erläuterung kann ich daher insoweit auf meine Anmerkungen zu § 12 MitbG verweisen; sie erfahren lediglich hinsichtlich des Arbeitsdirektors die unten aus Anm. 2 ersichtlichen Modifikationen. Wegen der in Betracht kommenden Organe s. auch Anm. 2 a. E. zu § 1.

2. Die Bezugnahme auf § 13 Abs. 1 S. 1 u. Abs. 2 MitbG bedeutet, daß auch ein unter §§ 1, 3 fallendes herrschendes Unternehmen ein gleichberechtigtes Vorstandsmitglied usw. mit der **Leitung des Sozialreferats** zu beauftragen hat, und daß diesem Vorstandsmitglied usw., abgesehen von der

Möglichkeit seiner Abberufung, dieselbe Rechtsstellung zukommt wie dem **Arbeitsdirektor** bei der qualifizierten Mitbestimmung. Im einzelnen:

a) § 13 Abs. 1 S. 1 MitbG lautet:

„Als gleichberechtigtes Mitglied des zur gesetzlichen Vertretung berufenen Organs wird ein Arbeitsdirektor bestellt."

Die Bezugnahme auf diese Vorschrift unter gleichzeitiger Eliminierung des in § 13 Abs. 1 S. 2 u. 3 MitbG praktisch vorgesehenen Vetorechts von $^4/_7$ bzw. $^3/_5$ der von Arbeitnehmerseite in den Aufsichtsrat gelangten Mitglieder kann nur bedeuten, daß die Bezeichnung „Arbeitsdirektor" (§ 13 Abs. 1 S. 1 MitbG) die Rechtsstellung des hier in Frage kommenden Vorstandsmitgliedes in einer Hinsicht charakterisieren soll, die vom Bestellungs- bzw. Abberufungsmodus unabhängig ist. Ich habe die gesetzliche Bezeichnung dieses Vorstandsmitgliedes schon für die qualifizierte Mitbestimmung (bei der diese Auffassung des Gesetzes zumindest nicht so klar hervortrat) dahin gedeutet, daß in ihr eine Umschreibung des unentziehbaren Aufgabenbereichs dieses Vorstandsmitgliedes enthalten sei; vgl. Kötter Anm. 3 u. 8 zu § 13 MitbG. § 10 Abs. 3 RegEntwMitbG (abgedruckt in Anh. I 3 bei Kötter Mitbestimmungsrecht) hatte gelautet:

„Der Arbeitsdirektor soll sich für die Wahrung der Menschenwürde aller im Betriebe beschäftigten Personen einsetzen und im Einvernehmen mit allen Beteiligten die Zusammenarbeit und das Interesse am Betrieb wecken und fördern."

Die Gründe für die Streichung dieser Vorschrift lassen nicht den Schluß zu, daß der Arbeitsdirektor etwa bei der Geschäftsordnung des Vorstands und bei der Verteilung der Vorstandsgeschäfte nach Belieben behandelt werden könne. Vielmehr war bereits für die qualifizierte Mitbestimmung anzunehmen, daß das Gesetz durch die Übernahme der schon damals — wenn auch erst kurze Zeit — eingebürgerten Bezeichnung des mit dem Sozialreferat betrauten Vorstandsmitgliedes der entflochtenen Stahlgesellschaften auch einen spezifischen Geschäftsbereich des „Arbeitsdirektors" festgelegt hatte; vgl. dazu Kötter Anm. 8 zu § 13 MitbG. Diese Annahme eines unentziehbaren Minimalressorts des Arbeitsdirektors hat durch die Lösung, die das Mitbestimmungsergänzungsgesetz für das gesetzgeberische Problem des Arbeitsdirektors gefunden hat, eine Bestätigung erfahren. S. dazu auch die Begründung zu dem unten unter b der Anm. a. E. erwähnten Vorschlag des Bundesrates.

b) Der Arbeitsdirektor im Vorstand usw. des unter § 3 fallenden herrschenden Unternehmens war einer der Hauptstreitpunkte bei den Bemühungen um die Einführung der neuen Holding-Mitbestimmung. Die Forderung der Gewerkschaften und der gewerkschaftlichen Kreisen nahestehenden Parlamentsmitglieder weckte aus verschiedenen Gründen in besonderem Maße den Widerstand anderer Kreise gegen die geplante Gesetzesnovelle. Einmal war für das Rechtsinstitut des Arbeitsdirektors die Frage nach der Bewährung der qualifizierten Mitbestimmung wesentlich zweifelhafter als hinsichtlich der paritätischen Aufsichtsratsbesetzung. Es läßt sich nicht leugnen, daß besonders angesichts der durch § 13 Abs. 1 S. 2 u. 3

MitbG geschaffenen Regelung die möglichen Gewissenskonflikte eines Gewerkschaftsexponenten im Vorstande das zumutbare Maß leicht übersteigen und dann dazu führen können, daß auch eine gefestigte Persönlichkeit einer solchen Belastung nicht mehr Herr zu werden vermag. Zahlreiche Stimmen machten darüber hinaus — allerdings zu Unrecht — geltend, daß in den Vorständen der Obergesellschaften kein adäquater Aufgabenkreis für einen Arbeitsdirektor gegeben sei, da dort hauptsächlich Investitions- und Finanzierungsprobleme zu bearbeiten seien. Dieser Einwand verkannte zwar, daß jede Planungs- und Lenkungsaufgabe der Unternehmensleitung ein anderes Gesicht annimmt, wenn sie in den Bereich der Konzernspitze gerückt wird. Die daraus abzuleitende Erkenntnis, daß sich also der Arbeitsdirektor einer Obergesellschaft ebenso wie seine kaufmännischen und technischen Kollegen weitgehend um die Erarbeitung von Richtlinien und die Lösung von Grundsatzproblemen zu bemühen habe, die auf den Gesamtkonzern ausstrahlen, weckte in anderer Richtung Bedenken gegen die Übertragung des Rechtsinstituts des Arbeitsdirektors auf geschäftsführende Obergesellschaften, die nicht so leicht von der Hand zu weisen waren. Es handelt sich um die Befürchtung, daß ein Arbeitsdirektor bei der Obergesellschaft in besonderem Maße zu einer „Ausuferung" der qualifizierten Mitbestimmung auf Konzernunternehmen beitragen werde, deren Organe nicht nach §§ 4—13 MitbG zu bilden sind. In einer gewissen Modifikation dieses Bedenkens klang die Besorgnis an, daß hierbei Regelungen und Einrichtungen auf den ganzen Konzern übertragen würden, die für Zechen- und Hüttenunternehmen vielleicht angemessen sein könnten, bei anderen Konzerngesellschaften aber deren Wettbewerbsfähigkeit nachteilig beeinflussen müßten. Um derartigen Einwänden zu begegnen, hatte der Bundesrat versucht, eine Beschränkung von Vertretungsmacht und Geschäftsführungsbefugnis des Arbeitsdirektors zu ermöglichen, und vorgeschlagen, die Satzung solle bestimmen können, daß der Arbeitsdirektor in Angelegenheiten, die nur die nicht unter das Mitbestimmungsgesetz fallenden Konzernunternehmen betreffen, nicht mitwirke; vgl. BR-Drucks. Nr. 321/54 (Beschluß) Nr. 6 d. Anl. (Anh. I1b). Indessen hätte durch diesen Vorschlag das Problem keine Lösung gefunden. Einmal hätte es den Grundprinzipien des Korporationsrechts, insbesondere dem Grundsatz der unteilbaren Verantwortlichkeit der Mitglieder des geschäftsführenden Organs widersprochen, die Einwirkungsmöglichkeiten eines dieser Mitglieder zu beschränken, und zum andern sind praktisch die Angelegenheiten der einzelnen Konzerngesellschaften zumindest bei den wichtigsten Entscheidungen, die im Vorstand der Obergesellschaft getroffen werden, nicht voneinander zu trennen — man denke nur an die Aufstellung von Investitionsprogrammen u. dgl. Infolgedessen konnte ein Arbeitsdirektor — unbeschadet der internen Geschäftsverteilung — nur als vollberechtigtes und -verpflichtetes Mitglied des Vorstands usw. oder überhaupt nicht geschaffen werden.

c) Eine andere Frage war, ob für Bestellung und Abberufung des Arbeitsdirektors auch bei der neuen Holding-Mitbestimmung die gleiche Abstimmungsqualifikation wie nach dem Mitbestimmungsgesetz gelten sollte. Streng genommen, hätte sie bejaht werden müssen, wenn die Beeinträchtigung des Arbeitnehmer- und Gewerkschaftseinflusses in den mitbestimmten Konzernunternehmen, die durch deren organschaftliche Bindung eingetreten ist, voll ausgeglichen werden sollte. Anderseits wäre dies Ziel im Falle des gemischten Konzerns stets nur mit der Folge erreichbar gewesen, daß sich die qualifizierte Mitbestimmung mittelbar auch auf Verarbeitungsunternehmen erstreckt hätte. Es kam hinzu, daß die Abstimmungsqualifikation für Bestellung und Abberufung des Arbeitsdirektors ihn teils abhängiger, teils unabhängiger erscheinen läßt als die übrigen Vorstandsmitglieder und ihn dadurch zwangsläufig in eine Sonderstellung bringt — mag das Gesetz nun daneben seine Gleichberechtigung im Vorstand ausdrücklich proklamieren oder nicht; denn Vorstandsmitglieder haften praktisch nur mit ihrem Amt, und ein unterschiedlicher Abberufungsmodus verändert deshalb ihre Stellung in ganz entscheidendem Maße. Diese Erkenntnis mußte auch davor zurückschrecken lassen, die Vorstandsorganisation bei der Obergesellschaft dadurch zu belasten, daß man etwa die unternehmerischen Interessen der nicht mitbestimmten Konzernunternehmen intern einem obligatorischen Vorstandsmitgliede anvertraut hätte, bei dessen Bestellung und Abberufung der Mehrheit der Anteilseignervertreter im Aufsichtsrat ein ähnliches Vetorecht zustände wie der Mehrheit der Arbeitnehmervertreter bei Bestellung oder Abberufung des Arbeitsdirektors. So bot sich denn als Kompromiß nur die in das Gesetz eingegangene Lösung an, die einen erfreulichen Schritt der Rückkehr zu einer normalen Vorstandsorganisation darstellt. Es ist auch nicht anzunehmen, daß jemals der paritätisch zusammengesetzte Aufsichtsrat einen Arbeitsdirektor bestellen wird, der nicht das Vertrauen der Arbeitnehmerseite genießt. Infolgedessen wird man sagen dürfen, daß die formale Einbuße an Mitbestimmung, die darin liegt, daß bei der Obergesellschaft nur das Amt des Arbeitsdirektors im Vorstand, nicht jedoch die relative Abhängigkeit des Amtsinhabers von den Arbeitnehmervertretern im Aufsichtsrat eingeführt wurde, kein materieller Nachteil für die Arbeitnehmerseite sein wird; im Gegenteil ist zu hoffen, daß bei einer einsichtsvollen Bestellungspraxis zu dem Vertrauensverhältnis zwischen Arbeitnehmerschaft und Arbeitsdirektor hinzukommen wird, daß die Stellung des letzteren als eines vollgültigen Vorstandsmitgliedes nicht mehr mit Argumenten angezweifelt werden kann, die zu einer gewissen Diskreditierung der qualifizierten Mitbestimmung im Vorstande der Montanunternehmen führen mußten, und daß eine künftige Aktienrechtsreform einen entsprechenden Schritt auch dort tun kann, wo bisher der „qualifizierte" Arbeitsdirektor vorgesehen ist. Allerdings ist die Voraussetzung für eine solche Bewährung des neuen Instituts eine richtige Behandlung der Persönlichkeitsfrage; nichts wäre so unklug, wie wenn man glauben wollte, für das weiterhin schwierige Amt des Arbeitsdirektors neuer Prägung sei der gefügigste Mann der richtige.

3. Der Arbeitsdirektor ist vollgültiges Vorstandsmitglied und über das Sozialreferat hinaus genau so für die Gesamtleitung der Obergesellschaft verantwortlich wie die anderen Vorstandsmitglieder, selbst wenn ihm nach der Geschäftsordnung intern kein weitergehendes Arbeitsgebiet übertragen wird. Er ist also insbesondere auch in allen Angelegenheiten der nicht

mitbestimmten Konzernunternehmen stimmberechtigt und zur Sorgfalt verpflichtet. Über die Bedeutung des Absatzes 2 vgl. im übrigen Kötter Anm. 9—12 zu § 13 MitbG.

§ 14

Für die Beteiligung der Arbeitnehmer im Aufsichtsrat[1] herrschender Unternehmen[2], die nicht unter § 2 oder 3 fallen[3], gilt das Betriebsverfassungsgesetz[4].

1. Die Vorschrift spricht lediglich von einer Beteiligung der Arbeitnehmer im Aufsichtsrat, weil sie sich nur auf solche **Obergesellschaften** bezieht, **bei denen die Voraussetzungen für die Bestellung eines Arbeitsdirektors nicht gegeben sein können**; vgl. unten Anm. 4.

2. „Herrschende Unternehmen" sind auch hier nur juristische Personen, welche die Voraussetzungen des § 1 erfüllen; nur bei solchen kann die Frage aufgeworfen werden (s. unten Anm. 3!), ob sie unter § 2 oder § 3 fallen. In Wahrheit trifft allerdings der Aussagegehalt der Vorschrift auch auf andere herrschende Unternehmen (i. S. des Aktiengesetzes) zu (insoweit sie nämlich unmittelbar unter §§ 76, 77 BVG fallen!). Der **Zweck der Vorschrift** liegt auch nur in der **Klarstellung, daß für herrschende Unternehmen** i. S. des § 1 **beim Fehlen der Voraussetzungen der §§ 2, 3 keine Besonderheit gilt.**

3. Das Gesetz legt hier indirekt die Voraussetzungen einer paritätischen Mitbestimmung bei herrschenden Unternehmen i. S. des § 1 fest. Da letztere Vorschrift die Geltung des Mitbestimmungsergänzungsgesetzes für sämtliche dort gekennzeichnete Obergesellschaften statuiert, war es notwendig, auch die Fälle zu regeln, in denen bei einer solchen Obergesellschaft weder ihr eigener überwiegender Betriebszweck zur qualifizierten Mitbestimmung führt (§ 2), noch der Unternehmenszweck des ganzen Konzerns durch mitbestimmte Konzernunternehmen gekennzeichnet wird und damit die paritätische Mitbestimmung der §§ 5—13 rechtfertigt (§ 3).Für jene restlichen Fälle entscheidet sich das Gesetz dafür, die als Folge organschaftlicher Beherrschung eintretende Aushöhlung der qualifizierten Mitbestimmung bei abhängigen Konzernunternehmen nicht auszugleichen, sondern diese Folge des Organschaftsverhältnisses im Hinblick auf die dann im Rahmen des Gesamtkonzerns untergeordnete Bedeutung der mitbestimmten Unternehmen in Kauf zu nehmen.

4. Die **Vorschriften des Betriebsverfassungsgesetzes über die Beteiligung der Arbeitnehmer im Aufsichtsrat sind** im wesentlichen in §§ 76, 77 BVG enthalten. Durch die **Bezugnahme auf das Betriebsverfassungsgesetz** wird zugleich gesagt, daß bei nicht unter § 2 oder § 3 fallenden Obergesellschaften für die der „schlichten" Mitbestimmung fremde Vertretung der Arbeitnehmer im Vorstand kein Raum ist. Vgl. auch § 3 Abs. 1 S. 1 i. V. m. § 13 sowie oben Anm. 1. § 14 will gegenüber dem bisherigen Rechtszustande keinen neuen — §§ 76, 77 BVG etwa erweiternden — Tatbestand der Beteiligung der Arbeitnehmer im Aufsichtsrat nach Maßgabe des § 76 Abs. 1

bis 4 BVG schaffen. Die Vorschrift besagt vielmehr nur, daß es in Ermangelung der Voraussetzungen der §§ 2 und 3 bei der Regelung bleibt, die bisher für alle Obergesellschaften maßgebend war. Es wird also **nicht allein auf** die **Folgen, sondern auch auf** die **Voraussetzungen** des Fünften Abschnitts des Vierten Teils des Betriebsverfassungsgesetzes vom 11. 10. 1952 (BGBl. I 681) verwiesen. Die maßgebenden Vorschriften lauten:

„Fünfter Abschnitt

Beteiligung der Arbeitnehmer im Aufsichtsrat

§ 76

(1) Der Aufsichtsrat einer Aktiengesellschaft oder einer Kommanditgesellschaft auf Aktien muß zu einem Drittel aus Vertretern der Arbeitnehmer bestehen.

(2) Die Vertreter der Arbeitnehmer werden in allgemeiner, geheimer, gleicher und unmittelbarer Wahl von allen nach § 6 wahlberechtigten Arbeitnehmern der Betriebe des Unternehmens für die Zeit gewählt, die im Gesetz oder in der Satzung für die von der Hauptversammlung zu wählenden Aufsichtsratsmitglieder bestimmt ist. Ist ein Vertreter der Arbeitnehmer zu wählen, so muß dieser in einem Betrieb des Unternehmens als Arbeitnehmer beschäftigt sein. Sind zwei oder mehr Vertreter der Arbeitnehmer zu wählen, so müssen sich unter diesen mindestens zwei Arbeitnehmer aus den Betrieben des Unternehmens, darunter ein Arbeiter und ein Angestellter, befinden; § 10 Abs. 3 gilt entsprechend. Sind in den Betrieben des Unternehmens mehr als die Hälfte der Arbeitnehmer Frauen, so soll mindestens eine von ihnen Arbeitnehmervertreter im Aufsichtsrat sein. Für die Vertreter der Arbeitnehmer gelten die §§ 53 und 55 Abs. 1 Satz 1 entsprechend.

(3) Die Betriebsräte und die Arbeitnehmer können Wahlvorschläge machen. Jeder Wahlvorschlag darf nicht mehr Namen als die doppelte Anzahl der zu wählenden Vertreter enthalten. Die Wahlvorschläge der Arbeitnehmer müssen von mindestens einem Zehntel der wahlberechtigten Arbeitnehmer der Betriebe des Unternehmens oder von mindestens hundert wahlberechtigten Arbeitnehmern unterzeichnet sein.

(4) An der Wahl der Vertreter der Arbeitnehmer für den Aufsichtsrat des herrschenden Unternehmens eines Konzerns nehmen auch die Arbeitnehmer der Betriebe der abhängigen Unternehmen teil. In diesen Fällen kann die Wahl durch Wahlmänner erfolgen.

(5) Die Bestellung eines Vertreters der Arbeitnehmer zum Aufsichtsratsmitglied kann vor Ablauf der Wahlzeit auf Antrag der Betriebsräte oder von mindestens einem Fünftel der wahlberechtigten Arbeitnehmer der Betriebe des Unternehmens durch Beschluß der wahlberechtigten Arbeitnehmer widerrufen werden. Der Beschluß bedarf einer Mehrheit, die mindestens drei Viertel der abgegebenen Stimmen umfaßt. Auf die Beschlußfassung finden die Vorschriften der Absätze 2 und 4 Anwendung.

(6) Auf Aktiengesellschaften, die Familiengesellschaften sind und weniger als fünfhundert Arbeitnehmer beschäftigen, finden die Vorschriften über die Beteiligung der Arbeitnehmer im Aufsichtsrat keine Anwendung. Als

nach §§ 76, 77 des Betriebsverfassungsgesetzes —

Familiengesellschaften gelten solche Aktiengesellschaften, deren Aktionär eine einzelne natürliche Person ist oder deren Aktionäre untereinander im Sinne von § 10 Ziff. 2 bis 5 des Steueranpassungsgesetzes vom 16. Oktober 1934 verwandt oder verschwägert sind. Dies gilt entsprechend für Kommanditgesellschaften auf Aktien.

§ 77

(1) Bei Gesellschaften mit beschränkter Haftung und bergrechtlichen Gewerkschaften mit eigener Rechtspersönlichkeit mit mehr als fünfhundert Arbeitnehmern ist ein Aufsichtsrat zu bilden. Seine Zusammensetzung sowie seine Rechte und Pflichten bestimmen sich nach §§ 86, 87, 89 bis 99, 102 Abs. 2, 109 Abs. 2, 209 Abs. 3 des Aktiengesetzes und § 76 dieses Gesetzes.

(2) . . . (Betrifft nur Versicherungsvereine auf Gegenseitigkeit!)

(3) . . . (Betrifft nur Erwerbs- und Wirtschaftsgenossenschaften!)"

Von Bedeutung für die Anwendung der §§ 76, 77 BVG sind ferner folgende weitere Vorschriften des Betriebsverfassungsgesetzes:

„§ 85

(1) Die Vorschriften des Aktiengesetzes und des Genossenschaftsgesetzes über die Zusammensetzung des Aufsichtsrats sowie über die Wahl und die Abberufung von Aufsichtsratsmitgliedern gelten insoweit nicht, als sie den Vorschriften dieses Gesetzes widersprechen.

(2) Die Vorschriften dieses Gesetzes über Vertreter der Arbeitnehmer im Aufsichtsrat finden keine Anwendung auf die in § 1 des Gesetzes über die Mitbestimmung der Arbeitnehmer in den Aufsichtsräten und Vorständen der Unternehmen des Bergbaus und der Eisen und Stahl erzeugenden Industrie vom 21. Mai 1951 (Bundesgesetzbl. I S. 347) bezeichneten Unternehmen.

§ 89

(1) Die in den §§ 76 und 77 vorgeschriebenen Wahlen sind erstmalig zwei Wochen vor der ersten nach Inkrafttreten dieses Gesetzes abzuhaltenden Hauptversammlung vorzunehmen. Das Amt der gewählten Arbeitnehmervertreter im Aufsichtsrat beginnt mit der Beendigung der in Satz 1 bezeichneten Hauptversammlung.

(2) Das Amt aller Aufsichtsratsmitglieder erlischt mit der Beendigung der in Absatz 1 bezeichneten Hauptversammlung."

Daneben sind noch die Vorschriften der §§ 31 ff. der auf Grund § 87 BVG erlassenen Wahlordnung — Erste Rechtsverordnung zur Durchführung des Betriebsverfassungsgesetzes vom 18. 3. 1953 (BGBl. I S. 58) — zu beachten.

Im einzelnen ergibt sich hiernach für „herrschende Unternehmen" i. S. des § 1, die weder die Voraussetzungen des § 2 noch die des § 3 erfüllen, folgendes:

a) Bei allen diesen Obergesellschaften wird ohne Rücksicht darauf, in welcher der drei Rechtsformen (also AktG, GmbH oder Neuere Gewerkschaft) sie betrieben werden, ein **Aufsichtsrat zu bilden** sein, **der zu einem Drittel aus Vertretern der Arbeitnehmer bestehen muß.**

Dies ergibt sich für **Aktiengesellschaften** aus § 76, für **Gesellschaften mit beschränkter Haftung und Neuere Gewerkschaften** aus § 77 Abs. 1 BVG. Nach der letzteren Vorschrift ist ein nach § 76 BVG gebildeter Aufsichtsrat auch für Gesellschaften mit beschränkter Haftung und Neuere Gewerkschaften obligatorisch, wenn diese Körperschaften in der Regel (vgl. dazu statt aller: Fitting-Kraegeloh Anm. 3 zu § 77 BVG) **mehr als 500 Arbeitnehmer** beschäftigen. Eine GmbH oder Neuere Gewerkschaft, die „herrschendes Unternehmen" i. S. des § 1 ist, erfüllt stets auch diese besondere Voraussetzung. Ob im allgemeinen die **Arbeitnehmerzahlen der abhängigen Unternehmen** der Arbeitnehmerzahl des herrschenden Unternehmens hinzuzurechnen sind, wenn wegen dessen Rechtsform die Pflicht zur Bildung eines Aufsichtsrats nach § 77 Abs. 1 BVG von der Zahl der Arbeitnehmer abhängt, ist zweifelhaft und streitig. Fitting-Kraegeloh Anm. 30 zu § 76 BVG bejahen allgemein die Notwendigkeit der Zusammenrechnung, ebenso Galperin Anm. 15 zu § 76 BVG. Auch Dietz Anm. 57 § 76 BVG, ders. i. Festschr. f. Heinr. Lehmann II S. 693 ff. und Rasch S. 134 f. sehen diese Auslegung als den Willen des Gesetzgebers an. Dietz stellt dabei auf das „sozialpolitische Gewicht" des Konzerns ab. Rasch a. a. O. begründet seine Auffassung damit, daß bei der Dach- oder Holdinggesellschaft eines Konzerns „die entscheidende unternehmerische Leitung des Gesamtkonzerns" liege (obwohl er S. 133 — N. 299 — gegen die Ansicht, nach der eine Teilnahme der Arbeitnehmer abhängiger Unternehmen auf den Konzernbereich des § 15 Abs. 1 AktGes. beschränkt bleiben soll, polemisiert, also dem Gesetz offenbar auch Fälle unterwerfen will, bei denen nicht einmal eine „einheitliche Leitung" vorliegt!). Die Gegenansicht verficht Hueck (BB 53, 325 ff. sowie Baumbach-Hueck, GmbHGes. Schlußanh. I Anm. 1 D zu § 76 BVG), wobei er, abgesehen von dem zu seinen Gunsten sprechenden Wortlaut, auf die häufigen Fälle abstellt, in denen eine Holdinggesellschaft in Form einer GmbH lediglich Beteiligungen verwaltet und dann die Struktur der GmbH überdies den Einfluß des Aufsichtsrats noch stärker reduziert als bei der Aktiengesellschaft. (Über diese letzte Frage vgl. Anm. 9 zu § 3!) Das Problem wird schwerlich ohne Rücksicht auf den Grad der Beherrschung entschieden werden können, den die Konzernspitze auszuüben in der Lage ist (nicht: tatsächlich ausübt! a. A. insoweit anscheinend Fitting-Kraegeloh Anm. 29 zu § 76 BVG). Zuzustimmen ist grundsätzlich Fröhlich-Franke-Wagner II 3 zu § 77 BVG, die im Anschluß an Hueck Gewicht darauf legen, daß aus der vom Gesetz in § 76 Abs. 4 BVG vorgeschriebenen Teilnahme der Arbeitnehmer abhängiger Konzernunternehmen keine Verpflichtung einer — nicht aus anderen Gründen mitbestimmungspflichtigen! — herrschenden GmbH zur Bildung eines Aufsichtsrats mit Arbeitnehmerbeteiligung hergeleitet werden könne. Zwar verweist § 77 BVG auf § 76, jedoch kann — entgegen Fitting Anm. 30 zu § 76 BVG — nicht anerkannt werden, daß die Auslegung des § 76 Abs. 4 BVG für die Aufsichtsratspflicht einer an der Spitze eines Konzerns stehenden GmbH oder Neueren Gewerkschaft erheblich sei; der Zusammenhang der Probleme ist ein anderer. (Im Grundsätzlichen wohl ebenso Dietz, Festg. f. Heinr. Lehmann II 697.) Ob man unter „Teilnahme" an der Wahl des Aufsichtsrats auch das passive Wahlrecht zu verstehen hat, kann nur durch Auslegung des § 76 Abs. 2 BVG ermittelt werden, denn diese Fage hat bei der in Form einer Aktiengesellschaft betriebenen Konzernspitze logisch und systematisch selbständige Bedeutung, die nicht durch die „teleologisch" konstruierte Hypothese ihres — angeblich — für § 77 Abs. 1 präjudiziellen Charakters verschoben werden kann. (S. darüber unten unter d)!) Allerdings wird sich zeigen, daß die Auslegung des § 76 Abs. 2 und die des § 77 Abs. 1 von dem gleichen Prinzip geleitet sein müssen, nämlich dem der **Zurechenbarkeit der Arbeitnehmer beherrschter Unternehmen** je nach dem Grade der Beherrschung des Unternehmens, in dem die Arbeitnehmer beschäftigt sind. Daß dieses Prinzip zunächst für die Interpretation des § 77 Abs. 1 BVG maßgeblich sein muß, dürfte einleuchten. Gerade die Gegenüberstellung der Argumente Huecks und Raschs scheint mir eindeutig zu beweisen, daß beide Thesen „richtig" sind, aber nicht denselben Sachverhalt betreffen: der von Hueck gezeichnete Typ einer bloßen Holding- bzw. Finanzierungsgesellschaft muß schon gemäß dem Grundsatz, daß die Mitbestimmung nicht in die Hauptversammlung (der Tochtergesellschaften!) ausstrahlen darf, nach den eigenen betrieblichen Verhältnissen einer solchen Dachgesellschaft beurteilt werden, so daß ihr also die Arbeitnehmer der i. S. des § 15 AktGes. „beherrschten" Unternehmen nicht zugerechnet werden; umgekehrt liefert gerade das Mitbestimmungsergänzungsgesetz Beweis dafür, daß der andere — Rasch S. 134 vorschwebende — Typ einer herrschenden GmbH (oder Neueren Gewerkschaft), bei deren Tochtergesellschaften keine unternehmerischen Entscheidungen gefällt werden, **mitbestimmungsrechtlich** weitgehend im Sinne einer **Identität von herrschenden und abhängigen Unternehmen** gewertet werden muß und deshalb — da bei der schlichten Mitbestimmung das in § 15 behandelte Problem einer Potenzierung der Mitbestimmung praktisch nicht besteht — unbedenklich einer solchen herrschenden GmbH oder Neueren Gewerkschaft die Arbeitnehmer ihrer derart beherrschten Konzernunternehmen als eigene zuzurechnen sind. Eine solche Identifizierung dürfte allerdings angesichts der weiten Auslegung, die das Tatbestandsmerkmal der „einheitlichen Leitung" in § 15 Abs. 1 AktGes. gefunden hat, **auf die Fälle des Organschaftsverhältnisses zu beschränken** sein; die Gründe hierfür sind im wesentlichen die gleichen, aus denen auch bei § 1 eine Ausdehnung auf sämtliche unter § 15 Abs. 1 AktGes. fallende Beherrschungsformen ausdrücklich abgelehnt worden ist. (Vgl. darüber Anm. 4 b zu § 1!) Genau besehen, wird diese an der wirtschaftlichen Identität orientierte Unterscheidung auch durch den Gesetzeswortlaut vollkommen gedeckt. In den Fällen des § 14 sind hiernach mindestens die Arbeitnehmer der organschaftlich beherrschten mitbestimmten Konzernunternehmen (vgl. § 1 Abs. 1) dem in der Rechtsform einer GmbH oder Neueren Gewerkschaft betriebenen „herrschenden Unternehmen" zuzurechnen. Jedes dieser abhängigen Unternehmen hat aber „in der Regel" über 500 Arbeitnehmer (es brauchen — vgl. Fitting-Kraegeloh Anm. 3 zu § 77 BVG — keine wahlberechtigten zu sein!), da abhängige „Einheitsgesellschaften" — vgl. § 1 Abs. 2 MitbG! — unterhalb dieser Größenordnung nicht existieren. — Aus den dargelegten Gründen wird auch für kein herrschendes Unternehmen i. S. des § 1 die Anwendbarkeit von § 76 Abs. 1—4 BVG auf Grund des § 76 Abs. 6 BVG in Frage gestellt sein, selbst wenn es Familiengesellschaft i. S. dieser Vorschrift ist. (Erfordernis: Beziehungen eines jeden Aktionärs zu mindestens einem Mitaktionär, die unter

§ 10 Nr. 2—5 des Steueranpassungsgesetzes fallen!) Auch hier würde die insoweit genau so wie bei § 77 Abs. 1 BVG auszulegende Beschäftigtengrenze in jedem Falle überschritten sein, da mindestens die Arbeitnehmer der organschaftlich beherrschten mitbestimmten Konzernunternehmen der Obergesellschaft auch für § 76 Abs. 6 BVG als eigene zuzurechnen sind.

b) Der Aufsichtsrat — dessen **Mitgliederzahl** hier **durch drei teilbar** sein muß, also drei, sechs oder neun, u. U. zwölf oder (bei AktG od. GmbH mit mehr als 20 Millionen DM Nennkapital!) fünfzehn beträgt, vgl. § 86 Abs. 1 S. 1 AktGes. (i. d. Fass. des § 84 Nr. 1 BVG) — hat **zu einem Drittel aus Vertretern der Arbeitnehmer** zu bestehen.

In welchem Sinne dies zu verstehen ist, läßt das Gesetz nicht zweifelsfrei erkennen. Eindeutig ist nur, daß die Haupt-, Gesellschafter- oder Gewerkenversammlung keine Einflußmöglichkeit hinsichtlich der Bestellung dieses Aufsichtsratsdrittels hat; vgl. § 76 BVG. Hierdurch unterscheidet sich die **Verwirklichung der „schlichten" Mitbestimmung** ebenso wie §§ 5 ff. von der „Vorschlagswahl" (§§ 6,8 MitbG). Darüber hinaus wird aber zu berücksichtigen sein, daß bei der schlichten Mitbestimmung — und insofern unterscheidet sich ihre Verwirklichung auch von §§ 5 ff. — keine Vollkonstituierung des Aufsichtsrats im Wege eines Zusammenwirkens von Vertretern der Anteilseigner und der Arbeitnehmer bei der Bestellung eines „weiteren" Mitgliedes in Betracht kommt. Daraus dürften für verschiedene Fragen, die sich hinsichtlich der Bestellung des Aufsichtsrats ergeben, Folgerungen zu ziehen sein.

α) Aus § 89 Abs. 1 BVG wird man schließen können, daß sich der Gesetzgeber ein ideales Funktionieren der Mitbestimmungsform des § 76 BVG in der Weise vorgestellt hat, daß Vertreter der Arbeitnehmer schon vor Beginn der Hauptversammlung gewählt worden sind, von der der Aufsichtsrat, dem sie angehören sollen, bestellt wird. Man wird daher anzunehmen haben, daß die **Wahl der Arbeitnehmervertreter** schon vor Ablauf der Amtszeit der Mitglieder des bisherigen Aufsichtsrats zulässig ist; hiervon geht auch die Wahlordnung (§ 31) aus. Nichtsdestoweniger **kann** die Wahl der Arbeitnehmervertreter noch **jederzeit nachgeholt werden.** Die **Gesellschafterversammlung** kann nur die restlichen Aufsichtsratsmitglieder wählen und **muß ein Drittel der Gesamtsitze** für die Arbeitnehmervertreter **freihalten.** (Das gilt sogar im Falle eines „Wahlstreiks" der Belegschaften!) Wird in diesen Fällen die Wahl der Arbeitnehmervertreter nachträglich durchgeführt, so sind die Gewählten — falls sie die Wahl annehmen (vgl. § 35 Abs. 3 WahlO; andernfalls tritt an die Stelle des Gewählten, der die Annahme der Wahl ablehnt, der nicht gewählte Bewerber mit der höchsten Stimmenzahl!) — ohne weiteres Mitglieder des Aufsichtsrats.

β) Die Gesellschaftsversammlung hat grundsätzlich **keine Möglichkeit, bei Nichtvornahme der Wahl** der **Arbeitnehmervertreter ersatzweise** eine gleiche Zahl weiterer Aufsichtsratsmitglieder **zu bestellen.** Das Betriebsverfassungsgesetz kennt auch keine § 10 MitbG (a. F.) entsprechende Vorschrift. Nach der im Gesetz vorgesehenen Art der Bestellung der Arbeitnehmervertreter und der Konstruktion des Aufsichtsrats nach § 76 Abs. 1 BVG die auf ein „Hinzutretenkönnen" von Arbeitnehmervertretern hinausläuft, das auf die

Konstituierung des Aufsichtsrats keinen weiteren Einfluß ausübt, bestand auch kein zwingender Anlaß hier eine Notbestellung vorzusehen.

γ) § 76 Abs. 1 mußte hiernach als lex imperfecta angesehen werden, deren unmittelbare Bedeutung nur darin lag, daß die Hauptversammlung usw. diejenigen Aufsichtsratssitze unbesetzt lassen und für Arbeitnehmervertreter freihalten mußte, die ein Drittel der dem Gesetz oder (in dessen Grenzen!) der Satzung entsprechenden **Gesamtzahl der Aufsichtsratsmitglieder** ausmachen. (Die gesetzlichen Höchstmitgliederzahlen sind dabei unter Einschluß etwaiger Arbeitnehmervertreter zu verstehen!) Auch eine Feststellung des Arbeitsgerichts nach § 82 Abs. 1 Buchst. o BVG, § 2 Abs. 1 Nr. 4 Buchst. o AGG änderte hieran nichts, da sie keinen vollstreckbaren Inhalt hat. Durch die Neufassung des § 89 AktGes. ist jedoch nunmehr (wie nach § 7 MitbG [a. F.] und hinsichtlich der Antragsbefugnis noch darüber hinaus!) die Möglichkeit eröffnet worden, das § 76 Abs. 1 BVG entsprechende Kräfteverhältnis im Ausichtsrat im Wege der Notbestellung zu realisieren. Es bleibt aber dabei, daß es hier dieser Notbestellung nicht zur Konstituierung des Aufsichtsrats bedarf.

Diese Rechtslage ist auch bei Lösung der bekannten Streitfrage zu berücksichtigen, ob angesichts § 76 Abs. 1 BVG die Satzung oder der Gesellschaftsvertrag, falls eine **Erhöhung der gesetzlichen Mindestmitgliederzahl des Aufsichtsrats** (drei — vgl. § 86 Abs. 1 S. 1 AktGes.) vorgesehen werden soll, ein bestimmtes Vielfaches der Mindestzahl (vgl. § 86 Abs. 1 S. 2 Halbs. 2 AktGes.!) als Mitgliederzahl festzusetzen habe oder der Gesellschafterversammlung zwischen mehreren — durch drei teilbaren — Mitgliederzahlen die Auswahl lassen könne. Über den Streitstand vgl. Fitting-Kraegeloh Anm. 6 zu § 84 BVG. Die Argumente, die man gegen die den praktischen Bedürfnissen in mehrfacher Hinsicht besser gerecht werdende zweite Auffassung anführt, können nicht als durchschlagend anerkannt werden. Allerdings muß bei der Durchführung des Prinzips die im vorigen Absatz dargelegte Bedeutung des § 76 Abs. 1 BVG gewahrt bleiben. Es geht deshalb nicht an, „variable“ Mitgliederzahlen (Geßler i/Betrieb 53, 440) etwa mit der Folge vorzusehen, daß die Gesellschafterversammlung beliebig innerhalb der satzungsmäßigen Möglichkeiten manipulieren könnte. Sobald eine Aufsichtsratswahl nach Beendigung einer Amtsperiode vorgenommen worden ist, kann die darin liegende **Auswahl zwischen** den **satzungsmäßigen Möglichkeiten** jedenfalls von dem Augenblick des Hinzutretens einer entsprechenden Zahl von Arbeitnehmervertretern insoweit nicht mehr rückgängig gemacht werden, als dies zum Amtsverlust eines Arbeitnehmervertreters führen würde. Dies folgt daraus, daß sich andernfalls die Hauptversammlung usw. praktisch ein Recht zur Abberufung eines Arbeitnehmervertreters schaffen könnte, das ihr vom Gesetz nicht zugebilligt worden ist. (Vgl. dazu auch Anm. 5 zu § 12!) Mit dieser durch § 76 Abs. 5 BVG gebotenen Beschränkung kann gegen die (wohl herrschende) Auffassung, daß die Satzung die Auswahl zwischen mehreren Mitgliederzahlen der Hauptversammlung usw. überlassen könne, m. E. nichts Stichhaltiges eingewandt werden. Insbesondere verschlägt es nichts, daß die Belegschaft, falls sie vor der Hauptversammlung wählt, nicht völlig sicher sein kann, wie viele Arbeitnehmervertreter dem Aufsichtsrat anzugehören haben. Zunächst einmal kann hier der mögliche Spielraum nicht allzu groß sein, da sich die Satzung innerhalb des gesetzlichen Rahmens halten muß. Im übrigen hätte es die Gesellschafterversammlung gerade in diesem Falle stets in der Hand, durch eine Satzungsänderung vor Beginn der neuen Amtsperiode die Erwartungen der Belegschaft zu enttäuschen. Daß die Hauptversammlung usw. von den Möglichkeiten der Satzung nicht in der Weise Gebrauch machen kann, durch volle Ausnutzung (d. h. nicht nur zu zwei Dritteln) der Höchstzahl das Hinzutreten der etwa noch nicht gewählten Arbeitnehmervertreter zu verhindern, ist so oder so gewährleistet. Würde z. B. die Satzung als Mitgliederzahl drei, sechs und neun zulassen, so würde die Wahl von sechs Anteilseignervertretern unter allen Umständen die Festlegung der Gesellschaftsversammlung auf die satzungsmäßig zulässige Gesamtmitgliederzahl neun bedeuten, während eine Wahl von drei oder neun Anteilseignervertretern offensichtlich dem Gesetz zuwiderlaufen würde und angesichts § 76 Abs. 1 u. 2 BVG grundsätzlich nichtig wäre (§ 195 Nr. 3 AktGes.), denn die Reservierung von einem Drittel der Aufsichtsratssitze ist durch § 76 Abs. 1 BVG im öffentlichen Interesse vorgeschrieben; die Nichtigkeit eines dagegen verstoßenden Wahlbeschlusses könnte, da dessen Eintragung in das Handelsregister nicht in Betracht kommt, auch nicht nach § 196 AktGes. geheilt werden. Im übrigen würde ein Streit darüber, ob die Gesellschafterversammlung den Aufsichtsrat ausnahmsweise — wegen Unanwendbarkeit des § 76 Abs. 1 BVG — voll besetzen kann, auch dann möglich sein, wenn die Satzung nur eine feste Mitgliederzahl vorgeschrieben hätte bzw. allein vorschreiben könnte. (Daß bei Aktiengesellschaften auch für diese Fälle nur drei oder ein Vielfaches davon als Mitgliederzahl in Betracht kommt, ist eine mit der Seltenheit der Ausnahmen von der Arbeitnehmerbeteiligung im Aufsichtsrat zu erklärende Kuriosität!) Ob endlich die Entscheidung der Gesellschafterversammlung für die eine oder andere der in der Satzung zugelassenen Mitgliederzahlen ggf. eine Nachwahl nötig macht — m. E. ist statt dessen analoge Anwendung des § 35 Abs. 3 WO zulässig! — kann für die Entscheidung der Streitfrage keine ausschlaggebende Bedeutung haben. Vgl. zu allem auch Kötter JZ 53, 199 ff. (202/3), wo allerdings noch § 89 a. F. AktGes. zugrunde gelegt ist.

δ) Da die Gesellschafterversammlung in den Fällen, in denen eine Beteiligung der Arbeitnehmer im Aufsichtsrat vorgesehen ist, wirksam nur zwei Drittel der vorgeschriebenen bzw. nach Gesetz und Satzung zulässigen Zahl von Aufsichtsratsmitgliedern wählen und die Gesellschaft auch sonst nichts unternehmen kann, um den sofortigen Hinzutritt des restlichen Drittels der Aufsichtsratsmitglieder herbeizuführen, muß der Aufsichtsrat auch dann als funktionsfähig angesehen werden, wenn er nur aus der vorgeschriebenen bzw. zulässigen Zahl von Vertretern der Anteilseigner besteht. Wenn die Arbeitnehmer von ihrem mittels Wahl durch die Belegschaft ausübbaren Recht der Beteiligung keinen Gebrauch machen, so kann hierdurch der Gesellschaft kein Rechtsnachteil erwachsen. Ein **nur aus** vier, sechs, acht oder zehn **Vertretern der Anteilseigner bestehender Aufsichtsrat** ist daher in einem solchen Falle in jeder Hinsicht der Aufsichtsrat der Gesellschaft, bis auf dem gesetzlich vorgesehenen Wege die Vertreter der

Arbeitnehmer hinzutreten. Vgl. dazu Kötter JZ 53, 202. Durch die Neufassung des § 89 AktGes. wird dies hinsichtlich der „Handlungsfähigkeit" des Aufsichtsrats jetzt eindeutig kargestellt. Nach Ablauf von 3 Monaten kann (und muß) nunmehr aber auch hier der Weg der Notbestellung beschritten werden, wodurch die dargelegten Besonderheiten erheblich an Bedeutung verloren haben.

Soweit die Satzung usw. von der Möglichkeit zur „Festsetzung" einer höheren Mitgliederzahl als drei (§ 86 Abs. 1 S. 2 AktGes.) keinen Gebrauch gemacht hat, ist allerdings ein nur aus der dann zulässigen Zahl von Unternehmervertretern (zwei!) bestehender Aufsichtsrat nicht beschlußfähig. Trotzdem wird man dann der Gesellschafterversammlung die Wahl des dritten Mitgliedes nicht zugestehen können. Vielmehr blieb dann bei bereits existenten Gesellschaften — abgesehen von der natürlich möglichen Änderung der Satzung — immer schon nur der **Weg des § 89 AktGes.** offen, auf Grund dessen der Registerrichter das fehlende Aufsichtsratsmitglied zu bestellen hat. Hier handelt es sich dann nicht in erster Linie um eine Konstituierungsfrage. Zu bestellen ist mit Rücksicht auf § 76 Abs. 2 BVG ein Arbeitnehmer, der in einem Betriebe des Unternehmens beschäftigt ist.

Die Frage, ob und in welcher Weise § 76 BVG im **Gründungsstadium** (nämlich bei einer Sachgründung, bei der ein Unternehmen mit Arbeitnehmern eingebracht wird) berücksichtigt werden muß, dürfte angesichts der vorstehend entwickelten Grundsätze dahin zu beantworten sein, daß die Gründer bei Bestellung des Aufsichtsrats den künftigen Arbeitnehmern der Gesellschaft grundsätzlich in gleicher Weise — durch Freihalten von einem Drittel der Gesamtzahl der Aufsichtsratssitze — die Wahl von Vertretern zum frühest denkbaren Zeitpunkt zu ermöglichen haben, daß diese Pflicht aber dort ihre Grenze findet, wo aus ihrer Wahrung ein Hindernis für die Entstehung der Gesellschaft als Rechtspersönlichkeit erwachsen würde. Letzteres wäre der Fall, wenn die Satzung usw. von der Möglichkeit des § 86 Abs. 1 S. 2 AktGes. keinen Gebrauch gemacht hat. (Daß die Gründer zum Gegenteil nicht gezwungen werden können, sollte keiner besonderen Rechtfertigung bedürfen!) In einem solchen Falle könnte die Gesellschaft nicht eingetragen werden, wenn ihr Aufsichtsrat nur aus zwei Mitgliedern bestünde, da der Weg der Abhilfe über § 89 AktGes. im Gründungsstadium nicht gangbar ist (allg. M.). Das gilt unverändert auch seit der Neufassung der Vorschrift. Daher sind hier die Gründer genötigt, sämtliche Aufsichtsratsmitglieder von sich aus zu bestellen. M. E. wird der Registerrichter die Eintragung nicht zurückweisen können, wenn sie etwa als drittes Aufsichtsratsmitglied keinen Arbeitnehmer aus einem der Betriebe des eingebrachten Unternehmens bestellt haben; denn in jedem Falle wird man annehmen müssen, daß die Bestellung des dritten Mitgliedes — das aus diesem Grunde als solches gekennzeichnet werden muß! — hinfällig wird, sobald die Arbeitnehmer der zur Entstehung gelangten Gesellschaft von ihrem Wahlrecht nach § 76 BVG Gebrauch machen oder auf Grund § 89 AktGes. (n. F.) nach Ablauf von drei Monaten eine Ersatzbestellung vorgenommen wird. Das Mitbestimmungsrecht der Arbeitnehmer wird bei dieser Auffassung nicht stärker beeinträchtigt, als dies bei seiner Ausgestaltung in § 76 BVG ohnehin der Fall ist: rühren sich die Belegschaften der zum Unternehmen der Gesellschaft gehörigen Betriebe nicht, so sind sie im Aufsichtsrat nicht von Anfang an vertreten, ohne daß dies zu einer Beeinträchtigung des körperschaftlichen Lebens der Gesellschaft — an dessen Ermöglichung jede Form der Mitbestimmung wohl oder übel ihre Grenze finden muß! — führen darf. Eine Beeinträchtigung, die über diese der Mitbestimmungsform des § 76 BVG immanente Untätigkeitsfolge hinausginge, würde nur eintreten, wenn man überhaupt die Möglichkeit einer Beteiligung der Arbeitnehmer am „Ersten Aufsichtsrat" einer unter Einbringung eines Unternehmens errichteten Gesellschaft verneinen würde. Dazu nötigt indessen die Rechtslage angesichts des oben aufgezeigten Weges nicht. Vgl. auch hierzu Kötter JZ 53, 202/3.

ε) Sind zu den Vertretern der Unternehmer im Aufsichtsrat die Arbeitnehmervertreter hinzugetreten, so hat sich der Aufsichtsrat auf seine zulässige Gesamtmitgliederzahl erweitert. Die Auffassung, daß das **Ausscheiden eines Arbeitnehmervertreters** (auch das eines Vertreters der Unternehmer?!?) schlechthin die Beschlußunfähigkeit des Aufsichtsrats zur Folge hätte (so unbegreiflicherweise BB 54, 441 [Bayer. ObLG] und 805 [AG Frankfurt]) war niemals zu rechtfertigen; seit der Neufassung des § 89 AktGes. kann sie kraft positiv-rechtlicher Vorschrift nicht mehr vertreten werden. Die bisherige Kontroverse ist damit hinfällig geworden. Vgl. zu ihr Baumbach-Hueck Anm. 2 B u. C zu § 86 AktGes. m. Angaben über den damaligen Streitstand.

ζ) Die hinzutretenden **Arbeitnehmervertreter** wachsen in alle **Rechte und Pflichten** hinein, die auch den anderen Aufsichtsratsmitgliedern nach Satzung und Geschäftsordnung zustehen. Hervorzuheben ist insbesondere:

aa) die **Wahlzeit** muß einheitlich gestaltet sein, ebenso etwaiges turnusmäßiges Ausscheiden von Mitgliedern;

bb) von den **Ausschüssen des Aufsichtsrats** können die Arbeitnehmervertreter als solche nicht grundsätzlich ausgeschaltet werden;

cc) die Regelungen über **Vergütung und Auslagenerstattung** kommen den Arbeitnehmervertretern in gleicher Weise zugute wie den anderen Aufsichtsratsmitgliedern;

dd) die Verantwortung der Aufsichtsratsmitglieder **(Sorgfaltsgrad und Haftung)** trifft auch die Arbeitnehmervertreter;

ee) die Arbeitnehmervertreter sind wie alle Aufsichtsratsmitglieder zur **Verschwiegenheit** über vertrauliche Angaben verpflichtet (§ 76 Abs. 2 S. 5 BVG bringt gegenüber § 84 S. 2 AktGes. der Sache nach weder eine Verschärfung noch eine Abschwächung dieser Pflicht).

ff) Sind im Falle der Beendigung der Amtszeit sämtlicher bisherigen Aufsichtsratsmitglieder nur Vertreter der Arbeitnehmer, nicht aber solche der Anteilseigner neu gewählt worden, so bilden die Gewählten den Aufsichtsrat, falls sie die zur Beschlußfähigkeit erforderliche Zahl von Mitgliedern darstellen. Andernfalls muß bei Untätigbleiben der Hauptversammlung nach § 89 AktGes. verfahren werden.

c) Für die Wählbarkeit als Vertreter der Arbeitnehmer stellt das Gesetz in § 76 Abs. 2 BVG in gewissem Umfange Voraussetzungen auf. Derartige besondere **Wählbarkeitsvoraussetzungen** bestehen nur für die beiden ersten Vertreter der Arbeitnehmer, hingegen nicht für die weiteren. Der Sinn dieser Regelung liegt in einem Doppelten: Einmal soll sichergestellt sein, daß nicht nur betriebsfremde Personen als Vertreter der Arbeitnehmer gewählt werden, und zum anderen sollen in kleinen Aufsichtsräten mit einer Gesamtmitgliederzahl von nur drei oder sechs Personen, wie sie regeläßig auch nur bei kleineren Gesellschaften vorkommen, die Vertreter der Anteilseigner mit Mitgliedern der Belegschaft des Unternehmens „unter sich" sein. Demgemäß können bei einem aus insgesamt drei Mitgliedern bestehenden Aufsichtsrat nur ein Arbeitnehmer aus den Betrieben des Unternehmens, bei einem sechsköpfigen Aufsichtsrat nur zwei Betriebsangehörige, und zwar grundsätzlich nur je ein Arbeiter und Angestellter gewählt werden. Besteht der Aufsichtsrat aus neun, zwölf oder fünfzehn Mitgliedern, so können als dritter, vierter bzw. fünfter Vertreter der Arbeitnehmer auch betriebsfremde Personen gewählt werden.

Aus dieser Regelung ergeben sich bei **Gesellschaften mit sehr wenigen eigenen Arbeitnehmern** indirekt auch gewisse Beschränkungen für die Verpflichtung zur Aufnahme von Arbeitnehmervertretern in den Aufsichtsrat überhaupt. Man hat für derartige Fälle die Anwendbarkeit des § 76 BVG grundsätzlich zu leugnen versucht und die Vorschrift nur auf betriebsratsfähige Unternehmen anwenden wollen (so u. a. Erdmann Komm. z. BVG S. 265; Weitzel, BB, 52, 806). Dafür bietet jedoch das Gesetz in dieser Allgemeinheit keine Stütze, da die Regelung des § 76 BVG das Vorhandensein eines Betriebsrats (der auch in großen Betrieben — zumindest de jure — fehlen kann!) nicht voraussetzt. Trotzdem kann die Arbeitnehmerzahl einer Aktiengesellschaft für die Möglichkeit der Beteiligung der Arbeitnehmer im Aufsichtsrat nicht gleichgültig sein. Es genügt auch nicht, sich auf die Feststellung zu beschränken, daß § 76 BVG dann ohne weiteres gegenstandslos wird, wenn überhaupt keine Arbeitnehmer beschäftigt werden (so Fitting-Kraegeloh Anm. 1 zu § 76 BVG); zumindest müssen wahlberechtigte Arbeitnehmer vorhanden sein. Andererseits wird aus der im § 76 Abs. 2 S. 3 BVG enthaltenen Verweisung auf § 10 Abs. 3 BVG nicht abgeleitet werden können, daß auf eine Aktiengesellschaft, die nicht mehr als 5 Arbeiter und 5 Angestellte beschäftigt, § 76 BVG unanwendbar sei (so anscheinend Fröhlich-Franke-Wagner S. 15). § 10 Abs. 3 betrifft nämlich nur die Frage, bis zu welchem Grade im Verhältnis der Arbeiter- und Angestelltengruppe zueinander eine Minderheit ein Recht zur Vertretung hat. (Bei einer Aktiengesellschaft mit z. B. 70 Arbeitnehmern, von denen nur drei Angestellte sind, sind für die beiden ersten Arbeitnehmersitze zwei Arbeiter der Gesellschaft wählbar, während für diese beiden Sitze kein Angestellter gewählt werden könnte!). Zuzustimmen ist hingegen dem weiteren von Fröhlich-Franke-Wagner (S. 16) vertretenen Gedanken, daß aus dem vom Gesetz aufgestellten **Wahlprinzip** für die Anwendbarkeit des § 76 BVG bei **Aktiengesellschaften mit Kleinstbelegschaften** Beschränkungen abzuleiten sind.

Aus diesem Prinzip, das auch in § 8 Abs. 1 BVG insofern Ausdruck gefunden hat, als dort für die Wahl des Betriebsobmanns mindestens drei wählbare Betriebsangehörige verlangt werden, wird man unter Berücksichtigung des für anwendbar erklärten § 10 Abs. 3 BVG im einzelnen folgern müssen:

α) Kommt die Bestellung nur eines einzigen Vertreters der Arbeitnehmer in Betracht, weil die Satzung von der Möglichkeit nach § 86 Abs. 1 S. 2 AktGes. keinen Gebrauch gemacht hat, so kann er gewählt werden, wenn insgesamt mindestens drei Personen die Wählbarkeitsvoraussetzungen (Arbeitnehmereigenschaft i. S. des § 4 BVG; Betriebszugehörigkeit und — nach allgemeinen Grundsätzen: — volle Geschäftsfähigkeit [h. M.]) erfüllen. Notfalls wählen nur diese drei Belegschaftsmitglieder aus ihrer Mitte den Arbeitnehmervertreter; darüber hinaus — analog § 8 Abs. 1 BVG — noch das Vorhandensein von mindestens fünf Wahlberechtigten zu fordern, ist jedenfalls zumindest außerordentlich zweifelhaft, da dies Erfordernis in erster Linie mit der Betriebsratsfähigkeit zusammenhängt.

β) Handelt es sich um die Bestellung von zwei oder mehr Vertretern der Arbeitnehmer, so ist zu unterscheiden:

(1) Hat auch die Minderheitsgruppe unter Berücksichtigung des § 10 Abs. 3 einen Vertreter zu erhalten, so müssen bei ihr die unter α) bezeichneten Voraussetzungen gegeben sein (mindestens drei wählbare Gruppenangehörige).

(2) Sind die wählbaren Angehörigen der Belegschaft entweder nur Angestellte oder nur Arbeiter, so stellen sie beide Arbeitnehmervertreter. (Das folgt — a fortiori — aus der Verweisung auf § 10 Abs. 3; abwegig erscheint die Ansicht [Hueck BB 52, 781], daß in einem solchen Falle für den zweiten der gebundenen Sitze auch die Wählbarkeitsvoraussetzung der Betriebszugehörigkeit entfalle. Dagegen mit Recht Erdmann Anm. 13 zu § 76 BVG). Hier muß es zumindest als zweifelhaft angesehen werden, ob schon mit einer Mindestzahl von drei Wählbaren dem Wahlprinzip Genüge getan ist. M. E. muß man — wenn nicht die doppelte Zahl, so doch wenigstens — fünf Wählbare verlangen.

(3) Erhält eine Minderheitsgruppe keinen Vertreter, weil die andere Gruppe um mehr als das Zwanzigfache stärker ist (§ 76 Abs. 2 S. 3 i. V. m. § 10 Abs. 3 BVG), so wird die unter (2) bezeichnete Mindestvoraussetzung in der Regel ohne weiteres erfüllt sein.

In den Fällen, in denen die vorgeschriebenen betriebsangehörigen Vertreter der Arbeitnehmer nach diesen Grundsätzen nicht gewählt werden könnten, entfällt eine Beteiligung der Arbeitnehmer im Aufsichtsrat. Ist z. B. bei der Gesellschaft nur ein Arbeiter beschäftigt, so muß die Gesellschaft daneben mindestens zwanzig Angestellte haben (oder umgekehrt!) damit — vorausgesetzt, daß in der stärkeren Gruppe mindestens fünf Wählbare vorhanden sind — dem Aufsichtsrat Arbeitnehmervertreter angehören können. In einem solchen Falle geht es erst recht nicht an, daß an Stelle des nicht wählbaren einzigen Gruppenvertreters ein Betriebsfremder gewählt werden könnte; aus der Verweisung auf § 10 Abs. 3 BVG geht hervor, daß das Gesetz nur daran gedacht hat, die Vertretung der Minderheitsgruppe auf die stärkere Gruppe übergehen zu lassen, an der Betriebsgebundenheit der beiden ersten Sitze bei einer Vertretung der Arbeitnehmer im Aufsichtsrat jedoch festzuhalten. Andernfalls müßte man z. B. auch zulassen, daß etwa die beiden einzigen Arbeitnehmer einer Finanzierungsgesellschaft, die sich selbst — gewissermaßen als „geborene" Aufsichtsratsmitglieder! — unmöglich in den neunköpfigen Aufsichtsrat „wählen" können, drei Betriebsfremde als ihre Arbeitnehmervertreter im Aufsichtsrat zu bestellen hätten. In Wahrheit muß in derartigen Fällen der gesamte Aufsichtsrat nach §§ 86, 88 AktGes. bestellt werden. Selbstverständlich können dann auch nicht nach § 89 AktGes. Arbeitnehmervertreter bestellt werden. Darüber, welche Arbeitnehmer bei einem herrschenden Unternehmen als „Arbeitnehmer aus den Betrieben des Unternehmens" anzusehen sind, vgl. im folgenden unter d)!

d) Die **Bestellung der Arbeitnehmervertreter** vollzieht sich normalerweise im Wege der Wahl durch die in den Betrieben des Unternehmens beschäftigten Arbeitnehmer, die das 18. Lebensjahr vollendet haben und im Genuß der bürgerlichen Ehrenrechte sind; § 76 Abs. 2 S. 1 i. V. m. § 6 BVG. Über die Durchführung dieser Wahl vgl. §§ 31—41 der 1. RechtsV z. Durchf. d. BVG (WahlO) v. 18. 3. 1953 (BGBl. I 58). § 76 Abs. 4 BVG schreibt vor, daß an der **Wahl** der Arbeitnehmervertreter **für den Aufsichtsrat des herrschenden Unternehmens eines Konzerns auch** die Arbeitnehmer der Betriebe der abhängigen Unternehmen teilnehmen, und daß in diesen Fällen die Wahl **durch Wahlmänner** erfolgen kann. Die Wahlordnung enthält allerdings keine Vorschriften für das Wahlmännerverfahren; es dürfte unbedenklich sein, nunmehr insoweit die auf Grund § 17 Nr. 1 erlassene Verordnung (Anh. IV) entsprechend anzuwenden. Streitig ist jedoch, ob § 76 Abs. 4 BVG nur das **aktive Wahlrecht der Arbeitnehmer der abhängigen Unternehmen** bei den Aufsichtsratswahlen des herrschenden Unternehmens statuiert oder darüber hinaus diese Arbeitnehmer denen des herrschenden Unternehmens auch hinsichtlich der Wählbarkeit i. S. des § 76 Abs. 2 S. 2 u. 3 BVG den Arbeitnehmern des herrschenden Unternehmens gleichgestellt hat. Die Stellungnahme zu dieser Streitfrage wird z. T. durch das weitere vom Gesetz offen gelassene Problem beeinträchtigt, wie der Kreis der abhängigen Unternehmen i. S. des § 76 Abs. 4 BVG zu ziehen ist. Wenngleich natürlich die spätere Regelung des Mitbestimmungsergänzungsgesetzes nicht ohne weiteres für die Auslegung des Betriebsverfassungsgesetzes herangezogen werden kann (zweifelnd anscheinend Geßler BB 56, 629 — Text zu N. 18), so sollte es doch zu denken geben, daß § 14 für herrschende Unternehmen i. S. des § 1, die nicht unter § 2 fallen und deren Umsatzverhältnis etwa zunächst die Voraussetzung des § 3 erfüllte, bei Umkehrung dieses Umsatzverhältnisses (während zweier aufeinander folgender Geschäftsjahre, vgl. § 16!) den Übergang von der paritätischen Mitbestimmung der §§ 5—13 zur schlichten Mitbestimmung des § 76 BVG ohne Modifikationen vorsieht. Es würde dem Sinngehalt dieser Regelung doch wohl Abbruch tun, wenn bei solchem Wechsel des Organisationsstatuts sich nicht nur die Intensität der Mitbestimmung ändern, sondern die von seiten der Belegschaft zu legitimierenden Arbeitnehmervertreter von einem anders abgesteckten Wählerkreis bestellt würden. Diese Erwägung spricht m. E. für die Annahme, daß § 76 Abs. 4 BVG von § 14 in dem von Dietz (Anm. 56 zu § 76 BVG) vertretenen Sinne in Bezug genommen wird und der Kreis der wahlberechtigten Arbeitnehmer dann auch allgemein für § 76 Abs. 4 BVG ebenso abgegrenzt sein sollte, wie es in § 9 geschehen ist. — Die andere Frage, ob § 76 Abs. 4 BVG auch die **Wählbarkeit der Arbeitnehmer abhängiger Unternehmen** statuiert, ist damit freilich noch nicht beantwortet. Sicherlich ließe sie sich von dem vorstehend gewonnenen Ergebnis her unbedenklicher bejahen, als wenn man auch die nur unter § 15 Abs. 2 AktGes. fallenden Konzernverhältnisse unter § 76 Abs. 4 BVG begreifen würde. Dennoch kann m. E. dieses Problem damit nicht abgetan werden. Das Interesse, im Aufsichtsrat mit den Arbeitnehmern des eigenen Unternehmens zusammenzuarbeiten, kann auch bei Konzernverhältnissen nach § 15 Abs. 1 AktGes. schutzwürdig sein, und der vom Gesetz zugestandene Einfluß auf die Auswahl solcher Arbeitnehmer gibt den Arbeitnehmern abhängiger Unternehmen noch nicht ohne weiteres das Recht, sich zu jenem engeren Mitarbeiterkreis zu zählen. Dies wird erst anders, **wenn** die abhängigen Unternehmen **organschaftlich beherrscht** werden. Auch § 9 beruht, soweit er zugleich diese Frage behandelt, nicht zuletzt auf dem Gedanken, daß das unter § 3 fallende Unternehmen stets auf Grund von Organschaftsverhältnissen herrscht. Allerdings hat der Gesetzgeber angesichts dessen nicht noch zwischen den organschaftlich beherrschten Konzernunternehmen und den sonst noch unter der „einheitlichen Leitung" des herrschenden Unternehmens stehenden unterschieden, wobei die Vermutung mitgesprochen haben dürfte, daß bei organschaftlicher Beherrschung der mitbestimmten Konzerngesellschaften auch mit den anderen Konzernunternehmen aus steuerlichen Gründen in der Regel ein Organschaftsvertrag geschlossen sein wird; insofern stellt § 9 auf einen Sonderfall ab, da die Rentabilitätsverhältnisse in Konzernen, die keine Montanunternehmen umfassen, anders gestaltet sein können. Unter diesen Umständen wird man aus § 76 Abs. 4 BVG im allgemeinen nur die Begründung des aktiven Wahlrechts für die Belegschaften des unter § 15 Abs. 1 AktGes. fallenden Konzernbereichs ablesen können (worauf außer dem unbefangen ausgelegten Sinn des Wortes „teilnehmen" auch die Anknüpfung des Satzes 2 hindeutet!) und lediglich aus der auf Organschaftsverhältnisse zu beschränkenden wirtschaftlichen Identität herleiten dürfen, daß die Arbeitnehmer organschaftlich beherrschter Konzernunternehmen dem herrschenden Unternehmen auch im Sinne des § 76 Abs. 2 S. 2 u. 3 BVG als eigene Arbeitnehmer zuzurechnen sind. (Zu weitgehend, im Prinzip aber ähnlich Neumann-Duesberg S. 46 ff.). Bei den unter § 14 fallenden Unternehmen trifft dies also zumindest für die Arbeitnehmer der organschaftlich beherrschten Montanunternehmen zu, es wird aber praktisch auch für die Belegschaften aller (oder doch der meisten) anderen abhängigen Konzernunternehmen gelten. Daß für § 76 Abs. 2 S. 2 u. 3 BVG so oder so die Frage nur gleich beantwortet werden kann, scheint mir zwingend zu sein; die „gespaltene" Lösung des Bundesarbeitsgerichts (BAG 1, 166) hat mit Recht keine Gefolgschaft gefunden; vgl. dazu Hueck, ArbRBlatt II D XV Anm. zu Nr. 4 u. Dietz JZ 55, 179 f. Zu der Streitfrage s. im übrigen Baumbach-Hueck Anh. nach § 86 AktGes. Bem. 3 B u. neuestens Hueck-Nipperdey II S. 889 f.

Bei **mehrstufigen Konzernverhältnissen** dürfte es grundsätzlich richtig sein, den Arbeitnehmern aller abhängigen Unternehmen in der Regel nur für den Aufsichtsrat der Konzernspitze das Wahlrecht nach § 76 Abs. 4 BVG zuzuerkennen. Vgl. dazu auch Anm. 3 zu § 1. Nur wenn eine „Zwischenkonzernspitze" Leitungsbefugnisse hat, die nicht von oben her gesteuert werden, kann auch für ihren Herrschaftsbereich § 76 Abs. 4 BVG Anwendung finden. (Ebenso Fitting-Kraegeloh Anm. 6b vor § 31 WahlO z. BVG und wohl auch Froehlich-Franke-Wagner S. 23.) Bei einem organschaftlich beherrschten, zugleich aber organschaftlich herrschenden Unternehmen innerhalb eines Konzerns, dessen Spitze die Voraussetzungen des § 2 oder des § 3 erfüllt, wird daher nicht nur für § 3 (s. dazu Anm. 3 zu § 1), sondern — in Anwendung des § 14 — auch für § 76 Abs. 4 BVG kein Raum sein. In einem solchen Falle sind m. E. für die „Zwischen-Obergesellschaft" überhaupt keine Leitungsbefugnisse denkbar (vgl. Anm. 3 a. E. zu § 1), und im Sinne der im vorigen Absatz dargelegten Auffassung sind die Arbeitnehmer der von ihr organschaftlich „beherrschten" Unternehmen nicht ihr, sondern allein der sie — die Zwischen-Obergesellschaft — organschaftlich beherrschenden Konzernspitze, deren „verlängerter Arm" sie ist, zuzurechnen. Es kann also lediglich in Frage kommen, daß in den Organen dieser Zwischen-Obergesellschaft die unmittelbar von ihr beschäftigten Arbeitnehmer ein Mitbestimmungsrecht haben — sei es nach § 1 MitbG, sei es nach § 76 Abs. 1—3 BVG. (Darüber, daß dies unter dem Gesichtspunkt einer „doppelten Mitbestimmung" — vgl. Müller-Lehmann Anm. 20 zu § 1 MitbG — zumindest künftig unbedenklich ist, vgl. § 15 u. die Anm. dazu.)

e) Den **Widerruf der Bestellung der Arbeitnehmervertreter** regelt § 76 Abs. 5 BVG im Prinzip ebenso wie § 10 Abs. 1. Man wird auch annehmen können, daß für den Fall der Bestellung der Arbeitnehmervertreter durch Wahlmänner auch im Bereich des § 76 Abs. 4 BVG künftig ebenso abberufen werden kann, wie es § 10 Abs. 1 vorsieht. Vgl. dazu im übrigen Anm. 3—7 zu § 10. Über die Abberufung durch die Betriebsversammlung nach § 76 Abs. 5 BVG s. §§ 42 ff. WahlO.

§ 15[1]

(1) Die einem Unternehmen, in dem die Arbeitnehmer nach dem Mitbestimmungsgesetz oder nach § 2 oder § 3 dieses Gesetzes ein Mitbestimmungsrecht haben[1], auf Grund von Beteiligungen an einem anderen Unternehmen[2] zustehenden Rechte[3] bei der Bestellung, dem Widerruf der Bestellung oder der Entlastung von Verwaltungsträgern[4] sowie bei der Beschlußfassung über die Auflösung, Verschmelzung oder Umwandlung des anderen Unternehmens, über dessen Fortsetzung nach seiner Auflösung, über die Übertragung seines Vermögens[5] können[6] durch das zur gesetzlichen Vertretung berufene Organ[7] nur[6] auf Grund von Beschlüssen des Aufsichtsrats[8] ausgeübt werden[6]. Diese Beschlüsse[8] bedürfen nur der Mehrheit der Stimmen der nach § 5 des Mitbestimmungsgesetzes oder der nach § 5 Abs. 2 dieses Gesetzes bestellten Mitglieder[9]; sie sind für das zur gesetzlichen Vertretung berufene Organ[7] verbindlich[10].

(2) Absatz 1 gilt nicht, wenn die Beteiligung des Unternehmens an dem anderen Unternehmen[2] weniger als ein Viertel beträgt[11].

1. Die Vorschrift will der Gefahr der sog. Potenzierung der Mitbestimmung steuern. Eine solche Gefahr besteht bei Konzernverhältnissen, wenn das herrschende Unternehmen der qualifizierten Mitbestimmung — oder einer anders ausgestalteten paritätischen oder quasi-paritätischen Mitbestimmung („Parität" mit neutraler Spitze genügt!) — unterworfen ist. Vgl. dazu Abs. 3 d. Vorbem. vor § 1. Bei „schlichter" Mitbestimmung im Aufsichtsrat des herrschenden Unternehmens kann die gleiche Gefahr nicht eintreten. Zwar kann es in einem Aufsichtsrat nach § 76 BVG bei nicht einheitlicher Stellungnahme der Unternehmervertreter vorkommen, daß die Mehrheit der Kapitalvertreter mit Hilfe der Arbeitnehmervertreter überstimmt wird; indessen fordert diese Möglichkeit nicht im selben Maße zu der in § 15 getroffenen Regelung heraus, weil sich dann zumindest nicht mit der gleichen Sicherheit sagen läßt, daß es sich um vermutlich das Anteilseignerinteresse verletzende Beschlüsse handelt.

Das Bedürfnis für eine Regelung nach Art des § 15 bestand schon im Falle des § 1 Abs. 1 Buchst. c) MitbG, gewann aber erst durch die Einführung der Holding-Mitbestimmung gemäß § 3 ff. wesentliche Bedeutung. Soweit es sich darum handelt, daß bei Wahlen zum Aufsichtsrat von Tochtergesellschaften die Stimmen des herrschenden Unternehmens von dessen Vorstand usw. geführt werden, ist dieses Bedürfnis nahezu allgemein anerkannt, während es im übrigen namentlich von Kunze bestritten wird; vgl. dazu Fitting BArbBl. 56, 509; Kötter RdA 54, 161 ff. (164); Kunze AuR 56, 261, ferner Müller-Lehmann Anm. 20 zu § 1 MitbG. In Wahrheit kann schwerlich in dieser Weise unterschieden werden. Auch außerhalb des Bereichs der eigentlichen „Potenzierung" der Mitbestimmung, die zur Folge hätte, daß die Kapitalvertretung im Aufsichtsrat von Tochtergesellschaften nicht allein von der Entschließung der Kapitalvertreter getragen wird, müssen die Auswirkungen der „doppelten Mitbestimmung" (Müller-Lehmann a. a. O.), — besser gesagt: der Mitbestimmung in mehrstufigen Unternehmensformen (es kommt wesentlich auf die Auswirkung der bei der Obergesellschaft geltenden Mitbestimmungsform an!) — beschränkt werden, um zu verhindern, daß die Mitbestimmung sich nicht auch auf das legitime Instrument des Anteilseignereinflusses (Hauptversammlung usw.) erstreckt. Dieses **Anliegen, den Einfluß der Mitbestimmungsfaktoren nicht** auf dem Umwege über die Verwaltungsträger herrschender Unternehmen (i. S. des § 15 AktGes.) **in die Gesellschafterversammlung** eines abhängigen Unternehmens **eindringen zu lassen,** besteht unabhängig davon, ob ein Organschaftsverhältnis neben der Beteiligung einhergeht, um deren Geltendmachung in der Gesellschafterversammlung des abhängigen Unternehmens es sich handelt. Ja, man kann sogar sagen, daß das Anliegen in verstärktem Maße dort besteht, wo die Beteiligung als solche das einzige Beherrschungsmittel gegenüber dem abhängigen Unternehmen darstellt. Die Regelung des § 15 ist daher auf den in § 1 normierten Geltungsbereich der Mitbestimmungsvorschriften des neuen Gesetzes nicht beschränkt, was im Gesetz durch seine Fassung auch deutlich zum Ausdruck kommt: Es ist nicht nur von „herrschenden" Unternehmen die Rede, sondern schlechthin von Unternehmen, und überdies ausdrücklich hervorgehoben, daß die Regelung auch bei den unmittelbar unter § 1 MitbG fallenden Unternehmen gilt.

Die Schwierigkeit in der Abgrenzung zwischen Verwaltungseinfluß und Anteilseignereinfluß bestand darin, daß aus der Sicht des herrschenden Unternehmens die Verwaltung seiner Beteiligungen als Aufgabe der Geschäftsführung erscheint, die dem Vorstande usw. vorbehalten ist. **Nicht alle Rechte, die eine Beteiligung gewährt,** sind daher im Sinne des erwähnten Anliegens der Kapitaleigner **gleich schutzwürdig;** diejenigen Befugnisse, deren Ausübung keine Strukturveränderungen des Unternehmens nach sich zieht, an dem die Beteiligung besteht, sind daher nicht der Einflußnahme auf die Zusammensetzung der Verwaltungsträger gleichgestellt, sondern auch weiterhin der eigenverantwortlichen Disposition des Vorstandes usw. der Muttergesellschaft überlassen worden.

2. Der Gedanke, auf dem die Regelung des § 15 beruht, fordert, daß auch **Beteiligungen an Personalgesellschaften** in diese Regelung einbezogen werden. Ob das in § 15 geschehen ist, läßt sich dem Wortlaut der Vorschrift nicht ohne weiteres entnehmen. Daß die in § 15 aufgezählten Rechtsakte uneingeschränkt nur auf Kapitalgesellschaften passen, scheint dafür zu sprechen, daß unter den „Beteiligungen an einem anderen Unternehmen" nur **Mitgliedschaftsrechte** des qualifiziert bzw. paritätisch mitbestimmten Unternehmens **bei** anderen **juristischen Personen** des privaten Rechts zu verstehen seien. Geßler BB 56, 631 (der Gewicht darauf legt, daß nur Kapitalgesellschaften gewillkürte gesetzliche Vertreter haben können, und daß die Begründung zum Reg.-Entw. im Zusammenhang mit der Vorschrift des § 15 von „Wahlorgan" und „Gesellschaftskapital" spricht!) sowie ihm folgend Kunze (AuR 56, 261) wollen deshalb § 15 nur auf Beteiligungen an Kapitalgesellschaften — also Aktiengesellschaften, Kommanditgesellschaften auf Aktien, Gesellschaften mit beschränkter Haftung und bergrechtlichen Gewerkschaften — anwenden. M. E. ist die Frage, ob § 15 nicht wenigstens sinngemäß auch auf gewisse Rechte des herrschenden Unternehmens aus einer Mitgliedschaft in Personalgesellschaften anzuwenden ist, indessen nicht so leicht abzutun. Zunächst kann der Hinweis darauf, daß in der Begründung zum Regierungsentwurf von „Gesellschaftskapital" die Rede ist, keineswegs überzeugen; denn von einem solchen kann z. B. auch bei der bergrechtlichen Gewerkschaft neuen Rechts nicht gesprochen werden. Daß jedoch Gewerkenrechte des herrschenden Unternehmens unter § 15 fallen, sollte um so weniger bestritten werden (was Geßler u. Kunze a. a. O., anscheinend, da die Neuere Gewerkschaft zu den Kapitalgesellschaften gerechnet wird — vgl. statt aller Lehmann, Gesellschaftsrecht S. 12 u. 15, s. aber auch § 1 d. Ges. über die Umwandlung von Kapitalgesellschaften und bergrechtlichen Gewerkschaften v. 12. 11. 56 (BGBl. I S. 844) — auch nicht tun wollen!), als § 15 Kapitalerhöhungen bzw. -herabsetzungen vollständig innerhalb der Sphäre der reinen Geschäftsführungsakte beläßt. — Aber auch bezüglich der in § 15 im einzelnen aufgezählten Akte ist es eine Frage des positiven Gesellschaftsrechts, in welchem Umfange ihre Vornahme Gegenstand der Mitgliedschaftsrechte ist. So werden z. B. bei der nicht aufsichtsratspflichtigen GmbH die Geschäftsführer von der Gesellschafterversammlung bestellt, der aktienrechtliche Vorstand und die Geschäftsführer der aufsichtsratspflichtigen GmbH hingegen vom Aufsichtsrat.

Ähnlich wie bei der GmbH liegt es bei der Neueren Gewerkschaft. Ebenso sind die Möglichkeiten der Verschmelzung oder Umwandlung für jede Kapitalgesellschaftsart weitgehend eine Frage positiv-rechtlicher Ausgestaltung, ohne daß es von dieser abhängen könnte, ob die Mitgliedschaftsrechte der Muttergesellschaft bei diesem oder jenem Tochterunternehmen nach § 15 auszuüben sind. Es dürfte auch kein innerer Grund dafür bestehen, die Beschlußfassung über die Auflösung einer Kommanditgesellschaft oder offenen Handelsgesellschaft, an der das mitbestimmte Unternehmen beteiligt ist — die streitige Frage, ob oHG-Beteiligung einer Aktiengesellschaft oder GmbH zulässig sei (über den Streitstand vgl. Schlegelberger-Geßler Anm. 25 zu § 105 HGB) kann hier auf sich beruhen! — unter dem Gesichtswinkel des § 15 anders zu behandeln als die Auflösung einer GmbH. (Man denke auch an den Fall, daß die Personalgesellschaft etwa kurze Zeit vorher aus der Umwandlung einer GmbH hervorgegangen war!) Soweit daher die in § 15 aufgezählten Akte Ausfluß von Gesellschafterrechten des mitbestimmten Unternehmens an einer Personalgesellschaft sein können, dürfte dem Vorstand usw. die Ausübung dieser Rechte nur nach Maßgabe des § 15 möglich sein. Es läßt sich hiergegen auch nicht einwenden, daß bei solcher Auslegung des § 15 die hier allerdings unbedingt zu wahrende Rechtssicherheit Schaden litte; denn die zustimmungsbedürftigen Geschäfte lassen sich in jedem Falle eindeutig bestimmen. Beteiligungen an Personalgesellschaften fallen daher in dem dargelegten Umfang ebenso unter § 15 wie Beteiligungen an einer Kapitalgesellschaft.

3. Bei den aus einer Beteiligung fließenden Rechten, die von „paritätisch" (qualifiziert) mitbestimmten Unternehmen nur nach Maßgabe des § 15 ausgeübt werden können, handelt es sich in erster Linie um das **Stimmrecht in der Gesellschafterversammlung.** An den Voraussetzungen, unter denen ein solches Recht insbesondere in den in Abs. 1 aufgezählten Angelegenheiten besteht, ändert die Vorschrift nichts. Voraussetzung ist in erster Linie, daß es sich um Gesellschafter- bzw. Mitgliederkompetenzen handelt, was jeweils nach der Rechtsform des anderen Unternehmens zu beurteilen ist. Das Stimmrecht kann, auch wenn es grundsätzlich besteht, im Einzelfall ruhen oder ausgeschlossen sein; soweit ein Grund hierfür bisher aus der Person eines Mitgliedes des Vorstandes usw. abzuleiten war (z. B.: das Vorstandsmitglied des beteiligten Unternehmens kann die Stimmrechte seiner Gesellschaft auch nicht in deren Namen ausüben, wenn über seine Entlastung als Aufsichtsratsmitglied des „anderen" Unternehmens Beschluß gefaßt wird!), wird man, wenn § 15 eingreift, künftig allerdings anders zu entscheiden haben. Vgl. dazu auch unten Anm. 6.

§ 15 ist jedoch nicht auf den Fall der Stimmrechtsausübung beschränkt. In den in Absatz 1 aufgeführten Fällen einer Wahl oder Beschlußfassung fließt aus der Beteiligung ggf. auch ein **Anfechtungsrecht** in bezug auf einen gegen die Stimmen des Unternehmens gefaßten Beschluß der Hauptversammlung usw. der Gesellschaft, an der die Beteiligung besteht. Auch bei Ausübung eines solchen Rechtes greift § 15 ein; der Vorstand usw. kann sich daher hier die Rechtsausübung für das von ihm vertretene Unternehmen lediglich offenhalten und muß dies auch tun. Seine Vertretungsmacht bei der Ausübung des Anfechtungsrechts unterliegt hingegen den Einschränkungen des § 15.

Soweit auf den aufgezählten Gebieten **Minderheitsrechte** in Betracht kommen (z. B. nach § 106 Abs. 2—4 AktGes.) fallen auch diese unter § 15.

4. Verwaltungsträger sind sowohl die Mitglieder des zur gesetzlichen Vertretung berufenen Organs als auch die eines Aufsichtsorgans. Nur die **Rechte der Gesellschafter** bzw. der Gesellschafterversammlung **in bezug auf Bestellung, auf deren Widerruf oder auf Entlastung von Verwaltungsträgern,** soweit sie nach anderen Vorschriften bestehen, kommen hier in Betracht. Soweit das andere Unternehmen der Mitbestimmung unterliegt, kommt hier der Vorschrift in besonderem Maße die Bedeutung einer Verhinderung der „Potenzierung" der Mitbestimmung zu. Vgl. oben Anm. 1. Es handelt sich in diesen Fällen um die Unternehmervertreter in Organen des anderen Unternehmens.

Die **Entziehung der Geschäftsführungs- oder der Vertretungsbefugnis des Vollgesellschafters** einer Personalgesellschaft (§§ 117, 127 HBG) wird ebenfalls hierher zu rechnen sein. (Vgl. dazu oben Anm. 2.) Daß die Entziehung nur im Wege der Klage möglich ist, kann nicht als Besonderheit angesehen werden, die etwa der Anwendbarkeit des § 15 entgegenstünde.

5. Bei einer Mitwirkung an der **Beschlußfassung über Auflösung, Verschmelzung oder Umwandlung,** desgl. über die **Fortsetzung nach** beschlossener oder kraft Gesetzes eingetretener **Auflösung** sowie über eine **Übertragung des Vermögens** des anderen Unternehmens handelt es sich um Möglichkeiten der Rechtsausübung, die nach Auffassung des Gesetzgebers über den Rahmen bloßer Geschäftsführungsmaßnahmen hinausgehen. Sie sind vielmehr als typische Eigentümerfunktionen dem Mitbestimmungseinfluß ebenso entzogen wie die Bestellung der Kapitalvertreter in den Leitungs- bzw. Aufsichtsorganen (soweit diese den Gesellschaftern vorbehalten ist!).

Die **Eingehung einer Gewinngemeinschaft** hat § 15 den vorstehend erwähnten Akten nicht gleichgestellt. Darin muß zwar eine Systemwidrigkeit erblickt werden. Da jedoch der Bundestag die in diesem Punkte weitergehende Regierungsvorlage nach ausführlicher Beratung bewußt geändert hat (s. dazu auch Fitting BABl. 56, 510), dürfte Erwägungen über eine rechtsähnliche Anwendung des § 15 auf die der Hauptversammlung nach § 256 AktGes. vorbehaltene Zustimmung der Boden entzogen, die in Abs. 1 enthaltene **Aufzählung** vielmehr als **erschöpfend** anzusehen sein; ebenso Geßler BB 56, 631.

6. Die Regelung des § 15 stellt eine Durchbrechung des Grundsatzes dar, daß die Vertretungsmacht des zur gesetzlichen Vertretung berufenen Organs nur internen Beschränkungen unterliegt; vgl. § 76 AktGes. (Fitting BABl. 56, 509; dagegen zu Unrecht Hueck-Nipperdey II S. 916 N. 118 im Anschluß an Kunze. AuR 56, 261, dessen Argumentation aber mehrfach fehlgeht!) Es fragt sich sogar, ob man angesichts der vom bisherigen Recht grundlegend abweichenden Gestaltung in den Fällen des § 15 überhaupt noch von Vertretungsmacht sprechen kann oder nicht vielmehr eine bloße Botenstellung des Vorstands usw. annehmen muß. Ein Vergleich mit § 93 Abs. 3 S. 2

AktGes. zeigt m. E., daß das Gesetz die Mitglieder des geschäftsführenden Organs nicht zum Stimmboten hat degradieren wollen, wenngleich materiell nicht ihr Wille, sondern derjenige der Mehrheit der Unternehmervertreter im Aufsichtsrat erklärt weden muß, damit die Ausübung des Rechts aus der Beteiligung wirksam ist (so auch Geßler BB 56, 631). Diese Gestaltung läßt die Stellung des Vorstandes usw. eher als diejenige eines Vertreters ohne Vertretungsmacht erscheinen, wenn er — pflichtwidrig, vgl. unten Anm. 10! — die Rechte aus der Beteiligung ohne die Einholung des Aufsichtsratsbeschlusses nach Abs. 1 S. 2 oder nicht in Übereinstimmung mit einem solchen Beschluß geltend macht. Allerdings wird man nach Wortlaut, Sinn und Zweck des § 15 ein solches Verhalten nicht nach § 180 S. 2 BGB beurteilen können. Dies würde zunächst voraussetzen, daß das andere Unternehmen die vom Vorstande seiner Gesellschafterin abgegebene Erklärung daraufhin prüfen könnte, ob sie mit dem Aufsichtsratsbeschluß nach Abs. 1 S. 2 übereinstimmt, was mir schon zweifelhaft erscheint; aber nur dann wäre eine „Beanstandung" der Stimmbefugnis u. dgl. denkbar. Selbst wenn man jedoch ein solches Prüfungsrecht bejahen wollte, so wäre es doch wohl zumindest dann unerträglich, die Zurückweisung der Vorstandserklärung in das Belieben des anderen Unternehmens zu stellen, wenn der die Erklärung nicht deckende Aufsichtsratsbeschluß bereits ergangen ist. § 180 S. 2 i. V. m. § 177 Abs. 2 BGB würde höchstens auf den Fall der Rechtsausübung des Vorstandes vor einer Beschlußfassung des Aufsichtsrats nach Abs. 1 S. 2 passen. Indessen verträgt sich auch dann der Schwebezustand nicht mit dem Erfordernis der sofortigen Klärung des Ergebnisses einer Abstimmung (um die es sich regelmäßig handeln wird). Es kommt hinzu, daß § 15 die Rolle des Aufsichtsrats eindeutig von seinen allgemeinen Kompetenzen — insbes. § 95 Abs. 5 AktGes. (vgl. dazu unten Anm. 8) — abgehoben und damit zum Ausdruck gebracht hat, daß ein von bloßer Zustimmung des Aufsichtsrats abhängiges Vorstandshandeln wegen des meist definitiven Charakters der hier in Betracht kommenden Akte dem Zweck der Vorschrift nicht genügt. Danach wird man wohl anzunehmen haben, daß die **Wirkung einer pflichtwidrigen Geltendmachung von Stimmrechten** durch den Vorstand nicht anders zu berurteilen ist als etwa die Stimmabgabe einer nicht ordnungsmäßig nach § 114 Abs. 4 AktGes. ermächtigten Depotbank: die Stimmabgabe ist ungültig, ihre Einwirkung auf den Beschluß kann jedoch nur in gleicher Weise geltend gemacht werden wie eine sonstige gesetzwidrige Geltendmachung von Stimmrechten, bei der Aktiengesellschaft also im Wege der Anfechtungsklage gegen einen von den unrechtmäßig abgegebenen Stimmen getragenen Hauptversammlungsbeschluß. Im Anfechtungsprozeß eines anderen Aktionärs hingegen wie auch bei gerichtlicher Geltendmachung von Rechten aus der nach § 15 zu beurteilenden Beteiligung muß dann derjenige, der aus der Unwirksamkeit des Vorstandshandelns Rechtsfolgen ableitet, die fehlende Übereinstimmung mit einem Aufsichtsratsbeschluß nach Abs. 1 S. 2 beweisen. Das beteiligte Unternehmen kann seinerseits nur anfechten, wenn ein Vorstand usw. Widerspruch zu Protokoll gegeben hat, wozu er intern verpflichtet ist; die unrechtmäßige Stimmabgabe ist keine Genehmigung des ihretwegen anfechtbaren Beschlusses. In anderen

Fällen kann nur damit geholfen werden, daß die Mehrheit der Unternehmervertreter im Aufsichtsrat des beteiligten Unternehmens an das andere Unternehmen herantritt, um dessen Organe zur Anfechtung des Beschlusses zu bewegen.

Da nicht die eigene Willensbildung des Vorstandes usw. dessen wirksame Stimmabgabe tragen kann, wird bei § 15 die Frage eines Ruhens des Stimmrechts — etwa nach § 114 Abs. 5 AktGes. — auch nicht aus der Person der Vorstandsmitglieder heraus beurteilt werden dürfen. Über den Wortlaut des Aktiengesetzes hinaus wird z. B. sonst angenommen, daß ein Vorstandsmitglied einer Aktiengesellschaft mit den auf deren Aktien entfallenden Stimmen nicht für seine eigene Entlastung stimmen könne. Man wird im Falle des § 15 umgekehrt anzunehmen haben, daß Unternehmervertreter im Aufsichtsrat des herrschenden Unternehmens bei dem Beschluß nach Abs. 1 S. 2 nicht mitwirken können, wenn sie nach dem Gegenstande der Beschlußfassung wegen **Interessenkollision** i. S. des § 114 Abs. 5 AktGes. die Stimmen des Unternehmens nicht führen könnten. Darauf, daß dies etwa doch geschehen ist, könnte eine Anfechtung von Beschlüssen des anderen Unternehmens gestützt werden, die mit den „pflichtgemäß" abgegebenen Stimmen der beteiligten Gesellschaft gefaßt worden sind. In einem solchen Falle müßte die Beschlußfassung nach Abs. 1 S. 2 — ohne die verhinderten stimmberechtigten Mitglieder — wiederholt werden. Erst sie wäre für den Vorstand usw. „verbindlich" vgl. dazu unten Anm. 10! Sollten die nicht verhinderten Unternehmervertreter zur Beschlußfassung nicht in der Lage sein (s. dazu unten Anm. 9) bzw. sollten sämtliche Unternehmervertreter verhindert sein, so würde das Stimmrecht der beteiligten Gesellschaft ruhen, nicht etwa der Vorstand usw. bei der Stimmrechtsausübung frei werden.

7. Vorstand einer Aktiengesellschaft (§ 70 AktGes.), Geschäftsführer einer GmbH (§ 6, 35 GmbHGes.) bzw. Repräsentant oder Grubenvorstand einer bergrechtl. Gewerkschaft (§§ 117, 119 AllgBergges.).

8. Gegenstand der in Abs. 1 vorgesehenen Beschlüsse des Aufsichtsrats des beteiligten Unternehmens ist die **Erteilung bestimmter Weisungen über die Ausübung der Beteiligungsrechte** der Gesellschaft bei den in Abs. 1 erwähnten Beschlußfassungen in der Gesellschafterversammlung des anderen Unternehmens. Eine solche Befugnis liegt außerhalb der normalen Kompetenzen des Aufsichtsrats, der sonst (vgl. § 95 Abs. 5 AktGes.) kein Weisungsrecht gegenüber dem geschäftsführenden Organ hat.

Ein Beschluß muß so bestimmt gefaßt sein, daß insbesondere die Stimmabgabe durch den Vorstand in der Gesellschafterversammlung des anderen Unternehmens in jeder wesentlichen Beziehung festgelegt ist.

9. Die Regelung, die das Gesetz in Abs. 1 S. 2 Halbs. 1 trifft, kann nicht als völlig eindeutig bezeichnet werden. Sicher ist wohl nur, daß allein den Vertretern der Anteilseigner (und bei der qualifizierten Mitbestimmung dem nach §§ 86 ff. AktGes. zu bestellenden „weiteren" Mitgliede — § 4 Abs. 1 Buchst. a MitbG —) materiell ein Stimmrecht zusteht. Das ergibt auch die Entstehungsgeschichte; s. Fitting BABl. 56, 509. Da also die Entscheidung in jedem Falle von einer Minderheit aller Mitglieder zu treffen ist, erscheint es nicht sinnvoll, daß die übrigen Mitglieder sich an der Abstimmung

überhaupt beteiligen, wenngleich der Wortlaut des Gesetzes dies zumindest nicht ausschließt; jedenfalls spielen aber ihre Stimmen bei der Feststellung des Abstimmungsergebnisses keine Rolle, so daß deren Abgabe nur Akklamation oder Protest in bezug auf die **Mehrheitsentschließung der** hier ausschlaggebenden **Unternehmerseite** bedeuten kann. Vgl. dazu Geßler BB 56, 631, der die Bedeutung dieser Gesetzesstelle mit den Worten wiedergibt: „Es kommt allein darauf an, wofür sich die Mehrheit der an der Beschlußfassung teilnehmenden Aufsichtsratsmitglieder der Anteilseignerseite einsetzt." Der Gesetzeswortlaut könnte insoweit vielleicht irreführen, was besonders deutlich wird, wenn man sich den notwendigen Inhalt der zu fassenden Beschlüsse vor Augen hält; s. darüber oben Anm. 8 Diese Beschlüsse bestehen nämlich nicht etwa in der Billigung eines Vorgehens des Vorstandes, die vom Aufsichtsrat auch mit der normalen Stimmenmehrheit und nur hilfsweise — wenn sie auf jenem Wege nicht zu erreichen ist — schon mit der Mehrheit der Stimmen der Anteilseignerseite erteilt werden könnte. Der Beschluß muß vielmehr eine dezidierte Anweisung an den Vorstand enthalten, zu der es auch fast stets mehrere Alternativen gibt, und diese gestaltende Beschlußfassung **bedarf** der Mehrheit der Stimmen der Unternehmerseite; das „nur" ist dabei in dem doppelten Sinne zu verstehen, daß es einmal die in dem Gesagten liegende Abweichung von der sonst gegebenen Rechtslage unterstreicht und zum andern die Unerheblichkeit einer sich etwa bildenden anderen Mehrheit für einen abweichenden Beschlußinhalt statuiert. Das Prinzip der Stimmenmehrheit im Sinne der Maßgeblichkeit der Mehrheit aller Stimmen ist also hier ausgeschaltet. Eine andere **Frage** ist es, **wonach** die für allein maßgeblich erklärte **Minderheitsmehrheit" zu berechnen ist.** Ihre Beantwortung ist mit der weiteren Frage verknüpft, ob Abs. 1 S. 2 etwa der Begriff einer spezifischen Beschlußfähigkeit innewohnt. Sicher ist nämlich, daß in Angelegenheiten des § 15 der — nach allgemeinen Vorschriften — beschlußfähige Aufsichtsrat u. U. beschlußunfähig sein kann (wenn nämlich — vgl. § 10 MitbG u. § 11! — alle Mitglieder des vollständig besetzten Aufsichtsrats mit Ausnahme der ganzen Anteilseignerseite „teilnähmen"). Ebenso sicher scheint mir aber zu sein, daß die nicht der Anteilseignerseite angehörenden Aufsichtsratsmitglieder unmöglich Beschlüsse nach § 15 durch ihre Abwesenheit verhindern könnten. Sämtliche der Anteilseignerseite angehörenden Aufsichtsratsmitglieder müssen vielmehr notfalls für sich allein einen Weisungsbeschluß nach Abs. 1 fassen können, obwohl sie im Sinne der allgemeinen Vorschriften keinen beschlußfähigen Aufsichtsrat darstellen. Gewiß könnte man wohl eine Pflicht des elften (bzw. fünfzehnten oder einundzwanzigsten) Mitgliedes konstruieren, sich einer Sabotageaktion gegen Beschlüsse nach § 15 nicht anzuschließen. M. E. bedarf es dieser Konstruktion aber nicht einmal, um zu gewährleisten, daß das hier den der Anteilseignervertreter vorbehaltene Recht zur maßgeblichen Gestaltung des Inhalts der Weisung auch verwirklicht werden kann. Die rechtssystematische Grundlage hierfür ist aber die Erkenntnis, daß für § 15 nicht nur das Stimmrecht der anderen Aufsichtsratmitglieder, sondern auch eine — nur mit der Vorstellung der Stimmberechtigung aller Mitglieder gedanklich zu vereinbarende — allgemeine Beschlußunfähigkeit keine Rolle spielen kann. Das bedeutet also zunächst, daß von Beschlüssen des Aufsichtsrats hier nur in dem Sinne die Rede sein kann, als auch den bei § 15 nicht stimmberechtigten Aufsichtsratsmitgliedern gleichwohl ein Mitberatungsrecht zusteht. Daraus folgt dann, daß die von Abs. 1 S. 2 für allein maßgeblich erklärte **Willensbildung der Anteilseignerseite in Sitzungen des gesamten Aufsichtsrats** unter Beachtung der dafür vorgeschriebenen **Förmlichkeiten** bzw. in schriftlichen Abstimmungen, denen kein Aufsichtsratsmitglied widersprochen hat, herbeizuführen ist; vgl. § 92 Abs. 2 u. 3 AktGes. Einberufungs- und Teilnahmerecht (§§ 93, 94 AktGes.) bleiben ebenfalls unberührt. Hingegen kann eine **Verantwortlichkeit** für die von der Anteilseignerseite beschlossenen Weisungen (§§ 99, 84 AktGes.) die anderen Aufsichtsratsmitglieder nur in den Grenzen treffen, in denen eine in der Minderheit gebliebene Aufsichtsratsgruppe haftbar sein kann: den nicht zur Anteilseignerseite gehörenden Mitgliedern obliegt hier immerhin die Pflicht, ihren Rat und ihre etwaigen Bedenken zu äußern, und bei Verletzung dieser Pflicht könnte u. U. bewiesen werden, daß die Pflichtverletzung für das Zustandekommen sachwidriger oder sonst unzweckmäßiger Beschlüsse ursächlich gewesen ist; allerdings wird ein solcher Nachweis hier womöglich noch seltener gelingen können als im Falle eines überstimmten stimmberechtigten Mitglieds, das mit nur ihm bekannten schwerwiegenden Bedenken gegen den von der Mehrheit gefaßten Beschluß zurückgehalten hat.

Geht man hiervon aus, so wird sich zu der Frage, ob und in welchem Sinne eine **spezifische Beschlußfähigkeit des Aufsichtsrats in Fällen des § 15** anzunehmen ist und wie die maßgebliche „Minderheitsmehrheit" zu berechnen ist, folgendes sagen lassen:

a) Es kann schwerlich geboten sein, daß alle der Anteilseignerseite angehörenden Mitglieder an der Beschlußfassung nach Abs. 1 teilnehmen; denn die Beschlußfassung ist eine solche des Aufsichtsrats, und es ist kein Grund dafür ersichtlich, daß ein einzelnes Mitglied der Anteilseignerseite es in der Hand hätte, das gesetzliche Erfordernis des Mehrheitsbeschlusses — praktisch — in ein solches der Einstimmigkeit zu verwandeln. Die Möglichkeit, eine Beschlußfassung zu verhindern, kann höchstens der Mehrheit aller Angehörigen der Anteilseignerseite zugestanden werden. Dies spräche dafür, zur Beschlußfähigkeit des Aufsichtsrats in Angelegenheiten des § 15 die Teilnahme von mindestens der Hälfte der nach Abs. 1 S. 2 stimmberechtigten Mitglieder zu fordern. Ob das geboten ist, kann nur die Wertung des bei Nichtaufstellung eines solchen Postulats möglichen Ergebnisses zeigen, daß ein einziger Angehöriger der Anteilseignerseite nach Abs. 1 gültige Weisungen beschließen könnte. Man wird diese Möglichkeit nicht etwa deshalb als Sinn des Gesetzes verteidigen dürfen, weil andernfalls ein in sonstigen Angelegenheiten **beschlußfähiger Aufsichtsrat für Weisungsbeschlüsse nach § 15** notwendigerweise **beschlußunfähig** wäre. Diese Lage kann nämlich auch dann eintreten, wenn unzweifelhaft die Voraussetzung des Abs. 1 S. 2 nicht erfüllt werden kann, weil nämlich der Aufsichtsrat zeitweilig nur aus der Arbeitnehmerseite und dem Elften (bzw. Fünfzehnten) Mitglied besteht. Er wäre dann, allgemein gesehen, beschlußfähig, ohne jedoch Weisungen nach § 15 beschließen zu können. Ist mithin diese Anomalie schlechthin unvermeidlich, so spricht angesichts der jederzeit gegebenen Möglichkeit, Aufsichtsratsmitglieder der Anteilseignerseite (an Stelle weggefallener) durch Nachwahlen oder nach § 89 Abs. 3 i. V. m. Abs. 4 Nr. 2 AktGes. zu bestellen, nahezu nichts mehr dafür, einen Weisungsbeschluß zuzulassen, an dessen Zustandekommen nur ein einziges nach Abs. 1 S. 2 stimmberechtigtes Aufsichtsratmitglied teilgenommen hat. Mit einer solchen rechtlichen Möglichkeit würde sich nämlich zunächst einmal die Folge verbinden, daß die persönliche Verantwortung des einzigen Stimmberechtigten für eine gesellschaftsschädigende Auswirkung seiner Weisungen nahezu unausweichlich wäre, was eine kaum zumutbare Belastung für das Mitglied eines Kollegialorgans darstellt, zumal man zweifeln könnte, ob demgegenüber Stimmenthaltung ein tauglicher oder auch nur zulässiger Ausweg wäre. Zum andern würde wohl aus psychologischen Gründen infolge der vorgesehenen Beratung mit den übrigen — nicht stimmberechtigten — Aufsichtsratsmitgliedern die Verwirklichung der aus § 15 abzulesenden gesetzgeberischen Absicht stärker gefährdet sein, als es sich der Gesetzgeber vorgestellt hat. Und schließlich würde die gedachte Möglichkeit überhaupt wenig dazu passen, daß sonst das Gesetz bei einer vom Aufsichtsrat ausgehenden Willensäußerung eine Teilnahme von mindestens dreien seiner Mitglieder fordert, damit sie als Aufsichtsratsbeschluß anerkannt wird. Daß die Zahl der wirklich abstimmenden Personen geringer sein kann, ist zwar zuzugeben, aber auf die Sonderfälle der Verhinderung wegen Interessenkollision und der Stimmenthaltung beschränkt. Wägt man dies alles gegenüber der bei strengen Anforderungen drohenden Gefahr des Ausbleibens rechtzeitiger Weisungen, so erscheint letztere angesichts der meist längere Zeit im voraus übersehbaren Notwendigkeit, vor herannahenden Gesellschaftsversammlungen Vorsorge für die Ausübung der Gesellschaftsrechte zu treffen, relativ gering. Hiernach dürfte für Beschlüsse nach Abs. 1 eine „Beschlußfähigkeit" der „Unternehmerseite" analog § 10 MitbG, § 11 zu fordern sein.

b) Geht man demgemäß davon aus, daß dem Institut des § 15 Abs. 1 seinem Zweck nach das Erfordernis einer spezifischen Beschlußfähigkeit innewohnt und deren Voraussetzung in der **Teilnahme von mindestens der Hälfte der von Unternehmerseite zu bestellenden Aufsichtsratsmitglieder** zu sehen ist, so kann auch die Frage, ob die in Abs. 1 S. 2 vorgeschriebene Mehrheit nach der Zahl der vorgeschriebenen, der vorhandenen, der an der Be-Beschlußfassung teilnehmenden oder der abstimmenden Aufsichtsratsmitglieder (mit Stimmberechtigung i. S. dieser Vorschrift!) zu berechnen ist, ebenfalls unschwer beantwortet werden. Das Erfordernis der Mehrheit der vorgeschriebenen Angehörigen der Unternehmerseite (sie wird anscheinend von Fitting BABl. 56, 509 N. 39 als maßgebend angesehen) würde angesichts des entwickelten Erfordernisses der spezifischen Beschlußfähigkeit der funktionellen Bedeutung entbehren, die es sonst haben könnte. Es kommt hinzu, daß bei Teilnahme lediglich der zur Beschlußfähigkeit erforderlichen Mindestzahl jedem der dann an der Beschlußfassung mitwirkenden Teilnehmer eine übergroße Rechtsmacht zuteil würde, da schon mit einer Stimme die Erreichung jener Mehrheit zu verhindern wäre. Auch für die Mehrheit der vorhandenen Angehörigen der Unternehmerseite wird man sich schwerlich entscheiden können, obwohl der Gesetzeswortlaut für diese Auslegung spräche. Das Erfordernis dieser Mehrheit würde im Regelfall nur dann selbständige Bedeutung gegenüber der soeben behandelten und der nächsten Alternative (Mehrheit der teilnehmenden stimmberechtigten Anteilseignervertreter!) zukommen, wenn weniger als die erforderliche, aber mehr als die zur Beschlußfähigkeit ausreichende Zahl von Angehörigen der Unternehmerseite vorhanden wären und nicht alle Vorhandenen teilnähmen. Auch hier würde aber der einzelne Teilnehmer an der Beschlußfassung in dem oder den Abwesenden gewissermaßen Stimmhelfer zur Seite haben, die seiner Stimme eine übergroße Rechtsmacht geben würden. Zumindest für den Elfer-Aufsichtsrat läge dies auf der Hand, denn die Mehrheit von vier vorhandenen Stimmberechtigten wäre drei, so daß sie in dem gedachten Falle nur bei Einstimmigkeit der Teilnehmenden erreicht werden könnte. Demgegenüber stellt sich die **Mehrheit der stimmberechtigten Teilnehmer** hier für die natürliche Auffassung als das geeignete Postulat dar. Zwar wird im allgemeinen von der Mehrheit der abgegebenen Stimmen ausgegangen, wobei Stimmenthaltungen nicht berücksichtigt werden. Man muß sich aber vor Augen halten, daß im Falle des § 15 Abs. 1 eine **Stimmenthaltung** eine andere Bedeutung hat als etwa bei der Erteilung oder Versagung einer Zustimmung oder auch bei der Bestellung etwa eines Vorstandsmitgliedes. In den letzterwähnten Fällen besagt die Stimmenthaltung nämlich lediglich, daß der Entscheidung für „ja" oder „nein" in einer bestimmten Frage ausgewichen wird. Bei § 15 Abs. 1 **gibt es** hingegen eine derartige Entscheidung **nicht,** so daß pflichtgemäß überhaupt nicht Stimmenthaltung geübt werden kann. Vielmehr muß jeder Stimmberechtigte sich zu einer Meinung darüber durchringen, welche Weisung zu erteilen ist; diese **Weisung kann u. U. lauten, daß** der **Vorstand** seinerseits **Stimmenthaltung üben solle;** immer aber muß ein stimmberechtigtes Aufsichtsratsmitglied seine Stimme für eine bestimmte Weisung an den Vorstand zu geben und dann konsequenterweise gegen jede andere Weisungserteilung stimmen. Das schließt es aus, die nach Abs. 1 S. 2 erforderliche Mehrheit nach der Zahl der abgegebenen Stimmen im Sinne einer Nichtberücksichtigung von Stimmenthaltungen — d. h. hier von dem Verzicht einzelner Stimmberechtigter auf die Abgabe einer selbständigen Stellungnahme — zu berechnen. Deshalb ist grundsätzlich Geßler (BB 56, 631) zuzustimmen, wenn er die **Mehrheit der an der Beschlußfassung teilnehmenden, zur Unternehmerseite gehörigen Aufsichtsratsmitglieder** für **ausreichend und erforderlich** hält; allerdings muß hinzugefügt werden, daß außerdem die Teilnahme von mindestens der Hälfte der vorgeschriebenen Angehörigen der Unternehmerseite zu fordern ist.

Nach dem Gesagten kann es vorkommen, daß sich **keine Mehrheit** der stimmberechtigten Aufsichtsratsmitglieder **für eine Weisung bestimmten Inhalts** findet. Besteht Stimmengleichheit oder würde zu jedem Weisungsvorschlag, der zur Abstimmung gestellt wird, etwa das Stimmenverhältnis 3 : 1 oder 2 : 1 im Sinne der Ablehnung des Vorschlags lauten, so ist kein Beschluß zustandegekommen, und der Vorstand usw. kann die Rechte der Gesellschaft aus der Beteiligung nicht wahrnehmen. Vereinigen sich auf einen Vorschlag zwei Stimmen, so ist der Beschluß beim Elfer-Aufsichtsrat im Falle der Teilnahme der zur Beschlußfähigkeit erforderlichen Mindestzahl von Stimmberechtigten zustandegekommen, während sich bei Teilnahme aller Stimmberechtigten sowie beim Fünfzehner- (und Einundzwanziger-)Aufsichtsrat die Frage erhebt, ob die **relative Mehrheit** genügen kann. M. E. wird man sie hier aus der Natur der Sache heraus bejahen müssen. Andernfalls wäre wohl zu befürchten, daß allzu selten ein Weisungsbeschluß zustande kommen würde.

10. Die **Verbindlichkeit des Beschlusses bedeutet** nicht nur, daß der Vorstand usw. nicht anders als im Sinne des Beschlusses wirksam über das aus der Beteiligung der Gesellschaft fließende Recht verfügen kann, sondern auch — und zwar in erster Linie —, daß er positiv die ihm erteilte Weisung befolgen muß. Sieht ein Vorstandsmitglied sich hierzu nach seiner pflichtgemäß gewonnenen Überzeugung außerstande, so wird er äußerstenfalls sein Amt so rechtzeitig niederlegen müssen, daß der Aufsichtsrat — u. zw. falls kein zur Ausführung der beschlossenen Weisung bereites und zur Vertretung befugtes Mitglied des geschäftsführenden Organs vorhanden ist, durch Neubestellung eines Vorstandes — noch zu dem Zeitpunkt, für den die Ausführung der Weisung aktuell wird, Vorsorge treffen kann. Die Frage, ob der Vorstand usw. wegen der erhaltenen Weisung an die Gesellschafterversammlung appellieren kann, ist m. E. zu bejahen; § 103 Abs. 2 AktGes. muß insoweit als arg. a fortiori angesehen werden. Ob darüber hinaus, soweit das beteiligte Unternehmen keine Aktiengesellschaft ist, die Gesellschafterversammlung das Weisungsrecht an sich ziehen kann, wird im gleichen Sinne zu beantworten sein: gerade der Mitbestimmungseinfluß leidet dabei weniger Einbuße als sonst. — Der Vorstand usw. haftet für die Erfüllung der ihn hiernach treffenden Pflichten nach allgemeinen Grundsätzen.

11. Die Schranke, die § 15 zum Schutz der Eigentümerinteressen zieht, ist zu einschneidend, um sie auch jeder noch so geringfügigen Beteiligung des mitbestimmten Unternehmens zugute kommen zu lassen. Deshalb bestimmt Abs. 2, daß die Regelung des Abs. 1 **nur** bei **Beteiligungen** Platz greift, **die mindestens „ein Viertel“** erreichen. Normalerweise decken sich bei Kapitalgesellschaften der Nennbetrag der Beteiligung (in seinem Verhältnis zum Gesamt-Nennkapital) und der Anteil an den insgesamt vorhandenen Stimmen. Da es bei § 15 auf die Ausübung des Stimmrechts primär ankommt, ist jedoch in anderen Fällen (z. B. bei Mehrstimmrechten, bei Personalbeteiligungen) **auf den Stimmanteil abzustellen.**

Soweit Abs. 1 keine Anwendung findet, bewendet es bei den allgemeinen Vorschriften. Bei Aktiengesellschaften bedeutet dies hinsichtlich der Klein-Beteiligungen, daß die Ausübung der Anteilsrechte als Geschäftsführungsmaßnahme vom Aufsichtsrat — geschweige denn von dessen Unternehmerseite — nicht an sich gezogen werden kann. Der Aufsichtsrat kann zwar die Ausübung von Beteiligungsrechten an seine Zustimmung binden (§ 95 Abs. 5 AktGes.); die entgegen solcher Bindung vorgenommene Rechtsausübung ist jedoch nur pflichtwidrig (u. U. Grund zur Abberufung des Vorstandes!), hingegen voll wirksam.

§ 16[1]

(1) Bestimmungen der Satzung (des Gesellschaftsvertrags)[2] des herrschenden Unternehmens[1] über die Zusammensetzung der Verwaltungsträger[2] sowie ihre Bestellung[2] und den Widerruf ihrer Bestellung[2] treten mit Beendigung der ersten Hauptversammlung (Gesellschafterversammlung, Gewerkenversammlung)[3] außer Kraft[4], die nach Ablauf von zwei aufeinanderfolgenden Geschäftsjahren, in denen die Voraussetzungen des § 3 eingetreten oder weggefallen sind[4], abgehalten wird[3], spätestens jedoch mit Ablauf von sieben Monaten nach dem Ende des letzten dieser beiden Geschäftsjahre[3]. Dies gilt jedoch nur, soweit die Satzung wegen der Anwendung dieses Gesetzes geändert werden muß. Eine Hauptversammlung, die innerhalb dieser Frist stattfindet, kann mit einfacher Stimmenmehrheit neue Bestimmungen anstelle der außer Kraft tretenden beschließen[5].

(2) Das Amt der bisherigen Aufsichtsratsmitglieder des herrschenden Unternehmens erlischt mit dem in Absatz 1 Satz 1 bezeichneten Zeitpunkt[6].

1. § 16 hat — anders als § 15 — zur Voraussetzung (vgl. Anm. 1 u. 4 zu § 1), daß ein herrschendes Unternehmen i. S. des § 1 vorliegt. Die Anwendung der Vorschrift kommt also ebenso wie die des § 3, auf den § 16 Bezug nimmt, nur in Betracht, wenn ein herrschendes Unternehmen mindestens ein mitbestimmtes Konzernunternehmen auf Grund eines Organschaftsverhältnisses beherrscht. Der Wegfall dieser „Voraussetzung des § 3" kann daher niemals zur Anwendung des § 16 führen, da dann zugleich die rechtliche Grundlage für letztere Vorschrift entfällt. Wird also die Vereinbarung über das einzige (bzw. letzte!) Organschaftsverhältnis zu einem mitbestimmten Konzernunternehmen aufgehoben, so handelt es sich in Wahrheit nicht um den Wegfall der „**Voraussetzungen des § 3**", sondern um den des Tatbestandes des § 1, von dem die Anwendbarkeit aller auf die Mitbestimmungsform der Obergesellschaft bezüglichen Vorschriften des Mitbestimmungsergänzungsgesetzes überhaupt abhängt. Infolgedessen kann ein nach §§ 5—13 gebildeter Aufsichtsrat der Obergesellschaft nach Aufhebung des letzten Organschaftsverhältnisses, das den Tatbestand des § 1 begründet hatte, nicht länger als nach allgemeinen Grundsätzen im Amte bleiben; es wäre widersinnig, nach dem Eintritt des Ereignisses, das der Anwendung des Mitbestimmungsergänzungsgesetzes überhaupt den Boden entzieht, noch zwei Jahre verstreichen zu lassen, bevor man die Konsequenzen aus diesem Ereignis zieht: die Aushöhlung der qualifizierten Mitbestimmung in den unter § 1 MitbG fallenden Konzernunternehmen kann infolge Wegfalls der Organschaftsverhältnisse nicht mehr eintreten. (Ebenso ist der Fall zu beurteilen, daß das letzte von der Obergesellschaft organschaftlich beherrschte Konzernunternehmen wegen Veränderung seines Betriebszwecks nicht mehr unter § 1 MitbG fällt, z. B. ein bisheriges Bergbauunternehmen aus der Bergaufsicht ausscheidet.) Der Ansicht von Geßler (BB 56, 631), der § 16 auch auf den **Wegfall der Eigenschaft einer Gesellschaft, „herrschendes Unternehmen" i. S. des**

§ 1 zu sein, anwenden will, kann daher nicht zugestimmt werden. § 16 kann aber auch in dem von Geßler nicht erörterten **Fall** keine Anwendung finden, daß die „Voraussetzungen des § 3" dadurch wegfallen, **daß das herrschende Unternehmen** — infolge Wechsels seines „eigenen" überwiegenden Betriebszwecks — nach anfänglicher Geltung der §§ 3, 5—13 **unter § 2 fällt** und dann eine §§ 4—13 MitbG entsprechende Organisation seiner Verwaltungsorgane erhalten muß. Auch hiermit so lange zu warten, wie § 16 vorsieht, wäre widersinnig und stünde auch mit §§ 1, 14 MitbG in Widerspruch, aus denen nur abgeleitet werden kann, daß die Umorganisation so bald wie möglich Platz greifen soll.

Den beiden vorstehend erörterten Fällen wird man aus den dargelegten Gründen nur gerecht werden können, wenn man auf sie nicht § 16, sondern die Grundsätze anwendet, die nach h. M. außerhalb des in § 16 geregelten Bereichs bei Änderungen in den Verhältnissen einer Gesellschaft gelten, von denen die Zusammensetzung ihrer Organe abhängt. Nach diesen Grundsätzen wirken sich Änderungen der erwähnten Art auf die Zusammensetzung des Aufsichtsrats zwar nicht automatisch und sofort aus, führen aber dazu, daß das Amt der bisherigen Aufsichtsratsmitglieder spätestens — nämlich in Ermangelung einer früheren Abberufung — mit Beendigung der nächsten Gesellschafterversammlung erlischt, die über die Entlastung der Verwaltungsträger für das Geschäftsjahr zu beschließen hat, in dem die Veränderung eingetreten ist; vgl. dazu Schlegelberger-Quassowski Anm. 5 Abs. 2 zu § 86 AktGes.; Godin-Wilhelmi Anm. 3 zu § 86 AktGes. Die abweichende Ansicht von (Gadow-)W. Schmidt (Anm. 3 zu § 86 AktGes.), nach welcher der Aufsichtsrat trotz Änderung der für seine Zusammensetzung maßgeblichen Verhältnisse noch bis zum Schluß der laufenden Wahlperiode im Amte bleiben könne, wird man bei einer Änderung in den Voraussetzungen der Mitbestimmungsform um so weniger billigen können, als die maßgebliche Mitbestimmungsform nach dem Zweck der in Betracht kommenden Gesetze ersichtlich im allgemeinen möglichst rasch verwirklicht werden soll. (Vgl. dazu § 14 MitbG u. § 89 BVG!)

Demgegenüber muß die Sondernorm des § 16 auf den Bereich beschränkt bleiben, aus dessen Eigenart heraus sie zu erklären ist. Dieser Bereich beschränkt sich auf die Fälle, in denen über die bei einem herrschenden Unternehmen i. S. des § 1 geltende Mitbestimmungsform der überwiegende Unternehmenszweck des Konzerns, manifestiert in der nach § 3 Abs. 2 maßgeblichen Umsatzrelation entscheidet. Die Regelung des § 16 beruht nämlich in ihrem sachlichen Gehalt allein auf der Erkenntnis der im Verhältnis zu anderen Voraussetzungen der Mitbestimmungsform größeren Labilität jenes Kriteriums. Unter den „Voraussetzungen des § 3", auf die § 16 abstellt, sind daher die spezifischen — nach § 4 zu ermittelnden — Voraussetzungen des § 3 Abs. 2 zu verstehen, wenn anders man unter § 16 nicht Fälle begreifen will, auf die diese Vorschrift sachlich überhaupt nicht paßt. Unter § 16 fällt daher primär nur die grundlegende **Veränderung des Umsatzverhältnisses** in einem nach § 3 zu beurteilenden Konzern, das schon einmal für die Form der Mitbestimmung in dem herrschenden Unternehmen dieses Konzerns bestimmend gewesen ist. Tritt nunmehr eine Umkehrung der bisherigen Relation ein, so soll dies im ersten Geschäftsjahr noch keinen Wechsel in der

Mitbestimmungsform zur Folge haben, sondern sich erst dann auf die Organisation der Verwaltungsträger auswirken, wenn die neue Relation auch im darauf folgenden Jahr festgestellt wird und damit eine gewisse Konstanz bewiesen hat. Man wird allerdings nicht so weit gehen können, das Prinzip des § 16 auf Fälle konjunktureller oder kostenmäßiger Schwankungen zu beschränken, wo seine Berechtigung besonders einleuchtet. Vielmehr fallen auch solche Veränderungen des Umsatzverhältnisses unter § 16, die bei gleichbleibender Konjunktur und Kostenlage deshalb eine Umkehrung der Umsatzrelation ergeben, weil etwa Fertigungen neu aufgenommen wurden oder zum Erliegen gekommen sind. Darüber hinaus wird man § 16 dann anzuwenden haben, wenn sich das Umsatzverhältnis infolge Ausscheidens oder Hinzutretens von Konzerngesellschaften umkehrt — sei es nun, daß sich der Bereich des Konzerns insgesamt verschiebt, sei es, daß in der Gruppierung der Konzerngesellschaften unter dem Gesichtswinkel des § 3 Abs. 2 ein Wechsel eintritt. In allen diesen Fällen besteht auch keinerlei Zweifel an der Berechnung der in § 16 aufgestellten Fristen. Die zwei aufeinanderfolgenden Geschäftsjahre sind eindeutig fixiert; während ihrer Dauer (und längstens sieben Monate darüber hinaus!) bleibt diejenige Mitbestimmungsform in Kraft, die mindestens während der nächsten beiden Geschäftsjahre nicht mehr gilt — mag dies nun die der §§ 5—13 oder die des § 76 BVG sein; ein anderer Wechsel kommt in diesem eigentlichen Bereich des § 16 nicht in Betracht.

Etwas anders liegt es hinsichtlich der erstmaligen Anwendung der Kriterien des § 3. Wenn Geßler (BB, 56, 631) die Entstehung oder den Wegfall der Eigenschaft, „herrschendes Unternehmen" i. S. des § 1 zu sein, nach § 16 beurteilt wissen will, so wird ihm für den Fall der Entstehung dieser Eigenschaft (anders als für den oben Abs. 1 u. 2 d. Anm. behandelten Fall ihres späteren Wegfalls!) zwar grundsätzlich zugestimmt werden müssen. Wird z. B. erstmals nach Inkrafttreten des Mitbestimmungsergänzungsgesetzes zwischen Muttergesellschaft und mitbestimmter Tochtergesellschaft ein Organschaftsverhältnis i. S. des § 1 vereinbart, und kommt es infolgedessen nach § 3 für die Mitbestimmung in dem — nunmehr i. S. des § 1: — „herrschenden Unternehmen" auf den überwiegenden Unternehmenszweck des Konzerns an, so wird man allerdings mit Geßler a. a. O. anzunehmen haben, daß ein solcher Fall nicht nach § 21 Abs. 2 beurteilt werden kann. Vielmehr muß dann § 16 Platz greifen, weil kein Grund ersichtlich ist, hier von der nach dieser Vorschrift zu fordernden Konstanz des Umsatzverhältnisses abzusehen; § 21 Abs. 2 trägt demgegenüber Ausnahmecharakter und kann nicht erweiternd ausgelegt werden. Es ist aber nicht einzusehen, daß in einem solchen Falle erst die beiden Geschäftsjahre maßgebend sein sollen, die auf das Geschäftsjahr folgen, in das die Entstehung des Organschaftsverhältnisses zu dem mitbestimmten Konzernunternehmen fällt (so Geßler a. a. O.). Vielmehr muß schon für das Geschäftsjahr, in welchem das Mitbestimmungsergänzungsgesetz kraft Vollendung des Tatbestandes seines § 1 anwendbar wird, nach §§ 3, 4 das maßgebliche Umsatzverhältnis erstmals ermittelt werden. Dies allein ist sowohl mit dem Grundgedanken des § 16 als auch mit dem allgemeinen Zweck des Gesetzes zu vereinbaren (den Geßler selbst a. a. O. S. 630 zur Rechtfertigung der sehr viel weniger praktikablen Lösung heranzieht, zu der § 21 Abs. 1, 3 nötigt; vgl. dazu Anm. 8 zu § 21!). Die Obergesellschaft ist nämlich nach Begründung des Organschaftsverhältnisses „herrschendes Unternehmen", und ich wüßte nicht, was nach Ablauf des Geschäftsjahres, in dem sich dieser Tatbestand verwirklicht hat, von dem Zwang zur Feststellung des Umsatzverhältnisses nach § 4 befreien sollte. Die von § 16 geforderte mindestens **zweijährige Konstanz des Umsatzverhältnisses** kommt ggf. auch genau so gut zum Ausdruck, wenn man die Feststellung nach dem ersten Geschäftsjahr beginnt, in welchem von einem „herrschenden Unternehmen" gesprochen werden kann, wie wenn man den Beginn der Feststellung ein Jahr hinausschiebt. Letzterem steht auch die Ratio des Gesetzes entgegen, das die „Aushöhlung" der qualifizierten Mitbestimmung durch das Organschaftsverhältnis ausgeglichen wissen will, wofern die spezifische Voraussetzung des § 3 hinlänglich konstant gegeben ist. Diese Tendenz des Gesetzes muß allerdings darin ihre Schranke finden, daß die in § 4 vorgesehene Frist zur Feststellung des Umsatzverhältnisses nicht mit der Ermittlungsarbeit für mehr als ein Jahr belastet werden kann; sonst wäre es sogar nötig, den Unternehmenszweck des Konzerns alsbald für die Dauer der letzten zwei Jahre zu bestimmen, was aber aus dem erwähnten Grunde nicht angeht. Das „herrschende Unternehmen" behält also in der Zeit bis zur Feststellung des Umsatzverhältnisses für das nächste Geschäftsjahr nach Inkrafttreten des Organschaftsverhältnisses den bisherigen Aufsichtsrat. — Mutatis mutandis ebenso wie der vorstehende Fall, in welchem eine Feststellung nach § 4 infolge Neuentstehung eines „herrschenden Unternehmens" erstmals erforderlich wird, muß der andere (wahrscheinlich ungleich seltenere!) Fall behandelt werden, daß die Beurteilung eines „herrschenden Unternehmens" i. S. des § 1 auf Grund der §§ 3, 4 deshalb nach Inkrafttreten des Mitbestimmungsergänzungsgesetzes zum erstenmal in Betracht kommt, weil bei dem Unternehmen zunächst die Voraussetzungen des § 2 vorlagen, infolge Änderung seines „eigenen" überwiegenden Betriebszwecks aber weggefallen sind. Auch dann kommt es für die Mitbestimmungsform in einer solchen Obergesellschaft künftig auf die spezifische Voraussetzung des § 3, den sich im Umsatzverhältnis der beiden Gruppen der Konzernunternehmen niederschlagenden überwiegenden Unternehmenszweck des Konzerns, an. Daß auch in diesem Falle nach dem Grundsatz des § 16 eine mindestens zweijährige Konstanz des Umsatzverhältnisses zu fordern ist, wirkt sich hier zugunsten der qualifizierten Mitbestimmung aus. Zwar muß auch hier nach § 4 erstmalig für das Jahr, in dem die Voraussetzungen des § 2 weggefallen (und damit insofern die des § 3 eingetreten!) sind, die erste Feststellung des Umsatzverhältnisses getroffen werden. Es liegt dann aber durchaus im Sinne des Mitbestimmungsergänzungsgesetzes, welches einen häufigen Wechsel der Mitbestimmungsform tunlichst vermeiden will, anzunehmen, daß nicht unter allen Umständen alsbald ein neuer Aufsichtsrat nach § 76 BVG gebildet werden und das Amt des Arbeitsdirektors wegfallen muß. Dies braucht vielmehr nur zu geschehen (u. zw. dann normalerweise in der Hauptversammlung, die über die Entlastung der Verwaltungsträger für das Jahr zu entscheiden hat, in welchem die Voraussetzungen des § 2 entfallen sind!), wenn nicht mehr damit gerechnet werden kann, daß der Unternehmenszweck des Konzerns mit der aus § 16 abzuleitenden — mindestens zweijährigen — Konstanz durch die unter das Mitbestimmungsgesetz fallenden Konzernunternehmen gekennzeichnet wird. Demgemäß muß das herrschende Unternehmen seine Verwaltungsträger — gemäß § 14 — nur dann nach dem Betriebsverfassungsgesetz organisieren, wenn entweder schon für das Geschäftsjahr, in dem die Voraussetzungen des § 2 weggefallen sind, oder für das nächstfolgende Geschäftsjahr kein § 3 Abs. 2 entsprechendes Umsatzverhältnis festgestellt wird. Andernfalls endet das Amt des nach §§ 4 ff. MitbG gebildeten Aufsichtsrats analog § 16 erst spätestens sieben Monate nach Ablauf des zweiten dieser beiden Geschäftsjahre, und die qualifizierte Mitbestimmung wird dann unmittelbar in die paritätische Mitbestimmung der §§ 5—13 übergeleitet. Bei gegenteiliger Entscheidung könnte es vorkommen, daß innerhalb von drei Geschäftsjahren drei verschiedene Mitbestimmungsformen gelten würden.

2. Soweit Satzungsbestimmungen mit zwingenden gesetzlichen Vorschriften in Widerspruch stehen, sind sie grundsätzlich unwirksam. Insoweit enthält Abs. 1 eine Einschränkung der Geltungskraft des Gesetzes bzw. eine materielle Ergänzung zu § 3: der Unternehmenszweck des Konzerns wird in Wahrheit — regelmäßig — erst dann durch die unter § 1 MitbG fallenden Konzernunternehmen gekennzeichnet, wenn das in § 3 Abs. 2 beschriebene Verhältnis in zweijähriger Konstanz das Übergewicht dieser Konzernunternehmen dokumentiert.

3. Es zählt nur eine solche Gesellschafterversammlung, die nach zweijährig-konstanter Umkehrung eines früheren Umsatzverhältnisses abgehalten wird. Mindestens in den Fällen, in denen die eingetretene Umkehrung nicht notorisch ist, wird man darüber hinaus fordern müssen, daß die Feststellungsfrist des § 4 abgelaufen ist; vgl. Geßler BB 56, 630. Die absolute Sieben-Monate-Frist wird daher in den meisten Fällen ausschlaggebend sein; s. dazu auch unten Anm. 4.

4. Auch soweit keine Satzungsbestimmungen des in Abs. 1 bezeichneten Inhalts vorhanden sind (z. B.: die Satzung enthält lediglich die Bestimmung, daß der Aufsichtsrat aus 15 Mitgliedern zu bestehen habe), hat der normierte Zeitpunkt des Außerkrafttretens solcher Bestimmungen — über Absatz 2 hinaus — Bedeutung: er bezeichnet dann den Zeitpunkt, von dem an spätestens die Verwaltungsträger nicht mehr nach den bisherigen Vorschriften bestellt werden können. Wird die Bestellung aller Aufsichtsratsmitglieder schon vorher widerrufen, so wäre eine Neubestellung nach den bisherigen Vorschriften unwirksam, wenn deren Unanwendbarkeit dann bereits feststeht. Soweit er sich um Vertreter der Anteilseigner handelt, wäre allerdings mit dem Ende der Gesellschafterversammlung, die ihre Wahl vornimmt, der in Abs. 1 S. 1 bezeichnete Stichtag spätestens eingetreten. Die Bestellungsakte vor dem Stichtag würden überdies stets unter der stillschweigenden (aufschiebenden) Bedingung des demnächstigen Eintritts ihrer Wirkungsmöglichkeit stehen.

Bei dem Eintritt des späteren Stichtages, der durch den **Ablauf der Sieben-Monate-Frist** bestimmt wird, muß der Stand der Ermittelungen zum Zwecke der Feststellung des maßgeblichen Umsatzverhältnisses grundsätzlich gleichgültig sein. Andernfalls würde man sich zur Aufrechterhaltung einer gesetzwidrigen Mitbestimmungsform auf § 16 berufen können, was keinesfalls der Sinn des Gesetzes ist. Eine Schwierigkeit liegt freilich darin, daß bei verspäteter Feststellung die Rechtsfolge (im Sinne ihrer Erkennbarkeit) notwendigerweise in der Schwebe bleibt; s. dazu auch Anm. 8 Abs. 7 zu § 4. Die Verzögerungswirkung kann aber über diese unvermeidliche Rechtsunsicherheit nicht hinausgehen. War das bisherige Umsatzverhältnis in einem Geschäftsjahr ins Gegenteil umgeschlagen und bleibt das neue Verhältnis auch im folgenden Geschäftsjahr prinzipiell konstant, so treten grundsätzlich sieben Monate nach dessen Ablauf die Folgen des § 16 selbst dann ein, wenn der sie bedingende Tatbestand erst später festgestellt wird. M. E. nötigt das Gesetz auch nicht zu der resignierenden Annahme von Kunze (AuR 56, 229), die Anwendung der §§ 5 bis 13 könne ohne eine Feststellung nach § 4 nicht erzwungen werden, selbst wenn sich alle Beteiligten darüber einig seien, daß das in § 3 Abs. 2 bezeichnete Umsatzverhältnis bestehe. Auf der anderen Seite hält Kunze a. a. O. (ebenso anscheinend auch Geßler BB 56, 629) eine nach § 4 getroffene Feststellung für unbegrenzt nachprüfbar. Es liegt gerade umgekehrt: besteht das Umsatzverhältnis, ohne festgestellt worden zu sein, so kann es von jedem geltend gemacht werden (z. B. mit der Klage eines Mitgliedes des bisherigen Aufsichtsrats gegen die Obergesellschaft auf Feststellung, daß sein Amt nach Ablauf des siebenten Monats des „dritten" Geschäftsjahres erloschen sei, die man m. E. für unbedenklich zulässig halten muß!); allerdings bedarf das Umsatzverhältnis dann notfalls des Beweises. Ist hingegen eine § 4 entsprechende Feststellung des Umsatzverhältnisses getroffen worden, so kann das Zahlenwerk des Prüfers als solches und seine rechnerische Auswertung von niemandem angegriffen werden; in diesem Umfange müßten auch in jedem Rechtsstreit die Feststellungen des Prüfers als gegeben hingenommen werden. Nur dies entspricht dem im Gesetzeswortlaut („festgestellt"!) hinreichend zum Ausdruck kommenden Willen des Gesetzgebers, der aus den in Anm. 10 zu § 4 dargelegten Gründen den Sachverstand des Prüfers als ausreichende Gewähr für eine einwandfreie Ermittelung der Leistungszahlen angesehen hat.

5. Soweit der Gesellschaftsvertrag bei Eintritt oder Wegfall der Voraussetzungen des § 3 mit den demgemäß anzuwendenden Organisationsnormen in Widerspruch steht, werden seine Bestimmungen ohne weiteres (durch Fristablauf — vgl. oben Anm. 4) unwirksam; die Gesellschaft kann über den maßgeblichen Stichtag hinaus nicht nach dem bisherigen Organisationsstatut weiterleben. Diese Rechtswirkung tritt also ohne Satzungsänderung ein, so daß die Ausdrucksweise des Gesetzes irreführend wirken kann: die Satzung usw. „muß" nur in dem Sinne geändert werden, daß eine besondere **statuarische Ausgestaltung der Organisation von Aufsichtsrat und Vorstand** sich nur im Rahmen der jeweils geltenden — fast durchweg zwingenden — Rechtsvorschriften halten kann (und diesen angepaßt werden „muß", wenn nicht der gesetzliche Normalfall für die Obergesellschaft gelten soll!). Für eine solche Anpassung schafft Abs. 1 Satz 3 eine Erleichterung. Die Vorschrift ist § 8 Abs. 1 S. 2 EGAktGes. nachgebildet, paßt aber deshalb schlecht, weil „innerhalb" der Frist u. U. die Notwendigkeit einer Anpassung noch nicht feststeht; es dürfte dann schwer sein, mit ihrer Hilfe der Notwendigkeit einer satzungsändernden Mehrheit zu entgehen. Um „Ände-

rungen, die nur die Fassung betreffen" (§ 145 Abs. 1 S. 1 AktGes.) wird es sich regelmäßig nicht handeln.

6. Abs. 2 entspricht § 8 Abs. 2 EGAktGes. und 89 Abs. 2 BVG. Die Vorschrift ist eine nachdrückliche Gewähr für die Verwirklichung der §§ 3 bzw. 14 entsprechenden Mitbestimmungsform. Man wird darüber hinaus in ihr den Ausdruck des allgemeinen Rechtsgedankens zu sehen haben, daß das Amt des Aufsichtsrats in dem Zeitpunkt erlischt, in welchem infolge Eingreifens veränderter Organisationsnormen eine Neubesetzung des Aufsichtsrats erforderlich wird; diese soll dann nicht am Unterbleiben einer Abberufung der bisherigen Aufsichtsratsmitglieder scheitern. Grundsätzlich ist diese Regelung zu begrüßen, weil mit ihr gewisse Schwierigkeiten vermieden werden, die dem Mitbestimmungsgesetz anhafteten (vgl. § 14 MitbG u. meine Anm. 8 dazu!). Zu der freilich gerade in den Fällen des § 3 auftretenden Ungewißheit vgl. bereits oben Anm. 1 u. 4. Die Frage, ob das Amt der Aufsichtsratsmitglieder wirklich erloschen ist, wird sich spätestens vor der ersten Aufsichtsratssitzung nach Ablauf von 7 Monaten nach Ende des „zweiten" Geschäftsjahres stellen. Der Vorstand muß dann nämlich, falls bis dahin noch kein den maßgeblichen Vorschriften entsprechender Aufsichtsrat bestellt wurde, unverzüglich beim Registergericht die Notbestellung neuer Aufsichtsratsmitglieder (vgl. §§ 89 Abs. 2, 303 Abs. 1 AktGes.) beantragen. Der Registerrichter muß bei der Entscheidung über einen solchen Antrag prüfen, welche Mitbestimmungsform bei der Obergesellschaft Platz greift. Unabhängig hiervon kann das Fortbestehen oder Erlöschen des Amtes im Aufsichtsrat (und damit materiell der Wechsel der maßgeblichen Mitbestimmungsform) Gegenstand eines Feststellungsprozesses zwischen der Gesellschaft und Mitgliedern ihres Aufsichtsrats bilden. Hingegen scheidet eine arbeitsgerichtliche Prüfung der notwendigen Mitbestimmungsform unter dem Gesichtspunkt, die Notwendigkeit der Wahl von Arbeitnehmervertretern nach § 76 BVG aus; eine Entscheidung dieser Art betrifft keinen „Fall des Betriebsverfassungsgesetzes"; vgl. dazu §§ 2 Abs. 1 Nr. 4 Buchst. o und 86 AGG (str.; im Ergebnis wie hier Dietz-Nikisch AGG Anm. 145 u. 196 zu § 2 sowie Bem. 9 vor § 80 u. Bötticher i. Festg. f. Sitzler S. 317 ff., dessen prozeßrechtliche Argumentation freilich nicht überzeugen kann).

Über das **Amt des Arbeitsdirektors** sagt die Vorschrift nichts. Die Frage muß daher nach allgemeinen Grundsätzen beantwortet werden. § 21 Abs. 3 läßt sich insoweit nichts entnehmen, da dort auf § 16 verwiesen wird. A. M. offenbar Geßler S. 631. (Die „entsprechende" Geltung von § 16 kann sich nur darauf beziehen, daß nach § 21 statt zweier Geschäftsjahre nur eines maßgebend ist!) Es muß unterschieden werden: Treten die Voraussetzungen des § 3 (in dem oben Anm. 2 dargelegten Sinne!) ein, so wäre es sinnlos, das Amt der bisherigen Vorstandsmitglieder endigen zu lassen. Es besteht dann lediglich die Notwendigkeit, zusätzlich einen Arbeitsdirektor zu bestellen. Dem Gesetz geschieht aber nur Genüge, wenn der bereits gemäß §§ 5 ff. konstituierte Aufsichtsrat die Bestellung des Arbeitsdirektors vornimmt (so auch Geßler a. a. O.). Die Zusammensetzung des Aufsichtsrats nach § 5 ist die Grundlage für die Regelung des § 13; es wäre völlig verfehlt, wenn man etwa daraus, daß die in § 13 Abs. 1 S. 2 MitbG für die Bestellung des Arbeitsdirektors vorgesehene qualifizierte Mehrheit weggefallen ist, das Gegenteil ableiten wollte. Vgl. dazu im übrigen die Anm. zu § 13. Bei Wegfall der Voraussetzungen des § 3 kann m. E. ebenfalls nicht angenommen werden, daß dies unmittelbar das Amt der Vorstandsmitglieder (einschl. des Arbeitsdirektors) berühre. Der zu bildende neue Aufsichtsrat könnte aber wohl den Arbeitsdirektor nach § 75 AktGes. abberufen, da hierfür der Wegfall des rechtlichen Gebots seiner Vorstandszugehörigkeit einen wichtigen Grund abgeben dürfte.

§ 17

Die Bundesregierung wird ermächtigt[1], durch Rechtsverordnung Vorschriften zu erlassen über

1. das Verfahren für die Wahl der Wahlmänner (§ 6 Abs. 2 bis 6)[2], insbesondere über

a) die Vorbereitung der Wahl, die Bestellung der Wahlvorstände und die Aufstellung der Wählerlisten,

b) die Errechnung der Zahl der Wahlmänner,

c) die Frist für die Einsichtnahme in die Wählerlisten und die Erhebung von Einsprüchen,

d) die Wahlvorschläge und die Frist für ihre Einreichung,

e) das Wahlausschreiben und die Fristen für seine Bekanntmachung,

f) die Stimmabgabe,

g) die Feststellung des Wahlergebnisses und die Fristen für seine Bekanntmachung,

h) die Aufbewahrung der Wahlakten;

2. das Verfahren für die Wahl und die Abberufung von Arbeitnehmervertretern durch die Wahlmänner[3], insbesondere über

a) die Vorbereitung der Wahl oder Abstimmung und die Bestellung des Wahlvorstandes,

b) die Wahlvorschläge und die Frist für ihre Einreichung,

c) die Ausschreibung der Wahl oder der Abstimmung und die Fristen für die Bekanntmachung des Ausschreibens,

d) die Stimmabgabe,

e) die Feststellung des Ergebnisses der Wahl oder der Abstimmung und die Fristen für seine Bekanntmachung,

f) die Aufbewahrung der Wahlakten oder Abstimmungsakten;

3. die Feststellung der Entsendungsberechtigung einer Spitzenorganisation und die Bekanntmachung der Namen der Entsandten[4].

— Verfahren vor dem Oberlandesgericht bei Bestellung des Elften Mannes bzw. des „weiteren" Mitglieds — **§ 17 Anm. 1—4** **§ 18 Anm. 1—4**

1. Von der Ermächtigung ist Gebrauch gemacht worden; vgl. Rechtsverordnung zur Durchführung des Gesetzes zur Ergänzung des Gesetzes über die Mitbestimmung der Arbeitnehmer in den Aufsichtsräten und Vorständen der Unternehmen des Bergbaus und der Eisen und Stahl erzeugenden Industrie vom 26. November 1956 (BGBl. I 886 ff.). Diese Verordnung — DurchfV — (abgedruckt in Anh. IV) ist am 30. 11. 1956 in Kraft getreten. Zu ihrem Inhalt s. auch Boldt i. Die AG 57, 3 ff. Über die Frage der Gültigkeit eines etwa vor Erlaß der DurchfV durchgeführten Bestellungsverfahrens vgl. Fitting BABl. 56, 510 (Text zu N. 41).

2. Vgl. §§ 1—41 DurchfO u. die Anm. zu § 6 sowie Anm. 1—3 zu § 8.

3. Vgl. §§ 42—49 DurchfO sowie Anm. 1—7 zu § 10.

4. Vgl. §§ 50—54 DurchfO u. die Anm. zu § 7, sowie Anm. 1—3 zu § 8.

Artikel 2

Anwendung und Änderung des Reichsgesetzes über die Angelegenheiten der freiwilligen Gerichtsbarkeit

§ 18[1]

(1) Im Falle des § 8 Abs. 3 Satz 4 des Mitbestimmungsgesetzes[2] sind auf das Verfahren des Oberlandesgerichts[3] die Vorschriften des Reichsgesetzes über die Angelegenheiten der freiwilligen Gerichtsbarkeit entsprechend anzuwenden[4]. Gegen die Entscheidung des Oberlandesgerichts findet ein Rechtsmittel nicht statt[5].

(2) Für das Verfahren des Oberlandesgerichts werden von dem Unternehmen Gebühren nach § 112 der Kostenordnung erhoben[6]. § 7 der Kostenordnung ist nicht anzuwenden[7].

1. Über den Geltungsbereich der Vorschrift s. auch Anm. 1 zu § 1.

2. Der Fall kommt bei der paritätischen Mitbestimmung der §§ 5—13 ebenso in Frage wie bei der qualifizierten Mitbestimmung nach dem Gesetz vom 17. 5. 1951; vgl. § 5 Abs. 3.

3. Es handelt sich um die gerichtliche Nachprüfung der Beschlüsse, durch welche die Gesellschafterversammlung die Wahlvorschläge des Vermittlungsausschusses zurückgewiesen hat. Vgl. dazu Kötter, Anm. 14—23 zu § 8 MitbG.

4. Das Mitbestimmungsgesetz schwieg hierüber. Trotzdem konnte ernstlich kaum ein Zweifel über die Rechtsnatur des Nachprüfungsverfahrens herrschen. § 18 Abs. 1 S. 1 erhebt demgemäß lediglich die bisher schon unbestrittene Lehre (vgl. Fitting BABl. 51, 206 N. 25; Kötter NJW 51, 420, sowie Boldt Anm. 10a, Kötter Anm. 21 u. Müller-Lehmann Anm. 24 — sämtlich zu § 8 MitbG!) zum Gesetz. Angesichts der Mißlichkeit, eindeutige Ver-

fahrensnormen entbehren zu müssen, ist dies nur zu begrüßen. Freilich dürfte die bisherige Gesetzeslücke nicht der Grund dafür gewesen sein, daß noch von keinem Ablehnungsbeschluß nach § 8 Abs. 3 MitbG — geschweige denn von der Überprüfung eines solchen Beschlusses! — etwas bekannt geworden ist.

5. Auch dies galt schon nach bisherigem Recht; vgl. Kötter Anm. 21 a. E. zu § 8 MitbG.

6. D. h. das Doppelte der vollen Gebühr. In § 112 KostenO ist das Mitbestimmungsgesetz nicht erwähnt; § 18 Abs. 2 schließt diese Lücke.

7. § 7 KostenO macht die Vornahme antragspflichtiger Geschäfte grundsätzlich von der Leistung eines Vorschusses abhängig. Abs. 2 S. 2 beseitigt für das Verfahren nach § 8 Abs. 3 S. 4 MitbG die Vorschußpflicht.

§ 19[1]

§ 145 Abs. 1 des Reichsgesetzes über die Angelegenheiten der freiwilligen Gerichtsbarkeit erhält folgende Fassung[2]:

„(1) Die Amtsgerichte sind zuständig für die nach § 146 Abs. 2, §§ 147, 157 Abs. 2, § 166 Abs. 3, § 338 Abs. 3, § 524 Abs. 1 und 2, § 530 Abs. 1, §§ 590, 685, 729 Abs. 1, § 884 Nr. 4 des Handelsgesetzbuchs, die nach § 25 Abs. 3, §§ 27, 30 Abs. 6 und 7, § 67 Abs. 1, §§ 76, 88 Abs. 4, §§ 89, 106 Abs. 4, § 118 Abs. 2 und 3, § 122 Abs. 2, § 136 Abs. 3 bis 6, § 206 Abs. 2, § 211 Abs. 3, § 214 Abs. 2 bis 4, § 244 Abs. 1 und 4 des Aktiengesetzes, die nach § 11 Abs. 3 des Gesetzes über die Mitbestimmung der Arbeitnehmer in den Aufsichtsräten und Vorständen der Unternehmen des Bergbaus und der Eisen und Stahl erzeugenden Industrie vom 21. Mai 1951 (Bundesgesetzbl. I S. 347) und die nach § 10 Abs. 2 des Gesetzes zur Ergänzung des Gesetzes über die Mitbestimmung der Arbeitnehmer in den Aufsichtsräten und Vorständen der Unternehmen des Bergbaus und der Eisen und Stahl erzeugenden Industrie vom 7. August 1956 (Bundesgesetzbl. I S. 707) vom Gericht zu erledigenden Angelegenheiten."

1. S. Anm. 1 zu § 18.

2. § 19 stellt eine Neufassung des § 145 FGG dar, durch welche die in § 11 Abs. 3 MitbG und § 10 Abs. 2 vorgesehenen Entscheidungen über Anträge auf Abberufung des „Elften Mannes" den Amtsgerichten als Angelegenheit der freiwilligen Gerichtsbarkeit zugewiesen werden. Die Zuständigkeitsfrage war bisher für § 11 Abs. 3 MitbG unklar, aber wohl zweifelsfrei im selben Sinne zu entscheiden. Vgl. Kötter NJW 51, 418 N. 26 u. Anm. 6 Abs. 2 zu § 11 MitbG (allg. M.!).

§ 20

§ 11 Abs. 1 des Mitbestimmungsgesetzes[1] erhält folgende Fassung:

„(1) Auf die in § 5 bezeichneten Mitglieder des Aufsichtsrats finden § 87 Abs. 2, § 88 Abs. 4 und 5 des Aktiengesetzes Anwendung."[2]

1. § 11 Abs. 1 MitbG lautete bisher:

„Auf die in § 5 bezeichneten Mitglieder des Aufsichtsrats finden § 87 Abs. 2, 88 Abs. 4 des Aktiengesetzes Anwendung."

2. Auch dies bedeutet im Grunde nur eine Klarstellung. Die neue Fassung unterscheidet sich nur insoweit, als darin zusätzlich auf § 88 Abs. 5 AktGes. verwiesen wird. Damit ist eine Zweifelsfrage klargestellt, die bei § 11 MitbG (a. F.) auftauchen konnte, aber im Sinne der jetzigen Fassung zu entscheiden war. Vgl. über die bisher gegebene Rechtslage Kötter Anm. 3 Abs. 1 zu § 11 MitbG.

Artikel 3
Übergangs- und Schlußvorschriften

§ 21[1]

(1) Maßgebend für die erstmalige Anwendung des § 3[1] auf ein herrschendes Unternehmen[2] ist das ermittelte Umsatzverhältnis[4] für das letzte vor dem 1. Januar 1956 endende Geschäftsjahr[3]. Die Ermittlung nach § 4 ist innerhalb von drei Monaten nach dem Inkrafttreten dieses Gesetzes zu treffen[4].

(2) Für die erstmalige Anwendung des § 3[1] auf ein herrschendes Unternehmen[2], dessen erstes Geschäftsjahr nach dem Inkrafttreten dieses Gesetzes endet[5], ist das für dieses Geschäftsjahr ermittelte Umsatzverhältnis maßgebend[6].

(3) Soweit wegen der Ermittlung nach Absatz 1 oder 2[1] die Zusammensetzung der Verwaltungsträger geändert werden muß[7], gilt § 16 entsprechend[8].

1. § 21 regelt die Voraussetzungen, unter denen die in §§ 5—13 geregelte Form der Mitbestimmung Platz greift, für gewisse Sonderfälle abweichend von den allgemeinen Vorschriften.

Nach § 16 ist die Einführung der neuen Mitbestimmungsform grundsätzlich erst dann zulässig und geboten, wenn für zwei aufeinanderfolgende Geschäftsjahre das Verhältnis der gem. § 4 festgestellten Leistungszahlen ein Überwiegen des in § 3 gekennzeichneten Unternehmenszwecks des Konzerns ergeben hat. (Entsprechend läßt § 16 die einmal eingeführte Mitbestimmungsform der §§ 5—13 bestehen, bis in zweijähriger ununterbrochener Konstanz das festgestellte Verhältnis der Leistungszahlen einen Wechsel im Unternehmenszweck des Konzerns angezeigt hat.)

Die Anwendung dieses Grundsatzes des § 16 auf die bei Inkrafttreten des Gesetzes bereits bestehenden herrschenden Unternehmen i. S. des § 1 hätte — abgesehen von den Fällen des § 2 (in denen der bisherige Rechtszustand erhalten bleibt!) — bedeutet, daß die Arbeitnehmer bei der geschäftsführenden Obergesellschaft eines Konzerns mit dem in § 3 bezeichneten überwiegenden Unternehmenszweck in jedem Falle bis zum Ablauf des zweiten nach Inkrafttreten des neuen Gesetzes endenden Geschäftsjahrs, d. h. u. U. noch bis Anfang 1959, auf die Einführung der paritätischen Mitbestimmung hätten warten müssen. Im Interesse einer beschleunigten Beseitigung der in diesen Fällen durchweg nicht gerechtfertigten Aushöhlung der qualifizierten Mitbestimmung bei den unter § 1 MitbG fallenden Konzernunternehmen sieht § 21 Abs. 1 statt dessen vor, daß es genügt, wenn die Umsatzermittelung für das bei Inkrafttreten des Gesetzes unzweifelhaft überall beendete Geschäftsjahr — das Geschäftsjahr 1955 bzw. 1954/55 — das in § 3 Abs. 2 umschriebene Ergebnis zeitigt. Vgl. unten Anm. 3. § 21 Abs. 1 hat somit den Charakter einer echten Übergangsregelung.

Völlig verschieden hiervon ist der Fall des Absatzes 2. Hier spielt zwar auch der Gedanke einer tunlichst kurzfristigen Einführung der neuen Mitbestimmungsform eine Rolle, aber im Gegensatz zu der schon jetzt praktisch „auslaufenden" Übergangsvorschrift des Abs. 1 hat Abs. 2 bleibende Bedeutung. Hier wird für alle herrschenden Unternehmen, für die eine Mitbestimmung nach §§ 5—13 in Betracht kommen kann und deren erstes Geschäftsjahr bei Inkrafttreten des neuen Gesetzes noch läuft oder überhaupt noch nicht begonnen hat, bestimmt, daß bei der Ablösung des „ersten" Aufsichtsrats (§ 87 Abs. 3 AktGes.) erstmals die Möglichkeit zur Erlangung der neuen Mitbestimmungsform eintritt: zeitigt bereits das erste Geschäftsjahr eines solchen herrschenden Unternehmens ein § 3 Abs. 2 entsprechendes Umsatzverhältnis, so soll die neue Obergesellschaft in ihren Leitungsorganen schon im zweiten Jahr ihres Bestehens nach §§ 5—13 organisiert werden, ohne daß es dafür noch auf das Ergebnis des zweiten Geschäftsjahres ankäme. Das zweite Geschäftsjahr kann vielmehr nur als das erste von zwei Geschäftsjahren Bedeutung erlangen, in denen sich das Umsatzverhältnis i. S. des § 3 Abs. 2 etwa ins Gegenteil verkehrt. Diese Regelung enthält zugleich eine Absage an die § 14 MitbG zugrundeliegende Lösung, schon im Gründungsstadium die paritätische Mitbestimmung Platz greifen zu lassen. Dafür spricht in der Tat, daß normalerweise das Ergebnis wenigstens eines Geschäftsjahres abgewartet werden muß, bevor ein Urteil über den Unternehmenszweck des Konzerns, wie ihn § 3 Abs. 2 bestimmt, möglich ist. Etwas anderes könnte höchstens dann gelten, wenn in eine neu errichtete Kapitalgesellschaft das Vermögen eines Unternehmens eingebracht würde, dessen Rechtsform das einzige Hindernis für die Anwendung des Mitbestimmungsergänzungsgesetzes darstellte. Es ist zumindest denkbar, daß die Organverträge so gestaltet waren, daß die Rechte aus ihnen übertragen werden können. Da in einem solchen Falle schon im Gründungsstadium die Feststellung möglich ist, welcher Unternehmenszweck im Konzern überwiegt, würde hier wohl ein Prüfungsauftrag nach § 4 schon von den Gründern erteilt und — abgesehen vom Zeitaufwand — im Zuge der Gründung ebenso gut erledigt werden können wie anläßlich der Prüfung des Jahresabschlusses. Es fragt sich nur, ob dann nicht stets die Gründe entfallen, aus denen der Gesetzgeber in Abs. 2 eine Ausnahme von der mindestens zweijährigen Konstanz des Umsatzverhältnisses zugelassen hat; denn der Konzern bestand dann in Wahrheit schon vor Errichtung des herrschenden Unternehmens in dessen nunmehr aufsichtsratspflichtiger Rechtsform. Da aber eine Prüfung des Umsatzverhältnisses des vorvergangenen Jahres ausscheidet (vgl. dazu Anm. 1 Abs. 4 zu § 16) wird man sich in diesem (wohl theoretischen) Falle eher dafür entscheiden müssen, ihn auch nach § 21 Abs. 2 zu beurteilen, zumal die Amtsdauer des ersten Aufsichtsrats schon im zweiten Geschäftsjahre endet (§ 87 Abs. 3 AktGes.).

Wenn in Abs. 1 wie in Abs. 2 von der erstmaligen „Anwendung des § 3" die Rede ist, so bedeutet dies zunächst nur, daß für das maßgebliche Geschäftsjahr eine Prüfung nach § 4 anzustellen ist. Der Ausfall dieser Prüfung ergibt dann, ob § 3 auch in dem Sinne gilt, daß das Umsatzverhältnis des Stichjahres zu einer Änderung der Mitbestimmungsform führt. Unterbliebe die Prüfung, so müßte allerdings die Mitbestimmungsform der §§ 5—13 trotzdem eingeführt werden, vorausgesetzt, daß der Tatbestand des § 3 Abs. 2 nach dem Ergebnis des ersten Geschäftsjahres erfüllt ist. S. dazu auch Anm. 4 Abs. 2 u. 6 Abs. 1 zu § 16. Soweit dies nicht der Fall ist, würden durch ein Unterbleiben der Prüfung niemandes Rechte verkürzt werden. Die „Signalwirkung" des Prüfungsergebnisses, die sonst besteht (vgl. Anm. 1 Abs. 3 zu § 16), entfällt hier: entweder erhält das herrschende Unternehmen alsbald die paritätische Mitbestimmung, oder es bleibt die bisherige Organisationsform noch mindestens zwei Jahre bestehen; beide Male kann frühestens das Prüfungsergebnis des nächsten Jahres die Möglichkeit eines Organisationswechsels nach Ablauf eines weiteren Jahres ankündigen. Trotzdem muß auch das unter § 21 fallende herrschende Unternehmen die Prüfung vornehmen lassen, weil sie ggf. der normale Weg zur Verwirklichung der Holding-Mitbestimmung ist und darüber hinaus als Schutz gegen das unzulässige Paktieren über die Mitbestimmungsform des herrschenden Unternehmens gelten kann.

2. „Herrschendes Unternehmen" ist auch hier ein solches i. S. des § 1. Insbesondere muß auch neben der zu fordernden Rechtsform das Organschaftsverhältnis zu mindestens einem mitbestimmten Konzernunternehmen bereits begründet sein — im Falle des Abs. 1 schon bei Inkrafttreten des Gesetzes (9. 8. 1956), bei Abs. 2 spätestens im Laufe des ersten Geschäftsjahres.

3. Das letzte vor dem 1. Januar 1956 endende Geschäftsjahr ist also das Geschäftsjahr 1955 oder 1954/55. Vgl. oben Anm. 1 Abs. 2. Es kann mithin sein, daß schon während der Prüfungsfrist (Abs. 1 S. 2) das Umsatzverhältnis für das folgende Geschäftsjahr festgestellt werden kann. Auch dann muß es bei der Maßgeblichkeit des Geschäftsjahres verbleiben, das Abs. 1 bezeichnet. Es geht nicht an zu verlangen, daß das folgende Geschäftsjahr die Konstanz des Umsatzverhältnisses bestätige; sein Ergebnis

kann allenfalls in Verbindung mit dem des nächsten Jahres gem. § 16 Bedeutung gewinnen; vgl. oben Anm. 1 Abs. 5.

4. Die Frist endete, da das Gesetz am 9. 8. 1956 in Kraft getreten ist, am 9. 11. 1956. Normalerweise hat der Prüfer — vgl. § 4 Abs. 2 — für seinen Prüfungsbericht fünf Monate Zeit; aber diese Frist beginnt dann mit dem Ende des Geschäftsjahres, dessen Ergebnis zu ermitteln ist. Da im Falle des Abs. 1 jedoch der Jahresabschluß bei Inkrafttreten des Gesetzes schon geprüft sein muß, geht das Gesetz mit Recht davon aus, daß dies die Aufgabe des Prüfers in den Übergangsfällen erleichtert. Die Innehaltung der Frist hat nur mit Rücksicht auf Abs. 3 Bedeutung; vgl. dazu unten Anm. 8.

5. Es ist gleichgültig, ob das erste Geschäftsjahr z. Z. des Inkrafttretens des Gesetzes läuft — ein Fall, der nicht praktisch sein dürfte! — oder erst nach diesem Zeitpunkt beginnt. Abs. 2 hat deshalb nicht den Charakter einer Übergangsvorschrift im engeren Sinne, sondern regelt die erstmalige Anwendung des Gesetzes auf Unternehmen, die als „herrschende Unternehmen" i. S. des § 1 errichtet werden oder doch alsbald nach ihrer Errichtung diese Eigenschaft erlangen. S. dazu schon oben Anm. 1 Abs. 4.

Der — uneingeschränkt nur auf Aktiengesellschaften zutreffende — gesetzgeberische Grund für die „Einschleusungsvorschrift" des § 21 Abs. 2 („Einschleusung" in den durch §§ 4, 16 Abs. 1 S. 1 bestimmten Prüfungsrhythmus!) liegt offenbar in der Kurzlebigkeit des „ersten" Aufsichtsrats; der (hier kaum praktische!) Fall des § 260 AktGes. wäre daher nicht nach Abs. 2, sondern analog § 16 zu behandeln.

6. Gleichgültig ist die Dauer des ersten Geschäftsjahres. Es kann kürzer sein als 12 Monate. Ein bereits abgelaufener Zeitraum von weniger als zwölf Monaten Dauer kann jedoch nicht zum Rumpfgeschäftsjahr erklärt werden. Ebensowenig kann die Dauer eines Geschäftsjahres — also auch des ersten — auf länger als zwölf Monate festgesetzt werden. Vgl. zu allem Baumbach-Hueck Anm. 1 A zu § 125 AktGes.! Über die Frage, wann bei verkürzter Dauer des ersten Geschäftsjahrs die Folgen aus der Feststellung eines Umsatzverhältnisses i. S. § 3 Abs. 2 gezogen werden müssen, vgl. unten Anm. 8. Da es sich stets um ein herrschendes Unternehmen i. S. des § 1 handeln muß, kann kaum der Fall eintreten, daß vergleichbare Leistungszahlen für das erste Geschäftsjahr nicht festzustellen sind; mindestens die mitbestimmten Konzernunternehmen müssen schon Umsätze aufzuweisen haben, da andernfalls die Voraussetzungen des § 1 MitbG bei ihnen noch nicht vorgelegen haben könnten.

7. Gemeint ist angesichts der in §§ 2, 3 u. 14 getroffenen Regelung nur der Fall, daß bei einem herrschenden Unternehmen, für das zuvor lediglich eine Beteiligung der Arbeitnehmer im Aufsichtsrat gem. §§ 76, 77 BVG in Frage kam, die paritätische Mitbestimmung der §§ 5—13 einzuführen ist. Andere Änderungen in der Zusammensetzung der Verwaltungsträger scheiden in den Fällen der Abs. 1 u. 2. von vornherein aus.

8. Da sowohl nach Abs. 1 als auch nach Abs. 2 ausnahmsweise nur das für ein einziges Geschäftsjahr festzustellende Umsatzverhältnis die Voraussetzung für die in Betracht kommende Organisationsveränderung (s. dazu

oben Anm. 7) bildet, kann die „entsprechende" Geltung des § 16, die Abs. 3 für diese Fälle vorsieht, sich nur auf den Zeitpunkt des § 16 Abs. 1 S. 1 beziehen. In diesem Zeitpunkt sollen ggf. Satzungsbestimmungen außer Kraft treten, die mit der nunmehr Platz greifenden Holding-Mitbestimmung unvereinbar sind (s. dazu auch Anm. 5 zu § 16) und zugleich das Amt aller bisherigen Aufsichtsratsmitglieder erlöschen. Daneben hat der Zeitpunkt die Bedeutung, daß eine spätere Aufsichtsratsbestellung oder -ergänzung nach den bisher maßgebenden Vorschriften nicht mehr möglich ist; vgl. Anm. 4 Abs. 1 zu § 16. Alle drei Rechtswirkungen treten unabhängig davon ein, ob die nach § 4 vorgeschriebene Prüfung tatsächlich stattgefunden hat; vgl. Anm. 4 Abs. 2 zu § 16.

Die Frage, zu welchem Ergebnis die vorgeschriebene entsprechende Geltung des § 16 hinsichtlich des Zeitpunktes führt, mit dem der Eintritt der bezeichneten Rechtswirkungen verknüpft ist, kann für Abs. 1 und Abs. 2 nicht einheitlich beantwortet werden:

a) Bei Abs. 1 ist davon auszugehen, daß die Sieben-Monate-Frist des § 16 Abs. 1 S. 1 nicht schon mit dem Ende des Stichjahres beginnen kann, dessen Umsatzverhältnis maßgebend sein soll, da die Frist dann in sämtlichen Fällen des Abs. 1 bei Inkrafttreten des Gesetzes bereits verstrichen gewesen wäre. Man wird also unter allen Umständen einen anderen Fristbeginn annehmen müssen. Dem Zweck der Vorschrift (vgl. oben Anm. 1 Abs. 2) entspricht es durchaus, für sämtliche Unternehmen die Frist einheitlich zu bestimmen. Insbesondere besteht kein Bedürfnis dafür, sie etwa mit dem Ende des auf das maßgebliche Stichjahr folgenden Geschäftsjahres beginnen zu lassen. Es würde dann unverständlich sein, daß das Gesetz materiell nur auf das Ergebnis des früheren Geschäftsjahres abstellt. Außerdem wäre die Frist, damit an ihren Ablauf die oben erwähnten Rechtswirkungen geknüpft werden könnten, für die Unternehmen zu kurz, bei denen auch das Geschäftsjahr 1955/56 schon vor Inkrafttreten des Gesetzes abgelaufen war. Deshalb kann die „entsprechende" Geltung des § 16 für alle bei Inkrafttreten des Gesetzes bereits bestehenden „herrschenden Unternehmen" nur bedeuten, daß die Sieben-Monate-Frist des § 16 Abs. 1 S. 1 ebenso wie die Drei-Monate-Frist des Abs. 1 S. 2 bei Inkrafttreten des Gesetzes beginnt, so daß bei den unter Abs. 1 fallenden Unternehmen am 9. 3. 1957 das Amt der bisherigen Aufsichtsratsmitglieder endete, falls für das Stichjahr ein Umsatzverhältnis bestand, wie es § 3 Abs. 2 als Voraussetzung für die Anwendung der §§ 5—13 fordert. Vgl. im übrigen Anm. 8 Abs. 7 zu § 4 u. Anm. 6 zu § 14 u. zu allem auch Geßler BB 56, 630, dem insoweit mindestens im Ergebnis zuzustimmen ist.

b) In den Fällen des Abs. 2 besteht hinsichtlich der Fristbemessung grundsätzlich keine Besonderheit. Hier beginnt die Frist wie im Normalfall stets mit dem Ende des Geschäftsjahres, dessen Umsatzverhältnis den Wechsel in der Mitbestimmungsform begründet. Die aus der „entsprechenden Geltung" des § 16 Abs. 2 abzuleitende Folge wird auch § 87 Abs. 3 AktGes. vorgehen müssen; insoweit ist § 21 Abs. 3 lex specialis.

§ 22

Dieses Gesetz gilt nach Maßgabe des § 13 Abs. 1 des Dritten Überleitungsgesetzes vom 4. Januar 1952 (Bundesgesetzbl. I S. 1) auch im Land Berlin[1].

1. Zur Frage der Geltung der DurchfV im Lande Berlin vgl. Fitting BABl. 56, 510.

Berlin hat das Gesetz durch Gesetz vom 22. März 1957 (GVBl. f. Bln. 57, 316) zusammen mit dem bis dahin in Berlin noch nicht in Kraft gesetzten Mitbestimmungsgesetz übernommen.

§ 23

Dieses Gesetz tritt am Tage nach seiner Verkündung in Kraft[1].

1. Die Nummer des Bundesgesetzblatts, in der das Gesetz verkündet wurde, ist am 8. 8. 1956 ausgegeben worden, so daß das Gesetz am 9. 8. 1956 in Kraft getreten ist.

Anhang

I. Materialien

1. Regierungsentwurf

a) Entwurf eines Gesetzes zur Ergänzung des Gesetzes über die Mitbestimmung der Arbeitnehmer in den Aufsichtsräten und Vorständen der Unternehmen des Bergbaus und der Eisen und Stahl erzeugenden Industrie

Der Bundestag hat das folgende Gesetz beschlossen:

Artikel 1

Mitbestimmung in herrschenden Unternehmen

§ 1

Die Mitbestimmung der Arbeitnehmer in den Aufsichtsräten und den zur gesetzlichen Vertretung berufenen Organen von Unternehmen in der Rechtsform einer Aktiengesellschaft, einer Gesellschaft mit beschränkter Haftung oder einer bergrechtlichen Gewerkschaft mit eigener Rechtspersönlichkeit, die auf Grund eines Organvertrags ein Unternehmen beherrschen, in dem die Arbeitnehmer nach den Vorschriften des Gesetzes über die Mitbestimmung der Arbeitnehmer in den Aufsichtsräten und Vorständen der Unternehmen des Bergbaus und der Eisen und Stahl erzeugenden Industrie vom 21. Mai 1951 — Bundesgesetzbl. I S. 347 — (Mitbestimmungsgesetz) ein Mitbestimmungsrecht haben, regelt sich nach den Vorschriften dieses Gesetzes.

§ 2

Liegen bei dem herrschenden Unternehmen nach seinem eigenen überwiegenden Betriebszweck die Voraussetzungen für die Anwendung des Mitbestimmungsgesetzes vor, so gilt für das herrschende Unternehmen das Mitbestimmungsgesetz.

§ 3

(1) Liegen bei dem herrschenden Unternehmen die Voraussetzungen für die Anwendung des Mitbestimmungsgesetzes nach § 2 nicht vor, wird jedoch der überwiegende Unternehmenszweck des Konzerns durch die Konzernunternehmen (§ 15 Abs. 1 und 2 des Aktiengesetzes) gekennzeichnet, die unter das Mitbestimmungsgesetz fallen, so gelten für das herrschende Unternehmen die §§ 4 bis 8. Ist das herrschende Unternehmen eine Gesellschaft mit beschränkter Haftung oder eine bergrechtliche Gewerkschaft mit eigener Rechtspersönlichkeit, so findet § 3 des Mitbestimmungsgesetzes entsprechende Anwendung.

(2) Der überwiegende Unternehmenszweck des Konzerns wird durch die unter das Mitbestimmungsgesetz fallenden Konzernunternehmen gekennzeichnet, wenn diese Konzernunternehmen mehr als die Hälfte der Umsätze sämtlicher Konzernunternehmen, jeweils vermindert um die in den Umsätzen enthaltenen Kosten für Roh- und Hilfsstoffe, erzielen. Für Konzernunternehmen, die Handelsunternehmen sind, ist ein Fünftel der unverminderten Umsätze anzurechnen. Handelsunternehmen im Sinne dieser Vorschrift sind Unternehmen, die ausschließlich Waren oder Wertpapiere anschaffen und unverändert weiter veräußern; Bearbeitungsbetriebe, die dem Handesunternehmen lediglich als Hilfsbetriebe angehören, bleiben hierbei außer Betracht.

(3) Das nach Absatz 2 maßgebliche Umsatzverhältnis hat der Abschlußprüfer des herrschenden Unternehmens für jedes Geschäftsjahr in seinem Prüfungsbericht festzustellen und dem Betriebsrat (Gesamtbetriebsrat) mitzuteilen. Wird das herrschende Unternehmen nicht in der Rechtsform einer Aktiengesellschaft betrieben, so hat ein in entsprechender Anwendung der §§ 136 und 137 des Aktiengesetzes zu bestellender Prüfer die Feststellung jeweils vor Ablauf von fünf Monaten nach dem Ende des Geschäftsjahres des herrschenden Unternehmens zu treffen und dem zur gesetzlichen Vertretung berufenen Organ sowie dem Betriebsrat mitzuteilen.

§ 4

(1) Der Aufsichtsrat besteht aus elf Mitgliedern. Er setzt sich zusammen aus

a) fünf Vertretern der Anteilseigner,
b) fünf Vertretern der Arbeitnehmer,
c) einem weiteren Mitglied.

(2) Für die Bestellung der in Absatz 1 Buchstabe a genannten Mitglieder gilt § 5 des Mitbestimmungsgesetzes, für ihre Abberufung gelten §§ 87 Abs. 2, 88 Abs. 4 des Aktiengesetzes.

(3) Auf das in Absatz 1 Buchstabe c genannte Mitglied findet § 4 Abs. 2 des Mitbestimmungsgesetzes Anwendung. Für seine Bestellung gilt § 8 des Mitbestimmungsgesetzes, wobei an die Stelle des § 6 des Mitbestimmungsgesetzes § 5 dieses Gesetzes tritt; für eine Abberufung gilt § 11 Abs. 3 des Mitbestimmungsgesetzes.

(4) § 4 Abs. 3 des Mitbestimmungsgesetzes findet Anwendung.

§ 5

(1) Unter den Vertretern der Arbeitnehmer im Aufsichtsrat müssen sich zwei Arbeiter und ein Angestellter aus den Betrieben der Konzernunternehmen befinden. Diese Mitglieder des Aufsichtsrats werden durch die nach § 6 des Betriebsverfassungsgesetzes wahlberechtigten Arbeitnehmer der Betriebe der Konzernunternehmen in allgemeiner, geheimer, gleicher und unmittelbarer Wahl für die Zeit gewählt, die im Gesetz, in der Satzung oder im Gesellschaftsvertrag für die von der Hauptversammlung (Gesellschafterversammlung, Gewerkenversammlung) zu wählenden Mitglieder des Aufsichtsrats bestimmt ist. § 76 Abs. 3 des Betriebsverfassungsgesetzes gilt entsprechend.

(2) Zwei der Vertreter der Arbeitnehmer im Aufsichtsrat werden von den Spitzenorganisationen der in den Betrieben der Konzernunternehmen vertretenen Gewerkschaften nach vorheriger Beratung mit den in diesen Betrieben vertretenen Gewerkschaften und mit den Betriebsräten der Konzernunternehmen für die in Absatz 1 Satz 2 genannte Zeit in den Aufsichtsrat entsandt. Die Spitzenorganisationen sind nach dem Verhältnis ihrer Vertretung in den Betrieben entsendungsberechtigt.

(3) Mindestens drei wahlberechtigte Arbeitnehmer, jede in einem Betrieb eines Konzernunternehmens vertretene Gewerkschaft oder deren Spitzenorganisation sowie das zur gesetzlichen Vertretung berufene Organ des herrschenden Unternehmens können binnen einer Frist von zwei Wochen, vom Tage der Bekanntgabe der Bestellung eines Arbeitnehmervertreters an gerechnet, dessen Bestellung beim Arbeitsgericht anfechten, wenn gegen wesentliche Vorschriften über das Wahlrecht, die Wählbarkeit, das Wahlverfahren (Abs. 1) oder das Entsendungsverfahren (Abs. 2) verstoßen worden und eine Berichtigung nicht erfolgt ist, es sei denn, daß der Verstoß keinen Einfluß auf die Bestellung haben konnte. Für das Anfechtungsverfahren gelten § 10, § 12 Abs. 4, §§ 80 bis 96 des Arbeitsgerichtsgesetzes entsprechend.

(4) Konzernunternehmen im Sinne der Absätze 1 bis 3 sind das herrschende Unternehmen und die unter seiner einheitlichen Leitung zusammengefaßten Unternehmen (§ 15 Abs. 1 des Aktiengesetzes).

§ 6

(1) Die durch die Arbeitnehmer gewählten Mitglieder des Ausichtsrats können vor Ablauf der Wahlzeit auf Antrag der Betriebsräte oder von mindestens einem Fünftel der wahlberechtigten Arbeitnehmer abberufen werden. Die Abberufung erfolgt durch allgemeine, geheime, gleiche und unmittelbare Abstimmung; sie bedarf einer Mehrheit, die mindestens drei Viertel der abgegebenen Stimmen umfaßt.

(2) Die von den Spitzenorganisationen entsandten Mitglieder des Aufsichtsrats können von der Stelle, die sie entsandt hat, abberufen werden.

(3) Liegt in der Person eines Vertreters der Arbeitnehmer im Ausichtsrat ein wichtiger Grund vor, so kann das Gericht das Mitglied abberufen, wenn die Hauptversammlung die Abberufung mit einfacher Stimmenmehrheit verlangt und ein von ihr bestellter Vertreter sie beantragt.

§ 7

(1) Gehören dem Aufsichtsrat länger als drei Monate weniger als fünf Vertreter der Anteilseigner oder weniger als fünf Vertreter der Arbeitnehmer an, so gilt § 89 des Aktiengesetzes entsprechend.

(2) Der Aufsichtsrat ist beschlußfähig, wenn mindestens die Hälfte seiner Mitglieder anwesend ist.

§ 8

(1) Bei Unternehmen mit einem Gesellschaftskapital von mehr als zwanzig Millionen Deutsche Mark kann durch Satzung (Gesellschaftsvertrag) bestimmt werden, daß der Aufsichtsrat aus fünfzehn Mitgliedern besteht. Die §§ 4 bis 7 finden sinngemäß Anwendung mit der Maßgabe, daß

die Zahl der von den Arbeitnehmern zu wählenden Arbeiter und die Zahl der von den Spitzenorganisationen zu entsendenden Mitglieder je drei beträgt.

(2) Bei Unternehmen mit einem Gesellschaftskapital von mehr als fünfzig Millionen Deutsche Mark kann durch Satzung bestimmt werden, daß der Aufsichtsrat aus einundzwanzig Mitgliedern besteht. Die §§ 4 bis 7 finden sinngemäß Anwendung mit der Maßgabe, daß von den Arbeitnehmern vier Arbeiter und zwei Angestellte zu wählen und von den Spitzenorganisationen vier Mitglieder zu entsenden sind.

§ 9

Für die Beteiligung der Arbeitnehmer im Aufsichtsrat herrschender Unternehmen, die nicht unter § 2 oder § 3 fallen, gilt das Betriebsverfassungsgesetz.

§ 10

(1) Die einem Unternehmen, in dem die Arbeitnehmer nach dem Mitbestimmungsgesetz oder nach § 2 oder § 3 dieses Gesetzes ein Mitbestimmungsrecht haben, auf Grund von Beteiligungen an einem anderen Unternehmen zustehenden Rechte bei der Bestellung, dem Widerruf der Bestellung oder der Entlastung von Verwaltungsträgern sowie bei der Beschlußfassung über die Auflösung, Verschmelzung oder Umwandlung des anderen Unternehmens, über dessen Fortsetzung nach seiner Auflösung, über die Übertragung seines Vermögens oder über die Eingehung einer Gewinngemeinschaft können durch das zur gesetzlichen Vertretung berufene Organ nur auf Grund von Beschlüssen des Aufsichtsrats ausgeübt werden. Diese Beschlüsse bedürfen nur der Mehrheit der Stimmen der nach § 5 des Mitbestimmungsgesetzes oder der nach § 4 Abs. 2 dieses Gesetzes genannten Mitglieder; sie sind für das zur gesetzlichen Vertretung berufene Organ verbindlich.

(2) Absatz 1 gilt nicht, wenn die Beteiligung des Unternehmens an dem anderen Unternehmen weniger als ein Viertel beträgt.

§ 11

(1) Bestimmungen der Satzung des herrschenden Unternehmens über die Zusammensetzung des Aufsichtsrats sowie über die Wahl, Entsendung und Abberufung von Aufsichtsratsmitgliedern treten mit Beendigung der ersten Hauptversammlung außer Kraft, die nach Ablauf von zwei aufeinanderfolgenden Geschäftsjahren, in denen die Voraussetzungen des § 3 eingetreten oder weggefallen sind, abgehalten wird, spätestens jedoch mit Ablauf von sieben Monaten nach dem Ende des letzten dieser beiden Geschäftsjahre. Dies gilt jedoch nur, soweit die Satzung wegen der Anwendung dieses Gesetzes geändert werden muß. Eine Hauptversammlung, die innerhalb dieser Frist stattfindet, kann mit einfacher Stimmenmehrheit neue Bestimmung anstelle der außer Kraft tretenden beschließen.

(2) Das Amt der bisherigen Aufsichtsratsmitglieder des herrschenden Unternehmens erlischt mit dem in Absatz 1 Satz 1 bezeichneten Zeitpunkt.

§ 12

Die Bundesregierung wird ermächtigt, durch Rechtsverordnung zu bestimmen

a) die Aufwendungen, die als Kosten für Roh- und Hilfsstoffe nach § 3 Abs. 2 Satz 1 von den Umsätzen der Konzernunternehmen abzuziehen sind;

b) das Verfahren für die Wahl und die Abberufung von Arbeitnehmervertretern durch die Arbeitnehmer;

c) das Verfahren für die Entsendung und die Abberufung von Arbeitnehmervertretern durch die Spitzenorganisationen und für die Feststellung der Entsendungsberechtigung.

Artikel 2

Anwendung und Änderung des Reichsgesetzes über die Angelegenheiten der freiwilligen Gerichtsbarkeit

§ 13

(1) Im Falle des § 8 Abs. 3 Satz 4 des Mitbestimmungsgesetzes sind auf das Verfahren des Oberlandesgerichts die Vorschriften des Reichsgesetzes über die Angelegenheiten der freiwilligen Gerichtsbarkeit entsprechend anzuwenden. Gegen die Entscheidung des Oberlandesgerichts findet ein Rechtsmittel nicht statt.

(2) Für das Verfahren des Oberlandesgerichts werden von dem Unternehmen Gebühren nach § 112 der Kostenordnung erhoben. § 7 der Kostenordnung ist nicht anzuwenden.

§ 14

§ 145 Abs. 1 des Reichsgesetzes über die Angelegenheiten der freiwilligen Gerichtsbarkeit erhält folgende Fassung:

„(1) Die Amtsgerichte sind zuständig für die nach § 146 Abs. 2, §§ 147, 157 Abs. 2, § 166 Abs. 3, § 338 Abs. 3, § 524 Abs. 1 und 2, § 530 Abs. 1, §§ 590, 685, § 729 Abs. 1, § 884 Nr. 4 des Handelsgesetzbuchs, die nach § 25 Abs. 3 §§ 27, 30 Abs. 6 und 7, § 67 Abs. 1, §§ 76, 88 Abs. 4, §§ 89, 106 Abs. 4, § 118 Abs. 2 und 3, § 122 Abs. 2, § 136 Abs. 3 bis 6, § 206 Abs. 2, § 211 Abs. 3, § 214 Abs. 2 bis 4, § 244 Abs. 1 und 4 des Aktiengesetzes, die nach § 11 Abs. 3 des Gesetzes über die Mitbestimmung der Arbeitnehmer in den Aufsichtsräten und Vorständen der Unternehmen des Bergbaus und der Eisen und Stahl erzeugenden Industrie vom 21. März 1951 (Bundesgesetzbl. I S. 347) und die nach § 6 Abs. 3 des Gesetzes zur Ergänzung des Gesetzes über die Mitbestimmung der Arbeitnehmer in den Aufsichtsräten und Vorständen der Unternehmen des Bergbaus und der Eisen und Stahl erzeugenden Industrie vom ... 1954 (Bundesgesetzbl. I S. ...) vom Gericht zu erledigenden Angelegenheiten."

Artikel 3
Übergangs- und Schlußvorschriften

§ 15

Maßgebend für die erstmalige Anwendung des § 3 auf ein herrschendes Unternehmen ist das festgestellte Umsatzverhältnis für das letzte vor dem 1. November 1954 endende Geschäftsjahr. Die Feststellung nach § 3 Abs. 3 ist innerhalb von drei Monaten nach dem Inkrafttreten dieses Gesetzes zu treffen; § 11 gilt entsprechend.

§ 16

Dieses Gesetz gilt nach Maßgabe des § 13 Abs. 1 des Dritten Überleitungsgesetz vom 4. Januar 1952 (Bundesgesetzbl. I S. 1) auch im Land Berlin.

§ 17

Dieses Gesetz tritt am Tage nach seiner Verkündung in Kraft.

Begründung

Zu § 1

Im Zuge der Neuordnung des Bergbaus sowie der Eisen und Stahl erzeugenden Industrie hat es sich als notwendig erwiesen, in bestimmten Fällen, insbesondere zur Herbeiführung der wirtschaftlichen Zusammenarbeit von Kohle und Eisen, herrschende Unternehmen zu bilden, denen abhängige Unternehmen durch Organverträge unterworfen sind. Ein auf Grund eines Organvertrages beherrschtes Unternehmen hat keinen eigenen Willen mehr, sein Vorstand ist an die Weisungen des herrschenden Unternehmens gebunden. Wenn Unternehmen, die unter die Vorschriften des Gesetzes über die Mitbestimmung der Arbeitnehmer in den Aufsichtsräten und Vorständen der Unternehmen des Bergbaus und der Eisen und Stahl erzeugenden Industrie vom 31. Mai 1951 (Mitbestimmungsgesetz) fallen, im Rahmen der Neuordnung auf Grund von Organverträgen die Stellung abhängiger Unternehmen erhalten, könnte die den Arbeitnehmern in diesen Unternehmen zustehende Mitbestimmung durch die Machtstellung der Organe des herrschenden Unternehmens weitgehend ausgeschaltet werden. Damit erhebt sich die Frage, in welcher Weise die Mitbestimmung der Arbeitnehmer in solchen herrschenden Unternehmen zu regeln ist. Bei der Beratung des Mitbestimmungsgesetzes ist von einer Lösung dieser Frage bewußt abgesehen worden; denn bei der Verabschiedung des Gesetzes stand noch nicht fest, ob und nach welchen Grundsätzen herrschende Unternehmen zum Zweck der Zusammenfassung von Unternehmen des Bergbaus und der Eisen- und Stahlindustrie gebildet würden. Nachdem sich die Bildung von herrschenden Unternehmen als notwendig erwiesen hat, bedarf es einer Ergänzung des Mitbestimmungsgesetzes. Dies ist in § 1 des Entwurfs vorgesehen. Er bestimmt, daß das Gesetz eine abschließende Regelung des gesamten Fragenkomplexes herbeiführen soll.

Dabei sind folgende Unterfälle zu unterscheiden:

a) herrschende Unternehmen, die nach ihrem eigenen überwiegenden Betriebszweck selbst die Voraussetzungen des § 1 des Mitbestimmungsgsetzes erfüllen (§ 2 des Entwurfs);

b) herrschende Unternehmen, die nach geltendem Recht nicht unter das Mitbestimmungsgesetz fallen, die jedoch an der Spitze eines Konzerns stehen, in dem ein Übergewicht der mitbestimmten Konzernunternehmen vorhanden ist (§§ 3 bis 8 des Entwurfs);

c) herrschende Unternehmen, die nach geltendem Recht nicht unter das Mitbestimmungsgesetz fallen und in deren Konzern diejenigen Konzernunternehmen überwiegen, die nicht unter das Mitbestimmungsgesetz fallen (§ 9 des Entwurfs).

In einem seitherigen Geltungsbereich soll das Mitbestimmungsgesetz unverändert weiterbestehen (vgl. jedoch unten zu § 10).

Zu § 2

Hat das herrschende Unternehmen selbst einen oder mehrere Betriebe (atypische Obergesellschaft) und erfüllt es auf Grund seines überwiegenden Betriebszwecks bereits nach geltendem Recht die Voraussetzungen des § 1 des Mitbestimmungsgesetzes, so soll die seitherige Zusammensetzung der Organe nicht geändert werden, vielmehr fällt das Unternehmen auch weiterhin in vollem Umfang unter das Mitbestimmungsgesetz ohne Rücksicht auf die Verteilung der wirtschaftlichen Gewichte innerhalb des von ihm beherrschten Konzerns.

Zu § 3

Fällt das herrschende Unternehmen nicht bereits nach § 2 unter das Mitbestimmungsgesetz, so muß bei Regelung der Mitbestimmung die Tatsache berücksichtigt werden, daß von solchen herrschenden Unternehmen in aller Regel nicht ausschließlich Unternehmen abhängig sein werden, auf die das Mitbestimmungsgesetz anzuwenden ist, sondern auch Unternehmen, die dem Mitbestimmungsgesetz nicht unterliegen, z. B. Unternehmen der verarbeitenden Industrie, der Energieerzeugung, Handels- oder Transportgesellschaften. Für die herrschenden Unternehmen soll daher eine verstärkte Mitbestimmung nach Maßgabe der §§ 4 bis 8 eingeführt werden, wenn der Charakter des Konzerns bei ganzheitlicher Betrachtung durch die wirtschaftliche Leistung der mitbestimmten Konzernunternehmen bestimmt wird, d. h. „wenn der überwiegende Unternehmenszweck des Konzerns durch diejenigen Konzernunternehmen, die unter § 1 des Mitbestimmungsgesetzes fallen, gekennzeichnet ist" (§ 3 Abs. 1 Satz 1 des Entwurfs). Als Konzernunternehmen gelten dabei nicht nur die unter der einheitlichen Leitung des herrschenden Unternehmens zusammengefaßten Unternehmen (§ 15 Abs. 1 Aktiengesetz), sondern auch die sonstigen mittelbar oder unmittelbar unter den beherrschenden Einfluß des herrschenden Unternehmens stehenden rechtlich selbständigen Unternehmen (§ 15 Abs. 2 Aktiengesetz). Der Entwurf bringt in Abs. 2 einen objektiven Maßstab für die Abgrenzung des überwiegenden Unternehmenszwecks in der Gegenüberstellung der Umsätze der mitbestimmten Konzernunternehmen einerseits und der nicht unter das Mitbestimmungsgesetz fallenden Konzernunternehmen andererseits. Die Umsätze werden für diese Berechnung jedoch jeweils vermindert um die in ihnen enthaltenden Aufwendungen für Roh- und Hilfsstoffe. Diese Berechnungsmethode kommt im Ergebnis einer Aussage über die in den einzelnen Konzernunternehmen geleistete Wertschöpfung nahe. Umsätze reiner Handelsunternehmen im engeren Sinne mußten gesondert beurteilt werden, da sie wohl unternehmerisch-kaufmännischen, nicht jedoch produktiven Charakter haben. Sie wurden daher nach einem durchschnittlichen Schlüssel modifiziert, d.h. nur zu einem Fünftel in Ansatz gebracht; eine Verminderung um Aufwendungen für Roh- und Hilfsstoffe findet andererseits nicht statt. Der Begriff des Handelsunternehmens im Sinne dieser Vorschrift wird in § 3 Abs. 2 Satz 3 näher umschrieben.

Ist das herrschende Unternehmen eine Aktiengesellschaft, so hat der Abschlußprüfer (§§ 136 ff. Aktiengesetz) für jedes Geschäftsjahr in seinem Prüfungsbericht das oben dargestellte Umsatzverhältnis festzustellen und dem Betriebsrat bzw., wenn ein solcher für das herrschende Unternehmen gebildet ist, dem Gesamtbetriebsrat mitzuteilen. Wird das herrschende Unternehmen in der Rechtsform einer GmbH. oder einer bergrechtlichen Gewerkschaft betrieben, findet also eine gesetzlich vorgeschriebene Abschlußprüfung im Sinne des Aktiengesetzes nicht statt, so werden die Umsatzverhältnisse durch einen Wirtschaftsprüfer festgestellt und dem Vorstand sowie dem Betriebsrat (Gesamtbetriebsrat) der Obergesellschaft mitgeteilt. Der Wirtschaftsprüfer wird in entsprechender Anwendung der einschlägigen Vorschriften des Aktiengesetzes (§§ 136, 137) bestellt.

Ergibt die Feststellung des Umsatzverhältnisses ein Übergewicht der mitbestimmten Konzernunternehmen, so erhalten die Arbeitnehmer nach der Maßgabe der §§ 4 bis 8 dieses Entwurfs eine verstärkte Mitbestimmung im Aufsichtsrat des herrschenden Unternehmens. Durch diese verstärkte Mitbestimmung im Aufsichtsrat wird die Aushöhlung des Mitbestimmungsrechts in den Montantöchtern durch die Weisungsbefugnis des Vorstands des herrschenden Unternehmens wirksam vermieden.

Die Bestellung eines Arbeitsdirektors im Vorstand der Obergesellschaft ist dagegen in diesen Fällen nicht vorgeschrieben. Da den in aller Regel gemischten Konzernen in erheblichem Umfange Nichtmontangesellschaften, d. h. Unternehmen, für die das Mitbestimmungsgesetz nicht gilt, angehören bzw. vermutlich in naher Zeit angehören werden, könnte die Bestellung eines Arbeitsdirektors in der Obergesellschaft zu einem Übergreifen des Mitbestimmungsgesetzes auf derartige Konzernunternehmen führen. Nach dem oben Gesagten erscheint andererseits das Vorhandensein eines Arbeitsdirektors nicht unbedingt erforderlich zum Schutz der mitbestimmten Konzernunternehmen gegen eine Aushöhlung der dort bestehenden Mitbestimmungsrechte.

Zu § 4

Der Aufsichtsrat von herrschenden Unternehmen, die unter § 3 des Entwurfs fallen, soll grundsätzlich nach dem Schema des Mitbestimmungsgesetzes zusammengesetzt sein (fünf Vertreter des Kapitals, fünf Vertreter der Arbeitnehmer und ein Elfter Mann), jedoch sind gewisse Modifikationen eingeführt, die sich daraus erklären, daß eine Regelung der Mitbestimmung in der Obergesellschaft von Konzernen getroffen wird, in denen mitbestimmte Unternehmen und solche, die unter das Betriebsverfassungsgesetz fallen, zusammengefaßt sind. Die in den §§ 4 bis 8 vorgesehene Zusammensetzung des Aufsichtsrats stellt demgemäß eine Synthese aus den Grundgedanken der §§ 2 bis 12 des Mitbestimmungsgesetzes und des § 76 des Betriebsverfassungsgesetzes dar. Daraus ergeben sich folgende grundsätzliche Unterschiede:

a) Der Aufsichtsrat besteht nach dem Mitbestimmungsgesetz aus vier Vertretern der Anteilseigner und vier Vertretern der Arbeitnehmer sowie je einem weiteren Mitglied der Anteilseigner- und Arbeitnehmerseite, das bestimmte Voraussetzungen, die eine gewisse Unabhängigkeit gewährleisten sollen, erfüllt, zusamengesetzt ist, zu denen der Elfte Mann tritt. Der Aufsichtsrat der unter § 3 fallenden Obergesellschaften soll nach dem Entwurf aus fünf Vertretern des Kapitals und fünf Vertretern der Arbeitnehmer und dem Elften Mann bestehen.

b) Nach § 6 des Mitbestimmungsgesetzes schlagen unter den von Arbeitnehmerseite zu bestellenden Mitgliedern die Betriebsräte je einen Arbeiter und einen Angestellten, die Spitzenorganisationen zwei Arbeitnehmervertreter und das weitere Mitglied vor. Sämtliche von Arbeitnehmerseite vorgeschlagenen Mitglieder werden durch das Wahlorgan (die Hauptversammlung, Gesellschafter- oder Gewerkenversammlung) gewählt. Es ist an die Vorschläge der Betriebsräte bzw. der Spitzenorganisationen gebunden. — Von den Arbeitnehmern im Aufsichtsrat der Obergesellschaften, die die Voraussetzungen des § 3 erfüllen, sollen demgegenüber drei (zwei Arbeiter und ein Angestellter) durch die Arbeitnehmer der Konzernunternehmen nach dem Vorbild des Betriebsverfassungsssesetzes in Urwahl gewählt werden. Zwei Arbeitnehmervertreter sind durch die Spitzenorganisationen der Gewerkschaften zu entsenden. Eine Wahl der Arbeitnehmervertreter durch die Hauptversammlung soll nicht mehr erfolgen. Das Nähere regelt § 5 des Entwurfs.

Die Anteilseignerseite wählt nach freiem Ermessen die fünf auf sie entfallenden Mitglieder des Aufsichtsrats. Für ihre Abberufung gelten die einschlägigen Vorschriften des Aktiengesetzes. Der Elfte Mann wird nach den Grundsätzen des § 8 des Mitbestimmungsgesetzes bestellt. Für seine Abberufung gilt § 11 Abs. 3 des Mitbestimmungsgesetzes.

Zu § 5

An der Wahl der drei Arbeitnehmervertreter aus den Betrieben (zwei Arbeiter und ein Angestellter) sind die nach § 6 des Betriebsverfassungsgeetzes wahlberechtigten Arbeitnehmer der Obergesellschaft und sämtlicher unter der einheitlichen Leitung der Obergesellschaft im Konzern zusammengefaßter Unternehmen (§ 5 Abs. 4) mit vollem aktiven und passiven Wahlrecht beteiligt. Das Wahlverfahren ist den einschlägigen Vorschriften des Betriebsverfassungsgesetzes nachgebildet, jedoch ist von einer Übernahme der Vorschriften über die Wahl durch Wahlmänner (§ 76 Abs. 4 Satz 2 des Betriebsverfassungsgesetzes) Abstand genommen worden, da die Praxis gezeigt hat, daß ein derartiges Verfahren erheblichen Schwierigkeiten begegnet. Das Nähere soll eine Rechtsverordnung der Bundesregierung (§ 12 Buchstabe b des Entwurfs) regeln.

Zwei Arbeitnehmervertreter werden von den Spitzenorganisationen der in den Betrieben der Konzernunternehmen vertretenen Gewerkschaften entsandt. Die Entsendungsberechtigung richtet sich nach dem Stärkeverhältnis, in dem die Spitzenorganisationen durch Mitglieder der ihnen angeschlossenen Gewerkschaften in den Betrieben der Konzernunternehmen vertreten sind. Vor Ausübung des Entsendungsrechtes haben sich die Spitzenorganisationen mit den in den Betrieben vertretenen Gewerkschaften und den Betriebsräten der Konzernunternehmen bzw., wo solche bei den einzelnen Konzernunternehmen vorhanden sind, den Gesamtbetriebsräten zu beraten.

Nach dem Vorbild des § 18 des Betriebsverfassungsgesetzes soll die Möglichkeit bestehen, vor Ablauf einer Ausschlußfrist von zwei Wochen, vom Tage der Bekanntgabe der Bestellung eines Arbeitnehmervertreters an gerechnet, die Bestellung beim Arbeitsgericht anzufechten. Dies gilt sowohl im Falle der unmittelbaren Wahl von Arbeitnehmervertretern durch die Belegschaften der Konzernunternehmen als auch im Falle der Entsendung von Arbeitnehmervertretern durch die Spitzenorganisationen. Durch Verweisung auf die entsprechenden Vorschriften des Arbeitsgerichtsgesetzes ist sichergestellt, daß das Anfechtungsverfahren in der gleichen Weise abläuft (Beschlußverfahren) wie die Anfechtung der Betriebsratswahl und der Wahl von Arbeitnehmervertretern nach § 76 des Betriebsverfassungsgesetzes.

Zu § 6

Entsprechend dem teilweise den Vorschriften des Betriebsverfassungsgesetzes angepaßten Verfahren für die Bestellung der Arbeitnehmervertreter ist auch das Verfahren für den Widerruf ihrer Bestellung abweichend von § 11 Abs. 2 des Mitbestimmungsgesetzes gestaltet worden:

a) Die durch die Arbeitnehmer der Konzernunternehmen in Urwahl gewählten Mitglieder des Aufsichtsrats können in einem § 76 Abs. 5 des Betriebsverfassungsgesetzes nachgebildeten Verfahren abberufen werden.

b) Die von den Spitzenorganisationen entsandten Mitglieder können jederzeit von derjenigen Spitzenorganisation, die sie entsandt hat, wieder abberufen werden (entspricht § 88 Abs. 4 Satz 1 des Aktiengesetzes).

c) Darüber hinaus kann das Amtsgericht auf Antrag der Hauptversammlung (Gesellschafterversammlung, Gewerkenversammlung) die hierüber mit einfacher Stimmenmehrheit beschließt, einen Arbeitnehmervertreter aus einem in seiner Person liegenden wichtigen Grund abberufen. Die Abberufungsmöglichkeit aus wichtigem Grund entspricht dem Grundgedanken des § 88 Abs. 4 Satz 2 des Aktiengesetzes.

Zu § 7

Absatz 1 entspricht dem § 7 des Mitbestimmungsgesetzes, Absatz 2 dem § 10 des Mitbestimmungsgesetzes.

Zu § 8

Wie auch § 9 des Mitbestimmungsgesetzes vorsieht, kann bei Unternehmen mit einem Gesellschaftskapital von mehr als 20 Millionen DM die Zahl der Aufsichtsratsmitglieder auf 15, bei mehr als 50 Millionen DM auf 21 erhöht werden. In diesen Fällen besteht der Aufsichtsrat

bei 15 Mitgliedern aus:

sieben Vertretern der Anteilseigner, drei Arbeitern und einem Angestellten aus den Betrieben der Konzernunternehmen,

drei von den Spitzenorganisationen entsandten Mitgliedern,

dem fünfzehnten, in dem besonderen Verfahren des § 8 des Mitbestimmungsgesetzes bestellten Mitglied,

bei 21 Mitgliedern aus:

zehn Vertretern der Anteilseigner, vier Arbeitern und zwei Angestellten aus den Betrieben der Konzernunternehmen,

vier von den Spitzenorganisationen entsandten Mitgliedern,

dem einundzwanzigsten Mitglied, das in dem besonderen Verfahren des § 8 des Mitbestimmungsgesetzes bestellt wird.

Zu § 9

Ist der Konzern in seiner Gesamtheit überwiegend durch die wirtschaftliche Leistung von Unternehmen gekennzeichnet, die nicht unter das Mitbestimmungsgesetz fallen (z. B. Verarbeitung, Handel, Energieerzeugung, Verkehr), so haben die mitbestimmten Unternehmen in aller Regel nur zur Sicherung der Rohstoffbasis beizutragen. Sie fallen daher bei ganzheitlicher Betrachtung der Konzernstruktur nicht so entscheidend ins Gewicht, daß ihretwegen eine durchgreifende Umgestaltung der Zusammensetzung des Aufsichtsrats des herrschenden Unternehmens vertretbar wäre, vielmehr muß es in diesen Fällen bei der Beteiligten der Arbeitnehmer im Aufsichtsrat nach den Vorschriften des Betriebsverfassungsgesetzes, d. h. zu einem Drittel, bewenden. Dabei ist darauf hinzuweisen, daß nach § 76 Abs. 4 des Betriebsverfassungsgesetzes die Arbeitnehmer der abhängigen Konzernunterunternehmen an der Wahl der Arbeitnehmervertreter im Aufsichtsrat des herrschenden Unternehmens teilnehmen, so daß auch in diesen Fällen eine nicht unerhebliche Einflußnahme der Arbeitnehmer der abhängigen Konzernunternehmen auf die Zusammensetzung des Aufsichtsrats des herrschenden Unternehmens gegeben ist. § 9 stellt demgemäß klar, daß für herrschende Unternehmen, die weder nach ihrem eigenen überwiegenden Unternehmenszweck die Voraussetzungen des § 2 erfüllen, noch unter Zugrundelegung der Umsatzverhältnisse unter § 3 fallen, ausschließlich das Betriebsverfassungsgesetz Anwendung findet.

Zu § 10

Nach allgemeinen Grundsätzen werden die Anteilsrechte aus Beteiligungen in den Wahlorganen anderer selbständiger Unternehmen durch den Vorstand der Gesellschaft ausgeübt, der die Anteilsrechte gehören. Der Vorstand der Gesellschaft ist aber, wenn diese unter § 1 des Mitbestimmungsgesetzes oder unter die §§ 2 oder 3 des vorliegenden Entwurfs fällt, von einem Aufsichtsrat bestellt worden, in dem die Arbeitnehmer ein gegenüber dem Betriebsverfassungsgesetz erheblich verstärktes Mitbestimmungsrecht haben; in den Fällen des § 1 des Mitbestimmungsgesetzes und des § 2 dieses Entwurfs gehört diesem Vorstand überdies ein Arbeitsdirektor an. Wenn dieser Vorstand berechtigt sein würde, nach freiem Ermessen durch Ausübung der Anteilsrechte in den Wahlorganen Organe zu bestellen, ihre Bestellung zu widerrufen, ihnen Entlastung zu erteilen sowie sonstige lebenswichtige Entscheidungen, die die Existenz der Unternehmen unmittelbar berühren, zu treffen, könnte der Einfluß der Arbeitnehmer so verstärkt werden, daß der dem Mitbestimmungsrecht zugrunde liegende Grundsatz der Gleichberechtigung zwischen Anteilseignern und Arbeitnehmern nicht mehr gewahrt wäre. Deshalb sieht der Entwurf vor, daß die Rechte, die einem solchen Unternehmen auf Grund von Beteiligungen an anderen rechtlich selbständigen Unternehmen ohne Rücksicht auf deren Rechtsform bei

> der Bestellung, dem Widerruf der Bestellung und der Entlastung von Organen, der Beschlußfassung über Auflösung, Verschmelzung oder Umwandlung des Unternehmens, über Fortsetzung nach Auflösung, über Vermögensübertragung und Gewinngemeinschaft

zustehen, zwar durch den Vorstand ausgeübt werden, dieser aber seinerseits insoweit nur auf Grund von für ihn verbindlichen Beschlüssen des Aufsichtsrats wirksam handeln kann. Diese Beschlüsse bedürfen nur der Mehrheit der Stimmen der von seiten der Anteilseigner bestellten Aufsichtsratsmitglieder, die auch nicht durch die anderen Aufsichtsratsmitglieder überstimmt werden kann.

Das oben dargestellte Problem kann nicht nur bei den in den §§ 2 und 3 dieses Entwurfs bezeichneten herrschenden Unternehmens, sondern auch bei den im § 1 des Mitbestimmungsgesetzes genannten Unternehmen auftreten. Die Regelung soll daher nicht nur für Unternehmen gelten, bei denen durch den vorliegenden Entwurf ein verstärktes Mitbestimmungsrecht eingeführt werden soll, sondern auch für solche Unternehmen, die bereits nach geltendem Recht unter das Mitbestimmungsgesetz fallen. Andererseits besteht ein Bedürfnis für diese Sonderregelung nur dann, wenn einem Unternehmen, das dem Mitbestimmungsgesetz oder diesem Entwurf unterfällt, sämtliche Anteilsrechte am Gesellschaftskapital eines anderen Unternehmens oder ein erheblicher Bruchteil dieser Anteilsrechte zustehen, so daß das erstgenannte Unternehmen wesentlichen Einfluß auf die Bestellung, Abberufung oder Entlastung der Organe des anderen Unternehmens und auf die sonstigen oben genannten lebenswichtigen Entscheidungen ausüben kann. Diese Sonderregelung soll daher nicht gelten, wenn dem Unternehmen weniger als 25 v. H. des Gesellschaftskapitals des anderen Unternehmens (d. h. weniger als die sich aus § 146 Abs. 1 des Aktiengesetzes ergebende Sperrminorität) gehört.

Zu § 11

Nach § 3 des Entwurfs ist Voraussetzung für die Einführung der verstärkten Mitbestimmung im Aufsichtsrat eines herrschenden Unternehmens, daß bei einem Vergleich der gemäß § 3 Abs. 2 modifizierten Umsatzzahlen sich ein Übergewicht der mitbestimmten Unternehmen ergibt. § 11 Abs. 1

des Entwurfs bestimmt, daß der Aufsichtsrat des herrschenden Unternehmens dann nach den Vorschriften der §§ 4 bis 8 zu bilden ist, wenn in zwei aufeinanderfolgenden Geschäftsjahren das Umsatzverhältnis die Voraussetzungen des § 3 Abs. 2 des Entwurfs des Gesetzes erfüllt. Das gleiche gilt bei Änderung des Umsatzverhältnisses zugunsten der nicht unter das Mitbestimmungsgesetz fallenden Unternehmen. Im übrigen enthält der § 11 Vorschriften über das Außerkrafttreten von Bestimmungen der Satzung über die erleichterte Beschlußfassung für neue Satzungsbestimmungen sowie über das Erlöschen des Amtes der bisherigen Aufsichtsratsmitglieder des herrschenden Unternehmens. Für die erstmalige Einführung der durch den Entwurf vorgeschriebenen Zusammensetzung des Aufsichtsrats gilt § 15.

Zu § 12

Die Vorschrift ermächtigt die Bundesregierung, Rechtsverordnungen zur Durchführung dieses Gesetzes zu erlassen.

Durch Buchstabe a wird die Möglichkeit gewährt, falls erforderlich, den Kreis derjenigen betrieblichen Aufwendungen, die bei der Berechnung des Umsatzverhältnisses nach § 3 des Entwurfs als Kosten für Roh- und Hilfsstoffe von den Umsätzen der Konzernunternehmen abzuziehen sind, durch Rechtsverordnung näher zu bestimmen.

Durch Buchstabe b wird die Bundesregierung ermächtigt, eine Wahlordnung für die Urwahl der Arbeitnehmervertreter durch die Arbeitnehmer der Betriebe der Konzernunternehmen zu erlassen und in dieser auch das Verfahren für die Abstimmung über den Widerruf der Bestellung zu regeln.

Buchstabe c sieht eine Regelung des Verfahrens zur Errechnung des in § 5 Abs. 2 erwähnten Stärkeverhältnisses der Spitzenorganisationen und für die Ausübung der Entsendungsberechtigung und der Befugnis, solche Arbeitnehmervertreter abzuberufen, vor.

Zu § 13

Nach § 8 Abs. 3 Satz 4 des Mitbestimmungsgesetzes entscheidet, wenn die Wahl auf Grund des Vorschlags des Vermittlungsausschusses nicht zustande gekommen und die Ablehnung durch Beschluß festgestellt ist, über die Berechtigung der Ablehnung der Wahl auf Antrag des Vermittlungsausschusses das für das Unternehmen zuständige Oberlandesgericht.

Aus dieser Vorschrift ergibt sich nicht zweifelsfrei, in welchem Verfahren das Oberlandesgericht zu entscheiden hat; auch ist nicht ausdrücklich gesagt, daß das Oberlandesgericht endgültig entscheiden soll. § 13 Abs. 1 stellt diese Frage dahin klar, daß auf das Verfahren des Oberlandesgerichts die Vorschriften des Reichsgesetzes über die Angelegenheiten der freiwilligen Gerichtsbarkeit entsprechend anzuwenden sind, und daß die Entscheidung des Oberlandesgerichts mit Rechtsmitteln nicht anfechtbar ist.

Für den Fall des § 8 Abs. 3 Satz 4 des Mitbestimmungsgesetzes fehlt es an einer Kostenvorschrift. Mit Rücksicht hierauf bestimmt § 13 Abs. 2 Satz 1, daß für das Verfahren des Oberlandesgerichts von dem Unternehmen Gebühren nach § 112 der Kostenordnung erhoben werden.

§ 7 der Kostenordnung regelt die Zahlung von Vorschüssen. Durch den ausdrücklichen Ausschluß der Anwendung des § 7 der Kostenordnung in § 13 Abs. 2 Satz 2 des Entwurfs wird verhindert, daß Unternehmen durch Nichtzahlung des Vorschusses die Entscheidung des Oberlandesgerichts hinauszögern oder vereiteln.

Zu § 14

Nach § 11 Abs. 3 des Mitbestimmungsgesetzes kann eine Abberufung des in § 8 des Mitbestimmungsgesetzes bezeichneten Mitglieds des Aufsichtsrats auf Antrag von mindestens drei Aufsichtsratsmitgliedern durch das Gericht aus wichtigem Grunde erfolgen. Es kann zweifelhaft sein, ob das Amtsgericht oder das in § 8 Abs. 3 Satz 4 genannte Oberlandesgericht für die Abberufung zuständig ist. § 145 Abs. 1 des Reichsgesetzes über die Angelegenheiten der freiwilligen Gerichtsbarkeit soll durch § 14 dahin geändert werden, daß das Amtsgericht zuständig ist.

Ferner wird klargestellt, daß das Amtsgericht auch für die Abberufung von Arbeitnehmern aus wichtigem Grunde gemäß § 5 Abs. 3 des Entwurfs zuständig ist.

Zu § 15

Die erstmalige Feststellung des Umsatzverhältnisses nach § 3 des Gesetzes soll, um die Anwendung des Gesetzes sicherzustellen, vor Ablauf von drei Monaten nach Inkrafttreten des Gesetzes (§ 17) getroffen werden. Dabei soll mit Rücksicht auf die erst vor verhältnismäßig kurzer Zeit erfolgte Neugründung der in Frage stehenden Konzerne in Abweichung von der in § 11 Abs. 1 aufgestellten Regel das Umsatzverhältnis für ein Jahr, nämlich das letzte vor dem 1. November 1954 endende Geschäftsjahr, maßgebend sein.

Zu § 16

Im Zuge der Einführung von Bundesrecht auch im Land Berlin erscheint es zweckmäßig, dieses Gesetz auch auf das Land Berlin zu erstrecken.

b) Änderungsvorschläge des Bundesrates

1. In **§ 3** Satz 1 ist hinter dem letzten Wort anzufügen: „und § 11 a".

   Begründung

   Vgl. die Begründung zu § 11 a.

2. In **§ 4**

   a) Absatz 1 wird durch folgenden Absatz ersetzt:

      „(1) Für die Zusammensetzung des Aufsichtsrats und die Rechtsstellung seiner Mitglieder gelten die §§ 4 und 9 des Mitbestimmungsgesetzes."

   b) In Absatz 2 werden die Worte „Absatz 1 Buchstabe a" ersetzt durch die Worte:

      „§ 4 Abs. 1 Buchstabe a des Mitbestimmungsgesetzes".

   c) In Absatz 3 ist der erste Satz zu streichen.

d) In Absatz 3 Satz 2 werden die Worte „Für seine Bestellung" ersetzt durch die Worte:
„Für die Bestellung des in § 4 Abs. 1 Buchstabe c des Mitbestimmungsgesetzes bezeichneten weiteren Mitgliedes".
e) Absatz 4 ist zu streichen.
Begründung
Es besteht keine Veranlassung, Modifikationen der §§ 4 und 9 des Mitbestimmungsgesetzes einzuführen.

3. § 5
a) In Absatz 1 Satz 1 werden die Worte „zwei Arbeiter" ersetzt durch die Worte „ein Arbeiter".
b) Absatz 1 Satz 2 erster Satzteil erhält folgende Fassung:
„Diese Mitglieder des Aufsichtsrats werden durch die den Betriebsräten der Konzernunternehmen angehörenden Vertreter der Arbeiter und der Angestellten in getrennten Wahlgängen in geheimer, gleicher und unmittelbarer Wahl für die Zeit gewählt,"
c) Absatz 1 Satz 3 ist zu streichen.
d) In Absatz 2 Satz 1 ist nach den Worten „Zwei der Vertreter der Arbeitnehmer im Aufsichtsrat" einzufügen:
„und das in § 4 Abs. 1 Buchstabe b des Mitbestimmungsgesetzes bezeichnete weitere Mitglied".

Begründung
Die Vertreter, die aus der Belegschaft der Konzernunternehmen in den Aufsichtsrat entsendet werden, müssen sorgfältig ausgewählt werden. Dies ist durch die Betriebsräte besser gewährleistet als durch die Abstimmung der Belegschaftsmitglieder, die den einzelnen Kandidaten bei der Größe der in Betracht kommenden Konzerne weder kennen noch bewerten können.
Im übrigen sind die Änderungsvorschläge durch die zu § 4 vorgeschlagenen Änderungen bedingt.

4. § 6
In Absatz 1 werden Satz 1 und Satz 2 erster Halbsatz durch folgende Worte ersetzt:
„(1) Die durch die Vertreter der Arbeiter und der Angestellten der Betriebsräte gewählten Mitglieder des Aufsichtsrats können vor Ablauf der Wahlzeit auf Antrag der Gruppe, die sie gewählt hat, abberufen werden. Die Abberufung erfolgt durch geheime und unmittelbare Abstimmung;".

Begründung
Die Änderung ist durch den Änderungsvorschlag zu § 5 bedingt.

5. § 8 ist zu streichen.

Begründung
Die Streichung ist durch den Änderungsvorschlag zu § 4 Absatz 1 bedingt.

6. Nach **§ 11** ist folgender § 11 a einzufügen:

„§ 11a

(1) Die Bestellung der Mitglieder des zur gesetzlichen Vertretung berufenen Organs und der Widerruf ihrer Bestellung erfolgen durch den Aufsichtsrat. § 75 des Aktiengesetzes ist anwendbar mit der Maßgabe, daß ein Mitglied bestellt werden muß, das die Mehrheit der Stimmen der nach § 5 Abs. 1 gewählten und der nach § 5 Abs. 2 entsandten Aufsichtsratsmitglieder auf sich vereinigt. Das gleiche gilt für den Widerruf der Bestellung dieses Mitglieds.

(2) Die Satzung oder der Gesellschaftsvertrag können bestimmen, daß das Mitglied des zur gesetzlichen Vertretung berufenen Organs, welches nach Absatz 1 nicht gegen die Stimmen der Mehrheit der nach § 5 Abs. 1 gewählten und nach § 5 Abs. 2 entsandten Aufsichtsratsmitglieder bestellt werden kann, in Angelegenheiten nicht mitwirkt, die nur die nicht unter das Mitbestimungsgesetz fallenden Konzernunternehmen angehen."

Begründung

Da die Organbindung von Montanunternehmen deren Folgepflicht in allen Angelegenheiten der Geschäftsführung, mithin auch für das dem Arbeitsdirektor zukommende Sozialreferat begründet, muß ein Vorstandsmitglied durch die Mehrheit der nach § 5 gewählten und entsandten Aufsichtsratsmitglieder bestellt werden. Den Bedenken der Bundesregierung, es könne bei den in der Regel gemischten Konzernen ein Übergreifen auf Konzernunternehmen stattfinden, die nicht unter das Mitbestimmungsgesetz fallen, wird dadurch Rechnung getragen, daß die Satzung den Aufgabenbereich dieses Vorstandsmitgliedes entsprechend beschränken kann.

7. In **§ 12** sind nach dem Wort „Rechtsverordnung" die Worte „mit Zustimmung des Bundesrates" einzufügen.

Begründung

Das Gesetz wird von den Ländern als eigene Angelegenheit ausgeführt. Nach Art. 80 Abs. 2 des Grundgesetzes bedürfen daher Rechtsverordnungen auf Grund des Gesetzes der Zustimmung des Bundesrates.

8. **§ 16** erhält folgende Fassung:

„§ 16

Dieses Gesetz und das Gesetz über die Mitbestimmung der Arbeitnehmer in den Aufsichtsräten und Vorständen der Unternehmen des Bergbaus und der Eisen und Stahl erzeugenden Industrie vom 21. Mai 1951 (Bundesgesetzbl. I S. 347) gelten nach Maßgabe des § 13 Abs. 1 des Dritten Überleitungsgesetzes vom 4. Januar 1952 (Bundesgesetzbl. I S. 1) auch im Land Berlin. Rechtsverordnungen, die auf Grund dieser Gesetze erlassen werden, gelten im Land Berlin nach § 14 des Dritten Überleitungsgesetzes."

Begründung

Ausdehnung der Berlin-Klausel auch auf das Hauptgesetz vom 21. Mai 1951.

c) Stellungnahme der Bundesregierung zu den Änderungsvorschlägen des Bundesrates

I.

Die Bundesregierung stimmt den Änderungsvorschlägen des Bundesrates zu § 16 zu.

II.

Zu den übrigen Vorschlägen ist zu bemerken:

1. **Zu § 3 Abs. 1 Satz 1, § 11a**

Der vom Bundesrat vorgeschlagenen Einfügung eines § 11a und der Verweisung auf ihn in § 3 Abs. 1 Satz 1 vermag die Bundesregierung aus folgenden Gründen nicht zuzustimmen:

Durch § 11a soll offenbar erreicht werden, daß dem Vorstand der Obergesellschaft ein Mitglied angehört, das hinsichtlich seiner Bestellung und Abberufung besonders von der Arbeitnehmerseite abhängig ist. Jedoch soll dieses Vorstandsmitglied nicht als Arbeitsdirektor bezeichnet werden, obwohl das Verfahren für seine Bestellung und Abberufung mit gewissen Modifikationen den §§ 12 und 13 des Mitbestimmungsgesetzes nachgebildet ist. Andererseits soll der Geschäftsbereich dieses Vorstandsmitglieds nach § 11a Abs. 2 durch Bestimmung der Satzung (des Gesellschaftsvertrags) dahingehend beschränkt werden können, daß es in Angelegenheiten nicht mitwirkt, „die nur die nicht unter das Mitbestimmungsgesetz fallenden Konzernunternehmen angehen".

Gegen die Absicht, auch für den Vorstand der Obergesellschaft ein nach der Arbeitnehmerseite hin besonders qualifiziertes Mitglied gesetzlich vorzuschreiben, spricht die Tatsache, daß durch Einschaltung des Arbeitnehmereinflusses in den Vorstand ein Übergreifen der Mitbestimmung auf die unter das Betriebsverfassungsgesetz fallenden Konzernunternehmen bewirkt würde. Das Gesetz würde also nicht nur dazu dienen, eine Aushöhlung des Mitbestimmungsrechts im seitherigen Geltungsbereich des Mitbestimmungsgesetzes vom 21. Mai 1951 zu verhindern, sondern zu einer indirekten Ausweitung dieses Geltungsbereichs führen. Dem kann auch nicht entgegengehalten werden, daß das betreffende Vorstandsmitglied nicht die Bezeichnung „Arbeitsdirektor" erhalten soll. In dieser Bezeichnung (§ 13 Abs. 1 des Mitbestimmungsgesetzes) ist eine gewisse Festlegung des Zuständigkeitsbereichs auf die sozialen Fragen des Unternehmens enthalten. Der Arbeitsdirektor ist also — unbeschadet der in § 13 Abs. 1 des Mitbestimmungsgesetzes ausgesprochenen Gleichberechtigung — von vornherein in erster Linie auf einen bestimmten Geschäftsbereich (das Sozialreferat) verwiesen, so daß sich in der Regel Schwierigkeiten bei der Geschäftsabgrenzung zwischen den Vorstandsmitgliedern nicht ergeben. Demgegenüber ist der Aufgabenkreis des nach § 11a Abs. 1 des Bundesratsvorschlags zu bestellenden Vorstandsmitglieds völlig offen. Der Wegfall der Bezeichnung „Arbeitsdirektor" würde also nicht etwa Schwierigkeiten ausräumen, sondern solche zusätzlich schaffen. Auch die in § 11a Abs. 2 vorgeschlagene Regelung befriedigt nicht. Die durch Satzung mögliche Einengung der Zuständigkeit des von Arbeitnehmerseite qualifizierten Vorstandsmitglieds wird in der Praxis kaum durchführbar sein. Der Vorstand der Obergesellschaft wird bei seinen Entscheidungen stets zwischen den Interessen der einzelnen Konzernunternehmen abzuwägen haben, so daß auch solche Beschlüsse, die sich formell nur auf mitbestimmte Konzernunternehmen beziehen, in den meisten Fällen Auswirkungen auf nicht mitbestimmte Konzernunternehmen haben werden und umgekehrt. Als Beispiele seien die Investitionspolitik und die Festlegung des Produktionsprogramms erwähnt. Sollte daher die Satzung eine dem § 11 a Abs. 2 des Bundesratsvorschlags entsprechende Bestimmung enthalten, so würde ihre Durchführung zu erheblichen Schwierigkeiten und möglicherweise zu Reibungen innerhalb des Vorstandes führen. Während § 13 Abs. 1 Satz 1 und Abs. 2 des Mitbestimmungsgesetzes darauf abzielen, trotz der Bestellung des Arbeitsdirektors die Einheit des Vorstandes zu wahren, würde gerade dieses Anliegen des Mitbestimmungsgesetzes durch §11a Abs. 2 des Bundesratsvorschlags in sein Gegenteil verkehrt.

Darüber hinaus ergibt sich aus der Undurchführbarkeit einer klaren Trennung zwischen Angelegenheiten der mitbestimmten und der nichtmitbestimmten Konzernunternehmen, daß der Vorschlag des Bundesrates nicht geeignet ist, ein Übergreifen der Montanmitbestimmung auf Konzernunternehmen, für deren Aufsichtsrat das Betriebsverfassungsgesetz gilt, zu verhindern. Die Gründe, die die Bundesregierung bewogen haben, die Bestellung eines Arbeitsdirektors im Vorstand einer geschäftsführenden Obergesellschaft nicht vorzusehen, stehen daher auch dem Vorschlag des Bundesrates entgegen.

Auch die Fassung des vom Bundesrat vorgeschlagenen § 11a begegnet erheblichen Bedenken. Nach der Begründung des Vorschlags will der Bundesrat mit § 11a Abs. 1 ein dem Arbeitsdirektor entsprechendes Vorstandsmitglied einführen, allerdings mit der Maßgabe, daß das von Arbeitnehmerseite besonders qualifizierte Mitglied nicht Arbeitsdirektor genannt werden soll. Der Bundesrat hat jedoch davon abgesehen, die klaren Vorschriften der §§ 12, 13 Abs. 1 des Mitbestimmungsgesetzes mit den notwendigen Änderungen zu übernehmen, sondern eine abweichende Fassung gewählt, die nicht unbedenklich erscheint. Insbesondere gilt dies für die Abweichung des § 11a Abs. 1 Satz 2 des Bundesratsvorschlags von § 13 Abs. 1 Satz 2 des Mitbestimmungsgesetzes. Der Arbeitsdirektor kann nach § 13 Abs. 1 Satz 2 Mitbestimmungsgesetz nicht „gegen die Stimmen der Mehrheit der nach § 6 (d. h. auf Vorschlag der Arbeitnehmerseite) gewählten Aufsichtsratsmitglieder bestellt werden". Demgegenüber muß dem Vorstand der Obergesellschaft nach § 11a Abs. 1 Satz 2 des Bundesratsvorschlags ein

Mitglied angehören, „das die Mehrheit der Stimmen der nach § 5 Abs. 1 (d. h. von den Betriebsräten) gewählten und der nach § 5 Abs. 2 (d. h. von den Spitzenorganisationen) entsandten Aufsichtsratsmitglieder auf sich vereinigt". Dies muß in Zusammenhang mit der Begründung des Bundesrats zu § 11a dahin verstanden werden, daß dieses Vorstandsmitglied durch die Mehrheit der nach § 5 gewählten und entsandten Aufsichtsratsmitglieder bestellt werden soll. Das würde bedeuten, daß diese Gruppenmehrheit u. U. auch gegen die Mehrheit des Gesamtaufsichtsrats entscheiden könnte. In § 13 Abs. 1 Satz 2 des Mitbestimmungsgesetzes ist dagegen nur festgelegt, daß die Bestellung und Abberufung des Arbeitsdirektors entsprechend § 75 des Aktiengesetzes durch Mehrheitsbeschluß des gesamten Aufsichtsrats erfolgt, wobei lediglich die Mehrheit der von Arbeitnehmerseite bestellten Aufsichtsratsmitglieder ein Vetorecht hat. Andererseits lehnt sich § 11 a Abs. 2 des Bundesratsvorschlags an die Formulierung des § 13 Abs. 1 Satz 2 des Mitbestimmungsgesetzes an, so daß der § 11 a in sich widerspruchsvoll erscheint.

Auch die Fassung des § 11a Abs. 2 gibt — unbeschadet der oben ausgeführten grundsätzlichen Einwendungen — zu Bedenken Anlaß. Das von Arbeitnehmerseite besonders qualifizierte Vorstandsmitglied soll durch Bestimmung in der Satzung (im Gesellschaftsvertrag) davon ausgeschlossen werden können, in Angelegenheiten „mitzuwirken", die nur die nicht unter das Mitbestimmungsgesetz fallenden Konzernunternehmen angehen. Was unter Mitwirkung in diesem Zusammenhang zu verstehen wäre, kommt im Vorschlag des Bundesrates nicht eindeutig zum Ausdruck. Unter Mitwirkung könnte zunächst jede Tätigkeit im Vorstand einschließlich der Vertretung der Gesellschaft nach außen verstanden werden. Die Möglichkeit, die Vertretungsmacht dieses Vorstandsmitglieds zu beschränken, würde insoweit einer Einführung der vom deutschen Gesellschaftsrecht abgelehnten Ultra-Vires-Lehre gleichkommen und vom Standpunkt der Rechtssicherheit im Geschäftsverkehr schwersten Bedenken unterliegen. Aber auch wenn die Beschränkung nur die Geschäftsführungsbefugnisse im Innenverhältnis betreffen sollte, so wäre dies aus dem Gesichtspunkt der Verantwortlichkeit der Vorstandsmitglieder bedenklich.

Würde ein Vorstandsmitglied von jeder Beratung im Kreise des Gesamtvorstands und jeder sonstigen Teilnahme an der internen Willensbildung der Obergesellschaft bezüglich der nicht mitbestimmten Konzernunternehmen ausgeschlossen, so könnte es der unabdingbaren Verantwortlichkeit, die das Aktienrecht jedem Vorstandsmitglied für die Gesamtgeschäftsführung auferlegt., nicht gerecht werden.

Der vom Bundesrat vorgeschlagene § 11a Abs. 2 ist daher, wie er auch auszulegen sein mag, mit den Grundsätzen des deutschen Aktienrechts unvereinbar.

2. **Zu § 4, § 5 Abs. 1 Satz 1 erster Satzteil, Abs. 2 Satz 1, § 8**

Die Bundesregierung hält daran fest, daß es nicht zweckmäßig wäre, das Schema der Aufsichtsratszusammensetzung nach § 4 des Mitbestimmungsgesetzes unverändert auf die Obergesellschaft zu übertragen, da ein solches Verfahren der Tatsache nicht gerecht würde, daß den in Frage stehenden Konzernen in aller Regel und im Laufe der Entwicklung in zunehmendem Maße auch Konzernunternehmen angehören werden, die ausschließlich unter das Betriebsverfassungsgesetz fallen. Auf die Ausführungen in der Begründung zur Regierungsvorlage (Zu § 4) wird verwiesen.

3. **Zu § 5 Abs. 1 Satz 2 erster Halbsatz, Abs. 1 Satz 3, § 6 Abs. 1 Sätze 1 und 2**

Die Bundesregierung kann dem Vorschlag, die aus den Betrieben der Konzernunternehmen zu bestellenden Arbeitnehmervertreter im Aufsichtsrat durch die Betriebsräte der Konzernunternehmen in Gruppenwahl wählen und abberufen zu lassen, nicht zustimmen. Die in § 76 BetrVG vorgesehene Wahl der Arbeitnehmervertreter durch die Gesamtbelegschaft hat sich durchaus bewährt. Vertreter der Arbeitnehmer, die in Urwahl gewählt worden sind, besitzen eine bedeutend stärkere Legitimation für ihr Amt im Aufsichtsrat als im Falle einer Gruppenwahl durch die Betriebsräte. Das Bedenken, daß angesichts der Größe der Konzernunternehmen eine Urwahl in der Praxis auf Schwierigkeiten stoßen würde, weil bei der Abstimmung die Belegschaftsmitglieder die einzelnen in Betracht kommenden Kandidaten nicht kennen noch bewerten können, trifft nicht zu. Bereits nach geltendem Recht werden die Arbeitnehmervertreter im Aufsichtsrat des herrschenden Unternehmens eines Konzerns nach dem gleichen Verfahren gewählt (§ 76 Abs. 4 VertrVG), ohne daß auch in den größeren Konzernen die vom Bundesrat befürchteten Mißstände aufgetreten sind. Im übrigen wird eine sorgfältige Auswahl geeigneter Wahlkandidaten schon dadurch gewährleistet, daß die Betriebsräte das Recht zur Aufstellung von Wahlvorschlägen erhalten. Dieser Einfluß der Betriebsräte hat sich bei den Wahlen nach § 76 BetrVG als vollauf ausreichend erwiesen.

4. **Zu § 12**

Die Bundesregierung ist nicht der Ansicht, daß Rechtsverordnungen, die auf Grund des vorliegenden Gesetzes erlassen werden, der Zustimmung des Bundesrats bedürfen. Der Bundesrat ist der Auffassung, das Gesetz sei nach Art. 80 Abs. 2 des Grundgesetzes von den Ländern als eigene Angelegenheit auszuführen. Dies trifft jedoch nicht zu. Verwaltungsbehörden der Länder sind mit der Durchführung des Gesetzes nicht befaßt. Das Gesetz enthält lediglich materielle Vorschriften, die einer Ausführung durch Verwaltungsbehörden der Länder weder bedürftig noch fähig sind. Die Anwendung des Gesetzes durch die Gerichte ist keine „Ausführung" im Sinne des Artikels 80 Abs. 2 des Grundgesetzes.

2. Antrag
der Abgeordneten Sabel, Even, Scheppmann, Schneider (Hamburg), Voß und Genossen

Der Bundestag wolle beschließen:

Entwurf eines Gesetzes zur Änderung des Gesetzes über die Mitbestimmung der Arbeitnehmer in den Aufsichtsräten und Vorständen der Unternehmen des Bergbaus und der Eisen und Stahl erzeugenden Industrie

Der Bundestag hat das folgende Gesetz beschlossen:

Artikel 1

Das Gesetz über die Mitbestimmung der Arbeitnehmer in den Aufsichtsräten und Vorständen der Unternehmen des Bergbaus und der Eisen und Stahl erzeugenden Industrie vom 21. Mai 1951 (Bundesgesetzbl. I S. 347) wird wie folgt geändert:

1. § 4 Abs. 1 und 2 erhalten folgende Fassung:

„(1) Der Aufsichtsrat besteht aus elf Mitgliedern. Er setzt sich zusammen aus

a) fünf Vertretern der Anteilseigner,
b) fünf Vertretern der Arbeitnehmer,
c) einem weiteren Mitglied.

(2) Das in Absatz 1 bezeichnete weitere Mitglied darf nicht

a) Repräsentant einer Gewerkschaft oder einer Vereinigung der Arbeitgeber oder einer Spitzenorganisation dieser Verbände sein oder zu diesen in einem ständigen Dienst- oder Geschäftsbesorgungsverhältnis stehen,
b) im Laufe des letzten Jahres vor der Wahl eine unter Buchstabe a bezeichnete Stellung innegehabt haben,
c) in dem Unternehmen als Arbeitnehmer oder Arbeitgeber tätig sein,
d) an dem Unternehmen wirtschaftlich wesentlich interessiert sein."

2. § 6 erhält folgende Fassung:

„(1) Unter den in § 4 Abs. 1 Buchst. b bezeichneten Mitgliedern müssen sich zwei Arbeiter und ein Angestellter aus den Betrieben des Unternehmens befinden. Diese Mitglieder werden durch die Arbeitnehmer der Betriebe des Unternehmens, die für die Wahl des Betriebsrats wahlberechtigt sind, in geheimer und unmittelbarer Wahl für die Zeit gewählt, die im Gesetz, in der Satzung oder im Gesellschaftsvertrag für die vom Wahlorgan zu wählenden Mitglieder des Aufsichtsrats bestimmt ist. Die Arbeiter und die Angestellten wählen die auf sie entfallenden Mitglieder in getrennten Wahlgängen. Die Betriebsräte und die Arbeitnehmer können Wahlvorschläge machen. Jeder Wahlvorschlag darf nicht mehr Namen als die doppelte Anzahl der zu wählenden Mitglieder des Aufsichtsrats enthalten. Die Wahlvorschläge der Arbeitnehmer müssen von mindestens einem Zehntel der wahlberechtigten Gruppenangehörigen oder von mindestens hundert wahlberechtigten Gruppenangehörigen unterzeichnet sein. § 76 Abs. 4 Satz 1 des Betriebsverfassungsgesetzes vom 11. Oktober 1952 (Bundesgesetzbl. I S. 681) gilt entsprechend.

(2) Zwei der in § 4 Abs. 1 Buchst. b genannten Mitglieder werden von den Spitzenorganisationen nach vorheriger Beratung mit den in den Betrieben vertretenen Gewerkschaften und den Betriebsräten für die in Absatz 1 Satz 2 genannte Zeit in den Aufsichtsrat entsandt. Die Spitzenorganisationen sind nach dem Verhältnis ihrer Vertretung in den Betrieben des Unternehmens entsendungsberechtigt; sie sollen die innerhalb der Belegschaft bestehenden Minderheiten in angemessener Weise berücksichtigen.

(3) Mindestens drei Wahlberechtigte, jede im Betrieb vertretene Gewerkschaft oder Spitzenorganisation oder das zur gesetzlichen Vertretung berufene Organ können binnen einer Frist von vierzehn Tagen, vom Tage der Bekanntgabe des Wahlergebnisses an gerechnet, die Wahl beim Arbeitsgericht anfechten, wenn gegen wesentliche Vorschriften über das Wahlrecht oder das Bestellungsverfahren verstoßen worden ist und eine Berichtigung nicht erfolgt ist, es sei denn, daß durch den Verstoß das Wahlergebnis nicht geändert oder beeinflußt werden konnte."

3. § 9 Abs. 1 Satz 2 erhält folgende Fassung:

„Die Vorschriften der §§ 4 bis 8 finden sinngemäß Anwendung mit der Maßgabe, daß die Zahl der gemäß § 6 Abs. 1 zu wählenden Arbeiter und die Zahl der nach § 6 Abs. 2 zu entsendenden Mitglieder des Aufsichtsrats je drei beträgt."

4. § 9 Abs. 2 Satz 2 erhält folgende Fassung:

„Die Vorschriften der §§ 4 bis 8 finden sinngemäß Anwendung mit der Maßgabe, daß gemäß § 6 Abs. 1 vier Arbeiter und zwei Angestellte zu wählen und gemäß § 6 Abs. 2 vier Mitglieder zu entsenden sind."

5. § 11 Abs. 2 erhält folgende Fassung:

„(2) Auf die nach § 6 Abs. 1 gewählten Mitglieder findet § 76 Abs. 5 des Betriebsverfassungsgesetzes Anwendung mit der Maßgabe, daß an die Stelle der wahlberechtigten Arbeitnehmer die wahlberechtigten Gruppenangehörigen treten. Die gemäß § 6 Abs. 2 entsandten Mitglieder können auf Antrag der entsendungsberechtigten Stelle durch das Gericht aus wichtigem Grunde abberufen werden."

6. §§ 14 und 15 erhalten folgende Fassung:

„§ 14

Die dem Unternehmen auf Grund von Beteiligungen an anderen rechtlich selbständigen Unternehmen zustehenden Rechte bei der Bestellung, dem Widerruf der Bestellung oder der Entlastung von Organen sowie bei der Beschlußfassung über Auflösung, Fortsetzung, Verschmelzung, Umwandlung, Vermögensübertragung oder Gewinngemeinschaft können durch den Vorstand nur auf Grund von für ihn verbindlichen Beschlüssen der nach § 5 bestellten Mitglieder des Aufsichtsrats ausgeübt werden. Dies gilt nicht, wenn eine Beteiligung weniger als 25 vom Hundert des Nennkapitals des anderen Unternehmens beträgt.

§ 15

Auf Unternehmen in der Rechtsform einer Aktiengesellschaft, einer Gesellschaft mit beschränkter Haftung oder einer bergrechtlichen Gewerkschaft mit eigener Rechtspersönlichkeit, die die Voraussetzungen des § 1 nicht erfüllen, finden die §§ 2 bis 12 und § 14 Anwendung, wenn sie

a) auf Grund von Organverträgen Unternehmen beherrschen, in denen die Arbeitnehmer nach § 1 ein Mitbestimmungsrecht haben, und
b) wenn die Produktion des Konzerns überwiegend durch diejenigen Konzernunternehmen bestimmt ist, die unter § 1 dieses Gesetzes fallen.

§ 13 findet Anwendung, wenn mindestens 75 vom Hundert der Produktion des Konzerns auf diejenigen Konzernunternehmen entfallen, die unter § 1 dieses Gesetzes fallen."

7. Dem Gesetz werden folgende Vorschriften angefügt:

„§ 16

Als Betriebe des Unternehmens im Sinne des § 6 gelten im Falle des § 15 die Betriebe des herrschenden Unternehmens und der von ihm abhängigen Unternehmen ohne Rücksicht auf ihre Rechtsform.

VIERTER TEIL

Schlußvorschriften

§ 17

(1) Die Vorschriften dieses Gesetzes treten in Kraft

a) für Unternehmen, die dem Gesetz Nr. 27 der Alliierten Hohen Kommission vom 16. Mai 1950 (Amtsblatt der Alliierten Hohen Kommission S. 299) nicht unterliegen, am 31. Dezember 1951,
b) für Unternehmen, die aus der Kontrolle nach dem Gesetz Nr. 27 der Alliierten Hohen Kommission entlassen werden, im Zeitpunkt ihrer Entlassung, spätestens am 31. Dezember 1951,
c) für Unternehmen, die auf Grund des Gesetzes Nr. 27 der Alliierten Hohen Kommission in eine „Einheitsgesellschaft" überführt werden, mit deren Errichtung, spätestens am 31. Dezember 1951,
d) für die übrigen Unternehmen in dem Zeitpunkt, in dem feststeht, daß sie auf Grund des Gesetzes Nr. 27 der Alliierten Hohen Kommission nicht in eine „Einheitsgesellschaft" überführt werden, spätestens am 31. Dezember 1951,
e) für Unternehmen, die nur auf Grund des § 15 diesem Gesetz unterliegen, mit dem rechtswirksamen Abschluß des Organvertrags, durch den die Voraussetzungen des § 15 erfüllt werden.

(2) Bestimmungen der Satzung (des Gesellschaftsvertrags, des Statuts) über die Zusammensetzung des Aufsichtsrats sowie über die Wahl, Ab-

berufung und Entsendung von Aufsichtsratsmitgliedern treten mit Beendigung der ersten Hauptversammlung (Gesellschafterversammlung, Gewerkenversammlung) außer Kraft, die nach Inkrafttreten dieses Gesetzes abgehalten wird, spätestens jedoch mit Ablauf von sieben Monaten nach dem Ende des bei Inkrafttreten des Gesetzes laufenden Geschäftsjahres. Dies gilt jedoch nur, soweit die Satzung (der Gesellschaftsvertrag, das Statut) wegen der Anwendung dieses Gesetzes geändert werden muß. Eine Hauptversammlung (Gesellschaftsversammlung, Gewerkenversammlung) die innerhalb dieser Frist stattfindet, kann mit einfacher Stimmenmehrheit neue Bestimmungen anstelle der außer Kraft tretenden beschließen.

(3) Das Amt der bisherigen Aufsichtsratsmitglieder erlischt mit dem in Absatz 2 Satz 1 bezeichneten Zeitpunkt.

(4) Die Absätze 2 und 3 gelten sinngemäß, wenn die Voraussetzungen des § 1 oder des § 15 nachträglich entfallen.

§ 18

Die Bundesregierung wird ermächtigt, durch Rechtsverordnung Vorschriften zu erlassen über

a) die Anpassung von Satzungen und Gesellschaftsverträgen an die Vorschriften dieses Gesetzes,
b) das Verfahren für die in § 6 Abs. 1 bezeichneten Wahlen,
c) das Verfahren zur Feststellung der Entsendungsberechtigung nach § 6 Abs. 2,
d) den Widerruf der Bestellung von nach § 6 Abs. 1 gewählten Mitgliedern des Aufsichtsrats (§ 11 Abs. 2 Satz 1)."

Artikel 2

Die Amtsdauer von Aufsichtsratsmitgliedern, die auf Grund des Gesetzes über die Mitbestimmung der Arbeitnehmer in den Aufsichtsräten und Vorständen der Unternehmen des Bergbaus und der Eisen und Stahl erzeuggenden Industrie in der vor Inkrafttreten dieses Gesetzes geltenden Fassung bestellt worden sind, wird durch dieses Gesetz nicht berührt.

Artikel 3

Dieses Gesetz tritt am Tage nach seiner Verkündung in Kraft.

3. Schriftlicher Bericht des Ausschusses für Arbeit (27. Ausschuß)

über den Entwurf eines Gesetzes zur Ergänzung des Gesetzes über die Mitbestimmung der Arbeitnehmer in den Aufsichtsräten und Vorständen der Unternehmen des Bergbaus und der Eisen und Stahl erzeugenden Industrie

A. Bericht des Abgeordneten Scheppmann:

Der Bundestag hat mit Beschluß vom 19. November 1954 den von den Abgeordneten Sabel, Even, Scheppmann, Schneider (Hamburg), Voß und Genossen eingebrachten Entwurf eines Gesetzes zur Änderung des Gesetzes über die **Mitbestimmung der Arbeitnehmer** in den **Aufsichtsräten und Vorständen der Unternehmen des Bergbaus** und der **Eisen und Stahl erzeugenden Industrie** — Drucksache 842 — und den von der **Bundesregierung** vorgelegten Entwurf eines Gesetzes zur Ergänzung des Gesetzes über die Mitbestimmung der Arbeitnehmer in den Aufsichtsräten und Vorständen der Unternehmen des Bergbaus und der Eisen und Stahl erzeugenden Industrie — Drucksache 986 — dem Ausschuß für Arbeit (federführend) sowie — zur Mitberatung — den Ausschüssen für Rechtswesen und Verfassungsrecht und für Wirtschaftspolitik überwiesen.

Der beteiligte **Ausschuß für Rechtswesen und Verfassungsschutz** schloß seine Beratungen am 14. Dezember 1955 ab und stellte fest, daß der Regierungsentwurf weder eine Vergesellschaftung im Sinne des Art. 15 GG noch eine entschädigungspflichtige Enteignung im Sinne des Art. 14 Abs. 3 GG beinhaltet. Im übrigen stimmte der Ausschuß dem Regierungsentwurf — Drucksache 986 — zu, ohne Abänderungsanträge zu stellen. Der Antrag der Abgeordneten Sabel und Genossen — Drucksache 842 — wurde nach Annahme des Regierungsentwurfs abgelehnt.

Der beteiligte **Ausschuß für Wirtschaftspolitik** beendete seine Beratungen am 25. Mai 1955. Auch dieser Ausschuß stimmte grundsätzlich dem Regierungsentwurf zu, machte jedoch mehrere Abänderungsvorschläge, die, wie sich aus der Einzeldarstellung unten ergibt, zum Teil vom federführenden Ausschuß für Arbeit übernommen wurden.

Der federführende **Ausschuß für Arbeit** hat am 11. Februar 1955 Vertreter der beteiligten Gewerkschaften, Arbeitgeberverbände und Wirtschaftsverbände angehört. Dabei kam die Unterschiedlichkeit der Auffassungen zu dem vorliegenden Gesetzesvorhaben besonders plastisch zum Ausdruck.

Auch der federführende Ausschuß hat seine Beratungen auf der Grundlage des Regierungsentwurfs — Drucksache 986 — durchgeführt und ist dem Antrag der Abgeordneten Sabel und Genossen — Drucksache 842 — insoweit nicht gefolgt, als dieser Entwurf auch Vorschriften des Mitbestimungsgesetzes vom 21. Mai 1951 über die Zusammensetzung des Aufsichtsrats ändern wollte. Vielmehr beschloß der Ausschuß, die Mitbestimmung in ihrem derzeitigen Bereich unverändert zu belassen. Die Beratungen wurden in zwei Lesungen durchgeführt. Zu den nicht nur gesetzestechnischen Änderungen am Regierungsentwurf wird in den nachstehenden Bemerkungen zu den einzelnen Vorschriften hingewiesen.

Zu § 1

An die Stelle des im Regierungsentwurf verwandten Begriffs „Organvertrag" hat der Ausschuß den Begriff **„Organschaftsverhältnis"** gesetzt und diesen Begriff in einem neu eingefügten Absatz 2 erläutert. Durch diese Änderung soll sichergestellt werden, daß das vorliegende Gesetz auf Obergesellschaften Anwendung findet, die mindestens ein mitbestimmtes Unternehmen auf Grund einer Vereinbarung in der Weise beherrschen, daß das abhängige Unternehmen in seiner Geschäftsführung den Weisungen des herrschenden Unternehmens unterworfen ist. Dabei soll es nicht darauf ankommen, ob ein solcher Organvertrag aus steuerlichen Gründen abgeschlossen ist bzw. ob die durch einen solchen Vertrag eröffneten steuerlichen Vergünstigungen auch tatsächlich in Anspruch genommen sind. Auch die Form, in der eine solche Vereinbarung abgeschlossen ist, soll unerheblich sein. Dagegen hat der Ausschuß den Vorschlag der Minderheit nicht übernommen, ein für die Anwendung des Gesetzes ausreichendes Beherrschungsverhältnis schon dann anzunehmen, wenn die Voraussetzungen des § 15 des Aktiengesetzes vorliegen. Die Minderheit begründete ihren Antrag damit, daß es häufig schwer sein würde, das Vorliegen eines auf Vereinbarung beruhenden Organschaftsverhältnisses nachzuweisen und daß auch andere Beherrschungsverhältnisse denkbar seien, bei denen die tatsächliche Einflußnahme der Obergesellschaft ähnlich stark sei wie im Falle des vereinbarten Organschaftsverhältnisses. Die Mehrheit war demgegenüber der Ansicht, daß durch die paritätische Zusammensetzung der Aufsichtsräte und die Bestellung des Arbeitsdirektors im Vorstand der mitbestimmten Untergesellschaft dem Mitbestimmungsanliegen gegenüber allen letztlich auf der Beteiligung am Kapital beruhenden Leitungsbefugnissen genügend Rechnung getragen sei; eine Aushöhlung dieser Mitbestimmung könne nur dann befürchtet werden, wenn ein auf Vereinbarung beruhendes Organschaftsverhältnis der oben dargestellten Art das abhängige Unternehmen seines eigenen Willens beraube.

Zu § 2

Die Vorschrift wurde unverändert aus dem Regierungsentwurf übernommen.

Zu § 3

Während sich der Ausschuß darüber einig war, daß Voraussetzung für die Einführung des verstärkten Mitbestimmungsrechts in der Obergesellschaft sein solle, daß der überwiegende Unternehmenszweck des Konzerns durch die mitbestimmten Konzernunternehmen gekennzeichnet sei, bestanden grundsätzliche Meinungsverschiedenheiten über die **Abgrenzungskriterien.** Die Minderheit schlug vor, die verstärkte Mitbestimmung dann in der Obergesellschaft einzuführen, wenn die Zahl der Arbeitnehmer der übrigen Konzernunternehmen übersteigt. Hilfsweise stellte die Minderheit zur Erwägung, die Abgrenzung durch einen Vergleich der Lohnsummen zu gewinnen. Zur Begründung ihres Antrages wies die Minderheit darauf hin, daß die Mitbestimmung zugunsten der Arbeitnehmer eingeführt sei und daß eine Abstellung auf die Arbeitnehmerzahlen oder auf die Lohnsummen eine äußerst einfache Berechnungsweise abgebe. Die Mehrheit lehnte diese Anträge der Minderheit aus der Erwägung ab, daß es nur dann verantwortet werden könne, die Obergesellschaft eines Konzerns der Mitbestimmung zu unterwerfen, wenn die wirtschaftliche Leistung des Konzerns der eines mitbestimmten Unternehmens in etwa gleichkomme, d. h. wenn die im Konzern getätigte Wertschöpfung ein Übergewicht der mitbestimmten Seite aufweise. Die Mehrheit hielt den Vorschlag der Bundesregierung zur Ermittlung dieser Wertschöpfung über die **modifizierten Umsätze** für brauchbar und fügte in Übereinstimmung mit dem Ausschuß für Wirtschaftspolitik weitere Verfeinerungen dieses Umsatzkriteriums ein.

Dies geschah insbesondere durch die Feststellung, daß auch **Aufwendungen für Betriebsstoffe** und für **Fremdleistungen** von den Umsätzen abzusetzen sind und daß die Vorschriften über die Sonderbehandlung von Handelsumsätzen nicht nur für solche Umsätze reiner Handelsunternehmen sondern auch für handelsmäßige Umsätze produzierender Konzernunternehmen angewandt werden. Unter Roh-, Hilfs- und Betriebsstoffen versteht der Ausschuß das gesamte Einsatzmaterial einschließlich bezogener Teile, Brennstoffe, Energie sowie Werksgeräte und Ersatzteile. Der so gefundene Schlüssel kommt nach Auffassung des Ausschusses der Wertschöpfung (Nettoproduktionswert) so nahe, daß auf weitere Verfeinerungen verzichtet werden konnte. Insbesondere glaubte der Ausschuß, daß es im Rahmen der betrieblichen Kostenrechnung ohne große Schwierigkeiten möglich sein dürfte, festzustellen, welche Kosten für Roh-, Hilfs- und Betriebsstoffe und Fremdleistungen in den getätigten Umsätzen tatsächlich enthalten sind, so daß eine Berichtigung der Umsätze um die Veränderungen in den Lagerbeständen an Fertig- und Teilfabrikaten nicht deshalb vorgeschrieben werden muß, um den so berichtigten Umsätzen die vollen im Berechnungszeitraum entstandenen Aufwendungen für solche abzugsfähigen Stoffe und Leistungen gegenüberstellen zu können. Aus ähnlichen Erwägungen sah der Ausschuß davon ab, den Abzug auch der Abschreibungen auf das betriebliche Anlagevermögen vorzuschreiben.

Zu § 3a

Die Vorschrift stellt eine Erweiterung des § 3 Abs. 3 der Regierungsvorlage dar, die sich dadurch von dem Regierungsvorschlag unterscheidet, daß der **Bericht des Abschlußprüfers über das Umsatzverhältnis nicht Bestandteil des Prüfungsberichts nach § 130 des Aktiengesetzes** ist. Der Ausschuß war andererseits der Auffassung, daß der Abschlußprüfer über seine Ermittlungen und deren Grundlagen den Verwaltungsträgern des herrschenden Unternehmens einen besonderen Bericht vorlegen sollte. In Absatz 4 wurde der Möglichkeit Rechnung getragen, daß der Aufsichtsrat Bedenken gegen die vom Prüfer getroffene Feststellung über das Umsatzverhältnis hat. In diesem Falle hat der Prüfer auf Verlangen des Aufsichtsrats seine Feststellungen nochmals zu überprüfen und einen erneuten Bericht vorzulegen. Die Verständigung der Betriebsräte (Gesamtbetriebsräte) der Konzernunternehmen sowie der entsendungsberechtigten gewerkschaftlichen Spitzenorganisationen erfolgt nicht durch den Abschlußprüfer, sondern durch den Vorstand des herrschenden Unternehmens. Dabei ist außer dem Umsatzverhältnis die abschließende Stellungnahme des Aufsichtsrats (einschließlich etwaiger Einwendungen) mitzuteilen.

Zu § 4

Während der Regierungsvorschlag vorsah, daß der **Aufsichtsrat** nach dem Vorbild des Mitbestimmungsgesetzes in der Regel aus 11 Mitgliedern bestehen sollte, hat der Ausschuß die Mindestzahl der Mitglieder auf 15 erhöht, da es sich bei den in Frage kommenden Konzernen in aller Regel um besonders kapitalstarke Unternehmen handelt und eine Erhöhung der Zahl der Aufsichtsratsmitglieder sowohl für die Kapitalseite als auch die

Arbeitnehmerseite die Möglichkeit gewährt, die vorliegenden Beteiligungsinteressen zu berücksichtigen. Eine entscheidende Abweichung in der Zusammensetzung des Aufsichtsrats von den Vorschriften des Mitbestimmungsgesetzes ergibt sich daraus, daß sich unter den 7 Vertretern der Arbeitnehmer 4 Arbeitnehmer aus den Betrieben der Konzernunternehmen befinden müssen, so daß diese betriebsangehörigen Arbeitnehmervertreter gegenüber den von den Spitzenorganisationen entsandten das zahlenmäßige Übergewicht haben, während nach dem Mitbestimmungsgesetz die Zahl der Vertreter der Spitzenorganisationen überwiegt. Die Minderheit, die bei den Obergesellschaften im wesentlichen das Modell des Mitbestimmungsgesetzes unverändert zur Anwendung bringen wollte, sprach sich auch gegen diese Umkehrung des Stärkeverhältnisses aus.

Zu § 5

Der Ausschuß folgte mit Mehrheit insoweit der Regierungsvorlage und dem Antrag der Abgeordneten Sabel und Genossen, als er eine **Wahl der Arbeitnehmervertreter** aus den Betrieben der Konzernunternehmen durch die Hauptversammlung nicht für zweckmäßig hielt. Demgegenüber schlug die Minderheit vor, die Arbeitnehmervertreter in der gleichen Weise durch die Hauptversammlung auf Vorschlag der Arbeitnehmerseite wählen zu lassen, wie dies das Mitbestimmungsgesetz von 1951 in seinem Geltungsbereich vorsieht. Die Mehrheit ging jedoch davon aus, daß seit 1951 das Betriebsverfassungsgesetz erlassen worden ist, das in seinen §§ 76 und 77 die unmittelbare Wahl von Arbeitnehmervertretern ohne Einschaltung der Hauptversammlung vorsieht; daher erscheine es zweckmäßig, insoweit der Systematik des letzteren Gesetzes zu folgen, dessen Geltungsbereich die überwiegende Mehrheit sämtlicher Aktiengesellschaften umfaßt. Auch sei der Wert einer etwaigen Wahl durch die Hauptversammlung dadurch in Frage gestellt, daß dieses Gesellschaftsorgan an die Vorschläge der Arbeitnehmerseite gebunden ist. Bei der Entscheidung darüber, welches Gremium zur Wahl der Arbeitnehmervertreter aus den Betrieben der Konzernunternehmen zuständig sein sollte, hatte der Ausschuß zu prüfen, ob er sich der Auffassung der Regierungsvorlage anschließen solle, die die unmittelbare Wahl durch sämtliche Arbeitnehmer der Konzernunternehmen vorsieht, oder ob nach dem Vorbild des § 6 Abs. 1 des Mitbestimmungsgesetzes die Wahl den Betriebsräten übertragen solle. Gegen die unmittelbare Wahl durch die Arbeitnehmer aus den Betrieben sprach die Tatsache, daß die Betriebe der in Frage kommenden Konzerne in aller Regel weit auseinanderliegen, so daß eine gemeinsame Meinungsbildung der Arbeitnehmer, ja sogar die Aufstellung geeigneter Vorschlagslisten, kaum erreicht werden könnte. Aber auch gegen die Wahl durch die Betriebsräte sprachen Bedenken; insbesondere ist die Zahl der Betriebsratsmitglieder bei Großbetrieben verhältnismäßig geringer als bei kleineren Betrieben, so daß ein vergleichbares Gewicht der Stimmen bei der Wahl nicht herbeigeführt werden könnte. Auch würden bei der verhältnismäßig kleinen Zahl von Betriebsratsmitgliedern in Großbetrieben die dort bestehenden Minderheiten nicht genügend zum Zuge kommen. Aus diesen Gründen nahm der Ausschuß den bereits in § 76 Abs. 4 des Betreibsverfassungsgesetzes ausgesprochenen Gedanken der mittelbaren **Wahl durch Wahlmänner** auf und entwickelte in § 5 ein Wahlmänner-Verfahren, durch das ein besonderer Wahlkörper für die Wahl und Abberufung der Arbeitnehmervertreter aus den Betrieben geschaffen wird. Dieser Wahlkörper wird zahlenmäßig eine Versammlung der Betriebsratsmitglieder nicht wesentlich übersteigen, andererseits sind in ihm die Stimmgewichte so ausgewogen, daß sowohl das Verhältnis zwischen Großbetrieben und Kleinbetrieben als auch zwischen Mehrheiten und Minderheiten in den einzelnen Betrieben in gerechter Weise zum Ausdruck kommt. Die technischen Vorschriften über die Wahl der Wahlmänner und über die Wahl und Abberufung von Arbeitnehmervertretern durch sie wird die Bundesregierung in einer Rechtsverordnung nach § 12 Nr. 1 und 2 regeln.

Zu § 5a

Die Vorschrift entspricht § 5 Abs. 2 der Regierungsvorlage. Für die Aufnahme eines eigenen Entsendungsrechts der Spitzenorganisationen ohne Einschaltung der Hauptversammlung sprachen die gleichen Erwägungen, die für die Wahl der Arbeitnehmervertreter durch die Wahlmänner maßgebend waren.

Zu § 5b

Die Vorschrift entspricht § 5 Abs. 3 der Regierungsvorlage. Absatz 1 wurde eingefügt, um sicherzustellen, daß die Namen der von den Wahlmännern gewählten bzw. von den Spitzenorganisationen entsandten Arbeitnehmervertreter auch tatsächlich allen interessierten Stellen bekannt werden. Die Anfechtungsfrist endet mit Ablauf von 2 Wochen nach der Veröffentlichung im Bundesanzeiger. Durch diese Vorschrift wird vermieden, daß der Ablauf der Fristen für die einzelnen Betriebe deshalb unterschiedlich ist, weil die örtlichen Stellen die Bekanntmachung der gewählten oder entsandten Personen unterschiedlich vorgenommen haben.

Zu § 5c

Die Vorschrift entspricht § 5 Abs. 4 der Regierungsvorlage.

Zu § 6

Absatz 1: Vgl. die Ausführungen zu § 5.

Die in Abs. 2 geregelte **Abberufung von Vertretern der Spitzenorganisationen** weicht von dem Regierungsvorschlag insoweit ab, als die Spitzenorganisation kein selbständiges Recht zur vorzeitigen Abberufung hat, sondern nur die Befugnis, beim Gericht die Abberufung aus wichtigem Grunde zu beantragen. Für diese Änderungen war die Erwägung maßgebend, daß die Eigenverantwortlichkeit der von Spitzenorganisationen entsandten Arbeitnehmervertreter durch die Möglichkeit der jederzeitigen unbegründeten Abberufung vor Ablauf der Amtsperiode beeinträchtigt werden könnte.

Als Absatz 3 hatte die Bundesregierung vorgeschlagen, daß Arbeitnehmervertreter aus wichtigem Grund durch das Gericht abberufen werden können, wenn die Hauptversammlung die Abberufung mit einfacher

Stimmenmehrheit verlangt. Der Ausschuß beschloß einstimmig, diese Vorschrift zu streichen, da sie mit dem Grundsatz der **Gleichheit von Arbeit und Kapital** nicht vereinbar wäre, wenn der Gesetzgeber nicht auch ein entsprechendes **Antragsrecht der Arbeitnehmerseite** auf Abberufung von Vertretern der Anteilseigner im Aufsichtsrat vorsehen würde.

Zu § 7 und 8

Die Vorschriften wurden materiell unverändert aus der Regierungsvorlage übernommen. Der Ausschuß für Wirtschaftspolitik hatte dem federführenden Ausschuß empfohlen, im vorliegenden Gesetz die Frage der Beschluß- und Handlungsfähigkeit einschließlich der Ersatzbestellung von Aufsichtsratsmitgliedern nicht nur für die nach diesem Gesetz mitbestimmten Obergesellschaften, sondern für den gesamten Bereich des Aktienrechtes zu regeln. Diese Anregung wurde im federführenden Ausschuß erörtert, jedoch nicht übernommen, da es nicht zweckmäßig erschien eine solche, das gesamte Aktienrecht betreffende Regelung in ein nur für einen engeren Kreis von Gesellschaften geltendes Spezialgesetz aufzunehmen.

Zu § 8a

Eine der Kernfragen des vorliegenden Gesetzentwurfs betrifft die **Mitbestimmung im Vorstand.** Der Regierungsentwurf schreibt die Bestellung des Arbeitsdirektors nicht vor. Der **Bundesrat** hatte in seiner Stellungnahme den Arbeitsdirektor vorgesehen, jedoch mit der Einschränkung, daß dessen Vertretungsbefugnis gegenüber den nicht mitbestimmten Konzernunternehmen beschränkt werden könnte. Hiergegen hatte sich die Bundesregierung aus rechtssystematischen Gründen gewandt. Der Entwurf der Abgeordneten Sabel und Genossen schlug vor, einen Arbeitsdirektor dann zu bestellen, wenn das Übergewicht der mitbestimmten Konzernunternehmen 75 v. H. beträgt. Die Minderheit beantragte, die Vorschriften des Mitbestimmungsgesetzes über den Arbeitsdirektor unverändert in das vorliegende Gesetz zu übernehmen. Der Ausschuß ist keinem dieser Vorschläge gefolgt, sondern hat einen Kompromiß zwischen den gerade in der Frage des Arbeitsdirektors stark entgegengesetzten Auffassungen darin gesucht, daß der Arbeitsdirektor zwar als Ressort des Vorstandes gesetzlich festgelegt ist, seine Bestellung sich aber in keiner Weise von der der übrigen Vorstandsmitglieder unterscheidet. Damit glaubt die Mehrheit des Ausschusses einerseits dem sozialen Anliegen nach einer besonderen Betreuung der im Konzern arbeitenden Menschen durch ein Mitglied des Vorstands der Obergesellschaft Rechnung getragen, andererseits die Bedenken gegen die Bindung der Bestellung und Abberufung des Arbeitsdirektors an die Mehrheit der Arbeitnehmervertreter, die gerade bei solchen nur teilweise aus mitbestimmten Unternehmen bestehenden Konzernen verstärkt geäußert wurden, in ausreichender Weise ausgeräumt haben.

Zu § 9

Die Vorschrift wurde unverändert aus der Regierungsvorlage übernommen.

Zu § 10

Auch bei der Gestaltung dieser Vorschrift, die sich mit der Frage des möglichen **Übergreifens von Mitbestimmungselementen in die Ausübung reiner Kapitalrechte des herrschenden Unternehmens** befaßt, hatte der Ausschuß zwischen mehreren Vorschlägen zu entscheiden. Die Minderheit schlug vor, die Bindung des Vorstandes der Obergesellschaft bei der Ausübung von Anteilseignerrechten an die Weisung der Anteilseignergruppe seines Aufsichtsrats allenfalls bei der Bestellung, Abberufung und Entlastung von Verwaltungsträgern eintreten zu lassen. Das andere Extrem stellte der Vorschlag des wirtschaftspolitischen Ausschusses dar, diese Bindung für alle Fälle der Ausübung solcher Anteilseignerrechte vorzusehen. Der Regierungsvorschlag enthielt demgegenüber einen Katalog derjenigen Gegenstände, bei denen die Bindung eintreten sollte. Der Ausschuß schloß sich im wesentlichen dem Vorschlag der Bundesregierung an. Er hielt es jedoch nicht für erforderlich, daß auch bei der Entscheidung über die Eingehung einer Gewinngemeinschaft eine solche Bindung stattfinden müsse, zumal in aller Regel derartige Gewinn- und Verlustgemeinschaften mit dem herrschenden Unternehmen selbst vereinbart werden, d. h. nur dann möglich sind, wenn der Vorstand im Rahmen seiner Geschäftsführungsbefugnisse (ohne die hier angedeutete Bindung) bereit ist, eine solche Vereinbarung zu treffen.

Zu § 11

Die Vorschrift wurde unverändert aus der Regierungsvorlage übernommen.

Zu § 12

Auf Anregung des Ausschusses für Wirtschaftspolitik wurde Buchstabe a des Regierungsvorschlags gestrichen. Es schien nicht erforderlich, die Bundesregierung dazu zu ermächtigen, den Kreis derjenigen Aufwendungen, die als Kosten für Roh-, Hilfs- und Betriebsstoffe bei der Modifikation der Umsätze nach § 3 Abs. 2 abzusetzen sind, festzulegen. Die sonstigen Änderungen in § 12 ergeben sich, soweit sie nicht rein gesetzestechnisch sind, aus der Neufassung des § 5.

Zu §§ 13 und 14

Die Vorschriften wurden unverändert aus der Regierungsvorlage übernommen.

Zu § 14a

Die Vorschrift stellt die einzige ausdrückliche Änderung des Mitbestimmungsgesetzes dar. Sie hat jedoch keinerlei materiellrechtliche Bedeutung. Sie soll nur sicherstellen, daß aus der Erwähnung der Abberufungsmöglichkeit für entsandte Aufsichtsratsmitglieder der Anteilseignerseite nach § 88 Abs. 5 des Aktiengesetzes in § 4 Abs. 2 des vorliegenden Entwurfs, die in § 11 Abs. 1 des Mitbestimmungsgesetzes versehentlich unterblieben ist, nicht der Schluß gezogen werden kann, als ob es sich bei der Vorschrift des Mitbestimmungsgesetzes um eine bewußte Unterlassung des Gesetzgebers gehandelt habe.

Zu § 15

Die Fassung der Vorschrift entspricht im wesentlichen den Vorschlägen des Wirtschaftspolitischen Ausschusses. Im Hinblick auf die lange Dauer der Beratung in den gesetzgebenden Körperschaften des Bundes erschien es erforderlich, den im § 15 Abs. 1 festzulegenden Termin auf den 1. Januar 1956 zu legen. Absatz 2 wurde eingefügt, um den Fall zu regeln, daß ein bei Inkrafttreten des Gesetzes noch nicht bestehendes Unternehmen unter das Gesetz fällt.

Zu § 16 und 17

Die Vorschriften wurden unverändert aus der Regierungsvorlage übernommen.

II.

Gesetz über die Mitbestimmung der Arbeitnehmer in den Aufsichtsräten und Vorständen der Unternehmen des Bergbaus und der Eisen und Stahl erzeugenden Industrie

vom 21. Mai 1951 in der Fassung des Ergänzungsgesetzes vom 7. Aug. 1956 und des Ges. zur Änderung von Vorschriften des Aktienrechts und des Mitbestimmungsrechts vom 15. Juli 1957.

Erster Teil

Allgemeines

§ 1

(1) Die Arbeitnehmer haben ein Mitbestimmungsrecht in den Aufsichtsräten und in den zur gesetzlichen Vertretung berufenen Organen nach Maßgabe dieses Gesetzes in

a) den Unternehmen, deren überwiegender Betriebszweck in der Förderung von Steinkohle, Braunkohle oder Eisenerz oder in der Aufbereitung, Verkokung, Verschwelung oder Brikettierung dieser Grundstoffe liegt und deren Betrieb unter der Aufsicht der Bergbehörden steht,

b) den Unternehmen der Eisen und Stahl erzeugenden Industrie in dem Umfang, wie er in Gesetz Nr. 27 der Alliierten Hohen Kommission vom 16. Mai 1950 (Amtsblatt der Alliierten Hohen Kommission für Deutschland S. 299) bezeichnet ist, soweit diese Unternehmen in „Einheitsgesellschaften" im Sinne des Gesetzes Nr. 27 überführt oder in anderer Form weiterbetrieben und nicht liquidiert werden,

c) den Unternehmen, die von einem vorstehend bezeichneten oder nach Gesetz Nr. 27 der Alliierten Hohen Kommission zu liquidierenden Unternehmen abhängig sind, wenn sie die Voraussetzungen nach Buchstabe a erfüllen oder überwiegend Eisen und Stahl erzeugen.

(2) Dieses Gesetz findet nur auf diejenigen in Absatz 1 bezeichneten Unternehmen Anwendung, welche in Form einer Aktiengesellschaft, einer Gesellschaft mit beschränkter Haftung oder einer bergrechtlichen Gewerk-

schaft mit eigener Rechtspersönlichkeit betrieben werden und in der Regel mehr als eintausend Arbeitnehmer beschäftigen oder „Einheitsgesellschaften" sind.

§ 2

Auf die in § 1 bezeichneten Unternehmen finden die Vorschriften des Aktiengesetzes, des Gesetzes betreffend die Gesellschaften mit beschränkter Haftung, der Berggesetze und des Betriebsverfassungsrechts insoweit keine Anwendung, als sie den Vorschriften dieses Gesetzes widersprechen.

Zweiter Teil

Aufsichtsrat

§ 3

(1) Betreibt eine Gesellschaft mit beschränkter Haftung oder eine bergrechtliche Gewerkschaft mit eigener Rechtspersönlichkeit ein Unternehmen im Sinne des § 1, so ist nach Maßgabe dieses Gesetzes ein Aufsichtsrat zu bilden.

(2) Auf den Aufsichtsrat, seine Rechte und Pflichten finden die Vorschriften des Aktienrechts sinngemäß Anwendung.

§ 4

(1) Der Aufsichtsrat besteht aus elf Mitgliedern. Er setzt sich zusammen aus

a) vier Vertretern der Anteilseigner und einem weiteren Mitglied,
b) vier Vertretern der Arbeitnehmer und einem weiteren Mitglied,
c) einem weiteren Mitglied.

(2) Die in Absatz 1 bezeichneten weiteren Mitglieder dürfen nicht

a) Repräsentant einer Gewerkschaft oder einer Vereinigung der Arbeitgeber oder einer Spitzenorganisation dieser Verbände sein oder zu diesen in einem ständigen Dienst- oder Geschäftsbesorgungsverhältnis stehen,
b) im Laufe des letzten Jahres vor der Wahl eine unter Buchstabe a bezeichnete Stellung innegehabt haben,
c) in den Unternehmen als Arbeitnehmer oder Arbeitgeber tätig sein,
d) an dem Unternehmen wirtschaftlich wesentlich interessiert sein.

(3) Alle Aufsichtsratsmitglieder haben die gleichen Rechte und Pflichten. Sie sind an Aufträge und Weisungen nicht gebunden.

§ 5

Die in § 4 Abs. 1 Buchstabe a bezeichneten Mitglieder des Aufsichtsrats werden durch das nach Gesetz, Satzung oder Gesellschaftsvertrag zur Wahl von Aufsichtsratsmitgliedern berufene Organ (Wahlorgan) nach Maßgabe der Satzung oder des Gesellschaftsvertrags gewählt. Im Falle der Entsendung von Aufsichtsratsmitgliedern nach § 88 des Aktiengesetzes darf deren Gesamtzahl ein Drittel der Vertreter der Anteilseigner nicht übersteigen.

§ 6

(1) Unter den in § 4 Abs. 1 Buchstabe b bezeichneten Mitgliedern des Aufsichtsrats müssen sich ein Arbeiter und ein Angestellter befinden, die in einem Betriebe des Unternehmens beschäftigt sind. Diese Mitglieder werden dem Wahlorgan durch die Betriebsräte der Betriebe des Unternehmens nach Beratung mit den in den Betrieben des Unternehmens vertretenen Gewerkschaften und deren Spitzenorganisationen vorgeschlagen. Zur Aufstellung dieser Vorschläge bilden die Arbeitermitglieder und die Angestelltenmitglieder der Betriebsräte je einen Wahlkörper. Jeder Wahlkörper wählt in geheimer Wahl das auf ihn entfallende Mitglied.

(2) Die nach Absatz 1 gewählten Personen sind vor Weiterleitung der Vorschläge an das Wahlorgan innerhalb von zwei Wochen nach der Wahl den Spitzenorganisationen mitzuteilen, denen die in den Betrieben des Unternehmens vertretenen Gewerkschaften angehören. Jede Spitzenorganisation kann binnen zwei Wochen nach Zugang der Mitteilung Einspruch bei den Betriebsräten einlegen, wenn der begründete Verdacht besteht, daß ein Vorgeschlagener nicht die Gewähr bietet, zum Wohle des Unternehmens und der gesamten Volkswirtschaft verantwortlich im Aufsichtsrat mitzuarbeiten. Lehnen die Betriebsräte den Einspruch mit einfacher Stimmenmehrheit ab, so können die Betriebsräte oder die Spitzenorganisation, welche den Einspruch eingelegt hat, den Bundesminister für Arbeit anrufen; dieser entscheidet endgültig.

(3) Zwei der in § 4 Abs. 1 Buchstabe b bezeichneten Mitgliedern werden von den Spitzenorganisationen nach vorheriger Beratung mit den im Betriebe vertretenen Gewerkschaften und den Betriebsräten dem Wahlorgan vorgeschlagen. Die Spitzenorganisationen sind nach dem Verhältnis ihrer Vertretung in den Betrieben vorschlagsberechtigt; sie sollen bei ihren Vorschlägen die innerhalb der Belegschaften bestehenden Minderheiten in angemessener Weise berücksichtigen.

(4) Für das in § 4 Abs. 1 Buchstabe b bezeichnete weitere Mitglied gilt Absatz 3 entsprechend.

(5) Das Wahlorgan ist an die Vorschläge der Betriebsräte und der Spitzenorganisationen gebunden.

§ 7

(Aufgehoben durch Art. 2 Nr. 1 d. Ges. zur Änderung von Vorschriften des Aktienrechts und des Mitbestimmungsrechts vom 15. Juli 1957.)

§ 8

(1) Das in § 4 Abs. 1 Buchstabe c bezeichnete weitere Mitglied des Aufsichtsrats wird durch das Wahlorgan auf Vorschlag der übrigen Aufsichtsratsmitglieder gewählt. Der Vorschlag wird durch diese Aufsichtsratsmitglieder mit Mehrheit aller Stimmen beschlossen. Er bedarf jedoch der Zustimmung von mindestens je drei Mitgliedern, die nach § 5 und die nach § 6 gewählt sind.

(2) Kommt ein Vorschlag nach Absatz 1 nicht zustande oder wird eine vorgeschlagene Person nicht gewählt, so ist ein Vermittlungsausschuß zu bilden, der aus vier Mitgliedern besteht. Je zwei Mitglieder werden von den nach § 5 und den nach § 6 gewählten Aufsichtsratsmitgliedern gewählt.

(3) Der Vermittlungsausschuß schlägt innerhalb eines Monats dem Wahlorgan drei Personen zur Wahl vor, aus denen das Wahlorgan das Aufsichtsratsmitglied wählen soll. Kommt die Wahl auf Grund des Vorschlages des Vermittlungsausschusses aus wichtigen Gründen nicht zustande, insbesondere dann, wenn keiner der Vorgeschlagenen die Gewähr für ein gedeihliches Wirken für das Unternehmen bietet, so muß die Ablehnung durch Beschluß festgestellt werden. Dieser Beschluß muß mit Gründen versehen sein. Über die Berechtigung der Ablehnung der Wahl entscheidet auf Antrag des Vermittlungsausschusses das für das Unternehmen zuständige Oberlandesgericht. Im Falle der Bestätigung der Ablehnung hat der Vermittlungsausschuß dem Wahlorgan drei weitere Personen vorzuschlagen; für diesen zweiten Vorschlag gilt die vorstehende Regelung (Sätze 2 bis 4) entsprechend. Wird die Ablehnung der Wahl von dem Gericht für unberechtigt erklärt, so hat das Wahlorgan einen der Vorgeschlagenen zu wählen. Wird die Ablehnung der Wahl aus dem zweiten Wahlvorschlag von dem Gericht für berechtigt erklärt, oder erfolgt kein Wahlvorschlag, so wählt das Wahlorgan von sich aus das weitere Mitglied.

(4) Wird die in Absatz 2 vorgesehene Anzahl von Mitgliedern des Vermittlungsausschusses nicht gewählt, oder bleiben Mitglieder des Vermittlungsausschusses trotz rechtzeitiger Einladung ohne genügende Entschuldigung einer Sitzung fern, so kann der Vermittlungsausschuß tätig werden, wenn wenigstens zwei Mitglieder mitwirken.

§ 9

(1) Bei Gesellschaften mit einem Nennkapital von mehr als zwanzig Millionen Deutsche Mark kann durch Satzung oder Gesellschaftsvertrag bestimmt werden, daß der Aufsichtsrat aus fünfzehn Mitgliedern besteht. Die Vorschriften der §§ 4 bis 8 finden sinngemäß Anwendung mit der Maßgabe, daß die Zahl der gemäß § 6 Abs. 1 und 2 zu wählenden Arbeiter zwei, die Zahl der in § 6 Abs. 3 bezeichneten Vertreter der Arbeitnehmer drei beträgt.

(2) Bei Gesellschaften mit einem Nennkapital von mehr als fünfzig Millionen Deutsche Mark kann durch Satzung oder Gesellschaftsvertrag bestimmt werden, daß der Aufsichtsrat aus einundzwanzig Mitgliedern besteht. Die Vorschriften der §§ 4 bis 8 finden sinngemäß Anwendung mit der Maßgabe, daß die Zahl der in § 4 Abs. 1 Buchstabe a und b bezeichneten weiteren Mitglieder je zwei, die Zahl der gemäß § 6 Abs. 1 und 2 zu wählenden Arbeiter drei und die Zahl der in § 6 Abs. 3 bezeichneten Vertreter der Arbeitnehmer vier beträgt.

§ 10*

Der Aufsichtsrat ist beschlußfähig, wenn mindestens die Hälfte der Mitglieder, aus denen er nach diesem Gesetz oder der Satzung insgesamt zu bestehen hat, an der Beschlußfassung teilnimmt. § 89 Abs. 1 Satz 4 des Aktiengesetzes findet Anwendung.

* Neufassung durch Art. 2 Nr. 2 d. Ges. zur Änderung von Vorschriften des Aktienrechts und des Mitbestimmungsrechts vom 15. Juli 1957.

§ 11

(1) Auf die in § 5 bezeichneten Mitglieder des Aufsichtsrats finden §§ 87 Abs. 2, 88 Abs. 4 und 5 des Aktiengesetzes Anwendung**.

(2) Auf die in § 6 bezeichneten Mitglieder des Aufsichtsrats findet § 87 Abs. 2 des Aktiengesetzes mit der Maßgabe Anwendung, daß die Abberufung auf Vorschlag derjenigen Stelle erfolgt, auf deren Vorschlag das Aufsichtsratsmitglied gewählt wurde.

(3) Eine Abberufung des in § 8 bezeichneten Mitgliedes des Aufsichtsrats kann auf Antrag von mindestens drei Aufsichtsratsmitgliedern durch das Gericht aus wichtigem Grunde erfolgen.

Dritter Teil

Vorstand

§ 12

Die Bestellung der Mitglieder des zur gesetzlichen Vertretung berufenen Organs und der Widerruf ihrer Bestellung erfolgen nach Maßgabe des § 75 des Aktiengesetzes durch den Aufsichtsrat.

§ 13

(1) Als gleichberechtigtes Mitglied des zur gesetzlichen Vertretung berufenen Organs wird ein Arbeitsdirektor bestellt. Der Arbeitsdirektor kann nicht gegen die Stimmen der Mehrheit der nach § 6 gewählten Aufsichtsratsmitglieder bestellt werden. Das gleiche gilt für den Widerruf der Bestellung.

(2) Der Arbeitsdirektor hat wie die übrigen Mitglieder des zur gesetzlichen Vertretung berufenen Organs seine Aufgaben im engsten Einvernehmen mit dem Gesamtorgan auszuüben. Das Nähere bestimmt die Geschäftsordnung.

Vierter Teil

Schlußvorschriften

§ 14

(1) Die Vorschriften dieses Gesetzes treten in Kraft

a) für Unternehmen, die dem Gesetz Nr. 27 der Alliierten Hohen Kommission nicht unterliegen, am 31. Dezember 1951,

b) für Unternehmen, die aus der Kontrolle nach dem Gesetz Nr. 27 der Alliierten Hohen Kommission entlassen werden, im Zeitpunkt ihrer Entlassung, spätestens am 31. Dezember 1951,

c) für Unternehmen, die auf Grund des Gesetzes Nr. 27 der Alliierten Hohen Kommission in eine „Einheitsgesellschaft" überführt werden, mit deren Errichtung, spätestens am 31. Dezember 1951,

d) für die übrigen Unternehmen in dem Zeitpunkt, in dem feststeht, daß sie auf Grund des Gesetzes Nr. 27 der Alliierten Hohen Kommission nicht in eine „Einheitsgesellschaft" überführt werden, spätestens am 31. Dezember 1951.

** Neufassung durch § 20 des Mitbestimmungsergänzungsgesetzes.

(2) Die Wahl von Aufsichtsratsmitgliedern nach §§ 5 und 6 findet erstmalig innerhalb von zwei Monaten nach Inkrafttreten dieses Gesetzes statt.

§ 15

Die Bundesregierung wird ermächtigt*, durch Rechtsverordnung Vorschriften zu erlassen über

a) die Anpassung von Satzungen und Gesellschaftsverträgen an die Vorschriften dieses Gesetzes,
b) das Verfahren für die Aufstellung der in § 6 bezeichneten Wahlvorschläge.

III.

Saarländisches Gesetz Nr. 560

über die Einführung der Mitbestimmung der Arbeitnehmer in den Aufsichtsräten und Vorständen der Unternehmen des Bergbaus und der Eisen und Stahl erzeugenden Industrie

Vom 22. Dezember 1956

§ 1

Mit Ablauf des 31. Dezember 1956 gelten im Saarland das Gesetz über die Mitbestimmung der Arbeitnehmer in den Aufsichtsräten und Vorständen der Unternehmen des Bergbaus und der Eisen und Stahl erzeugenden Industrie vom 21. Mai 1951 — Mitbestimmungsgesetz — (BGBl. I S. 347) und das Gesetz zur Ergänzung des Gesetzes über die Mitbestimmung der Arbeitnehmer in den Aufsichtsräten und Vorständen der Unternehmen des Bergbaus und der Eisen und Stahl erzeugenden Industrie vom 7. August 1956 (BGBl. I S. 707), soweit in den nachfolgenden Vorschriften nichts anderes bestimmt ist.

§ 2

Bis auf weiteres gelten im Saarland folgende abweichende Vorschriften:

1. § 1 des Mitbestimmungsgesetzes ist in folgender Fassung anzuwenden:

„(1) Die Arbeitnehmer haben ein Mitbestimmungsrecht in den Aufsichtsräten und in den zur gesetzlichen Vertretung berufenen Organen nach Maßgabe dieses Gesetzes in

a) den Unternehmen, deren überwiegender Betriebszweck in der Förderung von Steinkohle, Braunkohle oder Eisenerz oder in der Aufbereitung, Verkokung, Verschwelung oder Brikettierung dieser Grundstoffe liegt und deren Betrieb unter der Aufsicht der Bergbehörden steht,
b) den Unternehmen, deren überwiegender Betriebszweck in der Erzeugung von Eisen und Stahl besteht.

(2) Dieses Gesetz findet nur auf diejenigen in Absatz 1 bezeichneten Unternehmen Anwendung, welche in Form einer Aktiengesellschaft, einer Gesellschaft mit beschränkter Haftung oder einer bergrechtlichen Gewerkschaft mit eigener Rechtspersönlichkeit betrieben werden und in der Regel mehr als eintausend Arbeitnehmer beschäftigen."

---

* Von der Ermächtigung ist kein Gebrauch gemacht worden.

2. § 9 des Mitbestimmungsgesetzes ist in folgender Fassung anzuwenden:

„(1) Bei Gesellschaften mit einem Nennkapital von mehr als zwei Milliarden Franken kann durch Satzung oder Gesellschaftsvertrag bestimmt werden, daß der Aufsichtsrat aus fünfzehn Mitgliedern besteht. Die Vorschriften der §§ 4 bis 8 finden sinngemäß Anwendung mit der Maßgabe, daß die Zahl der gemäß § 6 Absätze 1 und 2 zu wählenden Arbeiter zwei, die Zahl der in § 6 Absatz 3 bezeichneten Vertreter der Arbeitnehmer drei beträgt.

(2) Bei Gesellschaften mit einem Nennkapital von mehr als fünf Milliarden Franken kann durch Satzung oder Gesellschaftsvertrag bestimmt werden, daß der Aufsichtsrat aus einundzwanzig Mitgliedern besteht. Die Vorschriften der §§ 4 bis 8 finden sinngemäß Anwendung mit der Maßgabe, daß die Zahl der in § 4 Absatz 1 Buchstaben a und b bezeichneten weiteren Mitglieder je zwei, die Zahl der gemäß § 6 Absätze 1 und 2 zu wählenden Arbeiter drei und die Zahl der in § 6 Absatz 3 bezeichneten Vertreter der Arbeitnehmer vier beträgt."

3. § 14 des Mitbestimmungsgesetzes findet keine Anwendung.

§ 3

(1) Bestimmungen der Satzung (des Gesellschaftsvertrages) eines Unternehmens, das unter § 1 des Mitbestimmungsgesetzes in der Fassung des § 2 Nummer 1 dieses Gesetzes fällt, über die Zusammensetzung der Verwaltungsträger sowie ihre Bestellung und den Widerruf ihrer Bestellung treten mit Beendigung der ersten Hauptversammlung (Gesellschafterversammlung, Gewerkenversammlung) außer Kraft, die nach Inkrafttreten dieses Gesetzes abgehalten wird, spätestens jedoch mit Ablauf von sieben Monaten seit Inkrafttreten dieses Gesetzes. Dies gilt jedoch nur, soweit die Satzung wegen der Anwendung dieses Gesetzes geändert werden muß. Eine Hauptversammlung, die innerhalb dieser Frist stattfindet, kann mit einfacher Stimmenmehrheit neue Bestimmungen an Stelle der außerkrafttretenden beschließen.

(2) Das Amt der bisherigen Aufsichtsratsmitglieder erlischt mit dem in Absatz 1 Satz 1 bezeichneten Zeitpunkt.

§ 4

Der Minister für Arbeit und Wohlfahrt wird ermächtigt, die in der Bundesrepublik Deutschland zum Zeitpunkt des Inkrafttretens dieses Gesetzes geltende Fassung des Gesetzes über die Mitbestimmung der Arbeitnehmer in den Aufsichtsräten und Vorständen der Unternehmen des Bergbaus und der Eisen und Stahl erzeugenden Industrie vom 21. Mai 1951 — Mitbestimmungsgesetz — (BGBl. I S. 347) und des Gesetzes zur Ergänzung des Gesetzes über die Mitbestimmung der Arbeitnehmer in den Aufsichtsräten und Vorständen der Unternehmen des Bergbaus und der Eisen und Stahl erzeugenden Industrie vom 7. August 1956 (BGBl. I S. 707) im Amtsblatt bekanntzugeben*.

* Geschehen durch Bekanntmachung vom 27. 12. 1956.

IV.

Rechtsverordnung zur Durchführung des Gesetzes zur Ergänzung des Gesetzes über die Mitbestimmung der Arbeitnehmer in den Aufsichtsräten und Vorständen der Unternehmen des Bergbaus und der Eisen und Stahl erzeugenden Industrie.

Vom 26. November 1956.

ERSTER TEIL

Wahl und Abberufung von Vertretern der Arbeitnehmer aus den Betrieben der Konzernunternehmen

Erster Abschnitt

Wahl der Vertreter der Arbeitnehmer

Erster Unterabschnitt

Einleitung des Wahlverfahrens

§ 1

(1) Das zur gesetzlichen Vertretung berufene Organ eines herrschenden Unternehmens, dessen Aufsichtsrat Vertreter der Arbeitnehmer nach § 3 des Gesetzes angehören müssen, teilt den Konzernunternehmen und den Spitzenorganisationen der in den Betrieben der Konzernunternehmen vertretenen Gewerkschaften schriftlich mit, daß Vertreter der Arbeitnehmer nach § 6 des Gesetzes neuzubestellen sind. Die Mitteilung soll in der Regel drei Monate vor dem voraussichtlichen Beginn der Amtsdauer der neuzubestellenden Vertreter der Arbeitnehmer erfolgen. In der Mitteilung ist anzugeben

a) der voraussichtliche Beginn der Amtsdauer dieser Vertreter der Arbeitnehmer,
b) die Zahl der zu Bestellenden, getrennt nach Vertretern der Arbeiter und der Angestellten,
c) Firma und Anschrift der einzelnen Konzernunternehmen sowie die Zahl der am Ende des letzten Geschäftsjahres des herrschenden Unternehmens in ihnen beschäftigten Arbeitnehmer und
d) die Gesamtzahl der am Ende des letzten Geschäftsjahres des herrschenden Unternehmens beschäftigten Arbeitnehmer sämtlicher Konzernunternehmen.

(2) Jedes Konzernunternehmen übermittelt unverzüglich den in seinen Betrieben bestehenden Betriebsräten und, soweit ein solcher errichtet ist, dem Gesamtbetriebsrat eine Abschrift der Mitteilung.

§ 2

(1) Die Leitung der Wahl obliegt dem Hauptwahlvorstand (§ 4).

(2) In den einzelnen Konzernunternehmen wird die Wahl der Wahlmänner im Auftrag und nach den Richtlinien des Hauptwahlvorstands durch

Unternehmenswahlvorstände (§ 5) durchgeführt. Der Unternehmenswahlvorstand veranlaßt den rechtzeitigen Aushang von Bekanntmachungen des Hauptwahlvorstands in den Betrieben des Konzernunternehmens.

(3) Besteht ein Konzernunternehmen aus mehreren Betrieben, so wird die Wahl der Wahlmänner im Auftrag und nach den Richtlinien des Unternehmenswahlvorstands in den einzelnen Betrieben durch Betriebswahlvorstände (§ 6) durchgeführt. Der Betriebswahlvorstand veranlaßt den rechtzeitigen Aushang von Bekanntmachungen des Hauptwahlvorstands, die ihm durch den Unternehmenswahlvorstand zugeleitet worden sind, und von Bekanntmachungen des Unternehmenswahlvorstands.

§ 3

(1) Jeder Wahlvorstand besteht aus drei wahlberechtigten Arbeitnehmern aus den Betrieben, auf die sich die Zuständigkeit des Wahlvorstands erstreckt. Sind in diesem Bereich Arbeiter und Angestellte beschäftigt, so müssen beide Gruppen im Wahlvorstand vertreten sein. Bei größeren Betrieben kann die Zahl der Mitglieder des Betriebswahlvorstands auf höchstens sieben erhöht werden.

(2) Der Wahlvorstand wählt aus seiner Mitte einen Vorsitzenden.

(3) Über die Sitzungen des Wahlvorstands sollen Niederschriften gefertigt werden; sie sind vom Vorsitzenden und einem weiteren Mitglied des Wahlvorstands zu unterzeichnen.

(4) Die Wahlvorstände können wahlberechtigte Arbeitnehmer aus dem Betrieb, bei dem sie errichtet sind, als Wahlhelfer heranziehen.

(5) Die Konzernunternehmen sollen die Wahlvorstände bei der Erfüllung ihrer Aufgaben unterstützen und ihnen den erforderlichen Geschäftsbedarf zur Verfügung stellen. Sie sollen den Wahlvorständen die für ihre Tätigkeit erforderlichen Auskünfte erteilen und ihnen die für die Aufstellung der Wählerlisten erforderlichen Unterlagen zur Verfügung stellen.

§ 4

(1) Spätestens eine Woche nach Zugang der in § 1 Abs. 2 bezeichneten Mitteilung bestellt der Betriebsrat des herrschenden Unternehmens gemeinsam mit dem Betriebsrat des nach der Zahl der Arbeitnehmer größten Konzernunternehmens den Hauptwahlvorstand. Besteht eines der in Satz 1 bezeichneten Konzernunternehmens aus mehreren Betrieben, so treten an die Stelle des Betriebsrats der Gesamtbetriebsrat oder, wenn ein solcher nicht errichtet ist, die Betriebsräte des Unternehmens. Der Hauptwahlvorstand teilt den Konzernunternehmen, den in ihren Betrieben bestehenden Betriebsräten und, soweit solche errichtet sind, den Gesamtbetriebsräten unverzüglich die Namen seiner Mitglieder und die Betriebsanschrift seines Vorsitzenden schriftlich mit.

(2) Ist nach Ablauf von zwei Wochen seit Zugang der in § 1 Abs. 2 bezeichneten Mitteilung ein Hauptwahlvorstand nicht bestellt, so können die Betriebsräte (Gesamtbetriebsräte) aus den Betrieben, in denen insgesamt mehr als die Hälfte der Arbeitnehmer des Konzerns beschäftigt ist, den Betriebsrat (Gesamtbetriebsrat) eines Konzernunternehmens beauftragen, den Hauptwahlvorstand zu bestellen. Absatz 1 Satz 3 ist anzuwenden.

§ 5

(1) Spätestens eine Woche nach Zugang der in § 1 Abs. 2 bezeichneten Mitteilung bestellt der Betriebsrat jedes Konzernunternehmens einen Unternehmenswahlvorstand. § 4 Abs. 1 Satz 2 gilt entsprechend.

(2) Der Unternehmenswahlvorstand teilt dem Hauptwahlvorstand unverzüglich die Namen seiner Mitglieder und die Betriebsanschrift seines Vorsitzenden mit.

§ 6

(1) Unverzüglich nach der Bestellung des Unternehmenswahlvorstands sind in Konzernunternehmen mit mehreren Betrieben durch die Betriebsräte Betriebswahlvorstände zu bestellen.

(2) Der Betriebswahlvorstand teilt dem Unternehmenswahlvorstand unverzüglich die Namen seiner Mitglieder und die Betriebsanschrift seines Vorsitzenden mit.

§ 7

(1) Besteht in einem Konzernunternehmen kein Betriebsrat, so wird der Unternehmenswahlvorstand in einer Versammlung der Arbeitnehmer des Betriebs oder bei Unternehmen mit mehreren Betrieben in einer Versammlung der Arbeitnehmer des nach der Zahl der Arbeitnehmer größten Betriebs mit einfacher Mehrheit der anwesenden Arbeitnehmer gewählt. Besteht bei Zugang des Vordrucks des Wahlausschreibens für die Wahl der Wahlmänner (§ 9 Abs. 5) kein Unternehmenswahlvorstand, so bestellt das Unternehmen unverzüglich einen vorläufigen Unternehmenswahlvorstand; dieser führt die Geschäfte, bis ein Unternehmenswahlvorstand nach § 5 gebildet ist.

(2) Besteht für einen Betrieb, für den ein Betriebswahlvorstand zu bestellen ist, kein Betriebsrat, so wird der Betriebswahlvorstand in einer Versammlung der Arbeitnehmer des Betriebs mit einfacher Mehrheit der anwesenden Arbeitnehmer gewählt. Besteht bei Zugang des Vordrucks des Wahlausschreibens (§ 12 Abs. 2) kein Betriebswahlvorstand, so bestellt der Leiter des Betriebs einen vorläufigen Betriebswahlvorstand; dieser führt die Geschäfte, bis ein Betriebswahlvorstand nach § 6 gebildet ist.

Zweiter Unterabschnitt

Wahl der Wahlmänner

§ 8

Der Hauptwahlvorstand errechnet die für die Berechnung der Zahl der Wahlmänner maßgebende Grundzahl. Die Grundzahl beträgt für Konzerne mit in der Regel nicht mehr als dreißigtausend Arbeitnehmern sechzig, für je weitere zweitausend Arbeitnehmer erhöht sich die Grundzahl um eins.

§ 9

(1) Der Hauptwahlvorstand übersendet den Unternehmenswahlvorständen die erforderliche Zahl von Vordrucken des Wahlausschreibens und teilt ihnen gleichzeitig schriftlich mit

a) die Grundzahl (§ 8);

b) den Zeitpunkt, in dem das Wahlausschreiben in den Betrieben der Konzernunternehmen auszuhändigen* ist;

c) den Zeitpunkt, bis zu dem das Ergebnis der Wahl der Wahlmänner ermittelt sein muß.

Zwischen den in den Buchstaben b und c genannten Zeitpunkten soll ein Zeitraum von vier Wochen liegen.

(2) Das Wahlausschreiben muß angeben:

a) den vom Hauptwahlvorstand bestimmten Zeitpunkt seines Aushangs in den Betrieben der Konzernunternehmen;

b) wo und wann die Wählerliste und diese Verordnung ausliegen;

c) daß nur Arbeitnehmer wählen können, die in die Wählerliste eingetragen sind;

d) daß Einsprüche gegen die Richtigkeit der Wählerliste nur vor Ablauf von sechs Arbeitstagen seit seiner** Auslegung schriftlich bei dem Wahlvorstand eingelegt werden können, der die Wählerliste erstellt hat (Unternehmenswahlvorstand oder Betriebswahlvorstand); der letzte Tag der Einspruchsfrist ist anzugeben;

e) die Zahl der zu wählenden Wahlmänner, getrennt nach Vertretern der Arbeiter und der Angestellten;

f) daß zu Wahlmännern nur nach § 7 des Betriebsverfassungsgesetzes wählbare Arbeitnehmer des Unternehmens gewählt werden können;

g) ob die Arbeiter und Angestellten ihre Vertreter in getrennten Wahlgängen wählen oder ob für das Unternehmen nur ein Wahlmann in gemeinsamer Wahl zu wählen ist;

h) daß die Wahlberechtigten, der Gesamtbetriebsrat und jeder Betriebsrat des Unternehmens Vorschlagslisten vor Ablauf von zwölf Arbeitstagen seit dem in Buchstabe a genannten Zeitpunkt beim Unternehmenswahlvorstand einreichen können; der letzte Tag der Einreichungsfrist ist anzugeben;

i) die Mindestzahl von wahlberechtigten Arbeitnehmern, von denen eine gültige Vorschlagsliste unterzeichnet sein muß;

k) daß jede Vorschlagsliste mindestens doppelt so viele Bewerber aufweisen muß, wie in dem Wahlgang Wahlmänner zu wählen sind;

l) daß die Wahl nach den Grundsätzen der Verhältniswahl durchgeführt wird und daß die Stimmabgabe an die eingereichten Vorschlagslisten gebunden ist;

m) daß nur solche Vorschlagslisten berücksichtigt werden können, die fristgerecht (Buchstabe h) eingereicht sind;

n) die Bestimmung des Ortes, an dem die Vorschlagslisten bis zum Abschluß der Stimmabgabe aushängen;

o) Ort und Zeit der Stimmabgabe;

p) den Hinweis auf die Möglichkeit der schriftlichen Stimmabgabe;

---

* Druckfehler! Statt „auszuhändigen", muß gelesen werden: „auszuhängen", vgl. § 15 Abs. 1 S. 1 DurchfV.

** Offenbar ein Redaktionsversehen! Zu lesen ist: „ihrer"; vgl. § 14 Abs. 1 DurchfV.

q) Name und Betriebsanschrift des Vorsitzenden des Unternehmenswahlvorstands;

r) gegebenenfalls Name und Betriebsanschrift des Vorsitzenden des Betriebswahlvorstands.

(3) Der Hauptwahlvorstand bestimmt, welche der in Absatz 2 bezeichneten Angaben durch den Unternehmenswahlvorstand oder, in Unternehmen mit mehreren Betrieben, durch den Betriebswahlvorstand einzusetzen sind.

(4) Eine Abschrift oder ein Abdruck des Wahlausschreibens ist von dem Zeitpunkt an, den der Hauptwahlvorstand hierfür bestimmt hat (Absatz 1 Satz 1 Buchstabe b), bis zum Abschluß der Stimmabgabe in den Betrieben der Konzernunternehmen an einer oder mehreren den Wahlberechtigten zugänglichen Stellen auszuhängen. Der erste und letzte Tag des Aushangs sind auf dem Wahlausschreiben zu vermerken.

(5) Soweit die Mitteilung eines Unternehmenswahlvorstands nach § 5 Abs. 2 nicht vorliegt, sind die Mitteilungen nach Absatz 1 dem Konzernunternehmen zu übersenden.

§ 10

(1) Unverzüglich nach Zugang der Mitteilung nach § 9 Abs. 1 errechnet der Unternehmenswahlvorstand die Zahl von Wahlmännern, die für das Konzernunternehmen für jede Gruppe zu wählen ist. Zu diesem Zwecke wird die Zahl der in der Regel beschäftigten Angehörigen jeder Gruppe durch die Grundzahl (§ 8) geteilt. Die errechnete Zahl stellt, wenn sie dreißig nicht übersteigt, die Zahl der Wahlmänner der Gruppe dar.

(2) Übersteigt die bei der Teilung nach Absatz 1 Satz 2 errechnete Zahl dreißig, so ist zur Ermittlung der Zahl der Wahlmänner die Zahl der gruppenangehörigen Arbeitnehmer durch das Doppelte der Grundzahl zu teilen.

(3) Übersteigt die bei der Teilung nach Absatz 1 Satz 2 errechnete Zahl einhundertundzwanzig, so ist Ermittlung der Zahl der Wahlmänner die Zahl der gruppenangehörigen Arbeitnehmer durch das Dreifache der Grundzahl zu teilen.

(4) Entsteht bei einer Teilung nach den Absätzen 1 bis 3 eine Restzahl, die mehr als die Hälfte des Teilers beträgt, so wird auf sie ein Wahlmann zugeteilt.

§ 11

(1) Übersteigt in einem Konzernunternehmen die Zahl der Angehörigen einer Gruppe nicht die Hälfte der Grundzahl (§ 8), so entfällt auf diese Gruppe kein Wahlmann. Jeder wahlberechtigte Angehörige der Minderheitsgruppe kann sich für die Wahl der anderen Gruppe anschließen. Der Anschluß erfolgt durch Erklärung gegenüber dem Wahlvorstand, der die Wählerliste aufstellt (§ 13 Abs. 1). Der Unternehmenswahlvorstand hat das Wahlausschreiben durch den Hinweis auf die Möglichkeit des Anschlusses zu ergänzen.

(2) Übersteigt in einem Konzernunternehmen die Zahl der Angehörigen keiner Gruppe die Hälfte der Grundzahl, so ist für das Unternehmen ein Wahlmann in gemeinsamer Wahl der wahlberechtigten Arbeiter und Angestellten zu wählen. Dieser Wahlmann gilt als Vertreter derjenigen

Gruppe, der die Mehrheit der wahlberechtigten Arbeitnehmer des Unternehmens angehört.

§ 12

(1) In Konzernunternehmen mit mehreren Betrieben leitet der Unternehmenswahlvorstand den Betriebswahlvorständen den Vordruck des Wahlausschreibens so rechtzeitig zu, daß der Aushang zu dem vom Hauptwahlvorstand bestimmten Zeitpunkt erfolgen kann. Gleichzeitig teilt er den Betriebswahlvorständen schriftlich mit, an welchem Tage oder an welchen Tagen die Stimmabgabe durchzuführen ist.

(2) Soweit die Mitteilung eines Betriebswahlvorstands nach § 6 Abs. 2 nicht vorliegt, sind die Mitteilungen nach Absatz 1 dem Leiter des Betriebs zu übersenden.

§ 13

(1) Der Unternehmenswahlvorstand, in Unternehmen mit mehreren Betrieben der Betriebswahlvorstand, hat eine Liste der Wahlberechtigten (Wählerliste) getrennt nach den Gruppen der Arbeiter und der Angestellten aufzustellen.

(2) Wählen kann nur, wer in die Wählerliste eingetragen ist.

(3) Die Wählerliste und ein Abdruck dieser Verordnung sind unverzüglich nach Aushang des Wahlausschreibens bis zum Abschluß der Stimmabgabe an geeigneter Stelle im Betrieb zur Einsichtnahme auszulegen.

§ 14

(1) Einsprüche gegen die Richtigkeit der Wählerliste können nur vor Ablauf von sechs Arbeitstagen seit Auslegung der Wählerliste beim Vorsitzenden oder einem Mitglied des in § 13 Abs. 1 genannten Wahlvorstands schriftlich eingelegt werden.

Über Einsprüche hat der Wahlvorstand unverzüglich zu entscheiden. Wird der Einspruch für begründet erachtet, so ist die Wählerliste zu berichtigen. Die Entscheidung des Wahlvorstands ist dem Arbeitnehmer, der den Einspruch eingelegt hat, unverzüglich schriftlich mitzuteilen; die Entscheidung muß dem Arbeitnehmer spätestens am Tage vor dem ersten Tag der Stimmabgabe zugehen.

§ 15

(1) Die Wahl der Wahlmänner erfolgt auf Grund von Vorschlagslisten. Vorschlagslisten können vor Ablauf von zwölf Arbeitstagen seit dem vom Hauptwahlvorstand bestimmten Zeitpunkt des Aushangs des Wahlausschreibens (§ 9 Abs. 1 Buchstabe b) durch den Gesamtbetriebsrat, einen Betriebsrat oder die wahlberechtigten Arbeitnehmer beim Unternehmenswahlvorstand eingereicht werden. Für die Gruppen sind getrennte Vorschlagslisten einzureichen, wenn nicht nach § 11 Abs. 2 gemeinsame Wahl stattfindet.

(2) Jede Vorschlagsliste muß mindestens doppelt soviel Bewerber aufweisen, wie in dem Wahlgang Wahlmänner zu wählen sind.

(3) In jeder Vorschlagsliste sind die einzelnen Bewerber unter fortlaufender Nummer und unter Angabe von Familienname, Vorname, Geburtsdatum, Berufsbezeichnung und Arbeitnehmergruppe aufzuführen. Die

schriftliche Zustimmung der Bewerber zur Aufnahme in die Liste ist beizufügen.

(4) Eine Verbindung von Vorschlagslisten ist unzulässig.

(5) Ein Bewerber kann nur auf einer Vorschlagsliste vorgeschlagen werden. Ist seine Name mit seiner schriftlichen Zustimmung auf mehreren Vorschlagslisten aufgeführt, so hat er auf Aufforderung des Unternehmenswahlvorstands vor Ablauf von drei Arbeitstagen zu erklären, welche Bewerbung er aufrechterhält. Unterbleibt die fristgerechte Erklärung, so ist der Bewerber auf sämtlichen Listen zu streichen.

§ 16

(1) Vorschlagslisten, die von den Arbeitnehmern eingereicht werden, müssen von mindestens einem Zehntel der wahlberechtigten gruppenangehörigen Arbeitnehmer des Unternehmens unterzeichnet sein; in jedem Fall genügt die Unterzeichnung durch einhundert wahlberechtigte Gruppenangehörige. Findet gemeinsame Wahl statt (§ 11 Abs. 2), so muß die Vorschlagsliste von mindestens einem Zehntel der wahlberechtigten Arbeitnehmer des Unternehmens unterzeichnet sein.

(2) Wenn kein anderer Unterzeichner der Vorschlagsliste ausdrücklich als Listenvertreter bezeichnet ist, wird der an erster Stelle Unterzeichnete als Listenvertreter angesehen. Der Listenvertreter ist berechtigt und verpflichtet, dem Unternehmenswahlvorstand die zur Beseitigung von Beanstandungen erforderlichen Erklärungen abzugeben sowie Erklärungen und Entscheidungen des Unternehmenswahlvorstandes entgegenzunehmen.

(3) Die Unterschrift eines Wahlberechtigten zählt nur auf einer Vorschlagsliste. Hat ein Wahlberechtigter mehrere Vorschlagslisten unterzeichnet, so hat er auf Aufforderung des Unternehmenswahlvorstands binnen einer ihm gesetzten angemessenen Frist, spätestens jedoch vor Ablauf von drei Arbeitstagen, zu erklären, welche Unterschrift er aufrechterhält. Unterbleibt die fristgerechte Erklärung, so wird sein Name auf der zuerst eingereichten Vorschlagsliste gezählt und auf den übrigen Listen gestrichen; sind mehrere Vorschlagslisten, die von demselben Wahlberechtigten unterschrieben sind, gleichzeitig eingereicht worden, so entscheidet das Los darüber, auf welcher Vorschlagsliste die Unterschrift gilt.

§ 17

Der Unternehmenswahlvorstand hat die eingereichten Vorschlagslisten nach der Reihenfolge ihres Eingangs mit Ordnungsnummern (Liste 1 usw.) sowie, wenn die Liste nicht mit einem Kennwort versehen ist, mit Familienname und Vorname der beiden in der Liste an erster Stelle benannten Bewerber zu bezeichnen. Er hat die Vorschlagslisten zu prüfen und bei Ungültigkeit oder Beanstandung einer Liste den Listenvertreter unverzüglich unter Angabe der Gründe zu unterrichten. Sind mehrere Vorschlagslisten gleichzeitig eingereicht worden, so entscheidet über die Reihenfolge zwischen ihnen das Los.

§ 18

(1) Ungültig sind Vorschlagslisten, die nicht fristgerecht eingereicht worden sind oder die bei der Einreichung nicht die erforderliche Zahl von Unterschriften (§ 16 Abs. 1) aufweisen.

(2) Ungültig sind auch Vorschlagslisten,

a) die nicht die erforderliche Zahl von Bewerbern aufweisen (§ 15 Abs. 2),
b) auf denen die Bewerber nicht in der in § 15 Abs. 3 bestimmten Weise bezeichnet sind,
c) die ohne die schriftliche Zustimmung der Bewerber eingereicht sind,
d) die infolge von Streichung gemäß § 16 Abs. 3 nicht mehr die erforderliche Zahl von Unterschriften aufweisen,

wenn diese Mängel trotz Beanstandung nicht binnen einer Frist von fünf Arbeitstagen beseitigt werden.

§ 19

Nach Ablauf der in § 15 Abs. 1 und § 18 Abs. 2 genannten Fristen, spätestens fünf Arbeitstage vor Beginn der Stimmabgabe, hat der Unternehmenswahlvorstand die als gültig anerkannten Vorschlagslisten bis zum Abschluß der Stimmabgabe in gleicher Weise bekanntzumachen wie das Wahlausschreiben (§ 9 Abs. 4). In diesem Zeitpunkt sollen die Stimmzettel und die Wahlumschläge vorliegen.

§ 20

(1) Der Wähler kann seine Stimme nur für eine der als gültig anerkannten Vorschlagslisten abgeben. Die Stimmabgabe erfolgt durch Abgabe von Stimmzetteln in den hierfür bestimmten Umschlägen (Wahlumschlägen).

(2) Auf den Stimmzetteln sind die Vorschlagslisten nach der Reihenfolge der Ordnungsnummern sowie unter Angabe der beiden an erster Stelle benannten Bewerber mit Familienname, Vorname, Berufsbezeichnung und Arbeitnehmergruppe untereinander aufzuführen; bei Listen, die mit Kennworten versehen sind, ist auch das Kennwort anzugeben. Die Stimmzettel, die für eine Gruppe oder bei gemeinsamer Wahl Verwendung finden, müssen sämtlich die gleiche Größe, Farbe, Beschaffenheit und Beschriftung haben. Das gleiche gilt für die Wahlumschläge.

(3) Der Wähler kreuzt die von ihm gewählte Vorschlagsliste an.

(4) Stimmzettel, aus denen sich der Wille des Wählers nicht unzweifelhaft ergibt, die nicht den Erfordernissen des Absatzes 2 Satz 2 entsprechen oder die ein besonderes Merkmal, einen Zusatz oder sonstige Änderungen enthalten, sind ungültig.

§ 21

(1) Der Unternehmenswahlvorstand, in Unternehmen mit mehreren Betrieben der Betriebswahlvorstand, hat geeignete Vorkehrungen für die unbeobachtete Bezeichnung der Stimmzettel im Wahlraum zu treffen und für die Bereitstellung einer Wahlurne oder mehrerer Wahlurnen zu sorgen. Die Wahlurne muß vom Wahlvorstand verschlossen und so eingerichtet sein, daß eingeworfene Wahlumschläge nicht herausgenommen werden können, ohne daß die Urne geöffnet wird.

(2) Während der Wahl müssen immer mindestens zwei Mitglieder des Wahlvorstandes im Wahlraum anwesend sein; sind Wahlhelfer bestellt

(§ 3 Abs. 4), so genügt die Anwesenheit eines Mitglieds des Wahlvorstands und eines Wahlhelfers.

(3) Der Wähler händigt den Wahlumschlag, in den der Stimmzettel eingelegt ist, dem mit der Entgegennahme der Wahlumschläge betrauten Mitglied des Wahlvorstands aus, wobei er seinen Namen angibt. Der Wahlumschlag ist in Gegenwart des Wählers in die Wahlurne einzuwerfen, nachdem die Stimmabgabe in der Wählerliste vermerkt worden ist.

(4) Die Stimmabgabe erfolgt nach Gruppen getrennt, wenn nicht gemeinsame Wahl stattfindet.

(5) Wird die Wahlhandlung unterbrochen oder wird das Wahlergebnis nicht unmittelbar nach Abschluß der Stimmabgabe festgestellt, so hat der Wahlvorstand für die Zwischenzeit die Wahlurne so zu verschließen und aufzubewahren, daß der Einwurf oder die Entnahme von Stimmzetteln ohne Beschädigung des Verschlusses unmöglich ist.

§ 22

(1) Einem wahlberechtigten Arbeitnehmer, der im Zeitpunkt der Wahl verhindert ist, seine Stimme persönlich abzugeben, hat der in § 21 Abs. 1 genannte Wahlvorstand auf Verlangen die Vorschlagslisten, den Stimmzettel und den Wahlumschlag sowie einen größeren Freiumschlag, der die Anschrift des Wahlvorstands und als Absender den Namen und die Anschrift des Wahlberechtigten sowie den Vermerk „Schriftliche Stimmabgabe" trägt, auszuhändigen oder zu übersenden. Auf Antrag ist auch ein Abdruck des Wahlausschreibens auszuhändigen oder zu übersenden. Der Wahlvorstand hat die Aushändigung oder Übersendung in der Wählerliste zu vermerken.

(2) Der Wähler gibt seine Stimme in der Weise ab, daß er den Wahlumschlag, in den der Stimmzettel gelegt ist, unter Verwendung des Freiumschlags so rechtzeitig an den Wahlvorstand absendet oder übergibt, daß er vor Abschluß der Stimmabgabe vorliegt.

(3) Unmittelbar vor Abschluß der Stimmabgabe öffnet der Wahlvorstand die bis zu diesem Zeitpunkt eingegangenen Umschläge, entnimmt ihnen die Wahlumschläge und legt diese nach Vermerk der Stimmabgabe in der Wählerliste ungeöffnet in die Wahlurne.

(4) Verspätet eingehende Briefumschläge hat der Wahlvorstand mit einem Vermerk über den Zeitpunkt des Eingangs ungeöffnet zu den Wahlakten zu nehmen. Die Briefumschläge sind zwei Monate nach Bekanntgabe des Wahlergebnisses ungeöffnet zu vernichten, wenn die Wahl der Vertreter der Arbeitnehmer im Aufsichtsrat nicht angefochten worden ist.

§ 23

(1) Unverzüglich, spätestens einen Tag nach Abschluß der Stimmabgabe, zählt der in § 21 Abs. 1 bezeichnete Wahlvorstand in öffentlicher Sitzung die auf jede Vorschlagsliste entfallenen Stimmen zusammen.

(2) Befinden sich in einem Wahlumschlag mehrere gekennzeichnete Stimmzettel, so werden sie, wenn sie vollständig übereinstimmen, nur einfach gezählt, andernfalls als ungültig angesehen.

§ 24

(1) Besteht das Unternehmen aus mehreren Betrieben, so hat der Betriebswahlvorstand in einer Niederschrift festzustellen

a) die Gesamtzahl der von jeder Arbeitnehmergruppe abgegebenen Wahlumschläge, bei gemeinsamer Wahl (§ 11 Abs. 2) die Gesamtzahl der abgegebenen Wahlumschläge;

b) die Zahl der von jeder Arbeitnehmergruppe abgegebenen gültigen Stimmen, bei gemeinsamer Wahl die Zahl aller abgegebenen gültigen Stimmen;

c) die Zahl der ungültigen Stimmen;

d) die jeder Liste zugefallene Stimmenzahl;

e) gegebenenfalls besondere während der Wahl der Wahlmänner eingetretene Zwischenfälle oder sonstige Ereignisse.

(2) Eine Abschrift der Niederschrift ist unverzüglich dem Unternehmenswahlvorstand durch eingeschriebenen Brief zu übersenden.

§ 25

(1) Die Feststellung des Wahlergebnisses erfolgt durch den Unternehmenswahlvorstand auf Grund der Stimmenauszählung nach § 23. Besteht das Unternehmen aus mehreren Betrieben, so zählt der Unternehmenswahlvorstand die in den Betrieben den einzelnen Vorschlagslisten zugefallenen Stimmenzahlen nach den Angaben in den Niederschriften der Betriebswahlvorstände (§ 24) zusammen.

(2) Hat Gruppenwahl stattgefunden, so werden die den einzelnen Vorschlagslisten der Gruppe zugefallenen Stimmenzahlen in einer Reihe nebeneinander gestellt und sämtlich durch eins, zwei, drei, vier usw. geteilt. Die ermittelten Teilzahlen sind nacheinander reihenweise unter den Zahlen der ersten Reihe aufzuführen, bis höhere Teilzahlen, als aus früheren Reihen für die Zuweisung von Wahlmännern in Betracht kommen, nicht mehr entstehen.

(3) Unter den so gefundenen Teilzahlen werden so viele Höchstzahlen ausgesondert und der Größe nach geordnet, als Wahlmänner für die Gruppe zu wählen sind. Jede Vorschlagsliste erhält so viele Wahlmänner zugeteilt, als Höchstzahlen auf sie entfallen. Wenn die niedrigste in Betracht kommende Höchstzahl auf mehrere Vorschlagslisten zugleich entfällt, so entscheidet das Los darüber, welcher Vorschlagsliste dieser Wahlmann zufällt.

(4) Die Reihenfolge der Bewerber innerhalb der einzelnen Vorschlagslisten bestimmt sich nach der Reihenfolge ihrer Benennung. Die danach nicht gewählten Bewerber einer Vorschlagsliste gelten in der Reihenfolge ihrer Benennung in der Vorschlagsliste als Ersatzmänner für ausscheidende oder verhinderte Wahlmänner der gleichen Vorschlagsliste.

(5) Hat gemeinsame Wahl stattgefunden, so fällt der Wahlmann der Vorschlagsliste zu, auf die die meisten Stimmen entfallen sind.

(6) Ist für einen Wahlgang nur eine Vorschlagsliste eingereicht so gelten die in ihr aufgeführten Bewerber in der Reihenfolge der Liste als gewählt. Absatz 4 Satz 2 findet Anwendung.

§ 26

(1) Nachdem ermittelt ist, welche Arbeitnehmer zu Wahlmännern gewählt sind, hat der Unternehmenswahlvorstand in einer Niederschrift festzustellen

a) die Gesamtzahl der von jeder Arbeitnehmergruppe abgegebenen Wahlumschläge, bei gemeinsamer Wahl (§ 11 Abs. 2) die Gesamtzahl der abgegebenen Wahlumschläge;
b) die Zahl der von jeder Arbeitnehmergruppe abgegebenen gültigen Stimmen, bei gemeinsamer Wahl die Zahl aller abgegebenen gültigen Stimmen;
c) die Zahl der ungültigen Stimmen;
d) die jeder Liste zugefallene Stimmenzahl;
e) die berechneten Höchstzahlen;
f) die Verteilung der berechneten Höchstzahlen auf die Listen;
g) die Namen und Anschriften der gewählten Wahlmänner getrennt nach Gruppen und innerhalb dieser nach Vorschlagslisten;
h) die Namen und Anschriften der für jede Vorschlagsliste in Betracht kommenden Ersatzmänner in der Reihenfolge ihrer Benennung in der Vorschlagsliste;
i) die Zahl von Stimmen, die ein Wahlmann bei der Wahl der Arbeitnehmervertreter abzugeben berechtigt ist (Absatz 3);
k) gegebenenfalls besondere während der Wahl der Wahlmänner eingetretene Zwischenfälle oder sonstige Ereignisse.

Soweit der Wahlgang nicht stattgefunden hat, weil nur eine gültige Vorschlagsliste eingereicht wurde, enthält die Niederschrift nur den Hinweis hierauf und die Angaben nach Satz 1 Buchstaben g, h und i.

(2) Eine Abschrift der Niederschrift ist unverzüglich dem Hauptwahlvorstand durch eingeschriebenen Brief zu übersenden.

(3) Der Unternehmenswahlvorstand hat die als Wahlmänner gewählten Arbeitnehmer unverzüglich schriftlich von ihrer Wahl zu benachrichtigen. Soweit einem Wahlmann mehr als eine Stimme zusteht, ist er hiervon zu verständigen.

(4) Der Unternehmenswahlvorstand hat die Namen der Wahlmänner unverzüglich durch zweiwöchigen Aushang in den Betrieben des Konzernunternehmens bekanntzugeben.

Dritter Unterabschnitt

Wahl der Vertreter der Arbeitnehmer durch die Wahlmänner

§ 27

Die Wahlmänner sämtlicher Konzernunternehmen wählen die nach § 6 des Gesetzes zu bestellenden Vertreter der Arbeitnehmer in einer Versammlung.

§ 28

(1) Der Hauptwahlvorstand teilt jedem Wahlmann durch eingeschriebenen Brief mit:

a) die Zahl der zu wählenden Vertreter der Arbeitnehmer getrennt nach Vertretern der Arbeitnehmer und der Angestellten;
b) daß zu Vertretern der Arbeitnehmer nur nach § 7 des Betriebsverfassungsgesetzes wählbare Arbeitnehmer von Konzernunternehmen gewählt werden können;
c) daß die als Vertreter der Arbeiter und die als Vertreter der Angestellten gewählten Wahlmänner die auf sie entfallenden Vertreter der Arbeitnehmer im Aufsichtsrat in getrennten Wahlgängen wählen;
d) wieviel Stimmen dem Wahlmann zustehen;
e) daß die Wahl nach den Grundsätzen der Mehrheitswahl durchgeführt wird;
f) Ort und Zeit der Wahlmännerversammlung;
g) daß die Wahlmänner in der Wahlmännerversammlung Wahlvorschläge beim Hauptwahlvorstand einreichen können;
h) die Mindestzahl von Wahlmännern, von denen ein gültiger Wahlvorschlag unterzeichnet werden muß.

(2) Der Hauptwahlvorstand übersendet den zuständigen Unternehmenswahlvorständen Abdrucke der Mitteilungen nach Absatz 1. Stellt ein Unternehmenswahlvorstand fest, daß ein Wahlmann nicht mehr dem Unternehmen angehört oder sonst verhindert ist, so hat er unverzüglich den nach § 25 Abs. 4 in Betracht kommenden Ersatzwahlmann und den Hauptwahlvorstand zu verständigen.

§ 29

(1) Der Hauptwahlvorstand hat eine Liste der Wahlmänner (Wahlmännerliste), getrennt nach Vertretern der Arbeiter und der Angestelten, aufzustellen.

(2) Hinter dem Namen jedes Wahlmannes ist zu vermerken, wieviel Stimmen er abzugeben berechtigt ist (§ 26 Abs. 3).

(3) Wählen kann nur, wer in die Wahlmännerliste eingetragen ist.

(4) Die Wahlmännerliste und ein Abdruck dieser Verordnung sind in der Wahlmännerversammlung bis zum Abschluß der Stimmabgabe zur Einsicht auszulegen.

§ 30

(1) Einsprüche gegen die Richtigkeit der Wahlmännerliste müssen vor Beginn der Stimmabgabe beim Vorsitzenden oder einem anderen Mitglied des Hauptwahlvorstandes eingelegt werden.

(2) Über Einsprüche hat der Hauptwahlvorstand unverzüglich zu entscheiden. Wird der Einspruch für begründet erachtet, so ist die Wahlmännerliste zu berichtigen.

(3) Die Absätze 1 und 2 gelten entsprechend für die Eintragung von Ersatzmännern in die Wahlmännerliste.

§ 31

(1) Die Wahl der Arbeitnehmervertreter erfolgt auf Grund von Wahlvorschlägen. Der Hauptwahlvorstand gibt in der Versammlung den Zeitpunkt bekannt, bis zu dem Wahlvorschläge einzureichen sind; der Zeitpunkt muß so bestimmt werden, daß für die Einreichung von Wahlvorschlägen mindestens drei Stunden zur Verfügung stehen.

(2) Für die Gruppen sind getrennte Wahlvorschläge einzureichen. Jeder Wahlvorschlag soll mindestens soviel Bewerber aufweisen, wie in dem Wahlgang Vertreter der Arbeitnehmer zu wählen sind.

(3) In jedem Wahlvorschlag sind die einzelnen Bewerber unter Angabe von Familienname, Vorname, Geburtsdatum, Berufsbezeichnung und Arbeitnehmergruppe aufzuführen. Die schriftliche Zustimmung der Bewerber zur Aufnahme in den Wahlvorschlag ist beizufügen.

(4) Ein Bewerber kann nur auf einem Wahlvorschlag benannt werden. Ist sein Name mit seiner schriftlichen Zustimmung auf mehreren Wahlvorschlägen aufgeführt, so hat er auf Anforderung des Hauptwahlvorstands unverzüglich zu erklären, welche Bewerbung er aufrechterhält. Erklärt der Bewerber sich nicht, so ist er auf sämtlichen Wahlvorschlägen zu streichen.

§ 32

(1) Die Wahlvorschläge müssen von mindestens einem Zehntel der Wahlmänner der Gruppe unterzeichnet sein.

(2) Wenn kein anderer Unterzeichner des Wahlvorschlags ausdrücklich als Vorschlagsvertreter bezeichnet ist, wird der an erster Stelle Unterzeichnete als Vorschlagsvertreter angesehen. Der Vorschlagsvertreter ist berechtigt und verpflichtet, dem Hauptwahlvorstand die zur Beseitigung von Beanstandungen erforderlichen Erklärungen abzugeben sowie Erklärungen und Entscheidungen des Hauptwahlvorstands entgegenzunehmen.

(3) Die Unterschrift eines Wahlmannes zählt nur auf einem Wahlvorschlag. Hat ein Wahlmann mehrere Wahlvorschläge unterzeichnet, so hat er auf Aufforderung des Hauptwahlvorstands unverzüglich zu erklären, welche Unterschrift er aufrechterhält, Erklärt er sich nicht, so wird sein Name auf sämtlichen Wahlvorschlägen gestrichen.

§ 33

Der Hauptwahlvorstand hat unverzüglich die Wahlvorschläge zu prüfen und bei Ungültigkeit oder Beanstandung eines Vorschlags den Vorschlagsvertreter unverzüglich unter Angabe der Gründe zu unterrichten.

§ 34

(1) Ungültig sind Wahlvorschläge, die nicht fristgerecht eingereicht worden sind.

(2) Ungültig sind auch Wahlvorschläge,

a) auf denen die Bewerber nicht in der in § 31 Abs. 3 Satz 1 bestimmten Weise bezeichnet sind,
b) wenn die schriftliche Zustimmung der Bewerber zur Aufnahme in den Wahlvorschlag nicht vorliegt,
c) wenn die Wahlvorschläge nicht die erforderliche Zahl von Unterschriften aufweisen,

falls diese Mängel nicht innerhalb einer Stunde seit ihrer Beanstandung beseitigt werden.

§ 35

Unverzüglich nach Ablauf der in § 31 Abs. 1 und § 34 Abs. 2 bezeichneten Fristen hat der Hauptwahlvorstand

a) Beginn und Ende der Stimmabgabe zu bestimmen und bekanntzugeben.

b) die als gültig anerkannten Wahlvorschläge in geeigneter Weise bis zum Abschluß der Stimmabgabe auszuhängen;

c) die Bereitstellung der Stimmzettel und der Wahlumschläge zu veranlassen.

§ 36

(1) Der Wahlmann kann seine Stimme nur für Bewerber abgeben, die in einem als gültig anerkannten Wahlvorschlag aufgeführt sind. Die Stimmabgabe erfolgt durch Abgabe von Stimmzetteln in den hierfür bestimmten Umschlägen (Wahlumschlägen). Hat ein Wahlmann zwei oder drei Stimmen, so gibt er für jede Stimme einen Stimmzettel in einem Wahlumschlag ab.

(2) Auf dem Stimmzettel sind die Bewerber nach Wahlvorschlägen zusammengefaßt unter Angabe von Familienname, Vorname und Berufsbezeichnung in der Reihenfolge aufzuführen, in der sie auf dem Wahlvorschlag benannt sind. Die Stimmzettel, die für eine Gruppe Verwendung finden, müssen sämtlich die gleiche Größe, Farbe, Beschaffenheit und Beschriftung haben. Das gleiche gilt für die Wahlumschläge.

(3) Der Wahlmann kreuzt die von ihm gewählten Bewerber im Stimmzettel an. Er darf nicht mehr Bewerber ankreuzen, als Vertreter der Arbeitnehmer für die Gruppe zu wählen sind.

(4) Stimmzettel, aus denen sich der Wille des Wählers nicht unzweifelhaft ergibt, die nicht den Erfordernissen des Absatzes 2 Satz 2 entsprechen oder die ein besonderes Merkmal, einen Zusatz oder sonstige Änderungen enthalten, sind ungültig.

§ 37

(1) Der Hauptwahlvorstand hat geeignete Vorkehrungen für die unbeobachtete Bezeichnung der Stimmzettel im Wahlraum zu treffen und für die Bereitstellung von Wahlurnen zu sorgen. Die Wahlurnen müssen vom Wahlvorstand verschlossen und so eingerichtet sein, daß die eingeworfenen Wahlumschläge nicht herausgenommen werden können, ohne daß die Urne geöffnet wird.

(2) Während der Wahl müssen immer mindestens zwei Mitglieder des Wahlvorstands im Wahlraum anwesend sein; sind Wahlhelfer bestellt (§ 3 Abs. 4), so genügt die Anwesenheit eines Mitglieds des Wahlvorstands und eines Wahlhelfers.

(3) Der Wahlmann händigt den Wahlumschlag, in den der Stimmzettel eingelegt ist, dem mit der Entgegennahme der Wahlumschläge betrauten Mitglied des Wahlvorstands aus, wobei er seinen Namen angibt. Der Wahlumschlag ist in Gegenwart des Wahlmannes in die Wahlurne einzuwerfen, nachdem die Stimmabgabe in der Wahlmännerliste vermerkt worden ist. Hat der Wahlmann zwei oder drei Stimmen, so sind die Wahlumschläge einzeln einzuwerfen und die Stimmabgabe einzeln in der Wahlmännerliste zu vermerken.

(4) Die Stimmabgabe erfolgt nach Gruppen getrennt.

§ 38

(1) Unmittelbar nach Abschluß der Stimmabgabe zählt der Hauptwahlvorstand in der Versammlung die auf jeden Bewerber entfallenden gültigen Stimmen zusammen.

(2) Befinden sich in einem Wahlumschlag mehrere gekennzeichnete Stimmzettel, so werden sie, wenn sie vollständig übereinstimmen, nur einfach gezählt, andernfalls als ungültig angesehen.

§ 39

(1) Gewählt sind für jede Gruppe die Bewerber, die in ihr die meisten Stimmen erhalten haben. Bei gleicher Stimmenzahl entscheidet das Los.

(2) Der Hauptwahlvorstand hat in einer Niederschrift festzustellen

a) die Gesamtzahl der für jede Gruppe abgegebenen Wahlumschläge;

b) die Zahl der für jede Gruppe abgegebenen gültigen Stimmen;

c) die Zahl der ungültigen Stimmen;

d) die Zahl der auf jeden Bewerber entfallenen Stimmen;

e) die Namen der gewählten Bewerber;

f) gegebenenfalls besondere während der Wahl eingetretene Zwischenfälle oder sonstige Ereignisse.

(3) Der Hauptwahlvorstand hat die Gewählten unverzüglich schriftlich von ihrer Wahl zu benachrichtigen.

§ 40

(1) Der Hauptwahlvorstand hat unverzüglich dem zur gesetzlichen Vertretung berufenen Organ des herrschenden Unternehmens, den Spitzenorganisationen der in den Betrieben der Konzernunternehmen vertretenen Gewerkschaften sowie den Unternehmenswahlvorständen Namen, Stand und Anschrift der als Vertreter der Arbeitnehmer Gewählten, getrennt nach Vertretern der Arbeiter und der Angestellten, mitzuteilen.

(2) Das zur gesetzlichen Vertretung berufene Organ des herrschenden Unternehmens veranlaßt die Veröffentlichung der Namen der Gewählten im Bundesanzeiger und in den sonstigen Gesellschaftsblättern.

(3) Die Unternehmenswahlvorstände geben die Namen der Gewählten durch zweiwöchigen Aushang in den Betrieben der Konzernunternehmen bekannt.

Vierter Unterabschnitt

Aufbewahrung der Wahlakten

§ 41

Die bei den Wahlvorständen entstandenen Wahlakten sind dem Betriebsrat (Gesamtbetriebsrat) des Betriebs oder Unternehmens, bei dem der Wahlvorstand errichtet wurde, zu übergeben und von diesem mindestens für die Dauer von fünf Jahren aufzubewahren. Besteht ein solcher Betriebsrat nicht, so bewahrt das Unternehmen die Wahlakten auf.

Zweiter Abschnitt

Abberufung von Vertretern der Arbeitnehmer

§ 42

(1) Der Antrag nach § 10 Abs. 1 Satz 1 des Gesetzes ist schriftlich beim Hauptwahlvorstand zu stellen.

(2) Ist der Wahlvorstand nicht mehr ordnungsgemäß besetzt, so ist der Antrag bei dem Betriebsrat (Gesamtbetriebsrat) des herrschenden Unternehmens oder des nach der Zahl der Arbeitnehmer größten Konzernunternehmens zu stellen. Für die Bestellung oder Ergänzung des Hauptwahlvorstands gilt § 4 entsprechend.

§ 43

(1) Bei Vorliegen eines gültigen Antrags teilt der Hauptwahlvorstand jedem Wahlmann, der als Vertreter der Gruppe gewählt wurde, als deren Vertreter das Mitglied des Aufsichtsrats dem Aufsichtsrat angehört, durch eingeschriebenen Brief mit:

a) den Namen des Vertreters der Arbeitnehmer, dessen Abberufung beantragt ist;
b) die Bezeichnung der Stelle, die die Abberufung beantragt hat; ist der Antrag durch mindestens ein Fünftel der wahlberechtigten Arbeitnehmer gestellt, so sind die beiden ersten Unterzeichner des Antrags mit Familienname, Vorname und Arbeitnehmergruppe sowie die Zahl der Unterschriften anzugeben;
c) daß über den Antrag auf Abberufung durch Abstimmung der Wahlmänner derjenigen Gruppe zu entscheiden ist, als deren Vertreter das Mitglied dem Aufsichtsrat angehört;
d) wieviel Stimmen dem Wahlmann zustehen;
e) daß der Beschluß über die Abberufung einer Mehrheit, die mindestens drei Viertel der abgegebenen Stimmen umfaßt, bedarf;
f) Ort und Zeit der Wahlmännerversammlung;
g) einen Hinweis auf die Vorschrift des § 48.

(2) Der Hauptwahlvorstand übersendet den zuständigen Unternehmenswahlvorständen Abdrucke der Mitteilungen nach Absatz 1; § 28 Abs. 2 Satz 2 gilt entsprechend. Ist ein Unternehmenswahlvorstand nicht mehr ordnungsgemäß besetzt, so tritt an seine Stelle diejenige Stelle, die die Wahlakten des Unternehmenswahlvorstands aufbewahrt (§ 41).

(3) Der Hauptwahlvorstand benachrichtigt das zur gesetzlichen Vertretung berufene Organ des herrschenden Unternehmens und den Vertreter der Arbeitnehmer, dessen Abberufung beantragt ist, vom Vorliegen eines gültigen Antrags.

§ 44

(1) Die Abstimmung über den Antrag findet statt in einer Versammlung derjenigen Wahlmänner aus sämtlichen Konzernunternehmen, die als Vertreter der Gruppe gewählt wurden, als deren Vertreter das Mitglied, dessen Abberufung beantragt ist, dem Aufsichtsrat angehört.

(2) Für die Abstimmung über den Antrag und die Feststellung des Abstimmungsergebnisses gelten, soweit sich aus den nachfolgenden Vorschrif-

ten nichts anderes ergibt, §§ 29, 30, 35, 36 Abs. 4, §§ 37, 38, 40 Abs. 2 und 3 entsprechend.

§ 45

(1) Die Stimmzettel dürfen nur die Frage an den Wahlmann enthalten, ob er für den Antrag auf Abberufung des mit Familienname und Vorname anzuführenden Vertreters der Arbeitnehmer im Aufsichtsrat stimmt. Gibt der Wahlmann seine Stimme für den Antrag ab, so kreuzt er das vorgedruckte „Ja", andernfalls das vrrgedruckte „Nein" an.

(2) Unmittelbar nach Abschluß der Stimmabgabe zählt der Hauptwahlvorstand in der Versammlung je die für und die gegen den Antrag abgegebenen Stimmen zusammen.

§ 46

(1) Der Hauptwahlvorstand hat in einer Niederschrift festzustellen

a) die Gesamtzahl der abgegebenen Wahlumschläge;

b) die Zahl der gültigen Stimmen;

c) die Zahl der ungültigen Stimmen;

d) die Zahl der für den Antrag abgegebenen Stimmen;

e) die Zahl der gegen den Antrag abgegebenen Stimmen;

f) das Abstimmungsergebnis;

g) gegebenenfalls besondere während der Abstimmung eingetretene Zwischenfälle oder sonstige Ereignisse.

(2) Das Abstimmungsergebnis ist sofort nach seiner Feststellung in der Versammlung bekanntzugeben.

§ 47

Der Hauptwahlvorstand hat das Abstimmungsergebnis unverzüglich dem Arbeitnehmervertreter im Aufsichtsrat, über dessen Abberufung abgestimmt worden ist, sowie dem zur gesetzlichen Vertretung des herrschenden Unternehmens berufenen Organ schriftlich mitzuteilen.

§ 48

Haben die Wahlmänner die Abberufung eines Arbeitnehmervertreters beschlossen und ist nach der Satzung (dem Gesellschaftsvertrag) das an Stelle eines vorzeitig ausgeschiedenen Aufsichtsratsmitglieds zu bestellende Mitglied nur für den Rest der Amtsdauer des Ausgeschiedenen zu bestellen, so wird die Wahl des an die Stelle des Abberufenen tretenden Arbeitnehmervertreters unmittelbar nach Bekanntgabe des Abstimmungsergebnisses in derselben Wahlmännerversammlung durchgeführt. §§ 27 bis 40 gelten entsprechend.

§ 49

Für die Aufbewahrung der Wahlakten gilt § 41 entsprechend.

ZWEITER TEIL

Entsendung von Vertretern der Arbeitnehmer durch Spitzenorganisationen der Gewerkschaften

§ 50

(1) Das zur gesetzlichen Vertretung berufene Organ eines herrschenden Unternehmens, dessen Aufsichtsrat Vertreter der Arbeitnehmer nach § 3 des Gesetzes angehören müssen, teilt den Spitzenorganisationen der in den Betrieben der Konzernunternehmen vertretenen Gewerkschaften durch eingeschriebene Briefe mit, daß Vertreter der Arbeitnehmer nach § 7 des Gesetzes zu bestellen sind. Die Mitteilung soll in der Regel drei Monate vor dem voraussichtlichen Beginn der Amtsdauer der zu bestellenden Vertreter der Arbeitnehmer erfolgen. In der Mitteilung sind anzugeben

a) der voraussichtliche Beginn der Amtsdauer dieser Vertreter der Arbeitnehmer;

b) die Zahl der zu Entsendenden;

c) Firma und Anschrift der einzelnen Konzernunternehmen;

d) die Namen und Anschriften der Spitzenorganisationen, denen die Mitteilung zugeht.

(2) Das zur gesetzlichen Vertretung berufene Organ des herrschenden Unternehmens übermittelt den Konzernunternehmen die erforderliche Anzahl von Abschriften der in Absatz 1 bezeichneten Mitteilungen. Jedes Konzernunternehmen leitet die Abschriften den in seinen Betrieben bestehenden Betriebsräten und, soweit ein solcher errichtet ist, dem Gesamtbetriebrat zu.

§ 51

Die Entsendungsberechtigung der Spitzenorganisationen ist nach den Grundsätzen der Verhältniswahl zu ermitteln. Maßgebend ist die Gesamtzahl der in den Betrieben der Konzernunternehmen beschäftigten Arbeitnehmer, die zu Beginn des Kalendervierteljahres, in dem die in § 50 bezeichneten Briefe abgesandt worden sind, Mitglieder der jeder Spitzenorganisation angeschlossenen Gewerkschaften sind.

§ 52

Der Vorstand der Spitzenorganisation, die am stärksten durch Mitglieder angeschlossener Gewerkschaften in den Betrieben der Konzernunternehmen vertreten ist, lädt die Vorstände der übrigen Spitzenorganisationen unverzüglich zu einer Sitzung ein, in der die Entsendungsberechtigung festzustellen ist.

§ 53

(1) Zur Ermittlung der Entsendungsberechtigung teilt jede beteiligte Spitzenorganisation in der Sitzung die gemäß § 51 Satz 2 auf sie entfallende Gesamtzahl von Arbeitnehmern schriftlich mit. Die mitgeteilten Gesamtzahlen werden in einer Reihe nebeneinander gestellt und sämtlich durch eins, zwei, drei und vier geteilt. Die ermittelten Teilzahlen sind nacheinander reihenweise unter den Zahlen der ersten Reihe aufzuführen.

(2) Unter den so gefundenen Zahlen werden soviel Höchstzahlen ausgesondert und der Größe nach geordnet, wie Aufsichtsratsmitglieder als Vertreter der Arbeitnehmer durch die Spitzenorganisationen zu entsenden sind. Entfällt die gleiche Höchstzahl auf mehrere Spitzenorganisationen und einigen diese sich nicht darüber, wer von ihnen das Entsendungsrecht ausübt, so entscheidet das Los über die Reihenfolge der Entsendungsberechtigung.

(3) Jede Spitzenorganisation entsendet soviel Vertreter der Arbeitnehmer, wie nach Absatz 2 ausgesonderte Höchstzahlen auf sie entfallen. Soweit der Aufsichtsrat zu ergänzen ist und ihm bereits Arbeitnehmervertreter angehören, die von Spitzenorganisationen entsandt sind, werden diese den Spitzenorganisationen auf die Höchstzahlen angerechnet.

(4) Über die ermittelte Entsendungsberechtigung ist eine Niederschrift aufzunehmen, die von den Bevollmächtigten der Spitzenorganisationen zu unterzeichnen ist. Je einen Abdruck der Niederschrift erhält jede Spitzenorganisation sowie das zur gesetzlichen Vertretung berufene Organ des herrschenden Unternehmens.

§ 54

Das zur gesetzlichen Vertretung berufene Organ des herrschenden Unternehmens hat für den zweiwöchigen Aushang der Namen der entsandten Vertreter der Arbeitnehmer in den Betrieben der Konzernunternehmen sowie für ihre Veröffentlichung im Bundesanzeiger und in den sonstigen Gesellschaftsblättern Sorge zu tragen. Die Veröffentlichung muß unverzüglich, sie soll spätestens zwei Wochen vor Beginn der Amtsdauer des Entsandten erfolgen.

DRITTER TEIL

Schlußbestimmungen

§ 55

Für die Berechnung der in dieser Verordnung festgelegten Fristen finden §§ 187 bis 193 des Bürgerlichen Gesetzbuchs Anwendung.

§ 56

Diese Verordnung tritt am Tage nach ihrer Verkündung in Kraft.

V.

Vorschriften aus anderen Gesetzen

1. Gesetz zur Änderung von Vorschriften des Aktienrechts und des Mitbestimmungsrechts. Vom 15. Juli 1957.

Artikel 1

Das Aktiengesetz wird wie folgt geändert:

1. § 89 des Aktiengesetzes erhält folgende Fassung:

„§ 89

Beschlußfähigkeit des Aufsichtsrats. Bestellung durch das Gericht

(1) Die Beschlußfähigkeit des Aufsichtsrats kann, soweit sie nicht gesetzlich geregelt ist, durch die Satzung bestimmt werden. Ist sie weder gesetzlich noch durch die Satzung geregelt, so ist der Aufsichtsrat nur beschlußfähig, wenn mindestens die Hälfte der Mitglieder, aus denen er nach Gesetz oder Satzung insgesamt zu bestehen hat, an der Beschlußfassung teilnimmt. In jedem Fall müssen mindestens drei Mitglieder an der Beschlußfassung teilnehmen. Der Beschlußfähigkeit steht nicht entgegen, daß dem Aufsichtsrat weniger Mitglieder als die für seine Zusammensetzung durch Gesetz oder Satzung festgesetzte Zahl angehören, auch wenn das vorgeschriebene zahlenmäßige Verhältnis zwischen den Vertretern der Anteilseigner und den Vertretern der Arbeitnehmer nicht gewahrt ist.

(2) Gehört dem Aufsichtsrat die zur Beschlußfähigkeit nötige Zahl von Mitgliedern nicht an, so hat ihn das Gericht auf Antrag des Vorstands, eines Aufsichtsratsmitglieds oder eines Aktionärs auf diese Zahl zu ergänzen. Der Vorstand ist verpflichtet, den Antrag unverzüglich zu stellen, es sei denn, daß die rechtzeitige Ergänzung vor der nächsten Aufsichtsratssitzung zu erwarten ist. Hat der Aufsichtsrat auch aus Vertretern der Arbeitnehmer zu bestehen, so können auch der Betriebsrat jedes Betriebes, dessen Arbeitnehmer an der Wahl der Arbeitnehmervertreter im Aufsichtsrat teilnehmen, oder mindestens ein Zehntel der Arbeitnehmer, die an der Wahl der Arbeitnehmervertreter im Aufsichtsrat teilnehmen, oder mindestens einhundert dieser Arbeitnehmer den Antrag stellen. Wenn Spitzenorganisationen der Gewerkschaften ein Vorschlags- oder Entsendungsrecht für Vertreter der Arbeitnehmer in dem Aufsichtsrat haben, können auch sie den Antrag stellen.

(3) Gehören dem Aufsichtsrat länger als drei Monate weniger Mitglieder als die für seine Zusammensetzung durch Gesetz oder Satzung festgesetzte Zahl an, so hat ihn das Gericht auf Antrag auf diese Zahl zu ergänzen. In dringenden Fällen hat das Gericht auf Antrag den Aufsichtsrat auch vor Ablauf der Frist zu ergänzen. Das Recht zur Antragstellung bestimmt sich nach Absatz 2.

(4) Absatz 3 ist auf einen Aufsichtsrat, in dem die Arbeitnehmer ein Mitbestimmungsrecht nach den Vorschriften des Gesetzes über die Mit-

bestimmung der Arbeitnehmer in den Aufsichtsräten und Vorständen der Unternehmen des Bergbaus und der Eisen und Stahl erzeugenden Industrie vom 21. Mai 1951 (Bundesgesetzbl. I S. 347) — Mitbestimmungsgesetz — haben, mit der Maßgabe anzuwenden,

1. daß das Gericht den Aufsichtsrat hinsichtlich des in § 4 Abs. 1 Buchstabe c des Mitbestimmungsgesetzes bezeichneten Mitglieds nicht ergänzen kann,
2. daß es stets als ein dringender Fall anzusehen ist, wenn dem Aufsichtsrat, abgesehen von dem in § 4 Abs. 1 Buchstabe c des Mitbestimmungsgesetzes bezeichneten Mitglied, nicht alle Mitglieder angehören, aus denen der Aufsichtsrat nach Gesetz oder Satzung zu bestehen hat.

Dies gilt entsprechend für Aufsichtsräte von Unternehmen, die unter § 2 oder § 3 des Gesetzes zur Ergänzung des Gesetzes über die Mitbestimmung der Arbeitnehmer in den Aufsichtsräten und Vorständen der Unternehmen des Bergbaus und der Eisen und Stahl erzeugenden Industrie vom 7. August 1956 (Bundesgesetzbl. I S. 707) fallen.

(5) Einen Aufsichtsrat, der auch aus Vertretern der Arbeitnehmer zu bestehen hat, hat das Gericht so zu ergänzen, daß das vorgeschriebene zahlenmäßige Verhältnis zwischen den Vertretern der Anteilseigner und den Vertretern der Arbeitnehmer hergestellt wird; wenn der Aufsichtsrat zur Herstellung seiner Beschlußfähigkeit ergänzt wird, gilt dies nur, soweit die zur Beschlußfähigkeit nötige Zahl der Aufsichtsratsmitglieder die Wahrung dieses Verhältnisses möglich macht. Ist ein Aufsichtsratsmitglied zu ersetzen, das nach Gesetz oder Satzung in persönlicher Hinsicht besonderen Voraussetzungen entsprechen muß, so muß auch das vom Gericht bestellte Aufsichtsratsmitglied diesen Voraussetzungen entsprechen. Ist ein Aufsichtsratsmitglied zu ersetzen, bei dessen Wahl eine Spitzenorganisation der Gewerkschaften oder die Betriebsräte ein Vorschlagsrecht hätten, so soll das Gericht Vorschläge dieser Stellen berücksichtigen, soweit nicht überwiegende Belange der Gesellschaft oder der Allgemeinheit der Bestellung des Vorgeschlagenen entgegenstehen; das gleiche gilt, wenn das Aufsichtsratsmitglied durch Wahlmänner zu wählen wäre, für gemeinsame Vorschläge der Betriebsräte der Konzernunternehmen, in denen Wahlmänner zu wählen sind.

(6) Das Amt des gerichtlich bestellten Aufsichtsratsmitglieds erlischt, sobald das fehlende Aufsichtsratsmitglied gewählt oder entsandt worden ist."

2. In § 297 des Aktiengesetzes werden in der Überschrift die Worte „Fehlen von Aufsichtsratsmitgliedern" gestrichen. § 297 Nr. 1 des Aktiengesetzes wird aufgehoben.
3. In § 303 Abs. 1 des Aktiengesetzes wird die Verweisung auf „§ 89 Abs. 2" geändert.

Artikel 2

Das Gesetz über die Mitbestimmung der Arbeitnehmer in den Aufsichtsräten und Vorständen der Unternehmen des Bergbaus und der Eisen und

Stahl erzeugenden Industrie vom 21. Mai 1951 (Bundesgesetzbl. I S. 347) wird wie folgt geändert:

1. § 7 wird aufgehoben.

2. § 10 erhält folgende Fassung:

„§ 10

Der Aufsichtsrat ist beschlußfähig, wenn mindestens die Hälfte der Mitglieder, aus denen er nach diesem Gesetz oder der Satzung insgesamt zu bestehen hat, an der Beschlußfassung teilnimmt. § 89 Abs. 1 Satz 4 des Aktiengesetzes findet Anwendung."

Artikel 3

§ 11 des Gesetzes zur Ergänzung des Gesetzes über die Mitbestimmung der Arbeitnehmer in den Aufsichtsräten und Vorständen der Unternehmen des Bergbaus und der Eisen und Stahl erzeugenden Industrie vom 7. August 1956 (Bundesgesetzbl. I S. 707) erhält folgende Fassung:

„§ 11

Der Aufsichtsrat ist beschlußfähig, wenn mindestens die Hälfte der Mitglieder, aus denen er nach diesem Gesetz oder der Satzung insgesamt zu bestehen hat, an der Beschlußfassung teilnimmt. § 89 Abs. 1 Satz 4 des Aktiengesetzes findet Anwendung."

Artikel 4

§ 4 Abs. 1 des Handelsrechtlichen Bereinigungsgesetzes vom 18. April 1950 (Bundesgesetzbl. S. 90) wird augehoben.

Artikel 5

(1) Vor dem Inkrafttreten dieses Gesetzes gefaßte Beschlüsse von Aufsichtsräten einer Aktiengesellschaft oder einer Kommanditgesellschaft auf Aktien sind nicht deshalb unwirksam, weil sie von einem nach den bisherigen Vorschriften nicht beschlußfähigen Aufsichtsrat gefaßt worden sind, sofern dieser Aufsichtsrat nach § 89 des Aktiengesetzes in der durch dieses Gesetz geänderten Fassung beschlußfähig gewesen wäre. Dies gilt nicht für Beschlüsse, deren Unwirksamkeit in einem gerichtlichen Verfahren rechtskräftig festgestellt worden ist.

(2) Absatz 1 gilt für Beschlüsse von Aufsichtsräten einer Gesellschaft mit beschränkter Haftung, einer bergrechtlichen Gewerkschaft mit eigener Rechtspersönlichkeit oder eines Versicherungsvereins auf Gegenseitigkeit entsprechend, sofern auf den Aufsichtsrat § 89 des Aktiengesetzes Anwendung findet.

Artikel 6

Dieses Gesetz gilt nach Maßgabe des § 13 Abs. 1 des Dritten Überleitungsgesetzes vom 4. Januar 1952 (Bundesgesetzbl. I S. 1) auch im Land Berlin.

Artikel 7

Dieses Gesetz tritt am Tage nach seiner Verkündung in Kraft.

2. Die im Mitbestimmungsergänzungsgesetz angeführten Vorschriften des Aktiengesetzes.

§ 15 (zu §§ 3 u. 9 Mitb.-ErgG)

Wesen des Konzerns und des Konzernunternehmens

(1) Sind rechtlich selbständige Unternehmen zu wirtschaftlichen Zwecken unter einheitlicher Leitung zusammengefaßt, so bilden sie einen Konzern; die einzelnen Unternehmen sind Konzernunternehmen.

(2) Steht ein rechtlich selbständiges Unternehmen auf Grund von Beteiligungen oder sonst unmittelbar oder mittelbar unter dem beherrschenden Einfluß eines anderen Unternehmens, so gelten das herrschende und das abhängige Unternehmen zusammen als Konzern und einzeln als Konzernunternehmen.

§ 75 (zu § 13 MitbErgG)

Bestellung und Abberufung des Vorstandes

(1) Vorstandsmitglieder bestellt der Aufsichtsrat auf höchstens fünf Jahre. Eine wiederholte Bestellung ist zulässig. Eine juristische Person kann nicht zum Vorstandsmitglied bestellt werden. Dies gilt sinngemäß für den Anstellungsvertrag.

(2) Werden mehrere Personen zu Vorstandsmitgliedern bestellt, so kann der Aufsichtsrat ein Mitglied zum Vorsitzer des Vorstands ernennen.

(3) Der Aufsichtsrat kann die Bestellung zum Vorstandsmitglied und die Ernennung zum Vorsitzer des Vorstands widerrufen, wenn ein wichtiger Grund vorliegt. Ein solcher Grund ist namentlich grobe Pflichtverletzung oder Unfähigkeit zur ordnungsmäßigen Geschäftsführung. Dies gilt auch für den vom ersten Aufsichtsrat bestellten Vorstand. Der Widerruf ist wirksam, solange nicht über seine Unwirksamkeit rechtskräftig entschieden ist. Für die Ansprüche aus dem Anstellungsvertrag gelten die allgemeinen Vorschriften.

§ 87 (zu § 5 MitbErgG)

Wahl und Abberufung von Aufsichtsratsmitgliedern

(1) Die Aufsichtsratsmitglieder werden von der Hauptversammlung gewählt. Kein Aufsichtsratsmitglied kann für eine längere Zeit als bis zur Beendigung der Hauptversammlung gewählt werden, die über die Entlastung für das vierte Geschäftsjahr nach der Wahl beschließt; hierbei wird das Geschäftsjahr, in dem gewählt wird, nicht mitgerechnet.

(2) Die Bestellung zum Aufsichtsratsmitglied kann vor Ablauf der Wahlzeit von der Hauptversammlung widerrufen werden. Der Beschluß bedarf einer Mehrheit, die mindestens drei Viertel der abgegebenen Stimmen umfaßt. Die Satzung kann diese Mehrheit durch eine andere ersetzen und noch andere Erfordernisse aufstellen.

(3) Die Bestellung des ersten Aufsichtsrats gilt bis zur Beendigung der ersten Hauptversammlung, die nach Ablauf eines Jahres seit der Eintragung der Gesellschaft in das Handelsregister zur Beschlußfassung über die Entlastung stattfindet. Sie kann vorher von der Hauptversammlung mit einfacher Stimmenmehrheit widerrufen werden.

§ 88 (Zu § 5 MitbErgG)

Entsendung von Mitgliedern in den Aufsichtsrat

(1) Die Satzung kann bestimmten Aktionären oder den jeweiligen Inhabern bestimmter Aktien das Recht einräumen, Mitglieder in den Aufsichtsrat zu entsenden. Die Gesamtzahl der entsandten Mitglieder darf den dritten Teil aller Aufsichtsratsmitglieder nicht übersteigen.

(2) Das Entsendungsrecht kann nur den Inhabern solcher Aktien eingeräumt werden die auf Namen lauten und deren Übertragung an die Zustimmung der Gesellschaft gebunden ist.

(3) Die Aktien, deren Inhabern das Entsendungsrecht zusteht, gelten nicht als eine besondere Gattung.

(4) Die entsandten Aufsichtsratsmitglieder können von den Entsendungsberechtigten jederzeit abberufen und durch andere ersetzt werden. Liegt in der Person eines entsandten Mitglieds ein wichtiger Grund vor, so kann das Gericht auf Antrag einer Minderheit, deren Anteile zusammen den zehnten Teil des Grundkapitals erreichen, das Mitglied abberufen.

(5) Sind die in der Satzung bestimmten Voraussetzungen des Entsendungsrechts weggefallen, so kann die Hauptversammlung das entsandte Mitglied mit einfacher Stimmenmehrheit abberufen.

§ 89 (Zu § 11 MitbErgG)

Bestellung durch das Gericht

Gilt in der Fassung des Art. 1 des Gesetzes zur Änderung von Vorschriften des Aktienrechts und des Mitbestimmungsrechts vom 15. Juli 1957 (Bundesgesetzbl. I S. 714), abgedruckt in Anhang V 1.

§ 136 (Zu § 4 MitbErgG)

Bestellung der Abschlußprüfer

(1) Die Abschlußprüfer werden von der Hauptversammlung gewählt; das Wahlergebnis ist in die Niederschrift aufzunehmen. Die Prüfer sollen jeweils vor Ablauf des Geschäftsjahres gewählt werden, auf das sich ihre Prüfungstätigkeit erstreckt. Der Vorstand hat den gewählten Prüfern unverzüglich den Prüfungsauftrag zu erteilen.

(2) Der Vorstand, der Aufsichtsrat oder eine Minderheit, deren Anteile zusammen den zehnten Teil des Grundkapitals erreichen, sind berechtigt, gegen die Auswahl der Abschlußprüfer zur Niederschrift Widerspruch zu erheben.

(3) Über den Widerspruch entscheidet nach Anhörung der Beteiligten das Gericht; die Entscheidung ist unanfechtbar. Der Widerspruch der Minderheit ist nur zu berücksichtigen, wenn glaubhaft gemacht wird, daß die die Minderheit bildenden Aktionäre seit mindestens drei Monaten vor dem Tage der Hauptversammlung Inhaber der Aktien sind; zur Glaubhaftmachung genügt eine eidesstattliche Versicherung vor einem Gericht oder einem Notar. Wird dem Widerspruch stattgegeben, so hat das Gericht nach Anhörung der amtlichen Vertretung des Handelsstands andere Abschlußprüfer zu bestellen; die Bestellung ist endgültig.

(4) Hat die Hauptversammlung bis zum Ablauf des Geschäftsjahrs keine Abschlußprüfer gewählt, so hat auf Antrag des Vorstands, des Aufsichts-

rats oder eines Aktionärs das Gericht nach Anhörung der amtlichen Vertretung des Handelsstands die Abschlußprüfer zu bestellen; die Bestellung ist endgültig. Gleiches gilt für den Fall, daß ein gewählter Prüfer die Annahme des Prüfungsauftrags abgelehnt hat, weggefallen ist oder am rechtzeitigen Abschluß der Prüfung verhindert ist und die Hauptversammlung keinen anderen Prüfer gewählt hat. Der Vorstand ist verpflichtet, den Antrag zu stellen.

(5) Die vom Gericht bestellten Abschlußprüfer haben Anspruch auf Ersatz angemessener barer Auslagen und auf Vergütung für ihre Tätigkeit. Die Auslagen und die Vergütung setzt das Gericht fest; gegen die Festsetzung ist die sofortige Beschwerde zulässig; die weitere Beschwerde ist ausgeschlossen. Aus der rechtskräftigen Festsetzung findet die Zwangsvollstreckung nach der Zivilprozeßordnung statt.

(6) Die Wahl zum Abschlußprüfer kann die Hauptversammlung auch vor Abschluß der Prüfung widerrufen; hat das Gericht den Prüfer bestellt, so kann es auf Antrag des Vorstands die Bestellung widerrufen.

§ 137 (Zu § 4 MitbErgG)

Auswahl der Abschlußprüfer

(1) Als Abschlußprüfer dürfen nur öffentlich bestellte Wirtschaftsprüfer oder Wirtschaftsprüfungsgesellschaften gewählt oder bestellt werden.

(2) Mitglieder des Vorstands oder des Aufsichtsrats sowie Angestellte der Gesellschaft dürfen als Prüfer weder gewählt noch bestellt werden; gleiches gilt für Mitglieder des Vorstands oder des Aufsichtsrats sowie Angestellte einer anderen Gesellschaft, die von der zu prüfenden abhängig ist oder sie beherrscht, sowie für Personen, auf deren Geschäftsführung eine dieser Gesellschaften maßgebenden Einfluß hat.

§ 138 (Zu § 4 MitbErgG)

Auskunftsrecht

(1) Der Vorstand hat den Abschlußprüfern den Jahresabschluß und den Geschäftsbericht vorzulegen und ihnen zu gestatten, die Bücher und Schriften der Gesellschaft sowie die Vermögensgegenstände, namentlich die Gesellschaftskasse und die Bestände an Wertpapieren und Waren, zu prüfen.

(2) Die Abschlußprüfer können vom Vorstand alle Aufklärungen und Nachweise verlangen, welche die sorgfältige Erfüllung ihrer Prüfungspflicht fordert.

(3) Soweit es die Vorbereitung der Abschlußprüfung fordert und nicht die überwiegenden Belange der Gesellschaft oder eines beteiligten Unternehmens entgegenstehen, haben die Prüfer diese Rechte auch schon vor Aufstellung des Jahresabschlusses.

§ 141 (Zu § 4 MitbErgG)

Verantwortlichkeit der Abschlußprüfer

(1) Die Abschlußprüfer, ihre Gehilfen und die bei der Prüfung mitwirkenden gesetzlichen Vertreter einer Prüfungsgesellschaft sind zur gewissenhaften und unparteiischen Prüfung und zur Verschwiegenheit verpflichtet. Sie dürfen nicht unbefugt Geschäfts- und Betriebsgeheimnisse ver-

werten, die sie bei der Wahrnehmung ihrer Obliegenheiten erfahren haben. Wer seine Obliegenheiten verletzt, ist der Gesellschaft zum Ersatz des daraus entstehenden Schadens verpflichtet; mehrere Personen haften als Gesamtschuldner.

(2) Die Ersatzpflicht von Personen, die fahrlässig gehandelt haben, beschränkt sich auf hunderttausend *Reichs*mark für eine Prüfung; dies gilt auch dann, wenn an der Prüfung mehrere Personen beteiligt gewesen oder mehrere zum Ersatz verpflichtende Handlungen begangen worden sind, und ohne Rücksicht darauf, ob andere Beteiligte vorsätzlich gehandelt haben.

(3) Die Verpflichtung zur Verschwiegenheit besteht, wenn eine Prüfungsgesellschaft Abschlußprüfer ist, auch gegenüber dem Aufsichtsrat und den Mitgliedern des Aufsichtsrats der Prüfungsgesellschaft. Der Vorsitzer des Aufsichtsrats der Prüfungsgesellschaft und sein Stellvertreter dürfen jedoch die von der Prüfungsgesellschaft erstatteten Berichte einsehen, die dabei erlangten Kenntnisse aber nur verwerten, soweit es die Überwachungspflicht des Aufsichtsrats fordert.

(4) Die Ersatzpflicht nach diesen Vorschriften kann durch Vertrag weder ausgeschlossen noch beschränkt werden.

(5) Die Ansprüche aus diesen Vorschriften verjähren in fünf Jahren.

Sachregister

B

C

D

E

H

I

FSC
www.fsc.org
MIX
Papier | Fördert
gute Waldnutzung
FSC® C083411

Kolibri 360 GmbH
Ferdinand-Jühlke-Straße 7
99095 Erfurt, Deutschland
produktsicherheit@kolibri360.de